一片初心

农教先驱严家显

能对月

钟兆云（执笔）

翁晶晶 著

上海远东出版社

图书在版编目(CIP)数据

　　一片初心能对月:农教先驱严家显 / 钟兆云、翁晶晶
著. 一上海:上海远东出版社,2020
　　ISBN 978 - 7 - 5476 - 1588 - 1

　　Ⅰ.①一… Ⅱ.①钟… ②翁… Ⅲ.①严家显(1906—
1952)-传记 Ⅳ.①K825.46

　　中国版本图书馆 CIP 数据核字(2020)第 057329 号

责任编辑 李　敏
封面设计 李　廉

一片初心能对月——农教先驱严家显

钟兆云(执笔)　翁晶晶　著

出　　版　**上海远东出版社**
　　　　　　(200235　中国上海市钦州南路81号)
发　　行　上海人民出版社发行中心
印　　刷　上海锦佳印刷有限公司
开　　本　710×1000　　1/16
印　　张　28.25
字　　数　480,000
版　　次　2020年8月第1版
印　　次　2020年8月第1次印刷
ISBN 978 - 7 - 5476 - 1588 - 1/K · 180
定　　价　98.00元

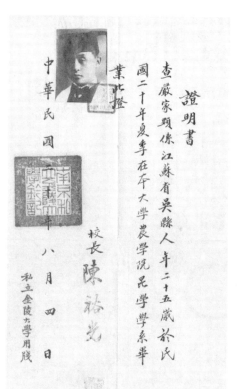

1931年8月，严家显毕业于私立金陵大学，获学士学位

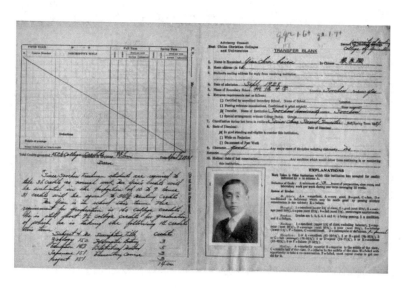

严家显就读燕京大学硕士研究生时的英文档案

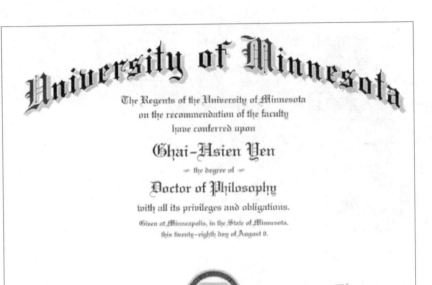

严家显的明尼苏达大学博士学位证书

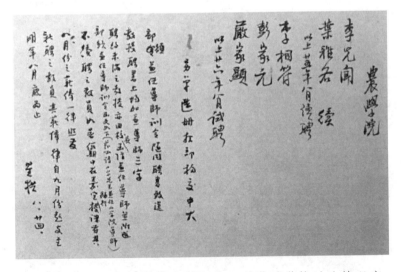

1937年,严家显受聘为国立武汉大学时学校讨论情况实录,由时任武汉大学校长王星拱记录

1942 年，严家显、王祖寿在福建战时省会永安举办婚礼

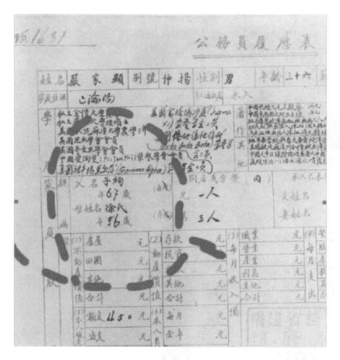

严家显就任福建省立农学院院长时亲笔填写的履历

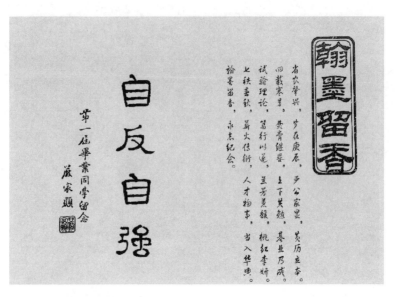

翰墨留香

省农肇兴，岁在庚辰，严公家显，荜历立本。四载寒暑，荚青继檠，上下其致，基业乃成。试验理论，笃行以道，兰芳蕙馥，桃红李妍。上秩垂钦，薪火传衍，人才物阜，当入华典。翰墨留香，永志纪念。

自反自强

第一届毕业同学留念

严家显

严家显为福建省立农学院第一届毕业同学所题"自反自强"

1944年初夏，严家显携妻女，在堂兄严家淦家门口合影留念。后排左二为严家淦，左三是严家淦子严隽泰，左四是严家淦夫人刘期纯。左五王祖寿，左六严家显

1946 年，严家显、王祖寿夫妇在复旦大学庐山村别墅区的家门口

严家显就任复旦大学农学院院长时在农田里扑虫

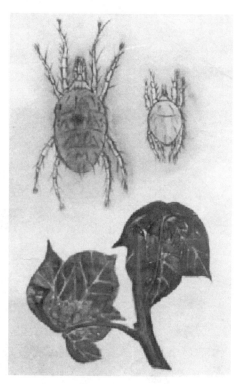

严家显手绘的昆虫标本

抗战胜利,复旦大学由重庆迁回上海。严家显和王祖寿在复旦大学庐山村
后院各自留影

严家显镜头下的女儿。1950 年在复旦大学庐山村防空洞小山坡上

严家显夫人王祖寿手书忆昔

1988年，严家显铜像在福建农学院内举行揭幕仪式。严家显夫人王祖寿（首排中）、女儿严隽珏（第二排右一）、严隽玲（第二排中）、严隽琪（第二排左一），和雕塑家李维祀（前排右三）及来自台湾的黄历时期老校友出席相关活动

福建农林大学"严家显最高奖教学金"颁发现场，时任全国人大常委会副委员长严隽琪（左一）为获奖者颁奖

目 录 CONTENTS

楔子　赤子初心，岁月留痕

岁月两个字,几许沉重,几许缠绵,盛放着所有人的悲欣。

木心说,岁月不饶人,我亦未曾饶过岁月。严家显似也可以这样说。岁月确实未曾厚待他,但他在岁月纵深处留下了一道印痕,至今未曾消失。

严家显不仅是优秀的昆虫学家、杰出的教育家、真纯的爱国者、大地田园的调查者、风声雨声读书声的聆听者,还是学生们的良师益友、心肠慈悲之人、精神旷达之辈,也是工作上的好同事,生活中的好丈夫好父亲……他的一生虽然略为短暂,挑起的却是有些人几辈子也无从承受的担子。他在教育、农学、医学昆虫、农业病虫害、生物等领域都有研究,是中国早期著名的科学家。

这已然够了!生命的意义,就在于它的厚度与宽度,而非段段分明的长度。像严家显这般卓荦不凡的英才,放在当下也会让人"羡慕嫉妒"。他拥有美国名校博士的头衔,吸人眼球;他还有杰出的科研和教育成就,至今仍教许多人望尘莫及。

少年时,严家显被中国的现实触动了心弦,加之受"志当存高远""不为良相便为良医"一类的圣贤教诲,从而萌生过像鲁迅医学救国的想法,希冀以此减少病人、家庭和国家的痛苦。在此过程中,他又吃惊地发现,中国这个有着上下五千年文明的农业大国,还因循着一种高投入低产出的落后的农耕劳作方式。农业大国的农业,被西方世界甩出了好几条街!血气方刚的他一经比较,那份屈辱便时刻刺痛着他的心。他遂决心结合自己对农业昆虫的兴趣爱好以及医学救国的想法,选择医学昆虫方向的专业,一路攻读到博士。

严家显随"留学风"远渡重洋到美国读昆虫学博士,学成后又毫不迟疑,万里迢迢地奔回祖国。对于选专业,他有过一波三折。本科阶段,他在就读私立金陵大学农学院昆虫系之前,曾于苏州东吴大学法律系有过短暂的学习。那时他单纯地相信读书人可以凭自己的嘴与手中的笔,与封建势力、与西方侵略者摆事实讲道理。然而,面对这个半封建社会冥顽不化的思想、半殖民地毫不讲理的野蛮与血腥暴行,对簿公堂也只能是一顿输。口舌与笔杆,在强权和强盗面前,能有多大实用呢?

行了万里路,读了万卷书,知识一点一滴地积累起来,严家显的思维与眼界更加开阔了。他认为若要把所思所学传授给国人，教育是最好的方法，因为教育可以兴邦。他坚信只要教育不亡，国家就有救。

1937 年，抗日战争爆发后，严家显谢绝了美国、德国等国的多家研究机构和高等学府的盛情挽留和高薪聘请，毅然回国。此后，他将勃勃雄心安置在了平凡无奇的校园里，放在了周而复始的教育工作中，扑到了纯净朴素的学术研究上，希望能将一身本事连同思想智慧、精神气脉，一并传授给在灾难深重的国度里艰难呼吸，却仍满怀希望的那些未来之士们。他和早早喊出"为中华之崛起而读书"的周恩来一样，何尝不也是"面壁十年图破壁"？

其实已不止十年面壁。严家显回国后一路走来，任过武汉大学农学院教授、广西大学农学院教授、福建省立农学院院长兼教授、复旦大学农学院院长兼教授、上海第一医学院医学昆虫教授、中国人民解放军军事医学科学院病虫室主任等。从湖北武汉，到广西桂林，到福建永安，这些都是当时国内的抗战文化重镇，也都是日本飞机轰炸的重要目标，年轻的严家显不惜身家性命，跑在"教育救国"的最前线，真正地将教育视为人生事业，"虽九死其犹未悔"，何其"书生意气"乃尔！

教育是人类史上一项伟大的事业，曾有无名氏赞叹："为国为家为民，风吹日晒雨淋。碧海蓝天、日月星辰，相伴一生追寻。"教育追寻的不是刹那间的芳华，它的迷人之处在于润物细无声，细工巧绣似的，行行密密、兢兢业业地把丰厚知识、淳朴情思、豁达胸襟层层缝入受教育者的人生，使这一职业永葆生机活力，朝气蓬勃，恰似一江春水向东流，青山遮不住。

严家显心生虔诚、饱含深情地选择了教育，选择了校园。他的选择，其实与严氏家族中一些先辈的选择一脉相承。他的爷爷与父亲虽是经商之人，但也是风雅之士。再往前追溯，尤其是清康熙、雍正、乾隆时代，严家祖辈尤其重视教育和人才培养，不少子弟通过科举出人头地，甚至走入朝堂，在翰林院拥有一席之地。

严家显不是这个大家族第一位选择教育的人，也不可能是最后一位，至少他的五个女儿便有从事教育者。大女儿严隽珏担任过北京大学物理系副教授，三女儿严隽琪在上海交通大学担任过博士生导师、校长助理等职。也许她们的血管里流淌着父亲的血液，间接地继承了他的心愿与遗志。他的妻子王祖寿，同样也几次担任教职。

从这些穿越历史的踪迹，可以摸出严氏族人对于教育的向往、追求与执着，是其来有自,颇有渊源的,且无衰微之态。数百年来,好像冥冥之中有无声的召唤让一代又一代严氏子孙继承不绝。这,是严氏一族的骄傲,也是属于中国知识分子的光荣。

值得一提的是,严家显亲自带出的福建省立农学院第一批学子,在抗战胜利后,不少人跨越海峡,去了重回祖国怀抱的台湾,将农学知识和思想薪火也传承到了对岸。使二战之后的台湾农业和高等农业教育脱胎换骨,焕然一新,时至今日依然气象万千,不能不说有他们的卓越贡献。而这些杰出学子中,不管是大学校长、教授,还是农界的泰斗,每每回眸人生,总是不厌其烦地强调:"没有严院长,就没有今天的我们。"

由是这般,严家显在台湾的知名度与影响力慢慢扩张,不争地成为闽台两地教育界、农业界的功臣。时至今日,他的生命余响,仍穿越漫漫岁月、淼淼海峡,回环不绝,影响着两岸一代又一代人。

民国是中国历史上一个奇特又短暂的存在,庙堂和江湖、上层和底层之间,有着巨大的令人瞠目的反差:有识之士睡意阑珊、忧心如焚,大众却鼾声如雷;革命者遍体鳞伤,阿Q们却熟视无睹;读书人想着如何革故鼎新振兴中华,贩夫走卒却还在奢求一点牛奶面包……越是底层,越是民不聊生,国家怎样,他们又如何关心。

许多人看着严家显都觉得甚是可惜,一个堂堂海归博士回国不当官而去从教,能有多少出息,何时才能出头? 只有严家显自己知道,教育才是他一生的追求,他愿意为此心无旁骛地进行着永恒不懈的奋斗,这也正是他与其他人乃至其他教师的不同之处。严家显的一生,是"教育"的一生。

然而,任谁也没想到,也不愿意相信,严家显一生为山河飘零的时代做了诸多奉献,岁月却没有怜惜他、饶过他。严家显竟于四十六岁盛年之时,事业蒸蒸日上之际,突遭变故,身罹胃癌。任何一种病都不是一朝一夕爆发出来的。严家显患胃病已久,却仍超负荷地教学和研究,平常也压根没把它放在心上,日积月累,小病慢慢恶化为大疾,导致无药可医。最终,死神的脚步越靠越近,他没能逢凶化吉,只遗留下孤零零的妻子与五个年幼的女儿。

在生命最后的关头,他正一门心思准备赶往抗美援朝前线,为反细菌战贡献才智。当年抗日战争时,他常说:"数百万将士在浴血奋战,数千万同胞在流离颠沛。天地同愁,鬼神齐泣。我们要有力出力,有钱出钱,毁家纾难,义不容辞。"如今抗美援朝反细菌战最需要他的时候,他强撑病体,内心世界依然波澜起伏，回旋着报效国家的壮志。他的一思一念，他铭于心上的"天下兴亡，匹夫有责"抱负，凝重而壮烈，万古不朽。

今天的人们，只能在一张张照片里，一个个纪念活动里，一片片惋惜和感慨中，回顾严家显的音容笑貌，感受严家显的精神。然而，作为他的传记作者，我们更想表达：在横无际涯的时间之河里，人与其他生命一样脆弱渺小，人生短短数十载，白云苍狗转瞬即逝，严家显这一生所做之事、所达之果，已然足矣。世上没有十全十美的人生，做出成绩，笑傲一方，便是人生的一种完美。严家显很好地为教育界、科学界，树立了一个有理想有骨气的榜样。相对而言，他那短暂的一生也是漫长的一生。他的一片初心，永恒不变，皎皎明净，不愧天上一轮明月。

我们怀着几分好奇、敬重，面对着严家显；严家显也用一双清澈的眼睛面对我们，面对世界。

就在这样的对望中，这个从海外归来的赤子，一颗素心慢煮岁月，把山重水复中所成就的传奇，在我们面前徐徐展陈开来。

他在岁月纵深留下的那一道印痕，怎么也抹不去呢！

且让我们回望。

第一章

诗礼簪缨之族

一片初心能对月

木渎严氏,吴门望族

谚云"上有天堂,下有苏杭",这几乎是所有人的共识,带些夸张地将苏州、杭州的美表露出来,引人向往。过去,文人雅士对苏杭曾有过太多的驻足凝立:水光潋滟,山色空蒙;烟柳画桥,风帘翠幕;月落乌啼,江枫渔火;百顷风潭,十里荷香……每一处隐隐现现的景,都遗留下深深浅浅的梦,流淌着熠熠滉滉的情愫,片片飞入真纯的心扉间。

在千年的印象传承中,相距上百千米的苏杭纠缠不清,其实同在一片苍茫大地,争也不需争,二者同属江南名区,几臻完美。江南好,所以忆江南。中国历史上,江南才子辈出,举不胜举,如妇孺皆知的"江南四大才子"。其实唐伯虎、祝枝山、文征明、徐祯卿这四才子,均出自苏州,史上也有"吴门四才子"之称。苏州别称吴,乃春秋吴国故地。但世人更喜称四才子为偌大"江南"所有,而非窄窄"吴门"。江南不仅有"才","财"气也旺得过人,柳永称"东南形胜,三吴都会,钱塘自古繁华";元末明初富可敌国的沈万三发家于江南,层层叠叠的金银连着喜怒哀乐,源源不断地汇流成河,渲染在周庄的欸乃声里,沉浸在史册的韵辙中。江南曾是厚实财富的象征。

江南不好作区别,但白居易到底对苏杭做了客观的评价。他在领略了春来江水绿如蓝的气息后,沸腾的血液缓缓宁静了下来,悠悠赞颂道:"杭土丽且康,苏民富而庶。"相比其他一些常年干旱之地,苏州是鱼米之乡,人们至少很难有机会体验到饥饿,看到饿莩遍野的惨状。在温饱基本解决的情况下,"民富而庶",应该是不难实现的。苏州很大,内有辖区很多。清代褚人获在其所著《坚瓠集》中,载有"吴评"一则:"吾苏辖一州七县,旧时评语曰:'金太仓、银嘉定、铜常熟、铁崇明、豆腐吴江、叫化昆山、纸长洲、空心吴县'。言金银富厚,铜臭,铁刚,豆腐淡,叫化龌龊,纸薄,空心虚伪也。"这段评语,反映的其实是当时苏州一州七县官缺厚薄不一之状,当然也从侧面反映出苏州七县的经济发展水平。

那是苏州某一个时期的社会状况,今天的我们,若要去比较哪个县最富有,可就俗套了。这里要谈的是既有"丽",又有"富",还有"文"的木渎古镇。那是我们的主人公严家显的诞生地。

1906 年 8 月 26 日（丙午年七月初七），所有人都在冷眼旁观清廷如何嚷嚷施行宪政、维持旧秩序时，木渎西街远近闻名的严家大院迎来了新生命：一名婴儿带着响亮的啼哭降临世间了。

趁着严氏这个第十八世孙连声啼哭，严家老少奔走相告时，我们不妨先来了解一下古朴幽静的木渎和这个有来由的严家以及他们不一般的院子。

木渎位于苏州城西、太湖之滨，香溪、胥江二道吴越名水穿镇而过，居民依山而筑，傍水而居。其"丽"在于"秀绝冠江南"，时谓"姑苏繁华图一半在木渎"；其"富"在于有不少出类拔萃的"第一"，如"吴中第一镇"、中国历史上"第一座山顶皇家花园"——馆娃宫，以及"红枫、清泉、怪石"三绝；其"文"在于它的文明与苏州城同龄，有 2 500 多年历史，甚而有"先有木渎后有苏州城"之说，拥有浓厚的人文气息，有私家园林十余处，享"园林之镇"美誉。如是独特格局，江南诸多古镇也稍逊风骚。

木渎并不是一个很大的古镇，许多人听说过严家花园、虹饮山房、灵岩山馆娃宫、天平山的大名，却不知它们都在苏州木渎。木渎之名源来有自。据说春秋末年，吴王夫差得了美人西施之后，备为珍视，为了取悦她，曾在灵岩山顶建造馆娃宫，增筑姑苏台，三年聚材，五年乃成。古代运输木材不似今天这般方便，没有大型的车与船，运输它们靠的只能是天然的河流，综合利用季节与天气因素，找个黄道吉日，将笨重的木材一一投入江河，让它们顺流而下，到了预期的日子再到预定的地点将之捞起。据说，当年木材源源而至，竟然堵塞住了山下的河渎，一时造出了"积木塞渎"的盛况，居于码头要塞的这个城镇由此得名木渎。后来，木渎便成为苏州通往太湖水运最重要的门户，明清两朝最是忙碌，真可谓繁华盛极。

就居家而论，木渎颇为舒适宜人。史载清代乾隆皇帝"艳羡江南，乘兴南游"六次，每次都不错过木渎，可谓一桩美谈。镇上老街纵横，干净整洁，山塘古街、下沙塘、古松街、中市街历经沧桑，往日烟云却未凉凉流逝，依然令人醺然沉醉，车水马龙在此也不稍嫌喧嚷，实为今人访古的好去处。在这里，随处可见风月之美、花木之胜、小桥之巧、流水之婉、百姓之悠。人在街上行走之时，亦是品谈风雅之时。

步入山塘古街，从"虹桥晚照"的方向直走一段，有西街与之交错。从西街108 号，沿青石板慢慢往下走，可寻到一座历史悠久的古屋，此乃严家老宅。老宅年久失修，后又借予某公司开辟为古文物展览场所，再后来该场所搬迁，遗留下来的各式杂物凌乱无序，但我们透过重重尘埃，依然可以瞥见宅子当年的辉煌。老宅是江南典型的灰瓦白墙，远远便可望见一道古朴精致的正门，由花岗岩砌建，上面刻有吉祥图案的浮雕，辅以花朵缠枝纹，美观别致，门头正中间有"万商迎利"的字样。石门旁的两扇红色木门向内推开后，迎面望见一方庭院，两面是白色围墙，穿过庭院是大厅。庭院左右两边各栽植两株矮树，各自开着娇艳的花朵，引人注目的还有两口门海，也不知是否依着旧时那般摆放。

站在严家老宅二楼，推开门窗向外眺望，映入眼帘的是一派古朴风格的民居，鳞次栉比地立在老街上（翁晶晶 摄）

今天的严家老宅。我们依然能从房屋的结构布局、装饰等细节，窥见它曾经作为木渎首富宅第的辉煌与底气（钟兆云 摄）

可以想象,当年家族兴旺之时,门海里头应该是蓄足了水,盛有袅娜的水芙蓉,偶有几只小金鱼追逐着舒畅地游过。古人说"藏风聚气,得水为上",这一看便是有讲究的人家。

再往里头是各厢房,虽说整体房子不大不小,只能算是个中等规模,但来来回回,反反复复地走,依然能品出屋主的匠心独运。顺着台阶往下走,可以看到一个小园子,里面种有修竹和一些花。老宅里,还有一道比正门略小一点的侧门,也是古朴精致的石雕门,上面刻有"万福临门"的字样,此门两侧各栽植有山茶花,在早春三月里盛开,宛如赤霞彩云飘。据说,严家当年因家族兴盛,人丁兴旺,一直由西街 108 号扩建到西街 124 号,占地七千余亩,拥有数百间房屋,可见经商大族辉煌的气派。

严宅就以这样稳当的气派,等候严家显昆仲的降临。或者说,严家显昆仲出世所带来的人丁兴旺,增加了严门稳当的气派。严家显到来前,已有四个哥哥,可惜只留下最小的同父同母哥哥家书(字伯虞),夭折的有同父异母两个哥哥、同父同母一个哥哥;在其之后,有四个同胞弟弟相继来世,分别取名家政(夭折)、家起(字季行)、家贵(字继和)、家振(夭折)。15 年后,再添一个同父异母弟弟家虎(字重威)。显然,他们属"家"字辈。

趁着严家老二作为一名婴儿熟睡之际,我们不妨再来探一探中国历史上起名的奥妙。

在中国人的传统观念里,姓氏与名字是维持血统关系以及区分族别的依据与标志,是中国传统文化中十分重要的部分。因此新生儿起名是件神圣的事,往往由宗族里辈分高的长辈所取,寄寓着长辈对晚辈的某种祝愿与期望,很多时候是晚辈还未出生,名字已经事先备下来了。严氏家族的起名更是经过反复的斟酌与推敲,避开了忌讳,注重了形式,明确了寓意,才最终放到台面上来。比如本书主人公严家显这一辈男性从的是"家"字,这是因为明代严家先祖严果在修《严氏族谱》时,便以严肃谨慎的态度,制定十六字用于家族排辈取名,其为:

宇昌宗茂,信有明徵,国良家隽,庆衍斯增。

后又续定十六字,曰:

崇文振武,尊贤重能,本培而厚,枝发乃兴。

这些字可不是随随便便起的，里面大有讲究。据考究，"增"字旧谱作"臻"，苏州支谱作"增"。训诂学道：臻，至也；增，添也。以文义言，"增"字始合。且"徵""增"与新定之"能""兴"皆 eng 韵。"臻"则在 en 韵。eng、en 二韵，在古韵中不通转，自以"增"字为是。

故以此类推，严家显所有兄弟的名字里都会有一个"家"字。他的父亲严良灿那一辈男性从的是"良"，所以其兄弟便分别取名为良桂、良樾、良杞，以及良肱。他的爷爷辈从"国"字，故有国钦、国馨等。

严家显的到来，打破了严家郁结已久的悲伤，给一屋子人带来了异常的欢乐。在此之前，婴儿的祖父、严家的长老，曾位居木渎首富的严国馨，于上年驾鹤西去，享年七十九岁。一夜之间群龙无首，对这个名门望族冲击力委实不小。

其实，月有阴晴圆缺，人有生老病死，都是自然规律。再怎样的名门望族，也都合久必分。只是，这曾经是何样的名门望族呢？倒有必要探究一番。弄清这个问题很重要，此后主人公人生的某些因果便有了附丽。

从端园到羡园

木渎古镇的园林中，最有名气的要数严家花园。严家花园自然属于严氏家族。这个家族别说在木渎，放在全苏州，也算得上名门望族。

严氏家族可以说是在严家显祖父严国馨时最为兴旺。

严国馨是木渎有名的四大富翁之一，一度还曾跃为首富。他于清道光六年(1826)出生，又名严选，字德明，号兰卿，东山安仁里严氏第十六世孙，早年随父亲严徵祥来木渎经商，历练甚丰。严徵祥积劳成疾，一病归西前留下遗嘱：由二子严国馨继承其业。

严国馨掌柜数年，青出于蓝而胜于蓝，左冲右突中很快打下了一片江山，财富好似运河之水滚滚来，光绪年间与木渎的郑、徐、蔡合称"四大富翁"。家大业大后，原先宽敞的屋子一下子狭窄了许多，另觅大宅便逐渐提上了日程。

经多方思量与考察，严国馨中意上了木渎西街，这里毗邻下沙塘、灵山路、山塘古街，靠近虹饮山房、古松园、御码头，环境宜人，周边配套齐全，是不可多得的黄金地带。他最终决定率全家迁徙，成为严氏迁木渎始祖，而后在此建东山安仁里严氏支祠，并不别立家谱。

严国馨是个商业奇才，在如战场的商场里摸爬滚打久了，心思日渐辽阔幽深，眼光越来越精准，出手也是愈发慷慨阔绰。他选择木渎西街108号作为定居之处不久，又买下114号面积更大的屋子。人称此宅"共左右两幢，开间、层高、结构和建筑形式完全相同，都是前步柱至檐柱之间做船篷轩，木质楼梯位于明间屏风门之后，楼梯窄而长，明间和左右边间敷设地板，天井做花岗岩铺地"。

望族望族，在彼时苏州，人丁兴旺之后，似乎要有一处人人皆知的名园配套，才能众望所归。严国馨似乎也考虑到了这一点，他还未付诸行动，木渎诗人钱端溪的后人出乎意料地主动登门，迫切地希望他能买下端园。

端园位于木渎山塘古街，一直名声在外，是个沾过"龙气"的地方。乾隆皇帝一生六次南巡，次次均到苏州木渎，原因之一是曾任内阁学士兼礼部侍郎、御封"诗坛耆硕"的木渎人沈德潜能讨龙颜欢心。有次，乾隆竟夜宿沈德潜的寓所"竹啸轩"，以沐月色听虫鸣，还亲手在书房前植下一株玉兰。历经二百多年，这株玉兰树仍苍翠挺拔地立在园中，树干粗硕，高可数米，朵朵雪白的玉兰极力绽放着名扬四海的荣耀。

沈德潜头顶太子太傅的光环告老回乡，子孙却不成材，遂将"竹啸轩"赠与外孙章日照，日照又传给了儿子章寿五。道光八年(1828)，章寿五因家道中落，虽心有不忍，也只能将这座无力修治的旧宅院作价五千两银子卖给了诗友钱照。

相传这便是当年乾隆皇帝亲手植下的玉兰树（钟兆云　摄）

钱照见竹啸轩荒芜已久，往昔风光不再，惋惜之余心底便生出了重新修缮此园的想法。之后，他在园中增葺"眺农楼""延青阁"诸胜，筑假山，引清流，一处更比一处婉约入胜。待新园落成,他将其命名为"端园",因为他的字为端溪,以此昭告世人,这是专属于他的花园。清朝著名诗人龚自珍当年由洞庭东山径往木渎端园一游后,忍不住写下"妙构极自然,意非人意造"之句。诗人袁景澜更是详细作诗记录下端园的胜景。

钱照爱端园爱得深沉,也爱得疯癫,亲手绘制了"端园十八景",分别题咏,合编于他的《端园诗草》中。一字一句串起来,流泻出的是某种灵魂深处的执着。对钱照来说,谁要是动了端园一块石头,就等于要了他的命。以至于咸丰十年(1860)春,太平天国的军队打到家门口时,大小亲友携带细软各自逃命,他却赤手空拳,壮着胆子丝毫没有离园半步。外面是刀光剑影,铁蹄声声,里面依然平静似水,除了屋前的白纱帷幔在随风飘舞。

端园是保住了,钱照却于第二年初驾鹤西归,连着把对端园的爱也一并埋进了土里。从此,世界上再也找不出比他更疼惜端园的人了。但名园风采仍引来文人雅士,纷纷借寓在此著书立说。冯桂芬寓此总撰《苏州府志》,叶昌炽寓此完成考古名著《语石》。

古语道富不过三代,钱家也没能逃过此劫。随着家道式微,钱家的子孙日渐寥落,竟靠着变卖端园里的宝贝度日。端园内虽然山石累累,池水潾潾,但到底他们早已无心观赏,他们所思所想的是如何平安度日。一晃多年,坐吃山空的那一天终于来到跟前。钱氏子孙变卖了园内最后一件宝贝后,再也寻不出任何有价值的东西来,走投无路中一声叹息,来到西街拜访木渎首富严国馨,打算把这个祖传的园子盘给这个在当地有口皆碑、为人敦厚的"首富",以解燃眉之急。

钱氏后人的求援,正中严国馨下怀。

此时的严国馨,年逾花甲,皱纹横生,心里却依然放不下一个人。这个人就是他的老母亲朱太夫人。往事千端,每每望着满头鹤发的母亲,他心里总要泛起涟漪,一圈一圈地扩散成一片感伤的海。自父亲严徵祥积劳成疾,把家业传给严国馨归于尘土后,家里只余母亲朱太夫人一位长者主持大局。朱太夫人没有时间悲伤,因为她还有许多事要做,她要帮助这个刚刚继承家业却有点手足无措的儿子,只好把眼泪一点一滴深埋心底。

严国馨的几个孩子当时尚幼,他又常年奔波在外,家里的一切只能交由母亲与妻子打理。那些锅碗瓢盆的凡庸之事,抚育子女的琐碎杂务,看似渺小却一点也不简单,如果没有母亲的帮助,那一家子孤零零的日子该多难熬。他们相依为命,在木渎艰辛地经商,晃来荡去地生活,尝尽世态炎凉。苦心打磨了数十年,严国馨终成木渎首富。如孔融《杂诗》所云"人生有何常,但患年岁暮",看一看日子,也到了颐养天年,好好孝敬母亲的时候了。西街的老宅固然是好,但对于已慢慢繁衍出几十号人丁的严氏一族来说,实在是有些紧凑了,再加上孩子们都各自长大有了自己的家室,屋内妯娌之间的是是非非,多少令人头疼,迫着这个当家人着急另觅一处屋子奉母颐养。

白居易叹息的"商人重利轻别离",并没有在严国馨身上出现。他纵然是个商人,却也是个品不凡、受过良好教育的君子。所谓人如其名,一个"馨"字,让人油然联想到古之仁人"唯吾德馨""似兰之馨",严国馨疾恶如仇,不屑于做趁火打劫之事,平时还爱好舞文弄墨,莳花栽草。很大程度上,他强大的基因深深地影响到了孙子严家显,严家显的言行举止,很多地表现出了严国馨这方面的品格。

如是这般,也是钱照子孙无力抑制破败之后选中严国馨为端园下一位主人的原因之一。钱氏后人虽无法遵从祖上意愿保住这座江南名园,但选择一位品性端庄且懂行之人转让,使祖宅名园不致毁弃,也显得体面些。

严国馨听到钱氏子孙要出让这座让人艳羡不已的江南名园,心下欢喜,双方一拍即合。

既是交易,也许别人会威逼利诱以低价从钱家手里购入,但严国馨到底也是尝过世态炎凉,在生存的底线边卑微沉浮过的人。古语说"雪隐鹭鸶飞始见,柳藏鹦鹉语方知",人世间充斥或隐或现的险恶,若能早点认清"鹭鸶""鹦鹉",才能化险为夷。严国馨这辈子大约是见过太多的"鹭鸶""鹦鹉"了,他明白生活的不易,也懂得做人的道理。面对钱家人脸上难掩的羞愧之色,面对这桩一般人难以为之、事关江南名园今后命运的出让,他浮现脑海的倒不是"崽卖爷田心不疼"的鄙薄,而是"花无百日红,人无千般好"的慨叹以及对钱家人悲欢的关切。一念不过须臾之间,却也是相当检验人品的时候,严国馨当即表示愿意出资二十万银子。虽是木渎首富,但出手这样迅速阔绰,究属不易之事。

斥巨资买下端园后,严国馨所做第一件事便是请人重新修葺园子,并选定名噪一时的香山帮巨匠姚承祖。姚承祖生于木匠世家,十一岁随叔父姚开盛学木作,终岁营建于乡郡间,一生设计的屋舍庭宇,皆有口碑。严国馨是个有想法又懂生活情趣的商人,他要的听上去很简单做起来却是伤脑筋:在大致保留原有建筑的基础上,以乾隆玉兰树作为春景区,一路朝北曲东再折回,按季节及地形,配以不同的植物和建筑,突出四时特色,意在让人于方寸之间走过人生四季,借此体悟出天地之博大、岁月之精深,寓意家族在恒久不怠的时间循环中代代相传,生生不息。

姚承祖虽比严国馨小了整整四十岁,是个足足可以当他孙儿的晚辈,但实力一点也不容小觑。他勇于打破横亘在脑海中的思维藩篱,将稀疏的草木重新排列组合,将四季的色彩囊括于内,让白墙灰瓦与山水相融。日复一日月复一月的细心修葺,端园终于在光绪二十九年(1903)绽放出崭新的光彩。这里面有熟识的旧景,前人心血尤在;也有新景,亭台楼榭,花草树木,景分四季,石叠春秋,实可谓"胜地四时浓荫里,洞天一派碧鲜中",假山真水间不乏天人合一的哲学兼艺术意趣。整片园子,占地十六亩之广,其设计、建筑等方面均精妙绝伦,美不胜收。

严国馨对姚承祖妙趣横生的设计自是十分满意,特地在园内举行竣工典礼。此时,母亲朱太夫人的年龄加闰计算正好百岁,严国馨早已先行一步,请官府对母亲懿德予以嘉奖。后来,苏州知府亲自送来朝廷旌表木渎寿星朱氏赐建百岁坊的圣旨,还在大堂正梁高高挂上金龙镶边、上书"贞寿之门"的御匾。严府的荣耀和风光一时无两。正所谓人逢喜事精神爽,在庆功宴上,朱太夫人望着蜂拥而来的街坊邻居流露出的羡慕之情,再加上儿子请她为园子重新命名,乃徐徐道出"羡园"之名。

翁同龢题"严家花园"
(钟兆云 摄)

严国馨觉得甚好,为示庄重,专门托人请了两朝帝师、军机大臣兼著名书法家翁同龢题写园名。不知为何,翁中堂题写的是"严家花园"。翁同龢的名位,连同朴茂雍容的字,着实为这座已有来历的名园增色不少。

严国馨自号"羡园主人",在其经营下,木渎王家桥侧的羡园成为苏州名园。《江南园林志》记:羡园"北临田野,登楼凭窗,可远瞩天平(山),近望灵岩(山),极游目骋怀之致。园内布置,疏密曲折,高下得宜。木渎本多良工,虽处山林,而斯园结构之精,不让城市"。

民国时期,时称文治总统的徐世昌,为严家题颁"忠贞门第"匾额,羡园又多出一道亮色。1916 年,著名古文学家、文史专家和教育家钱基博慕名寻游,专门作文,叹其"构筑颇精"。去过羡园的近代著名建筑学家梁思成,在《中国建筑史》中落笔赞叹其"新意层出,不落常套"。二十世纪三十年代,建筑学界有"南刘北梁"两泰斗之称,梁是梁思成,北是刘敦桢。刘敦桢对羡园也情有独钟,曾作大段文字描述。

再怎么见仁见智,再怎么描述,都是言有尽而意无穷。仅仅用一个美字来形容羡园,是远远不够的。羡园最终无疑地成为严家名门望族身份的具体象征。

中华人民共和国成立后,曾任全国政协副主席、中国佛教协会会长兼书法家的赵朴初,听了这座江南名园的前世今生后,欣然补题"羡园",又添一段佳话。

花这么多笔墨写严家花园,并不是为衬托这望族而浓墨重彩,乃因为包括严家显在内的一批严家子孙,对严家花园都有着不可磨灭的印记,不管身在何方,都念兹在兹。这花园是严家子孙的一个图腾。

让人羡慕的不仅是拥有这座名园,还因为进出过这座园子的严氏一脉,人才辈出,各领风骚。

严国馨身为木渎一代富翁,做过许多善事,如创设善济堂、代赈堂、修缮灵云山寺庙等,数十年光景下来,得到邻里乡亲的赞誉,赢得了生前身后名。螽斯衍庆,瓜瓞绵绵,道德人家多子多福,严国馨有五个儿子,分别是良桂、良樾、良杞、良灿、良肱。

严良灿继父亲严国馨之后,再度成为木渎首富不说,这里还出过担任台湾地区领导人的严家淦,出过福建省立农学院创办人、著名昆虫学家、教育家严家显,出过抗美援朝时曾获朝鲜"二级国旗勋章"的著名病理学家严家贵,出过第十一届和第十二届全国人大常委会副委员长、中国民主促进会中央主席、中央社会主义学院院长严隽琪,等等。

可以说,严家花园在中国历史,尤其是近现代的历史画卷中,添上了浓墨重彩的一笔。如一朵锦花缀在簪满了英雄气概与儿女情长的历史鬓发间,见证了一个家族悲壮忠贞的铁与血。

今天的严家花园已变为木渎镇造园艺术最高的景区,游人络绎不绝(钟兆云 摄)

木渎首富的家业

正所谓分久必合合久必分,严家显出生不久,这个名门望族因为老掌柜严国馨的过世,闹起了分家风波。

分家涉及太多的问题,巨额的家产总会受到虎视眈眈的觊觎,争多嫌少的现象自古就屡见不鲜,严重者更会闹出人命来。所以,除非有专门遗嘱,一般是诸子均分,不管少长,都有同等权利继承上辈遗产,以示公平。

严国馨膝下子女众多,其中五子,老大系前夫人所生,后四子出于续弦。严国馨遗愿是诸子均分财产,主事的老二却中途变卦,玩了个花样,提出抽签。他为了不让同父异母的老大均得,事前悄悄地从五子名下各先抽出一份家产,转为田产单独列项,嗣后以四比一"押宝",认为这特别厚重的一份总该落在他们四人之中,万一有变还可鼓动重分。他还未雨绸缪地对胞弟们说,谁抓到田产这个阄就归谁,届时把多出部分再作四份,由他们兄弟四人均分。然而,事与愿违,老五抽到这特别重的份额后,以均分之说只是空口无凭,不予认账,一家独享。

老三老四倒没在乎,既不想让家丑外扬,也想息事宁人。始作俑者的老二却消受不了,自己挖空心思,破了长兄如父的威仪不说,还竹篮子打水一场空。面对"毋强凌旨,毋知诈愚,毋以忿废亲,毋因财富而失礼害人"的严氏家训,思前想后,觉得既愧对尸骨未寒的父亲,又负手足之情,怎么也无法交代,愧疚加上郁闷,竟在自家分到的沙场上自杀,任这桩丑事随风而逝。

人人各有所执,人生之路也因此各异。虽是富贵之家,但每个小家都有各自的打算和难处。这里的是非曲直,一言难尽。

祖产没均分,犹如二桃杀三士一般,一念之间,自是伤了兄弟情分。老五既与其他兄弟失和,不久就举家迁至苏州城。

严家花园还是严家子孙共享的祖屋,犹如祖祠一般。五兄弟分家后,哪怕平时几家走动很少,却还能在这里偶尔相遇。同辈少爷中,严家显来的最多,这里绿竹茂密,花香草茂,引得蜂蝶蹁跹,不知不觉就把少年的心给迷住了。堂哥严家淦也爱在此流连忘返,这里有四时美景,有江南花园的种种胜处,都进了他的照相机镜头。

每个人都有与生俱来的爱好,对蝴蝶、蜻蜓、蜜蜂等飞行昆虫的喜爱之于严家显便是。如同向日葵总是向着阳光生长,他从来也是喜欢跟着昆虫走。四五岁时,当其他孩子对蜇人的蚂蚁、蜜蜂常怀恐惧时,他却一脸喜悦,不仅迷上了观察,还愿意在茂密的草丛、盛开的花海里探头寻找,又带着弟弟捉蝴蝶、蜻蜓,还无师自通地将它们做成了标本。及七八岁,他房间里的蝴蝶标本已是琳琅满目,五彩斑斓。

家人对他这种近乎痴迷的爱好感到不理解,常担心他走火入魔。但是,父亲却在背后默默地支持他。

严家显此后的人生,与父亲有着莫大的关系,是故不能不拿出些篇幅对其父做个介绍。

严家显之父是严国馨的四子严良灿,字子绚。所谓有其父必有其子,这也是一位在经商方面有着卓越才华的奇人。在乡里和后人口中的他,秉性率直,颇有胆识,善于理财,厌恶田产,同时不计个人得失,乐善好施。这也就不难理解,为何他对分家时发生的田产风波毫不计较,盖其心志,不在田产,而在乎发展工商实业。

生于清同治十三年(1874)的严良灿,父亲走时刚过而立,面对娇妻稚儿,身上需要承担太多的责任。1905 年,清政府正处于苟延残喘之际,外边的列强虎视眈眈，里边的封建正统一步步面临瓦解，盛行了一千三百多年的科举制度终于萎谢凋零了，民主思想逐渐崭露头角。也正是这一年，孙中山联合各省有志革命的留学生和日本志士七十余人，在日本东京赤坂桧町三番黑龙会会址成立了中国第一个资产阶级政党——中国同盟会，提出著名的"驱除鞑虏，恢复中华，创立民国，平均地权"的宗旨。也是这一年，严良灿走上了新的征程，依着一双慧眼、过人的胆识，以及内心深处纯真的家国情怀，认定中华要崛起就应该好好发展民族工商实业。

实业救国论于二十世纪初风行一时，张謇——那个被誉为中国近代实业救国论的最有影响的代表人物，曾郑重其事地说："救国为目前之急……譬之树然，教育犹花，海陆军犹果也，而其根本则在实业。"但毕竟是纸上宣言，对于木渎这么个小镇，还得有人登高而呼，身体力行。因此，严良灿的观点在木渎依然新鲜，他在一些人眼中成了"思想上的巨人"。

是时，木渎酒酱行甚为繁荣，星罗棋布。东街有潘正宜、仁记；东中街有严万和；中市街有严裕泰、吴昌记、恒泰正；西街有西和美，还有专门卖酒的许炳记酒店；下塘街有吴泰号、严和美和义成油坊；虹桥街有曹家酒店等。其中最大最早的酱园店是吴泰号，创设于光绪年间，该店生产的豆腐干、腐乳等，用料讲究，制作精良，味道鲜美，闻名遐迩。且不论严良灿是否是"思想上的巨人"，却不争地成为行动上的巨人，立志发展本地工商实业的他，冒着被众多传统老店夹击之险，经一番精心准备，于1908年在木渎下塘道场浜旁（今下塘27号），与人合资创办了严和美米酱行，当起了"行长"。

严和美米酱行起步便十分了得，占地足足一万四千多平方米，内设米作、酒作、酱作、油作、豆作，规模为当地当时同行业之首。按现今国际足球联合会世界杯的比赛场地七千一百多平方米的标准来套，严和美米酱行约有两个足球场一般大小。严和美米酱行因地理位置偏东，又名东和美，寓意和和美美。

难得众口一词，都说严良灿经商有道，坚持信义通商、真诚待客。他的经营方式多样，现金交易之外，还普遍采用赊账形式，按一年三节（端午、中秋、年关）结账付款，一旦达成合作，从不提防别人赖账；在零售供应的同时，还开展批发业务。一时间，四邻百姓，远近商店，都纷纷到木渎严家购买和批发粮油、豆饼、酒酱等。

和和美美发展中，不觉已赚得个盆满钵满。严良灿乘势而行，不久又在西面开设了西和美米酱行，与东和美新老互动，齐头并进。之后陆续间，又开张了严裕泰和严万和粮酒酱店、严安德中药店。

木渎山塘街严和美米厂码头旧址

可以说，严良灿是个有内涵有追求的商人，其成功并非偶然。慢慢地，那些店铺如其名，循着他的经营理念，同力协作，形成了木渎镇上实力最为雄厚的商业集团，营业额在木渎一带独领风骚。与此同时，也带动和促进了木渎工商经济的繁荣。在严良灿的协调下，香山班、西山班、湖州班轮船都要经木渎停泊载客，全区市面因而更加兴旺。

史载，北伐前木渎没有市公所，为董事制，严良灿担任区董，掌管木渎商业。抗战前，木渎全区下辖七镇十三乡，周围农户冲着严良灿的旗号，将大量的米运到木渎集散，每年运出大米 11 万担左右。

严良灿还在江阴办起了纱厂，大获成功，又在木渎西街老宅附近，选址西街64 号建了栋青砖洋房。楼里有电灯、壁炉等先进设备，门柄饰有西式古典花纹。命名"馀里"楼，意即余利。

馀里楼为七开间砖木结构洋房，占地面积约 5 000 平方米，其中建筑面积近

21

1586平方米。楼内进深（宽）15米，长廊长58米、宽1.5米，走廊长12米，宽1.5米。包含祖先堂、花厅、门厅、厨房、柴房、玻璃花房在内，楼内大大小小、各式各样房间共计31间，各房均用木质材料分隔。气楼功能为隔热，不用作居住。

该楼建成后，在当时的木渎一带十分轰动，风光无限，有几户人家能有实力建造这样出彩的西式楼房呢！

馀里楼旧址。该楼的建成，在当时的木渎十分轰动，风光无限。日军占领苏州后，馀里楼不再平静，一时成了日本宪兵队的驻所。新中国成立后，先后为吴县防疫站、木渎人民医院所用；21世纪后，先为苏州市第六制药厂办公楼，当时进行了改造，房屋分割有所变动。2009年，因为镇政府对西街发展旅游的规划改革措施，制药厂整体搬离。馀里楼的一些附房和花园虽已难见踪影，主楼却依然保存完好，在风雨中默默倾诉原有的辉煌（钟兆云　摄）

严良灿还是一位走在时代前列的慈善家。1920年，他投资五千多银元，率先在南街底南亭子附近办起小型发电厂，一举两得，既解决了自家实业的生产用电问题，又结束了木渎用煤油灯的历史。由点及线再至面地改善全镇照明后，他还主动包揽了木渎一带路灯的电费。之后又发起成立木渎救火会，组织

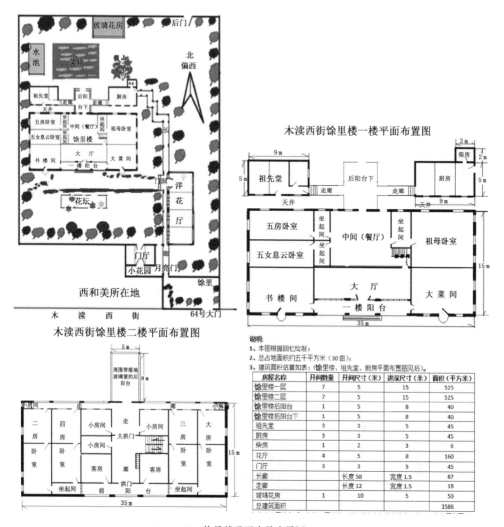

木渎西街馀里楼一楼平面布置图

木渎西街馀里楼二楼平面布置图

说明:
1、本图根据回忆绘制;
2、总占地面积约五千平方米(30亩);
3、建筑面积估算如表:(馀里楼、祖先堂、厨房平面布置图见后)。

房屋名称	开间数量	开间尺寸(米)	进深尺寸(米)	面积(平方米)
馀里楼一层	7	5	15	525
馀里楼二层	7	5	15	525
馀里楼后阳台	1	5	8	40
馀里楼后阳台下	1	5	8	40
祖先堂	3	3	5	45
厨房	3	3	5	45
柴房	1	2	3	6
花厅	4	5	8	160
门厅	3	3	5	45
长廊		长度58	宽度1.5	87
走廊		长度12	宽度1.5	18
玻璃花房	1	10	5	50
总建筑面积				1586

馀里楼平面布局布置图

全镇青年店员担任义务消防队员,并于抗战前购置了一辆"特络威"牌救火车,当时苏州城内仅两辆救火车。救火会扑灭过无数次火灾,有效地保护了乡民的生命财产安全。他还带头组织成立了"善济堂"和"代赈会"等慈善机构,拥有学田三百多亩、房屋十八间,以其收入为地方举办公益事业,每月对全镇孤寡老人和教师发放生活补助费;平时修桥铺路、收送弃婴、收殓掩埋无主尸体。严良灿为民造福,致力发展木渎地区经济和公益事业的种种事迹,深得人心,至今传颂乡梓。

让人称道的还有严良灿的孝道。其所娶柳氏,续居氏、徐氏,都是苏州洞庭东山人,为何? 遵循祖训是也。

从严氏家谱可知,严良灿原配夫人柳氏,生有二子家麒、家麟,皆幼小夭折,她也郁郁终于24岁那年。严良灿续弦居氏(1878—1918),也就是严家显的生母,生有十一个子女,但只存活八个,长子家法幼年夭折,其后又有四子家政、七子家振夭折。在最后一个儿子夭折不久,居氏悲伤过度加上积劳成疾,不幸离世。为感念她对严门人丁兴旺所做贡献,严良灿将她和原配柳氏在吴地比邻而葬,族谱称其墓"尧峰山邱巷神仙坞""新阡独穴""甲山""庚向"。而后,严良灿续弦徐氏,又生育若干。

严家显在昆仲中排行第二,遂有"仲扬"之字(其兄家书字伯虞,其三弟家起字季行,四弟家贵字继和,五弟家虎字重威)。

据《元和姓纂》及《通志·氏族略》记载,严氏本为庄氏,为"春秋五霸"之一的楚庄王后裔,属于以谥为姓。到汉明帝刘庄时,为避天子讳,庄姓家族才改姓氏为严。自此,严氏一族始生。

世居吴地的严氏族人,最早可追溯至西汉时期的著名文学家严忌,他才识过人,胸有大志,以二十四篇辞赋享誉文坛,后葬于吴王夫差行宫所在的吴江铜罗一带。至魏晋之际,族中亦有恢复庄姓者,因此,史上严、庄两姓共存,实出一脉。明代中后期严果首修严氏家谱时为慎重起见,以七世祖严伯成为始祖,顺带写下了修谱过程中的心得体会:"族谱之所系大矣哉,万物本乎天,人本乎祖,人而不知其所自,犹水木而忘其本源。"虽寥寥数字,却意义非凡。故事就要追溯到这个吴地洞庭东山严氏始祖严伯成。

严伯成生逢乱世,在北宋灭亡、南宋定都临安那年尚是襁褓中的婴儿,父母因战乱相继染病离世,唯有一奶娘抱持不去。这个年轻善良的苏州东山女子,舍不得这个打出生便由她喂养的孩子,毅然决定收养他。

小小的严伯成于是有机会在一个健康的环境里成长,更幸运的是奶娘非一般俗气之辈,知书达理且有见地。她家境虽是一般,却还是认为男儿腹中应有诗书,时常激励严伯成要努力向学,甚至不惜花重金聘师教读,未尝怠忽。懂事的严伯成,早已视奶娘为亲娘,读书十分勤勉,一年三百六十五日不曾有一日松懈,有时在梦寐之中还能诵出几句诗文。寒窗十年,不负所望,终于顺利考取功名,被授吴郡平江府(今苏州)判官。严伯成举家迁往吴地就职期间,勤政爱民;赢得了良好的官声口碑。

任内,严伯成曾多次往奶娘所在的东山巡视。他喜爱那里的湖光山色,致仕后便在东山马家堤安仁里选购了一处良地安居,由此成为吴地东山严家的始祖。

严伯成无比感念奶娘的关爱与照顾,也请她及其家人入府居住,不仅自己待之以诚,还教育妻儿也如是善待奶娘一家。奶娘年老病故后,严伯成以隆重的葬礼将她葬在东山,还告谕子孙,没有这位奶娘便没有今日严家。是以,每到清明时节,他们必先祭奶娘坟,再扫祖先墓,慢慢演变成为严氏家规。今天的我们,已经很难考证出这个善良的奶娘真名实姓了,然而无名胜有名,她留给严氏后人的印记虽然模糊,却终不褪色。

因为这段渊源,严家立下了一个祖训:子孙后代所娶,首选苏州东山女子。

严家显的祖父严国馨、父亲严良灿等人,娶妻莫不如是。他本人的最初婚姻,也恰如是。

求学桃坞

严家显堂兄严家淦后来在台湾回忆幼年生活时说:"我六岁时,恰逢辛亥革命,是时地方又不安定。而当时大家都有一种矛盾心理,即住在城里的人要搬至乡下,住在乡下的人又要迁入城市。我家虽在木渎,但城内也有房屋,于是就又搬入城内,因而在苏州读了中、小学。后逢'齐(燮元)卢(永祥)之战',又自苏州迁居上海,遂在上海读完大学。"

严家淦、严家显兄弟的人生有过非同一般的交集,严家淦的回忆,也能映现严家显那段模糊的中小学时光。

严家淦,字静波,号兰芬,严良灿之弟严良肱之子。清光绪三十一年(1905)生于木渎西街包衙前 51 号,少儿时在木渎小学就读,1916 年考入苏州桃坞中学,后又升入苏州东吴大学附中,中学毕业考入上海圣约翰大学攻读理论化学,1926 年毕业获学士学位。其后从政,在国民党历史上留下过重重一笔。

生于清末的严家淦曾称:"我的教育是旧式的开始,但是后来所接受的则是新式的教育。"

严家显更是如此,他先在家学启蒙,然后进了学堂。先就读于木渎公立小学堂(今木渎实验小学前身),再于桃坞中学度过初中、高中。他的中小学求学轨迹,几乎是与严家淦的重合。

关于严家显小学时代的求学细节,已无从知晓,我们接触到的严家亲人、熟人以及若干知情者,都说严家显幼年酷爱读书,对昆虫兴趣浓厚。尤其是蝴蝶,五彩斑斓、机灵可爱、飞翔敏捷的样子,很是吸引小家显的眼球。

随着年岁的增长,渐渐地,他竟能识别一定的蝴蝶种类:粉蝶、蛱蝶、凤蝶、斑蝶、环蝶、灰蝶……它们的颜色各有讲究,大部分蝴蝶的基调是黑色、黄色、白色,上面饰有红、蓝、绿、黄等色彩的斑纹,美丽动人。它们总是那么的变幻多端、神秘莫测。趣味盎然中,他渐渐地萌生了一个强烈的念头,将捕捉到的蝴蝶,以及那些死去的蝴蝶制作成标本,好一一排进书房里,专心致志地研究它们。当然,还有蜻蜓。

兴趣是最好的老师,严家显由着兴趣引导,一步步进入研究昆虫的学问殿堂。他是早慧的,也是认真的,人说年少足风流,他在年少时已展现出了沉稳的学者气质。

母亲居氏略有微词,担心这个与众不同的儿子玩物丧志、走火入魔。做父亲的却是呵呵直乐。不独如此,他有时还陪儿子一起捉草蜢、萤火虫,父子一起疯魔、乐呵。早早地,少年严家显已看过法布尔的《昆虫记》了。自然,书是父亲赠予的一份礼物。

一天,严良灿看儿子一直在搔痒,便关切地问:"怎么,你房间里的跳蚤还没除尽,可能是药量用少了。"

儿子倒不在乎这些,而是仰头问起了一个古怪的问题:"爸爸,跳蚤长有几条腿?"

父亲一时答不上来。

答不上话来的父亲,答应花上一笔钱,给儿子买当时的稀罕物——显微镜,方便他弄清跳蚤有几条腿。

由于这个缘故,严家显在这方面的兴趣更加浓厚。少年人的学问兴致,往往能在这种不经意间萌动、发酵。

严家显的房间位于二楼,窗外是一大片皎皎如月明的白玉兰,在风雨中歌舞,在晨昏时送香,春夏时节尤为好看。他的房内,主要以蝴蝶为主,各种昆虫标本或摆或挂,五彩缤纷,洋溢着一派自然气息。经过在显微镜下无数遍地观察,小小学者早早读出了诸多虫语,并有了自己的审美。关于这一点,除兴趣之外,天赋自也是极重要的一项。

五彩的蝴蝶一眨眼便飞进了桃坞中学，严家显也跟着踏进了校门。这是严家大小公子几乎都上过的中学。此际，中国新文化运动如火如荼，接着五四运动声势浩大地掀开了近代中国争取民族解放与民族振兴伟大斗争的序幕。

桃坞中学是现在苏州市第四中学的前身，地处深巷之中，红砖建筑在绿树浓荫中显得古朴典雅，别具味道。

20世纪初，中国遭受帝国主义列强的轮番侵略，国内科举未废而西学已兴，各帝国主义以传教为名，在中国土地上广建教会、医院、学校，占领阵地。在此背景下，清光绪二十八年（1902），美籍传教士韩汴明、聂高莱奉美国基督教圣公会之命，在苏州古城区西北角廖家巷东首租用毗连民房两栋，开办圣公会中西学堂。创校之初，校舍简陋，学生寥寥四人，年龄均在11至14岁之间，一学期仅交学费一两元。次年，在苏州桃花坞宝城桥街购地建学堂，学生逐年增加，至清光绪三十四年（1908）有129人，雏形已具，正式定名桃坞中学，开始设立预科及本科，预科相当于高小，本科相当于中学，学习期限均为四年。

教会学校有浓厚的宗教色彩，但它不争地是一个时代变革的缩影，开了风气。

圣公会自立一套管理与教学制度，不受中国政府节制，桃坞中学办学宗旨就明确提出"修道谓教"，强化对学生宗教思想的灌输。中华民国成立后，苏州的教会学校遵照民国教育部令，均先后向政府申报立案，并由中国人担任校长，唯独桃坞中学拒不立案，并由美籍传教士梅乃魁担任校长长达28年。后来章程虽也宣称"本校中西并重，三育兼施，参照民国教育部中学校令施行细则办理，以培养高尚纯正之品格，切实适用之学诣为宗旨"，但作为教会学校，实际上还是以宣传基督教义为其主要目的，数十年如一日采取以下措施：

1. 每周各班有两节圣经课，和其他学科一样列入课表，并进行定期考试。

2. 每日上课前全校学生集中礼堂，由校长主持举行早祷，时间约二十分钟。

3. 每日三餐前，必须由学校中的教徒组织——青年会会长，先做祷告，然后学生才可以动筷进餐，时间虽仅一分钟左右，但学生必须遵循。

4. 每星期日上午，全校学生必须整队点名，进礼拜堂做礼拜，即使极少数的走读生也必须准时到校参加（教会学校星期六下午是不上课的，以补足星期日上午的休息时间）。

5.每逢教会节日，如复活节、圣诞节等，全校学生也像星期日一样参加礼拜仪式……

这些规定，为学校涂上了浓烈的宗教色彩，但大多数中国家长将儿女送进校，并非为了皈依宗教，实因该校功课较紧、纪律严谨、社会声誉好。严家显对宗教教义就敬而远之。所幸，随着学员日增，教徒的百分比逐步降低。

史载，1919年五四运动爆发时，苏州学生群起响应。桃坞中学与东吴大学、苏州工专、苏州中学等四校联合发起成立了"苏州学生联合会"，桃坞中学大多数学生参加了示威游行，声援北京学生的爱国行动，还特别组织了一支宣传队，在闹市区痛斥北洋政府丧权辱国的罪行，高呼"还我山东""还我青岛""废除二十一条""拒绝和约签字"等口号。

不管严家显是否参与其中，是否是当时苏州城反帝爱国斗争中的活跃分子，这场波及全国的学生爱国运动，或多或少地影响了他年轻的心灵。

严家显具体何时进的桃坞中学，已无案可查。我们根据眼下发掘的其大学毕业证书，倒推他的中学时光，正常的时序该是：1918年12岁前后进桃坞中学初中部，1922年16岁前后进桃坞中学高中部。

民国时期，学生进校时间普遍较晚，他在高中时完婚，可能有过含蜜月在内的休学。至于是否有过留级，这个可能性较小，因为他一向会读书。

这可以参考他的同乡加好友、后来的昆虫学家柳支英的求学时间。大他一岁的柳支英，1924年中学毕业时也都19岁了。

严家显就读时的桃坞中学情况，可从同时期的校友胡二吾的叙述中获知一二："九月五日为本校秋季招考之期，是日也，久雨初晴，天高气爽，嫩凉沁脑，正堪文事报名人数二百余人。上午试验中文，下午试验英文，阅卷后即行揭晓，录取者六十有六人，仅有造才额满，见遗本校同人成引为憾事，深希来日校舍扩充，普惠后学。"

严家显读完四年预科后，1923年桃坞中学取消了预科、本科，改为初中、高中各三年。学校陆续建造了一批砖木结构西式校舍，有教堂、体育馆、实验室、办公室、教师住宅等，同时更新学校设备，增强师资，教员多聘自圣约翰、东吴、金陵等著名学府。上海圣约翰大学承认其为附属中学之一，并认可桃坞中学优秀毕业生可经学校直接推荐保送来校深造,名列第一者还可享受免费待遇。

桃坞中学戴上"美国在远东地区办得最好的教会中学校"这个桂冠后,收费开始大幅提升。该校章程第五章专门订立了收费标准:

> 1. 膳宿生每学期学费洋廿七元,膳费洋十八元,电灯杂费洋十元,共计五十五元;通学生每学期学费洋廿七元,午膳费洋十元,杂费洋二元,共计三十九元。以上各费须于入学时缴清方得上课,如中途辍学,无论斥退、自退,所缴各费概不退还。
>
> 2. 不论新旧学生,每学期应缴运动费一元,杂志费洋二角,新生另缴操衣费洋十四元……
>
> 3. 英文正科生每学期当预缴书籍费洋十元,预科生七元……
>
> 4. 学生于中英文未能同时毕业的仍在本校肄业者各费照缴。

不妨做个比较。同一年代,江苏省立中学每学期学费是初中洋四元,高中洋八元,中西学堂这样的收费标准已远高于当时的公立学校。如果放在当时日常生活中,这样的收费标准更高得离谱。据了解,当时在上海,大米一担值三个银元,老刀牌烟一包三个铜板,绍兴酒一斤一角钱。如果有幸拿了一块银元的稿酬,可以大方一次,请三朋四友去茶馆吃茶:茶资八个铜板,如果嘴馋想品尝生煎馒头、蟹壳黄等各种小吃,也就多花二十多个铜板,最后还能剩下一些。20世纪30年代的北平,一银元可买八斤好猪肉,两碗小米粥、外加一盘白糖才两毛二分钱。在重庆,大米一斤二分五,一百斤两块五角钱。陈明远在《文化人的经济生活》一书中则提到:"1929年,每块银元兑换三百个铜板,一个铜板可以换一只鸡蛋。"也就是说,一块银元可以换三百只鸡蛋,数量十分可观,若一个三口之家一天需吃掉三个蛋,那么一银元可以满足他们吃一百天,也就是三个多月。

此时的中国正处于内忧外患之中,战乱频繁。普通老百姓那一点可怜的收入,也就勉强应付基本的衣食住行,哪有多余的钱财供子女去上学? 所以,桃坞中学里的学生大多数系苏沪一带富裕家庭的子弟,成为人们眼中名副其实的"贵族学校"。

殷实的家境,为严家显的求学铺平了道路。

桃坞中学以英文教学为特色,对学生英语学习有极高要求,不仅要求学生达到能看能写能讲的水平,还特别注重发音的准确。学校规定,高中的英文课均由美籍教师教授,初中可由中国教师教授。高中教学课本均用英文原版,教学要求从严、从难着手,教师授课大部分用英语,考试试卷也多用英文命题,学生平时答问、答卷以及和教师会话也基本用英文。

桃坞中学 1908 年成为上海圣约翰大学的附属中学后,优秀毕业生可由学校直接推荐保送,学校对教学就更是从难从严着手,以便未来更多的学子能够顺利升入上海圣约翰大学。拿英文教材来说,据彼时学生回忆:"初一读《泰西三十轶事》《泰西五十轶事》,初二读《天方夜谭》,初三读《人类的故事》,高一读《格列佛游记》,高二读《罗宫艳史》,高三读《威克斐牧师传》,高三另有选科读《莎士比亚》著作。上述教材都比当时一般中学所用的深,尤其是初三所读的《人类的故事》,当时有些大学文法学院把这本书定为大学一年级的课外读物,从中可见一斑。每周英文教学的课时多达七八节,每天至少一节,课时超过国文和数学,且每两周作英文作文一篇,当堂完卷。平时英文作业布置频繁,课堂练习多,教师批改认真,目的是通过反复实践,使学生能熟练掌握、运用自如。"

如此,桃坞学子的英文水准明显地高出一般中学,即使在教会学校中,亦居领先地位。严家显作为桃坞中学的毕业生,英语水平必定不差。

颇具特色的,还有桃坞中学的课外活动。严家显就读时,桃坞中学已设立期刊社,出版《桃坞》学刊,内容有时论、课艺、译林、杂看、笔记等,对外发行。学校各年度还设有学术竞赛和文体活动。而后学校成立了学生会、文学会、青年会,甚至拳击俱乐部,皆由学生主办,聘请少数教师为顾问,每隔两星期还分请海内外名人来校演讲,丰富多彩。桃坞中学的体育运动,在江浙一带私立中学中素有盛名,曾多次获得苏州中学生运动会团体冠军,有一年还获过华东中学联合运动会田径总分冠军。学校宗旨乃"研究学术,练习口才,以期养成思维灵敏,举止活泼之青年"。严家显热衷一生的文体爱好,应是这个时候培养的。他追求起学问来多少显得有点少年老成、书呆子气,言行举止却是活泼的。

这所在各方面都办得有声有色的教会学校、贵族学校,收费虽高,却也不是有钱就能进来,在招生考试这一关有着严格的规定。如果考试发挥不良,无法达到初中水平,即编入补习班,补学语文、英语、数学三科。待一年后成绩及格,才能编入初一年级就读。

桃坞中学还实行严格的淘汰制,严进严出。进校后不等于可以高枕无忧、万事大吉了,如若不小心有一门主科或两门副科不及格,则有留级的风险,留级二次即被学校除名。在预科、本科时期,校中分设中文班、英文班,中文班可跳级,英文班则必须循序渐进,且规定所有学生须在两个班都修业期满,取得两张毕业文凭后,才算正式毕业。所以就出现了这样匪夷所思的情况:一个学生在中英文班学习,往往分在不同年级,有时相距二三级,即中文班毕业后,要隔一二年甚至三年,始得在英文班毕业。1923年改制后,学校章程第十四章"奖励与惩戒"条文中,明确规定:"品行平庸、学业一无进步,得由教职员会议时取决同意降入下级。"一个班级到毕业时,最后仅剩几个学生也不奇怪。这里,不得不特别提一下,学校采取的评分制比较特别,不像今天盛行的"六十分万岁",而是要求各科考试成绩以七十分为及格,每年级的各科成绩全部及格,才能获得毕业资格。

如果说,新文化运动和五四运动给了步入中学的严家显一次洗礼,那么,在他中学毕业前夕爆发的五卅运动,则又是一次萦绕脑海挥之不去的轰鸣。史称,五卅运动时,苏州学生群情激奋,游行宣传,抗议帝国主义的暴行,倡导抵制英货、日货,掀起了反帝爱国斗争。此时的苏州,已有共青团组织的活动,桃坞中学恰是发展共青团员最早的学校之一,学生们上街游行示威,振臂高歌:"豺狼当道,猛虎横行,害我中华,几阵枪声,满街热血,一场残杀。有志竟成,休让英魂,含冤泉下,热泪抛抛……"

这悲愤的队列里,怎么可能没有一辈子都爱国的严家显?

或许,他还曾利用课余时间,在校园内外秘密张贴"打倒帝国主义!""打倒军阀!""废除不平等条约!"等标语。

这个爱国至深的热血男儿,在这么个重要场合怎会缺席?

在一个望子成龙的社会里,桃坞中学严谨的纪律、优良的教学质量,倒是深得家长的信赖和赞誉,在当地名声很旺,一时无两。

成绩优秀的严家兄弟们,在桃坞中学是出了名的"严家将"。严家显与严家淦还在同年级同一个班,堂兄弟势均力敌,争抢第一是家常便饭之事。后来一个去了上海圣约翰大学,一个去了东吴大学。

据严家显长女严隽珏介绍,严家显十来个兄弟姐妹都很会读书,成了馀里楼这个封建大家庭的一道风景。她还特别提及与严家淦同班的大伯严家书:在数理方面见长,当年在桃坞中学物理竞赛中曾获银质奖章,后来曾任苏州数学学会会长,"他给我的感觉就像巴金小说《家》里的'觉'字辈大少爷'觉新'"。觉新才资优异,聪明好学,生性善良,对生活有着美好的理想和追求,一方面遵守传统礼教,一方面又接受了社会新思潮,挣扎于无尽的自我矛盾中,是典型的封建末世知识分子形象。在资料欠缺的情况下,大家或许可以从"觉新"这个角色中略窥到严家书的影子,诚然,也多少可以捕捉到严家显的某个身影。

前缘旧事

严家显十八岁时,还在桃坞中学读书,人生却要面临一件大事:成婚。

男大当婚,女大当嫁,出身名门望族,"父母之命,媒妁之言"更是等着日子发声。得益于民国社会的进步,否则严家显可能会更早一些步入婚姻殿堂。进入民国后,伴随着社会的开放,女性解放运动的兴起,许多人已意识到早婚的危害,《民法·亲属编》还提出"早婚足以弱种"之说,北洋政府和南京国民政府均将法定婚龄定为男十八岁、女十六岁,提高了法定婚龄,改革了明清以来的婚龄制度。

前文提及,严氏始祖严伯成赖苏州东山女子所救,并抚育成才,为感恩铭德,乃立家训:子孙后代当娶东山女子。改朝换代一路到民国后,虽然民风也跟着一路开化,自由恋爱正慢慢受到年轻人的喜爱与追逐,但根深蒂固的传统择偶风俗,仍被老一辈人奉为正统。尤其在严家长辈眼里,娶个苏州当地女子,知根知底,也好传宗接代。自古以来的父母,都认为自己是在做好事,为不经风雨的年轻子女省去一些不必要的择偶麻烦,连婚嫁的一切细节,都任劳任怨地包办下来,子女只需要出席婚礼,婚后好好过日子即可。他们相信自己预言家式的眼光,如若未来出现差错,多半也是子女自己的问题。

就这样,综合各项因素,严家在东山物色到了一位席家闺秀。从成于1933年前后的严家族谱可知,这位席氏生于清宣统三年(1911),也就是辛亥革命那一年。两个没有丝毫感情基础的年轻人,在门当户对中,被推进了徐里楼那个装饰得一派喜庆的洞房。在此前后,他几个兄弟和堂兄弟基本也都是中学阶段成婚的。

新婚燕尔,没让严家显耽误学业。必须说明的是:桃坞中学校规严格,学生不得任意违反,以寄宿为原则,周一到周五不准出校,周六下午放假,高年级学生可以外出,但须在当天傍晚六点前回校;违规者记过处分,学校章程"奖惩及惩戒"条文明确规定:"凡记过学生均于礼拜六下午限令静坐思过,以犯过之轻重定时间之长短。"婚后的严家显,只能在假期和新娘团圆。

在那个女子无才便是德的社会,严家显倒不认同这个流俗又古旧的说法。在他看来,"无才"与三寸金莲都是对女性精神与身体的摧残与污辱。于是,他常常会停下书卷,教席氏读书写字,甚至教她如何在显微镜下观察肉眼难见的昆虫。他还带她一起在自家花园里捕蝉捉蝶,在那个豪门少妇大门不出二门不迈的时代,严家显给了席氏从未经历过的快乐。慢慢地相处久了,席氏总是笑眯眯地望着爱读书的丈夫,颇有一番"和羞走,倚门回首"的情态。两个少不更事的小夫妻,生活在一起不久,便有了可爱的孩子。

1925 年夏,严家显考上了苏州的东吴大学,在法律系读了一年后,本着农业救国的想法,以及对昆虫无以复加的喜爱,转入南京私立金陵大学农学院昆虫学系。

他很在意培养夫妻间的共同语言,大学放假回到家里,总少不得告诉她有关学业之事,试图唤起她对周遭常见小生物的关注,同他一起欣赏身旁无处不在的昆虫。他口若悬河,结合课本和实践,有的也是现学现卖,想尽可能说得风趣些、生动些。他在桃坞中学锻炼的口才其实已让不少女生倾倒,获得芳心无数,只可惜人家早已使君有妇。她听了直笑,笑起来也娇若花朵。

几个孩子在不远处追逐一只色彩斑斓的蝴蝶,到手后这个扯其翅,那个拔其触角,不容他开口叫停,美丽不可方物的蝴蝶已被踩于脚下,瞬间凋殒。在他大摇其头时,孩子们一哄而散。"大自然的每个生命都有它存在的合理和奇妙之处,有时奇妙到让人意想不到,我们除非疯了不可理喻了,才会毫不在乎,无所节制地破坏、毁灭它们。尊重并爱护每一个和我们相安无事的小生物吧,这样才能确保地球的完整,让我们的子孙后代继承一个充满魔力的奇妙世界。"他的话只是成了他们的耳边风。

她是他唯一的听众,又一次笑了,她听到了"子孙后代"这个词。

那时,她又有孕在身了。

他还想说,大自然每个物种都以某种方式与其他物种发生互动、关联,并为彼此的存续环环相扣,交织其中,这个复杂程度远超人类目前的理解能力。但他明显感到她听不太懂,说了也只能是对牛弹琴,心里头不觉涌上"不惜歌者苦,但伤知音稀"的一丝愁绪。

卢梭在《忏悔录》中曾这样介绍泰蕾兹:"我费了一个多月工夫教她看钟点……她从来也搞不清一年 12 个月的顺序,不识一个数目字。她不会数钱,说话时用的字眼常和她所要表达的意思相反,我曾经把她的词汇转述给卢森堡夫人取乐……然而,这样迟钝的一个人,在我处于困境之时却是绝好的参谋。"遗憾的是,席氏没能成为严家显"绝好的参谋"。很多时候他说话时,她也认真在听,笑眯眯的,有时还笑出声来,甚至哈哈大笑,只是这笑,不是有点僵硬,就是有点失真,有点失态。

不到一年,孩子便出生了。这时席氏不知哪里出了问题,言语忽然古怪起来,行动迟钝不说,时不时还傻笑。一段时间后,不独严家显,严家上下都有些慌了。远近的大夫都先后叫过来了,诊断原来席氏在神经方面出了严重的问题!

她似乎原先就有此病症,只是较轻,不知是骗过了媒婆还是媒婆有意抹去了这段历史,间接导致了一系列的悲剧。在接连生下两个孩子后,席氏被彻底触发了病情。严家一再延请名医为她治疗,却还是没办法根治。

在这个大家庭中不甘愿当"觉新"的严家显,虽萌生了反封建意识,但更富有同情心,他念着一夜夫妻百日恩,依旧选择与席氏继续生活下去。他希望用自己的热情、家庭的温暖,慢慢治好妻子的病。

1931年,严家显于金陵大学农学院昆虫学系毕业后,又去了燕京大学读研究生,从南京到了北平(北京),学业和家庭两头牵。

身为母亲,席氏却不会带孩子,直接影响到了两个可怜孩子的生长。严家显上燕京大学不久,老大得猩红热病而死,老二也紧接着夭折。噩耗传来,巨大的悲剧让这位大学生父亲备受伤心断肠的打击。在外地求学的他,没办法照顾妻儿,反思自己也有一定责任。但他弄不明白,为什么幸福不长久,而悲剧却能在一夜之间接二连三地爆发?

偶尔回家探亲,和她也是相顾无言,从和衣而睡、抵榻无眠到分居。

这位对昆虫学始终保持强烈研究兴趣的人,在婚姻的牢笼里感到了某种窒息。新婚时还有某种不可言喻的神秘感,有孩子后也可从天伦之乐中寻找精神慰藉,现在只剩下比无边黑暗还难挨的窒息。

怅然间,推窗望外,院子角落这边一排扶疏的绿竹、那边几株青翠的乔木上,应该有竹节虫在爬着吧?

研究昆虫的人,岂甘做类似竹节虫、蚜虫这种无趣的生命!这个来人世负有使命的人,找出千万条理由警示自己,绝不能落入这个毫无质量也毫无人道的婚姻之网里动弹不得,他要冲破这个人为的笼子。

　　席氏的病情越来越不稳定,越来越严重,直闹得严府鸡犬不宁,人仰马翻。也算是名门的席家都觉得看不过去了,主动提出离婚。严良灿再是宅心仁厚,也得考虑儿子的出路以及家人的反应,在权衡之中只能对遵循祖训的这桩包办婚姻进行"打折"处理:同意离婚,但席氏可以不离严家,专门安排老屋供其居住,并派专人照顾。离婚在20世纪30年代显得另类反常,对女子来说,基本等同于身败名裂,严家为了席家和席氏的名声,如此良苦用心,也算是仁至义尽了。

　　二少爷严家显无限感伤中又有些解脱,随之登报离婚,在大学时代就早早祭奠了一言难尽、短暂而逝的婚姻,虽是"无情不似多情苦,一寸还成千万缕",却终归还是幸运的。

　　席氏在严家"神游"了一段日子。严家上下不再唤她"二少奶奶"了,改叫"嬢嬢"或"二嬢嬢"(苏州话,姑姑),把她当成严家显的妹妹相看了。直到有一天,她回东山娘家后,就再没回来。有说是被感动中又觉有愧于严家大义的席家给主动留下了,又有说是出了意外,不幸身故。总之,悲欢离合总无情,曾经沧海,物非人亦非。

　　这桩猝然而逝的婚姻连同悲剧的另一方,对严家显精神的伤害不知多少,反正他在世时,鲜有提及,哪怕对此后终生不渝的爱人。仿佛一提,一字一句都会是再次伤害。

　　这类旧式包办婚姻,照中国以往的历史经验,严家显的经历已不知是悲是喜了,比他悲剧的例子此前此后都不计其数,就如他老家木渎的得名那般,"木塞于渎"。有些夫妻从掀起红盖头起,一辈子也没有看对眼,着实不幸。

　　不说那么远,单说严家,悲剧人物已比比皆是。严家显二姐的婚姻也是被包办的,她嫁给了乌镇一个大户人家快死的少爷去冲喜。三姐的婚姻也很不幸,至于四弟严家贵,就更值一说。这个决意和旧时代告别的知识青年,却因父母之命,娶了位根本不爱的东山女子,两人都不善于也不太愿意与对方沟通,渐渐地本来就没有感情基础的婚姻陷于水深火热之中,谁也无法自拔,难有几分快乐。因为彼此间毫无感情交流,加上相互嫌弃,连个孩子也没要。

　　严家显既知内情,见面时的话里、通信时的字里,都是鼓励弟弟离婚的。他说,如果不合理的婚姻是蛛网的话,那么,婚者便像是长脚蚊,两条后腿都被蛛丝给缠住了,像是安上了一副脚镣,慌乱中也试图扇动翅膀挣脱一下,却少了鱼死网破的勇气,因脚镣而摔倒后就想着将就,不料越网越紧,在忽降忽升中渐渐就没了元气。

也真是如此,严家贵追求知识,也追求时尚,却到底没能从包办婚姻这张网中跳出来。越是将就到后面,沮丧、愤怒、眼泪反而统统没了气力,像被蛛丝缠住的长脚蚊,在空中绝望地摇晃着麻木的肢体。现实的婚姻名存实亡了,他板着脸,麻木到宁愿抱着凳子跳交谊舞也不愿找妻子跳,反正她什么也无意合作。与其在毫无感情交流的岁月中郁闷、悲愤,不如全身心投入求学之中,投身中国远征军,远赴缅甸,在抗日战场出生入死,这样他才暂时获得了精神上的解脱和内心的充实。时间封存了"冤家"的青春,也耗费了"对象"的血气,到夫妇俩的感情后来终于有所和缓时,病中的女方已来日无多。而获得"解放"的男方,后来幸遇真正意义上的婚姻,并有了爱情的结晶。

转入金陵大学昆虫系

严家显挣脱这张过早编织的婚姻悲喜之网后,关闭情感之门,继续埋头书海。读书于他,倒是愉悦身心之事。三更灯火五更鸡,他静得下心来苦读,除了要奋发向上,练就过硬本领,更是因为在学习中找到了不凡的乐趣。

1926 年夏,他从桃坞中学高中毕业后,继大哥家书后考入苏州的东吴大学。他起初志于学医,大概是思及母亲因病而殁,妻子又因病而被迫离异,继而不得善终之故吧。不知是父亲授意还是受了学校调剂,他最后学的却是法律。

东吴大学诞生于清光绪二十六年(1900),由基督教监理会在苏州创办,是二十世纪初中国实质上的第一所民办大学。《万国公报》创办人林乐知为首任校董会董事长。1915 年,东吴大学在已有的文、理、医学、神学、法科基础上,在上海创设"东吴大学法学院"。东吴大学的法学教育饮誉海内外,培养出了王宠惠、倪征燠等一大批著名法学专家。严家显就读时,这所教会大学顺应五四运动后的中国社会潮流,逐步中国化,首先废除了宗教必修课程,礼拜仪式亦改为学生自由参加,继而改组校董会,三分之二的成员改由中国人担任。东吴大学先有英文校训"Unto a Full-Grown Man",出自《新约》,寓意"教育成人";而后中国人杨永清当选校长,提议将"养天地正气,法古今完人"定为中文校训。

风云激荡的年代,时不时就有重大事情发生。1927 年 3 月,北伐军所向披靡冲到了苏州城。北洋军阀吴佩孚、孙传芳的统治土崩瓦解,苏州城内新旧交替,外国传教士心惊胆战,纷纷作离去的打算。在前往欢迎北伐军、结队游行的学生队伍里,在街头、茶馆、书场听演讲的人群中,是否有严家显的身影,无从知晓。但大革命风暴席卷全国,震天动地"打倒列强除军阀"的呼声,连同北伐军沿途宣讲的革命救国道理,应该有十足的吸引力让他和同学们,以及那些如"睡狮"般的国民热血沸腾,一边记下国民党、共产党的名号,一边开始关注并思考起祖国的命运。

乱花渐欲迷人眼,革命形势太动荡。一个月后,4 月 12 日,蒋介石在距苏州不远的上海滩一手发动反革命政变,大肆屠杀共产党人,上海滩一时血流成河。继而,苏州国民党当局组织各校学生进行反共游行。严家显的母校桃坞中学却在游行过程中,高呼"拥护三大政策""拥护共产党"等口号,打乱了当局的阵脚。当局对这个教会学校虽有所顾忌,未予深究,却也频频责难,说桃坞中学有异党活动,勒令学校从当年 7 月起停办一年。

1927 年春夏的中国是血腥的、沉闷的,被白色恐怖笼罩着。严家显和东吴大学的同学小心翼翼地研究着时局,偶尔也和意外遇见或前来联络、处于休学中的桃坞中学的学弟们交流情况。在了解中,他感到了政党政治的残酷和无趣,在城头变幻大王旗、枪比法大的中国,谈何法律? 法律要为政治服务不说,还可能沦为政治的附庸。他对这个原先就不热衷、并非志向所在的专业产生了动摇。

如此,在东吴大学一年多的学习之后,严家显本着农业救国的想法,以及对昆虫学的热爱,申请转入南京私立金陵大学,选修农学院昆虫学系。能如此跨领域跨专业,足见胸中底气。

严家显在东吴大学求学时间虽短,但心里从来没有忘记过校歌中反复咏唱的几句:"东吴东吴,人中鸾凤,世界同推重。山宝海涵,春华秋实,声教暨寰中。"

和东吴大学一样,由美国基督教会在南京所办汇文、基督、益智三所书院合并而来的金陵大学,也是胸怀大志的学子们梦寐以求的殿堂。

时序进入 20 世纪,中国官办大学日益发展,除京师大学堂外,各省也纷纷创办新式大学

20 世纪的东吴大学校门。东吴大学是 20 世纪初中国第一所民办大学,也是中国第一所西制大学

堂。教会备受刺激，担心中国政府在教育方面与之展开竞争，官办学校将超过教会学校，并把优秀学生吸引过去，于是传教士们竭力主张联合书院，扩大规模，建成名副其实的综合性大学，"以期成为国立大学的榜样"。金陵大学由此而生，鉴于清政府对教会大学不作立案的明文规定，乃改在美国纽约州教育局立案，以美国大学教育制度为蓝本，享受"泰西凡大学应享之权利"，毕业生可同时接受纽约大学的学位文凭，并同美国康奈尔大学结为姊妹大学。

金陵大学初设文科，1913 年恢复医科，1914 年创办农林科，为中国大学农业教育之先河。至 1926 年，文理、农林两科之下共设有国文、外语、宗教、教育、历史政治、社会经济、数理、化学、森林、棉作、蚕桑、农业经济、乡村教育等 13 个系，附设鼓楼医院、金陵大学附中等学校。

金陵大学的经费开始由美国教会拨给，学生不仅免收学费，甚至另有津贴。但当时社会对"洋鬼子"所办洋学堂心存疑虑，多数人不愿送子弟入学，因此学生寥寥无几。随着西风东渐，人们看法改变，求学者渐增，学校开始收取学费。严家显就是在收费后进金陵大学的。

入学者都需经过摸底考试，以最终确定就读专业。学校往往根据学生的成绩和意愿，最后确定其就读专业，这就减少了其遴选专业的盲目性。严家显便是经过"摸底"考试进的农学院，主修昆虫学，副修作物育种学。但，依其同学的话，他其实是可以免检的。

此前的金陵大学，基督化教育明显，时任校长陈裕光说："金大的办校宗旨是培养学生的'基督化人格'，亦即培养'基督牺牲与服务精神'，以'造就健全国民，发展博爱精神，养成职业知能的根本'，实际上就是推行基督化教育。因此，宗教气息十分浓厚，宗教仪式十分严格，宗教课为必修课。每逢礼拜，师生必须参加。后来，除本校师生外，不少校外教徒也加入了礼拜行列。基督教义为许多人所接受。"

1928 年 9 月，当严家显入学时，这所合并而成的教会大学已进入发展期，汇聚了文理农医等各方学者名师，学校气象逐渐更新，规模初现，收获了"中国最好的教会大学""江东之雄""钟山之英"等美誉。他选择的农学院，已和文学院、理学院三院并肩，而农林学科堪称中国农业教育之先驱，享誉海内外。

可以想见，严家显登上中西合璧、宏伟壮丽、新落成的南京最高大的建筑物农林馆（又名"裴以理楼"）时，回味金大沟通中西文化、介绍西方先进科学的办学理念，该是多么心潮澎湃。

此际的金陵大学,风雨飘摇,在"收回教育权运动"冲击下,率先改组,成立了由中国人占多数的校董会。与金大渊源极深、众望所归的文理科长陈裕光博士被推举为校长,并向国民政府呈请立案,校务及宗教方面也随之进行"本土化"的重大改革。所有这些,才使得这所几乎受到毁灭性冲击的学校走出混乱和困顿,得以维持。

第一照面,严家显就喜欢上了这所学校。四幢崭新的学生宿舍,砖木结构,筒瓦屋面,青砖厚墙,连着图书馆等十余座各具风格却全无雕梁画栋的简约建筑,充分利用自然地势的起落而建,由北而南,错落有致,与周围环境融为一体,大有沉静儒雅、朴素浑成之美。虽然建筑形式是中国传统的,但规整宽阔的草坪、高耸的塔楼,又体现出西方审美情趣。

对一个地方的心灵感受是要在融入之后才不至于轻描淡写的。慢慢地,严家显感受到了金陵大学的某种味道。这个味道,可以说是金陵大学焕然一新的中国味,也可以说是新任校长陈裕光言行举止间散发的精神特质。

那天,新生入学仪式上,陈裕光带着各院院长、教授们和严家显这批新生见面,特别提到,检验一所好学校的标准是独特的办学精神,"现今之大学教育为一躯壳,而精神则为其灵魂",一个人光有躯壳不行,只有灵魂才能赋予躯壳以生命,但光有灵魂也不行,灵魂必须有所附丽,"躯壳与灵魂齐备,而后大学教育始称完善"。正因为如此,金陵大学从创办起,除沟通东西文化外,就把学校灵魂即精神的铸就放在首位,灵魂的铸就不可能一蹴而就,需要经过几代人锲而不舍的持续努力。他希望诸位新同学,在学习之外,也肩负着这个使命,不仅要为学问而努力,也要为修养而淬励,为和平而奋斗,把整个人生作为教育目标。

他就此解释:"为什么这样说呢,因为教育二字,包括两种意思,一为教导学识,二为陶冶品格,两者并重,不可或缺,若有学问而无品格,则于人于事无所裨益。"

严家显细心地品味着陈裕光校长强调的"奋斗""淬砺""致力"其中的微言大义。

陈裕光说:"这些年学生毕业离校向我索字,我写的最多的是'卓越超群,非笃学不为功''尝试许有得失,努力总不吃亏'。所谓'君子赠人以言',诸位新同学初来乍到,我就提前以这句话相赠,期待各位在进校之初,就能志存高远。"

"金大只有通过训练对待科学一丝不苟、崇真尚实的精神,才能为国家培养一流的科学家和学者。"

严家显不仅记下了校长的赠言，此后还将之奉为座右铭。

陈裕光温温不作惊人语："金大提倡勤工俭学活动和参加社会服务活动，欢迎各位同学在求学的同时，利用课余时间从事学校图书管理、收发信件，以及打字、敲钟、扫地等工作。我和今天在座的三院院长、教授同仁也当无例外，我相信，我们总会不期而遇的。

"我诚恳地希望，学生之间、师生之间、校长与师生之间，都要建立一个融洽的关系，让尊师爱生、助人为乐等气象在金大蔚然成风，让我们每个人在金大时时处处都能有温馨、宽容、仁慈的感受，并因此终生得益。"

严家显如沐春风，心中对未来的学习生活充满期待。

一经融入金陵大学的教学秩序之中，严家显很快发现，相比于自然环境和新建筑的优美宜人，这里的人文环境更值得心许。

金陵大学除了不少老师来自美国，连教材、图书杂志、教学仪器以至生活设施也大都来自美国，课程设置偏重于西洋科学与文化。英语是最主要的教学语言，日常教学用语除国文和经史等课程外，都用英语，实验室内、运动场上、文娱活动，乃至学生助威的拉拉队亦不例外。

陈裕光曾称："教会学校重视英语，这对教师、学生都一样。一年级新生入学考试，仅英文一项，就要过五道关：听力、读力、作文、语法、字量（常见字的字义及用法）。……我是学化学的，必须读英国文学史、英文修辞学、英国古典文学。"

由此可见，读农学的严家显，也必然经过这一系列强制措施。不过，他在教会中学奠定的英文底子，大可应付裕如。更何况，陈裕光上任后，鉴于金大过去办学重英语轻国文，以致造成学生英语水平高而国文水平偏低的状况，开始大力推进国文系建设，重金聘请名师，首创国学研究班，弘扬民族文化。

还在教会中学和东吴大学时，严家显是个西装革履的翩翩富家公子，转学后却没有如此进出金陵大学的校门。因为陈裕光在金大从不穿西装，以之作为宣扬民族文化的表率和民族精神的体现，在他的影响下，学生和中国教授平时也多穿中式服装。

穿长袍蹬布履的严家显，倒显出几分儒雅气，也更像父亲严良灿心目中的儿子。他听了儿子前后着装变化的事后，伸出大拇指说："这么看来，你们的陈校长值得敬重，在美国留的学，吃的又是美国教会的饭，难得还有一颗中国心，有民族精神。"

"陈校长确实有民族精神……"严家显回到家里，常和父亲聊学校里的事情,"不过,要进行一系列改革,特别是取消宗教系,将金陵神学院从金大脱钩出去,将宗教课由必修课改为选修课,难度可想而知,听说教会在竭力反对。"

严良灿道:"取消宗教系,既尊重信仰自由,更事关民族尊严,确是个大胆的创举,在教会大学开了风气之先,没有一点民族精神是做不到的,你们应该支持陈校长。"

由穿衣戴帽说开,陈校长和父亲推崇的民族精神,潜移默化地影响着严家显。

金陵大学莘莘学子不仅以英文水平高被外界称道,还因为这特别接地气的着装而"鹤立鸡群",引人注目。当年由金大首倡,与之江、沪江、圣约翰四所教会大学定期在南京、杭州、上海等地轮流主办的英语辩论友谊赛中,别的大学学生都是西装革履,有的还系着蝴蝶结,一个比一个正经,唯独金大学生个个长袍布履。他们在舌战中从容大方,引经据典,英文水平令人惊叹,夺冠最多,曾连续六年蝉联英语辩论比赛冠军,被当时社会所津津乐道。那时在上海圣约翰大学读书的堂兄严家淦,每每和严家显见面,也少不得就此称说一番。

是的,在中国众多的教会大学中,金陵大学以经费多、师资雄厚、教学质量上乘而居于领先地位,加之英文教学水平出众,被誉为当时中国"最洋气"的一所大学。国民政府教育部关注之余,特地派员做了番调查。

1940年代曾就读于金陵大学的著名历史学家章开沅,回忆金大的教学有三点让人印象深刻。一是作业比较多,参考书也列得多。作业当时叫作 paper,和现在大学的"小论文"相似。参考书列得多,无法都看完,加上作业也多,学生开始的时候有压力。但日子久了,熟能生巧,也能应付自如,并且能慢慢领略这种教育的好处。参考书多对于开阔眼界、增加信息量颇有助益,作业多对于锻炼写作论文与培养独立思考也有帮助。二是师生互动比较多。无论外籍教授还是中国教授,在课堂上都很重视师生互动交流,从不照本宣科。三是课堂教学管理极为严格。上课时尽管教师不点名,但座位均按姓名英文字母首次序排列,教师往讲台上一站,环视课堂,谁到了、谁没有到,立刻一目了然。学校教学管理井井有条,但教务部门职员极为精干,素质超群,绝无冗员与怠工的情形,如学籍管理责任最重的注册组只有两位职员。平常就是这两个人处理日常事务,到了要登录分数的时候,临时找学生当助理。这些细微之处,紧张而严密,使教学秩序无疑有了充分的保障。

金大校友、著名文史学者程千帆也谈到,金大"有秩序,办事有条理,不像国立大学那样随随便便、纪律散漫"。从整个金陵大学的学风看,不仅仅是国学研究,对待所有学问的态度都极为严格。

以上可看出严家显就读金陵大学时的环境和学风。

金陵大学是严家显"玉琢成器"的开始。他就学时,学校名师众多,光农学、生物学方面,便有戴芳澜(真菌学家,时任金陵大学教授,后来曾任中科院微生物研究所所长)、邓叔群(森林学家,时任金陵大学副教授,后来曾任中科院微生物研究所副所长)等教授。他的同学中,人才辈出,有后来成为著名农学专家的戴松恩(作物遗传育种专家,1931年毕业于金陵大学农艺系,后曾任中国农业科学院研究生院副院长)、裘维蕃(植物病理学家、真菌学家,1930年入金陵大学农学院植物病理系学习,毕业后留校任教,后任北京农业大学植物保护系教授)。

除了中国教授,严家显还认识了不少外籍教授。其中有位毕业于康奈尔大学农学院的美国青年农学家卜凯(J. L. Buck)。

现在知道卜凯的中国人已经不多了,但知道其夫人、曾获诺贝尔文学奖的赛珍珠的人很多。赛珍珠原名珀尔·康福特·塞登斯特里克(Pearl Comfort Sydenstricker),在美国出生4个月后便被身为传教士的父母带到中国,在中国度过了童年和少年时期,而后赴美国读大学,毕业后再回中国,1917年和卜凯结婚,随丈夫到安徽宿州工作。1919年,卜凯受邀到金陵大学农林系任教,赛珍珠迟一年受聘于金陵大学外文系。

既然金陵大学从创办起,就以"沟通中西文化"为使命,对外籍老师,严家显没有理由不去沟通。一直在教会学校上课的他,没少和外籍老师打交道。一来二去地走近卜凯,也就此认识了赛珍珠。

严家显学的虽是昆虫专业,却也听过赛珍珠的英文课。这位热情洋溢的女教授,并不照本宣科,不时离题万里,讲着讲着便讲到电影方面去了,这还不够,竟把许多人闻所未闻的无声电影带到课堂放映。电影和显微镜真是不一样啊,虽然都是看,对象、方法和角度截然不同。严家显与其说是对赛珍珠的英文课感兴趣,不如说是对她信马由缰的课堂扩展,特别是对电影的介绍,兴趣来得更浓厚一些。

赛珍珠还在同城的国立东南大学(后改为国立中央大学)兼授英文。在课堂内外,她喜欢拿两所大学的学生作比较,直言不讳地点明:"你们基督教会大学(指金陵大学)的学生,英语固然相当不错,见多识广,文质彬彬,但相对保守。

他们国立大学（指东南大学）的青年男女，讲的英语虽然多数难以听懂，但又很想讲英语，如饥似渴地学习，总是期盼我去为他们上课，而且，他们善于独立思考，勇于探索，生气勃勃。可能我更适合在国立大学工作。"

严家显听出了赛珍珠对学生的希望，那就是独立思考、勇于探索之外，思路要开阔。

更让人吃惊的是，严家显毕业前夕，忽闻赛珍珠被金陵大学辞退。因为有学生投诉他上课脱离课本，在她那里学不到实用知识，担心考试会不及格；同事则不满意与其相处方式……校方转达这些意见后，她依然我行我素。

此时的金陵大学，在陈裕光执掌下，重视发扬"共和精神"，提倡民主办学、学术自由和学生自治。学生对于教师在授课、生活各方面如有意见，可随时反映。此事提到校务委员会讨论，议定解除对赛珍珠的聘约。

决议一出，全校哗然。一些美籍教师反对金陵大学的这种做法，认为不尊重赛珍珠，使金大失去了一位朋友，殊属可惜。

严家显惋惜之余，倒是对治学严谨的陈裕光校长另有一种看法，那就是在处理涉及外籍教师之事时，没有崇洋媚外，维护了民族的尊严，以实际行动证明了金陵大学的"本土化"。

传教士出身的卜凯，熟悉中国农村情况，和赛珍珠一样也是个名副其实的"中国通"，写过不少有关中国农村的报告，在美国被视为中国农业专家，美国国务院还聘他为中国农业顾问。

1930 年，美国农业部出资，由卜凯主持，金陵大学农学院进行了一次大规模的全国农村经济调查，动员了众多师生参与，事后写了一份长达数千页的英文报告（后汉译为《中国农家经济调查》，由商务印书馆出版）。

在卜凯主持下，农业经济系曾对中国十几个省的土地利用情况做过一次广泛调查，还曾做过人口调查及水灾调查。

严家显其时正在金大，这些发生在他眼前的调查，对他的治学颇有影响。后来，他创办福建省立农学院后，也主持过类似大规模的农村情况调查。

金陵大学农学院委实不简单。

据美国学者杰西·卢茨所著《中国教会大学史》载，1949 年之前，金陵大学的毕业生一度领导着中国农林部七个技术部门中的五个，五所国立研究所中的三所，十余所国立大学农学院中的七所；20 世纪 50 年代后在以"经济复兴"为号召的台湾农业界,大部分骨干来自金陵大学毕业生(一部分来自福建省立农学院)。

严家显就读的,正是金陵大学农学院。而福建省立农学院,恰由他一手创建。

说到金陵大学农学院,绕不开"中国义农会"。1911年,江南一带暴雨成灾,水患严重,车子行走路上,如船行水上,人只能窜避争入屋内,屋内也是水漫各处。众生"如一大瓢寄沧海,十万生聚瓢中存"。当时,江南"二十余州县灾民三百万人,已饿死者约七八十万人,奄奄待毙者约四五十万人",惨不忍睹。

金陵大学教习、加拿大籍美国人裴义理(Joseph Bailie),原是美国美北长老会的一名传教士,心肠慈悲,乐善好施,看到灾民飘零凄苦的惨状,"深感农业改进之重要",就找到刚就任南京临时政府实业总长的民族实业家张謇,讲述了自己"招选贫民,开垦荒地,酌给费用,以工代赈,并教以改良农事与园艺之方"的设想。不久,张謇改任北洋政府农商总长兼全国水利总长,接受裴义理倡议,率先安置因水患而流落南京的灾民垦荒造林,开展以工代赈工作,并联合江苏、安徽省士绅,成立"中国义农会",极力向四方呼吁,集资救济灾民。

中国义农会得到孙中山、袁世凯、黄兴、黎元洪等三十位民国要人的"竭力襄助",由华洋董事组成董事会,故又称"华洋义赈会"。后来,当地政府特拨给南京紫金山荒地四千亩,为垦荒造林之用,专门招集贫民垦荒、筑路、烧窑、辟苗圃、营造垦民住宅。裴义理亲自参与赈灾,还创设灾民子弟学校。当年的垦荒造林,也奠定了紫金山良好的植被基础。

也正是在一次又一次的救灾活动中,裴义理深感中国农林人才的缺乏,遂于1914年在金陵大学创办农科,这也是中国大学农业教育之先河。翌年增设林科。1916年,金陵大学的农科与林科合并为农林科,是为当时中国独一无二的农林专业,裴义理任主任。此时,北京农商部设立的林业学校已解散,青岛大学林科因第一次世界大战影响也告停办,国内大专院校设农林科者只有金大。翌年,农林科首届毕业生六人毕业。

严家显入学两年后,农林科改为农学院,下设八个系和一个部:农业经济系、农艺学系、植物学系、动物学系、森林系、蚕桑系、园艺系、乡村教育及农业推广部,另辟农场及试验场多处,采用教学、科研、推广"三合一制",旨在以研究为中心,通过科研,提高教学质量,促进推广事业,推动中国农业近代化。在陈光裕主导下,这一行之有效的制度很快就在金陵大学各学院推开,文科学生参加社会调查,理科学生要体验生产实践,所有学生都要参加社会服务。如此面向社会,知行合一,好评如潮。

胡适对金陵大学农学院有过中肯的评价:"民国三年以后的中国农业教学和研究的中心是在南京。南京的中心先在金陵大学的农林科,后来加上南京高等师范学校的农科。这就是后来金陵大学农学院和国立东南大学(中央大学)的农学院。这两个农学院的初期领袖人物,都是美国几个著名的农学院出身的现代农学者,他们都能实行他们的新式教学方法,用活的材料来教学生,用中国农业的当前困难问题来做研究。"

此时,严家显在金陵大学农学院里勤学苦读,他在农林先辈的影响下,立下一个愿望,那就是投身教育、改造农村!

富家公子勤工俭学

金陵大学农学院的管理手段新颖,采取半工半读制,学生有机会在外兼职,既能培养待物、处世、为人的能力,也可赚些零花钱。

严家显自填的学生履历表上,在"任何项受薪之职务"栏,明确填写:"江苏省昆虫局职员"。其后履历也写:"1930年8月开始任江苏省昆虫局技士。"

这个时段,他还在金陵大学就读本科,怎么会有工作经历呢? 只能是半工半读。

严家显选中江苏省昆虫局作为服务单位,也正说明其志趣在于昆虫,而父亲严良灿对他的爱好和决定一向也是支持的,为了给儿子研究昆虫提供便利,他不惜斥巨资在馀里楼的洋花厅内建了两间实验室。

在金陵大学专攻昆虫学,必须能识别害虫益虫,每位学生都得准备一个大盒子,把捉到的虫子用大头针插到里面,考试时就考害虫和益虫的辨别。在它们身上,严家显看到的不是丑陋、狰狞,而是可爱的蠕动、漂亮的身影、靠视听嗅味等感觉在自然界里细细碎碎地打拼,在复杂的自然环境里顽强求生的伟大的生命。跃动的蚱蜢、密集的蜉蝣、咕呱的青蛙、飞舞的蝴蝶和野蜂、蠕动的毛毛虫,这些可爱的大地生灵,形态万千,跳舞、唱歌、觅食、嬉戏……诉说着人类听不懂的言辞,自由地造句,快乐地成长,异样地在人间美丽着。它们不为世俗所羁绊,不为生活而惆怅,没有杂乱的通俗而奇怪的想法,是比人类更纯粹、真切、生动的物种。面对它们,严家显感到的不仅是慰藉,还有安心。于是他选择能和虫子打更多交道的江苏省昆虫局半工半读。

江苏省昆虫局于 1922 年在南京正式成立,是中国第一个防治病虫害机构。江苏地处美丽富饶的长江三角洲,属于温带向亚热带过渡气候,温暖多雨,这样的环境十分利于农作物害虫、杂草和鼠类等物滋生繁殖。《江苏省志·农业志》有记:"江苏发生农作物病虫害共有 800 余种,其中发生普遍、危害严重的病虫害有达 100 余种。"1917 年,江苏省水稻遭受螟害,损失高达 1 000 万元。面对巨大的天灾,江苏省实业厅组织了一个螟虫考察团,专门调查苏南各县螟灾情况,并指导防治办法。这是中国农业专家实地考察虫害、指导害虫防治之始。江苏省昆虫局而后应运而生。

江苏省昆虫局还挂靠着一个江苏省昆虫学会,由中国昆虫学会南京、南通、扬州三个地区性的分会合并而成。学会前身是中国第一个昆虫学术团体——六足学会,因其名称过于形象,引人遐想,后改名为中国昆虫学会。

昆虫局人少事多,急需人才和志愿者,因此招聘了一些在校学生,包括严家显。严家显借着在昆虫局工作的便利,与昆虫学会也时有接触,既辨识了五彩斑斓的昆虫,更认识了不少"六足"会员,有的还是中国昆虫学的牛人。在他们的带领下,或每周、半月参加集会一次,切磋学术问题;或采集、收藏标本,进行研究,丰富知识。

20 世纪上半叶,江苏农业发展程度呈"南高北低"之势,盖因苏北地区蝗害螟灾猖獗。蝗灾与水灾、旱灾并称江苏农业三大灾害。史载,江苏省 1928 年"扑灭蝗虫一千一百七十一万一千四百十七斤",1929 年"扑灭蝗虫一千一百五十八万二千七百五十斤"。两年中每年都比 1933 年合全国之力所捕杀的蝗虫数量多出大约 300 万斤,可以想见蝗害"大形猖獗"之后带给百姓生产生活带来的巨大损失。

在江苏省昆虫局,严家显曾接触到一份关于竹蝗严重祸害溧阳的材料,其称:"其发生期约在五六月,幼蝻初食小竹,及山坡杂草,月余后即变成虫,就食竹叶,千万成群,一昼夜间可尽半山之竹,被害重者,全山竹林皆死,除竹外亦取食于芦苇、杂草及棕榈……"看得他惊心动魄,头皮为之发麻。

苏北遂成江苏省昆虫局的研究基地。严家显跟着昆虫局的专家们,赶赴苏北治蝗,调查飞蝗的分布地、产卵地等,掌握虫害规律,几乎每天都和农民交谈,时不时就到农家里去。他还参加南京一带的驱除蚊蝇等工作,锻炼了实干能力。

彼时，在江苏省昆虫局工作或兼职技士的昆虫学家，有尤其伟、邹钟琳等人。尤其伟还兼任东南大学的讲师，开设有棉作害虫课；邹钟琳则从事水稻螟虫防治的研究，在江浙军阀混战殃及宜兴、昆山、松江一带农民，导致大片土地荒芜时，他还参加了黄炎培等人组织发起的"战后农复调查团"，到农村帮助农民回乡安居，备耕播种。严家显对他们的学问和服务社会的精神佩服有加。

严家显勤于向昆虫局、昆虫学会的专家们请教，还利用实习机会，一方面调研，一方面收集一些数据，还抽空采集植物病虫害标本，带回供他们上实验课用。他们也都喜欢严家显，认为他小小年龄，在昆虫学研究方面有天赋，也很努力。

1929年秋，继尤其伟公费赴日本考察昆虫学后，邹钟琳得到江苏省昆虫局的资助，前往美国深造，进入明尼苏达大学学习昆虫学和昆虫生态学。

严家显舍不得他们一个个远渡重洋，但当时昆虫学的研究，的确数欧美和日本最强，要有所成，就应该向他们学习，严家显心里是清楚的。邹仲琳特地向这位好学上进的学生介绍了邹树文教授，说他就是从美国留学回来的，还是在美国宣读昆虫学论文的第一个中国人，叮嘱严家显如有疑问，尽可向他请教。

以东南大学农科教授身份兼江苏省昆虫局代局长的邹树文，是中国近代昆虫学的奠基人与开拓者之一，与严家显同是江苏吴县人，也曾任金陵大学农科教授。

严家显还在咿呀学语时，邹树文就赴美国康奈尔大学农学院求学了，攻读经济昆虫学（应用昆虫学），获农学学士学位，曾在全美科学联合会宣读研究论文，当选为美国科学荣誉会会员，并获"西格玛赛"金钥匙奖。

已是大学者的邹树文，乐于和晚生交流昆虫学和农业病虫害问题，他对严家显谈及，农业病虫害固然是制约农业发展的一大难题，必须下大力气应对，但要发展农业，也还有其他必须先要解决的问题。

结合他和其他专家所谈，严家显了解到了中国农业的诸多问题。比如农业技术问题，中国农民几千年来一直延续着小农经济下精耕细作的方式，效率极低；比如农业知识问题，农民多数不识字，缺乏必要的知识，只知面朝黄土背朝天地劳作，很难接受新知识；比如农具问题，传统的铁犁锄头类农具，使用起来耗费人工物力，效率不高；再如农作物品种改良的问题；等等。

他娓娓道来，严家显如海绵吸水般汲取知识。他不仅弄清楚了江苏省农业发展"南高北低"局面的形成原因，也了解到了全国农业的相关情况。

严家显对邹树文十分崇拜。在他眼中，这位留洋教授那把让人敬慕的金钥匙并非炫耀的谈资，而是打开高深学问之门的法宝，今后自己要是也有，该多好啊！

邹教授满腹经纶，一肚子的学问学也学不完，严家显正在学习中，遗憾又来了，邹树文也要走了，转任浙江省昆虫局局长。

严家显虽是半工半读，工作却相当出色，因而得人少事多、求才若渴的江苏省昆虫局认可，于1930年8月被聘为技士，昆虫局还许诺他大学毕业后可以直接来工作。"技士"相当于助理，其上是"技正"，这是专门从事技术事务的官职，相当于今天的总工程师。

民国时期，江苏为农业相对发达的省份之一，江苏省昆虫局对推进昆虫学研究、推广现代治虫技术、提高民众防治虫害能力以及推进学术团体发展等方面，发挥了积极向上的作用，使得相关方面的科学研究与科学推广在动荡的社会环境中，虽步履蹒跚，却依然有所前进。

严家显早早就参与其中，未出校园就对农业有所贡献，这对他了解中国农业现状及虫害情况也大有裨益。

金陵大学教学活跃，课外常有球赛，还有剧社演出，严家显的身影时而在这些活动中穿梭。课余生活的有声有色，还可从他加入斐陶斐荣誉学会看出。

斐陶斐即希腊字母 Phi Tau Phi 之音译，用以代表哲学、工学及理学，由北洋大学（今天津大学）美籍教授 J.H. Ehlers 发起。这个民国时期最重要的学术团体之一，也是一个高级的学会。会员入会极其严格。会员必须是校内知名及品格高尚之教授，如果另在毕业生中择优，须由全体会员投票，获全票者方能入选。尚是学生的严家显，得以入会的唯一条件，只能是足够优秀，获得了全票通过。层层严格的筛选，保证了斐陶斐学会会员的优秀品质。

不管是在金陵大学，还是在江苏省昆虫局、斐陶斐荣誉学会，用心向学的严家显都能遇上教授名家。他曾因成绩优异而得到金陵大学校长陈裕光的耳提面命。戴着美国哥伦比亚大学博士帽回国的化学教授陈裕光，虽不执教农学、昆虫学，却是个响当当的教育家，他们长期连任，保证了金大教育政策的延续性。

正是在陈裕光力主推行的"教学、研究、推广"三位一体教学模式中，严家显这个富家子弟也走上了半工半读之路，早早服务于社会机构，学以致用地参加到关乎国计民生的治理虫害等实际工作中来。即使在学校读书之余，他还和同学们一道，为失学儿童献过爱心，为成人夜校出过力，甚至还为失业民众募过捐,为人力车夫组建合作社出谋划策。

毕业后,严家显不止一次地念及当年在金陵大学走入社会、服务民众、投身公益的种种。正是这些活动,让他逐渐培养起了无私奉献和服务社会的精神。

1931年夏,严家显和一群毕业生戴着学士帽,英姿勃发地唱响了刚诞生的《金陵大学校歌》:

> 大江滔滔东入海,我居江东。
> 石城虎踞山蟠龙,我当其中。
> 三院嵯峨,艺术之宫,文理与林农。
> 思如潮,气如虹,永为南国雄。

严家显特别喜爱这首校歌,它体现了母校三院嵯峨、雄踞南国的骄人地位,抒发了金大人思如潮、气如虹的豪迈情怀,传递并弘扬了永不泯灭的"金大精神"。

他和同学们各自带着老师们"何用持身,仁心是宅;何以涉世,圣哲可迹"等赠言毕了业。这些,成为了他们人生的座右铭。

那些天,戴着学士帽的他们,成了金陵大学的一道风景线,也成了不少学子羡慕的对象。他们确实是当之无愧的"天之骄子"。须知,金大淘汰率极高。拿历史系来说,能够获得学士学位的,往往只有入学时学生人数的四分之一,其余四分之三都被淘汰。这其中最为重要的依据,就是严格的课堂考试与小论文测试成绩,那些消极怠工者往往最终沦为不合格。因此,历史系在读人数四个年级加起来也不及四十人。昆虫学系的规模又能大到哪里去?

物以稀为贵,人更如此。金陵大学既已赚足"钟山之英"的美誉,其毕业生也跟着沾光。此时,各省兴办大学,咸感师资不足,金陵大学毕业生遂多为征聘对象。除各省高等学府外,政府机关、金融界、实业界、科研机构,也纷纷从金大毕业生中延揽人才。

拿到毕业证后,严家显并没有沾沾自喜。他也没有接受江苏省昆虫局等机构许诺的岗位,而是有了再行深造的打算。

可以说,小时候喜欢观察自然界、接触昆虫,是严家显后来考取农学院的缘由,而他所目睹的国民党统治时期一幕幕兵荒马乱、农业歉收、人民食不果腹的场景,则更激励着他发愤苦读,志于农业救国。这是他的初心。

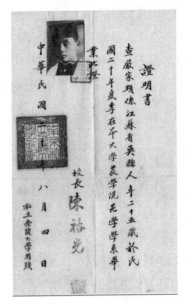

1931年8月，严家显毕业于私立金陵大学，获学士学位。图为严家显当年的毕业证书

继续深造的想法早已有之，并且得到了陈裕光校长和教授们的支持。还在1931年3月30日，陈裕光就早早给燕京大学开具了公函，介绍"品行优美"的毕业生严家显入其研究院深造。申报函中说明了严家显在金陵大学业已取得的学分。

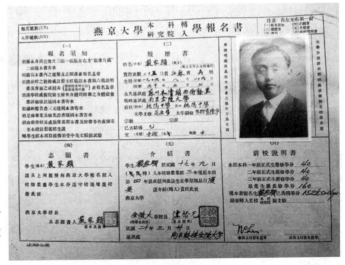

严家显进燕京大学时的报名书，上面有金陵大学校长陈裕光的签章

农学院学生每学期都得修上十门课，每门课考试及格，得2个学分，每学期总计20个学分，一年两学期40个学分。严家显向燕京大学报名时还没毕业，却已取得152个学分，差不多已是满分。

青年严家显不希望过平庸的生活。人生应该不断地攀登，把自己磨砺成一座山，野蛮其体魄，坚强其内心，文明其精神，那么走到哪里，面对狂风暴雨和不测之虞，都能坦然相对。

属马的他，这一年 25 岁。

第二章

燕园春秋，发酵爱国种子

第三所教会大学不一般

北京大学燕园,风光无限,春夏秋冬都有如织游人。徜徉其中的人们,可能并不一定都知晓,这处举国闻名的园子,从前属于燕京大学。

燕京大学创办于 1916 年,是美国及英国基督教教会在北京联合开办的大学,由华北地区几所教会大学合并而成,初期英文名为"北京大学"。由于是不同的教会合办、不同的学校合并,起初管理混乱,1919 年司徒雷登出任校长后,大刀阔斧地实施改革,易校名为燕京大学(Yenching University),源自春秋战国时燕国的首都,富有魅力和诗意。在司徒雷登超前的治校方式和管理措施下,燕大"中国化"不说,还与美国哈佛大学合作成立了哈佛燕京学社,在国内外名声大噪,戴上了"东方哈佛"的桂冠。

1931 年,严家显就冲着燕京大学"东方哈佛"的名头而来,入理学院攻读研究生,主修生物,专攻昆虫学。

查阅学籍档案,严家显当年的学号是 31461,他在"信何宗教""已入国民党否"内容上均填写了"无"。

作为那个时代中国高等教育的重要代表,燕京大学一开始便与学生爱国民主运动结下不解之缘。存在的 33 年间,燕京大学对政治介入如此之深,以至于研究中国近现代政治史都无法绕开它。

严家显来时,经过五四运动洗礼的燕京大学,已迁址北京西郊前清亲王赐园,经美国建筑师亨利·墨菲(Henry Killam Murphy)总体规划设计,建筑群在外部模仿中国古典宫殿式样,内部则安装暖气、热水、抽水马桶、浴缸、饮水喷泉等最先进设备,中西合璧,让人耳目一新。

那天,帮助提行李的工友领他们进宿舍后,就问各位学生小哥可还满意,得到满意的回答后,他不忘多说一句:"这可亏了咱们的司徒雷登先生。"人刚到,就已感觉学校和谐的氛围。

谁能想到呢!十年前的燕大几乎一穷二白,只有五间教室、三排宿舍,厨房、浴室、图书室和教员办公室各一间,是个在旁人看来无法收拾的烂摊子,更要命的是经费困难。司徒雷登为了新校址、新校舍、新设备,四处化缘,终于取得洛克菲勒等美国富豪和中国官绅的帮助,让奄奄一息的燕大脱胎换骨。

严家显来燕大前就听说过司徒雷登,他还是金陵大学斐陶斐荣誉学会的副会长。

严家显入学时,这所堪称当时中国最美丽和最有成就的教会大学,已不再强调基督教教育,此情正如司徒雷登所倡议的那样:"燕大必须是一所经得起任何考验的、真正意义上的大学,至于信仰什么,则完全是个人的私事。"实行自由教学后的燕大,云集了中外众多的一流教师。1929 年起正式设立了文学院、理学院、法学院,总计近 20 个系,其中理学院有化学、生物学、物理学、地质学、心理学、军事学诸系。

1931 年 8 月 24 日,严家显进入燕京大学就读时的"保证书"

1931 年 9 月 8 日,严家显入燕京大学研究院后所填写的学生履历表

燕大每年招收学生名额极为有限,百里挑一。为了保证优秀的生源,司徒雷登设置了严格的入学考试制度。首先面向全国中学毕业生的公开入学考试科目较多,包括中文、英文、数学、智力测验等;其次,燕大的考题数量多,难度高,尤其是英语考试,难度远远高于国内其他大学。

作为教会大学后起之秀的燕京大学,对入学学生英文水平有着严格的高要求。20世纪20年代燕大的《招生简章》如是规定:"符合下列四项条件方为合格:通晓英语、谈话清楚;诵读普通英语课本没有困难;善用文法,尤其善用动词;能作清晰明白的作文。"

在如是条件下,燕京大学研究生的录取标准自然更严,也可以想见许多人在对照之下,望而却步。

根据燕京大学的导师制,严家显1931年7月就曾来校,与教务处商谈导师选择事宜。8月回南京拿到金陵大学毕业证书不久,再度北上,参加与胡经甫教授的合作研究。

比严家显大十岁的胡经甫,已是个了不得的海归。他在1920年留学美国康奈尔大学,专攻昆虫学,20个月内修完博士生课程,撰写了被称为当时世界最高水平的《襀翅目形态解剖及生活史研究》论文,获得博士学位和自然科学金钥匙奖。1926年受聘于燕京大学,成为中国昆虫学的奠基者之一。

1931年夏,严家显进入燕京大学研究生院中的理学院生物系攻读硕士,那一年的入学人数为68人,再分摊到各个学院,每个专业的学生估计是以个位数计算。同学虽然少了点,但学习一点没少,更加繁难,好在万变不离其宗,做学问依靠的是自身的日积月累,以及一颗积极向上的心。如果再幸运地遇见一位愿执桃李之教的好导师,确是桩锦上添花的美事。

严家显在燕大的硕导,依据部分史料推测,就是这位胡经甫教授。胡经甫1926年起担任燕京大学生物系教授,一当便是整整15年。1941年,他在出国讲学途中,因珍珠港事件,滞留马尼拉,于是立志学医,去菲律宾大学医学院充当学生,5年后又返回燕京大学,再次充任生物系教授。于此期间,燕大各所部研究生导师总计不超过50人。其中,生物学部的研究生导师只有3人。在生物系的科目中,作为系主任的胡经甫最擅长的是昆虫学,此时正埋头撰写《中国昆虫名录》。这是他踏遍美、英、法、德、意、比与瑞士等国家的博物馆收集资料,结合毕生所学编写出来的著作,收载了当时中国已被命名分属24目、392科、4 968属的昆虫20 069种,奠基了中国昆虫学,为中国昆虫学研究做出了重大贡献。

《中国昆虫名录》记录了 697 种天牛,其中 696 种都是由外国人鉴定命名的,只有一种由中国人自己命名,这个人便是年轻的严家显。

生物系的另两位教授,李汝祺专攻的是遗传学,年轻时的他是哥伦比亚大学动物学系研究院的优等生,师从于世界著名遗传学家摩尔根教授,并成为他领导的实验室里第一位获博士学位的中国留学生;博爱理博士是女中豪杰,原是美国一所州立大学的教师,但不甘愿规规矩矩地在美国教书,觉得能在中国培养一批卓越的医生更有成就感,遂千里迢迢来到东方古国,到燕大传道授业解惑,终身未嫁。关于她人生的一些精彩片段,都记录在《不可小觑的阔妇人:在中国的生物家博爱理》一书中。有兴趣的读者,自可找书来读。

以上交代的是严家显在燕大作研究生时的一些环境。

在看过严家显的简历后,胡经甫先有了几分喜欢。这位金陵大学昆虫学系的金钥匙奖获得者"品行优美"不说,竟也在苏州的东吴大学就读过,而且和他一样有过江苏省昆虫局的兼职经历。他比严家显早九年入读东吴大学,连着拿到生物系的学士和硕士学位,回国后又一度回母校任教授,内心里自是对母校藏着一份深情。

能心想事成地来这所跻身世界一流的大学就读,并受教于名师,严家显内心激动,踏实地住下后,第一件事就是畅游燕园,看看北国的校园,是否也如南国有随处可以驻足观察的昆虫。还好,游人不多,也不嘈杂,树上秋蝉低回的叫声听得分明。渐渐泛黄的叶片上挂着昆虫的蜕皮,似乎还残存着它们蜕变成功后得意的笑吟。草丛里偶尔传来蛐蛐单调的唱和,地面上几处松散的泥,显然刚有蚯蚓爬过。在他的帮助下,纤弱的小粉蝶总算挣脱了枝丫上蛛网的束缚,试着为他优雅地拍几下翅膀以示谢意,飞舞的动作却是十分无力,好像随时会栽下似的。倒是几只红蜻蜓,从头顶上嗖嗖而过,引着他来到池畔,即将凋谢的荷旁,一群蜻蜓来回盘旋,似在作最后的告别。

严家显流连于燕园,在寻寻觅觅中企盼新发现。

9 月初,燕京大学随着开学便热闹沸腾起来,秋蝉也在枝头聒噪,不愿退出凉爽的世界。

新生开学式上,校务会议成员逐个亮相,或致词,或鞠躬,或挥手,以不同方式和来自天南地北的学子们打照面。

一位身穿长袍的慈颜老者用中文致词,着重向新生解读"因真理,得自由,以服务"这个校训的意义:"盖人生之价值在为社会服务,然必须己身得自由,方可服务社会。自由之义,可以孔子'智者不惑,仁者不忧,勇者不惧'三语诠释之,智仁勇即真理,养成智仁勇以致不惑不忧不惧,即所谓因真理得自由。故'因真理得自由以服务'者,换言之,即具有智仁勇三达德以成就救人救世之事业。"

这位操着吴侬软语的老者正是燕大校长——1929年底燕大正式在教育部立案后的第一位中国校长吴雷川。

而后起身致词的是一位身材瘦高的外国人。不消说,他就是燕京大学的实际掌门——刚从校长改任校务长的司徒雷登。

司徒雷登的演说全程用英文。虽然早年在华传教的经历,让他说得一口比多数中国人还流利的中文,但在这所他一手"开疆辟土"、倾注了无限情感的教会大学,他坚持用英语和师生对话,既讲求"彻底中国化",也讲求与欧美世界接轨。每次新生开学仪式,他总不忘说到"因真理,得自由,以服务"(Freedom Through Truth for Service)这一校训的由来和含义。

燕京大学的校训取自《圣经》。第一句是"正如人子来,不是要受人的服事,乃是要服事人"(《马太福音》第二十章第二十八节);第二句是"你们必晓得真理,真理必叫你们得以自由"(《约翰福音》第八章第三十二节),这句也是美国弗吉尼亚大学的校训,由美国第三任总统、《美国独立宣言》主要起草人杰斐逊书写在他创办的弗吉尼亚大学校门正上方。司徒雷登将这两句糅合在一起,作为燕京大学的校训。

"这是我见过的最深邃最美丽的校训,我不知道有哪所大学的校训能像它那样卓尔不凡,对全体师生产生重大有力的影响!"

司徒雷登一字一句都说得无比自豪,饱含着他对这所多方赞助、众筹建成的学校的情谊。

咀嚼着中外两位校长的话意,严家显觉得,这个校训不仅融合了宗教信仰、科学探索精神,还折射出燕大先进的办学理念,诠释了教育的真正意义。

不几日,在偶然一个场合,严家显瞻仰到了吴雷川亲笔题写的校训。写得从容端庄,平正规矩,干干净净,没一丁点儿的浮躁之气。严家显驻足观之,慢慢就了解了这个人。原来吴雷川是前清的进士和翰林院编修,出任过浙江高等学堂(浙江大学前身)监督(校长),辛亥革命之际任过杭州市长,来燕大任副校长前，还是国民政府教育部次长。令世人称奇，也让司徒雷登等人刮目相看的是，这位晚近中国极有代表意义的儒家学者，不仅致力于西方文化和中国传统文化的沟通、传播，还允许学生自由选课，参加社会活动，探索社会变革，在燕大积极倡导"中国化"以及民主、团结、向上的新型校风。

严家显还找来吴雷川所作《墨翟与耶稣》拜读，好一篇培养完全人格的奇文！他后来常和同学谈及吴校长，称其文字和书法皆美，观之既可悦目，更能养心。

九一八抗日救亡

严家显刚把燕大校训、校歌烂熟于心，中国就爆发了一件震惊世界的大事——九一八事变！

1931 年 9 月 18 日夜，日本关东军炸毁沈阳柳条湖附近的南满铁路路轨，栽赃嫁祸于中国军队，以此为借口，炮轰并占领东北行政中心沈阳，发动蓄谋已久的侵华战争。

消息传到燕京大学，全校悲愤难抑！

9 月 20 日晚，燕大学生自治会召集紧急会议，讨论对于日军侵占沈阳应取态度，决议："自今日起，完全停止娱乐，学生于课外时间赴各农村讲演，作普遍之宣传。"

史载：九一八事变后，燕大学生马上成立学生抗日委员会，聘请郑振铎等为顾问；教师亦成立中国教职员抗日救国会。抗日救亡运动走在北平高校前列。

学校众多、大中学生受五四运动精神影响深远的北平，处于日本威胁之中，各校学生莫不发起形式多样的救国运动，许多学校发表通电宣言，反对日本侵略，要求国民党抗日。国民党北平当局却召开军警宪及各校负责人联席会议，禁止学生罢课，不许学生结队游行，说是为防止学生运动发生过激行为。燕大首先反对，于 9 月 21 日召开全体学生大会。响应出席的 800 多名学生中，有严家显和他研究生院的同学。一些平日里埋头读书的学生，也一改往日对公共事务不感兴趣的态度，咸与聚会，燕大学生抗日委员会、对日经济绝交委员会于此成立。

臂缠黑纱、上书"耻"字的燕大学生队伍，很快涌上街头。义愤填膺地走在游行队伍前头的,竟是一个长着西洋脸的外国人,他用纯熟的汉语振臂高呼:"打倒日本帝国主义!"

他,正是司徒雷登!

严家显不仅在开学仪式上,更在这次游行中,领略到了司徒雷登的魅力。

连外国人都如此为中国打抱不平、热爱中国,作为中国人,有什么理由不爱国呢?

严家显那些天,心里已装不下昆虫了,装的是祖国。他和同学们愤慨地谈论日本在东三省的野蛮举动,愤然道:"我们应尽所能对国内有所表示,对国外有所宣传。"

怎么个表示和宣传法?各项活动在燕大紧锣密鼓、有条不紊地进行:

学生宣传队、演讲队分组,在北平各街市和燕大周围街头巷尾轮流演讲,散发抗日传单。讲者虽已力疲,听者犹不忍退去,异常拥挤。

9月22日,燕大学生发出《燕京大学全体学生对日本侵占东北宣言》,致电南京国民政府,表示要赴汤蹈火誓死卫国,"伏望吾政府依顺民情,积极备战,吾燕大全体学生誓以一死,为政府作后盾,为民族争存亡"。

9月23日晚,燕大抗日委员会召集全体学生会议,请清华大学历史学系主任蒋廷黻介绍日本侵略东北的背景与经过。

"这次事变实因多种原因促成。第一,是中国国力和民族意识觉醒的程度不够,导致日本方面为所欲为。第二,是日本领土扩展论抬头的结果。第三,由东三省的重要性而起……九一八事变发生前当局的误国之罪是不能逃的。"

"我一向不怕日本,我认为:就中日两国而言,中国弱、日本强不过是暂时现象。我相信时间是对中国有利的,我对这次事变的主要想法是争取时间!"

蒋廷黻演讲时几欲泪下:"救中国的念头一直潜伏在我的意识中,时隐时现。吾辈皆黄帝子孙,岂容外人将祖遗夺去而不顾!"

严家显大受感动,浑身热血沸腾,比木渎的水还奔涌不已。

蒋廷黻演讲完毕,已近深夜,会议进入另一项议题:拟定工作大纲,讨论抗日事宜。还通过了三项决议:组织经济绝交委员会,并请各校一致组织;全体学生一律制备军服一套,以作军事训练;请学校添设军事训练班。

24日凌晨结束的这次全体学生会议,决定以燕大抗日委员会名义,电聘该校分布于英美德法等地的校友教员为宣传委员,负责对外宣传。

教会学校的特殊优势使得燕大在对外宣传上卓异于别校,也因此在北大、清华等 68 所学校成立的北平学生抗日救国联合会上，被推为主席团及执委之一。彼时《世界日报》曾如是称燕大："对欧美方面作深切之宣传，俾各国皆知日人之危害世界和平及残杀中国民族之事实。"

那些天，严家显跟着游行请愿队伍，也少不得和欧美国家的使馆人员交流，介绍抗日救亡情况。

严家显出色的语言表达能力，连同他走出书斋积极为抗日救亡宣传奔走的身影，很快博得了燕大师生的注意。

10 月 2 日，北平各学校提出暂时停课以参与救国的方案，被教育部否定，电令各校照常上课，但燕大却变通执行。10 月 5 日，燕大校务会议同意学生可以请假参加这场爱国运动，且不算在规定的准许三周假期内，并给予额外的一周。学生抗日委员会将反日"宣言"等刊物分与该校师生多份，要求分寄亲友。宣传队继续分赴北平城乡演讲，散发告民众书、反日宣传品。

严家显和金陵大学的老师和师弟保持通信联系，才知抗日救亡运动在国民政府首都南京、在母校也是如火如荼。九一八事变消息传出，金陵大学迅速成立"反日救国会"，并召开誓师大会，校长陈裕光带领全校师生宣誓，坚决抵制日货。

金陵大学一旁便是日本总领事馆。面对校园里传出的抗日声浪，领事馆竟树立了一根与金陵大学北大楼等高的钢骨水泥旗杆，挂上太阳旗。这公然挑衅的行为，极大地激怒了金大的师生们，认为必须打击日本人的嚣张气焰。于是，师生们纷纷捐款，建起了一个高出日本旗十尺左右的新旗杆，让中国国旗在蓝天白云中飘扬，以之表达师生们炽热的爱国之情。

严家显把南京和母校的抗日救亡故事告知燕京大学的同学，大家听得也是情绪激昂。

相比于学生的激进，燕大的教职员显得理性一些，燕大抗日会的喉舌《火把》因而批评他们抗日不努力。

在爱国学生的"火把"照亮下，燕大中国教职员也成立了抗日会。胡经甫教授名列五人委员之中，他认为国难当头，再要紧的学问都要先放下，走出研究室，与国家同呼吸共命运！

10 月 14 日是国联限定日本撤兵之日，燕大学生抗日会决议停课一日。上午 9 时，严家显和大伙又来到大礼堂集会，听蒋廷黻等教授演讲。午后，众学生走出校园,分批前往城内及西北郊外演讲,报载"民众听者无不动容"。

为了扩大宣传,以民众喜闻乐见的形式启发他们对抗日救亡的认识,学生还恳请燕大教授熊佛西多编一些通俗爱国剧本。经学生们请求,燕大教授郑振铎转请丰子恺画了大量抗日漫画,吸引广大民众共同投入抗日激流中。

东北三省沦陷后,高校大多停办,许多大学生无学可上,逃亡北平者甚众。燕大决定接收东北旁听生,为此举行了招生考试。

11月16日,燕大学生抗日会借"总理纪念周"之机,举行对日不合作总宣言宣誓典礼。严家显和全体学生共同宣誓:不购日货!

燕大全体学生还给在黑龙江孤军抗日的马占山致电:"伏唯努力杀贼,为民族留最后人格,并将此遍传部曲,宣慰吾民感泣爱戴之至。"

个别激进的学生还绝食请愿。一位大四生率先弃学从戎,抵达南京接受训练。消息传来,燕大校园更不平静了。是月下旬,学生抗日会向学校当局要求赴南京请愿。学校行政执行委员会认为现在南下请愿的时机尚不成熟,耽误正常的课程不说,还可能影响政府的日常管理。

校长吴雷川亲自召集学生抗日会负责人谈话,说请愿无济于事情解决,希望学生安心读书,而且天气寒冷,考期临近,学生应以学业为主。

学生抗日会负责人不听劝阻,坚持要赴南京请愿,还推代表来见司徒雷登,请求停课请愿。

司徒雷登召集燕大行政执行委员开会,最后决定停课一周,任由学生赴南京请愿,而且"凡留校者,须一律参加爱国运动,留校担任抗日工作"。燕大遂成立爱国周筹备委员会,负责工作推进。

吴雷川一气之下,提出辞职。

严家显感到意外,此时为学生爱国运动而辞职,岂不给人以背道而驰的口实?他对行坐举止端凝稳重的吴老校长一直怀有敬重之心。

吴雷川认为学生应该以学业为主,爱国运动适可而止。但其实他辞职还因为,校务会经常在司徒雷登家里召开,而且开会时几乎以英语为通用语言,他听不懂,自是难堪。不过校务会并未通过他的辞职。

很快,却又传出一个意外消息:国民政府不同意学生请愿。

司徒雷登就此发声:"如果此次燕大学生没有参加请愿,那说明这些年来我的教育就完全失败了!"

这话传到严家显耳里。他，和师生们也许都回想起了司徒雷登当校长时公开说的那番话："燕京大学应该成为训练爱国青年的场所，造就爱国青年学子，期其能服务祖国，拯救同胞，为中国全民族谋福利。"

正如燕大师生所愿，两天后，吴雷川打消辞意，慨然表示要以老朽之躯为爱国运动周效劳。

燕大抗日会的喉舌之一《火把》，赞誉上至校长下至工友咸与投身的爱国运动周，是燕大有史以来一种有价值的运动，也是中国教育界对于爱国运动创始的贡献，其意义之重大自不待言。

熟悉南京情况的严家显，参加了燕大请愿团，还为了食宿之事，协助请愿团负责人联络母校金陵大学。

11月末，由190余名学生组成的燕大请愿团，不顾北平当局的劝阻，迎着凛凛寒风，怀揣一份火热，毅然踏上了赴国府请愿的长途。请愿团乘坐火车抵达南京后，顺利入驻金陵大学。

12月2日上午，燕大学生请愿团和徐州学生请愿团不约而同来到中央党部请愿，希望蒋介石北上抗日，恢复民众运动。

一身戎装的蒋介石亲自出来接见，希望学生信任政府，信誓旦旦地表示："所请愿各点，政府均当接受，择其重要者，政府当尽先切实去做，以达各位请愿之目的。"

两小时后，燕大请愿团又秩序井然地转场来到外交部请愿。署理外交部长顾维钧在接见时，提出"对日外交方针维持不撤兵不谈判原则，最短期内应自动废除中日间一切不平等条约及收回日租界"。

善良的学生哪里能分辨清政治家玩弄的那些伎俩，只希望一腔热血能唤醒麻木的灵魂，以使国家有救，民族有救，人民有救。在得到委员长和外交部长的双重承诺和勉励后，请愿团为不影响公务，整队而撤。

12月3日上午，燕大请愿团瞻仰中山陵、祭奠孙中山后，当晚乘坐火车返校。

12月5日上午，随着请愿团的全体安全返回，一场别开生面的燕大爱国运动周结束会在礼堂如期举行，中外员工900余人齐聚一堂。

校务长司徒雷登讲话，对燕大迸发的爱国学生运动给予极高评价，特别强调了师生合作的可贵。

继学生代表发言后，校长吴雷川也慷慨激昂地发表感言，特别讲到："爱国运动周虽然结束，爱国的工作实在是才起头！"

而后,在吴雷川主持下,900位师生员工同唱校歌,嘹亮悦耳:

菁莪雅化,学明行修,教泽奏奇功;
人文荟萃,中外交孚,声誉满寰中。
良师益友,如琢如磨,情志每相同;
踊跃奋进,探求真理,自由生活丰。
燕京燕京,事业浩瀚,规模更恢宏;
人才辈出,服务同群,为国效尽忠。

会后,燕大正式复课。持续两个多月的抗日救亡活动暂告一段落,有关中日问题的讨论,在燕园却经久不息。

九一八事变一周年那天,燕大师生共同举办了一场纪念会,台上悬挂一幅血溅之中国地图。师生代表演讲后,继由东北难民代表演讲,号召师生勿忘国难。10月初,国联调查团公布调查结果,主张以国际共管,取代日本独占后,燕大专门召开全体学生大会,愤慨谴责国联调查团偏袒日本帝国主义强占东北。燕大师生还举行了募捐周,将募捐钱物转交东北各地义勇军。没有资料证实严家显在此时的表现,但可以推测,只要他在燕园,当会参与,也应该关注过两度演讲的蒋廷黻在九一八事变翌年写出的《最近三百年东北外患史》,以及另一个从海外回来的史学大家傅斯年在那特殊时期写出的《东北史纲》。他们捍卫中华疆土的文字,博得了世界上不少认同的目光。

在燕园,严家显不时遇见司徒雷登。这位公务繁忙的校务长几乎能够叫出学校里每一个人的名字,不管是学生、敲钟人,还是扫地工,自然也认识严家显。

那三年在燕园,严家显总是早起,他喜欢去几个湖畔附近观察昆虫的生长习性等情况。

在临湖轩附近,他远远地瞧见过司徒雷登,而且不止一次。

这里是他妻子艾琳的灵魂安息地。1926年艾琳病逝后,司徒雷登含泪将她葬于深爱的燕园,此后再未续娶。只要他在燕园,每天清晨,都必去临湖轩妻子的墓前静坐祷告。

严家显深受感动,将妻子葬于自己工作的校园中,咫尺可见,这是何等的一份深情?情到深处人孤独,这个在杭州出生、有着中国心的美国传教士的儿子,是否也会萌生苏东坡那"十年生死两茫茫,不思量,自难忘。千里孤坟,无处话凄凉"的怅叹?

结合自己的耳闻目睹，严家显始终认为这位燕大实际的校长是一位正人君子，他从不挟洋自重、高高在上，而以一颗善良悲悯之心，包容着每一个学生每一个教职员工。他感受到这个美国人对东方中国倾注的无限深情。

生逢寇氛日炽之时，严家显紧随司徒雷登、吴雷川、胡经甫左右，和其他师生一道，用实际行动表现出这所教会大学超乎寻常的政治责任感和强烈的民族主义情结。这堂骤然之间被强化的"国家兴亡匹夫有责"之课，给他的一生打下了深深的烙印。

北平沦陷后，司徒雷登、吴雷川都坚决不与日本人合作。司徒雷登为此身陷日军牢狱三年，吴雷川则为拒绝出任伪职而绝食自杀。严家显事后得知，深感惋惜之余也是钦佩不已。

燕京大学

第一只由中国人命名的"天牛"

积极投身抗日救亡运动之余，严家显也没落下学业。

那阵儿，胡经甫正全力以赴编撰现代中国昆虫学巨著《中国昆虫名录》。作为研究生兼助教，严家显显然要做不少事，找资料、核对文稿、校勘英文……

一天，他正在房间里埋头整理一堆资料，忽然，"啪"地一声，一只深赭色的甲壳虫从窗外的枫树上直飞进来，旁若无人地落在桌面一角，突起的额头上上有一对超过身体长度的触角，肆无忌惮地自由转动着。

"天牛！"严家显惊喜道。

天牛是鞘翅目天牛科昆虫的总称，他对这类昆虫太熟悉不过了。这家伙因力大如牛，善在空中飞翔，因而得天牛之名。又因它的中胸背板发音器里常发出"咔嚓、咔嚓"之声，像是锯树之声，故又被称作"锯树郎"。南方有的地区还称之为"水牯牛"，北方有的地区称之为"春牛儿"。

当年在苏州木渎，孩童时的他，也曾捕捉过天牛，对它很早就产生了浓厚的兴趣。天牛被抓后，总要一边竭力挣扎，一边发出"嘎吱嘎吱"的声响，企图挣脱逃命。他却不怕，还在天牛腿上缚根线，任其飞翔，美其名曰"放风筝"，"嘤嘤"之声不绝于耳。在木渎严家花园，天牛的玩法不一而足。他和兄弟们各自捉到天牛后，把它当作一种宠物养着玩，比谁粗谁细后，还乐此不疲地玩过天牛赛跑、天牛拉车、天牛钓鱼、天牛赛叫等游戏。即便不小心被天牛强壮的上颚咬着手也毫不在乎。

这其中，"天牛钓鱼"最是有趣。将塑料或薄木片裁成小鱼形，从它嘴上穿孔系线。线的另一头系在天牛触角上，线长适度。取一小盆，盛入水，一边置入"小鱼"，一边将天牛置于另一小木条上，漂浮于水面。天牛四周环水，不免求生欲强烈，遂频频挥舞触角，以探出路，形同钓鱼，逗趣十足。"鱼"若离水，则钓鱼成功。如两虫展开比赛，以先钓起者为胜，给天牛主人某个奖励。

"不速之客"的登门拜访，勾起了严家显的童年记忆，他激动得差点儿跳起来。胡经甫示意别惊吓它，继而低声说："你看它的两肩，凸得这么显摆，多像古代武士的盔甲，还有额头那对触角，有点像美猴王头顶上的凤翅紫金冠吧。"

这只天牛看起来有些年龄了，身躯有手指那么粗，单齿式尖利的爪子带着吱吱的声响划过桌面，仿佛在质问他们研究这些虫子要作何用。

严家显撇了撇嘴："这家伙也太趾高气扬、蛮横无理了吧。"

"仲扬你听，它嘴里还发出嘎吱嘎吱的声音，一副咬牙切齿的样子。"

"我们与它近日无冤远日无仇，它为什么要咬牙切齿？"

胡经甫微叹了一口气："它也许知道，世界上林林总总那么多天牛，却全由外国人命名，在埋怨我们连中国名字也不给个呢。"

听胡经甫一本正经说着俏皮话，严家显不觉笑了——苦笑而已。

黑色斑纹的天牛似乎听懂了人话，霍地从桌面飞起，原路返回。它张开鞘翅，却纹丝不动，而由内翅扇动，再次发出"嘤嘤"之声。

胡经甫追到窗外，又开始了他特有的比喻："你看它飞起来时，那对张开不动的鞘翅，多像一袭披风，够几分威武。"

严家显也不忘幽默地添上一句："这家伙，虽属于高级机体组织一类昆虫，却形同离奇的造物，简直就是一小段一小段爬行着的肠子。"

"哈哈哈……"

那阵儿，胡经甫对天牛特别上心，只因为他编撰的昆虫名录里，收进来的所有天牛，没有一个是由中国学者命名的，这也事关国家脸面啊！

严家显感受到了某种期待。

走出课堂和书斋，那些飞来舞去的蜻蜓和蚊蝇、躲在角落静候小虫落网的蜘蛛、墙上散步的千足虫、墙缝里蠕动的蚰蜒、光天化日下安然熟睡的蜗牛、上下奔波日夜忙碌的蚂蚁……都是他们废寝忘食研究的对象。

通往胡经甫书斋的小径上铺设了不甚规则的石子，沿途都可以听到蟋蟀不停歌唱，它们就住在石头缝隙间。胡经甫总会不失时机地告诉严家显，这兴高采烈唱歌的是圆头雄蟋蟀，它想吸引雌蟋蟀的注意呢。进得凉爽阴凉的屋内，这些蟋蟀的嘈杂叫声只剩下遥远的嗡嗡回响。

胡经甫教学和科研之余喜欢散步，其实昆虫学家在职业中大都养成了散步的习惯。严家显也不例外。这对师生经常走在一起，谈论学问和人生。

穿行燕园中，不少昆虫都迅捷得难以捕捉。壁蜥便是其中一种。脚爪长长、体色斑驳的壁蜥在垂直的石壁上不可思议地疾走，一旦察觉到某种危险，马上溜进壁缝或灰泥软土的洞口。如果到池畔观察，胡经甫就会指着假山或石头堆进行现场教学，说蜥蜴总是善于利用石头间的孔洞来捕食甲虫和蜘蛛。

昆虫学的研究，如同考古，师生得经常到野外和外省实地考察。

北京郊外西山八大处，有块长满鲜花嫩草的浅谷地，花香浓郁时令人迷醉。人一坐下来便隐身于草丛之中，立时养眼的草绿、怡人的花香、悦耳的虫鸣便从四周涌来。却不能放松，因为主要是来考察。一只雄锹形虫拍着翅膀"嗡嗡嗡"地飞过，被胡经甫毫不费力地一把抓住。

"这时节，锹形虫相当常见。这一类的大型甲虫，多半是笨拙的飞行家，速度缓慢，因为它们有着巨大的下颌，用作求偶时跟对手角力。"

现场教学完毕，胡经甫一松手，锹形虫拼命加快速度，惊慌失措地逃命。

春夏之交，处于全盛期的花儿在树上和地上尽情开放，引来群蜂动作忙乱地上吸下吮，天地间洒落一阵阵花雨。他们踩着由缤纷花瓣铺设、偶尔被冒出的树根割裂的小径一路漫步，边观察边前行，若干株长满瘤节的高年桃树弯腰驼背地迎候他们的检阅。一眼望去，它们的枝干上莫不冒出了檐状菌，再辨认，还趴着胖乎乎的绿色毛毛虫，一刻不消停地啃食树叶。在树干上栖息的螽斯，使劲地发出刺耳的锉磨声，试图压制树底不甘寂寞的蟋蟀。

严家显一边观察，一边在笔记本上记录，不时还立此存照——宽裕的家境让他配备了令别人羡慕不已的照相机。但他浑身上下没有一丝富家公子气，只要是考察昆虫需要，再闭塞的山村、再艰险的荒野，他都敢到此一游。

为了让胡经甫念念不忘的天牛命名能有个零的突破，他甚至在暑假到了边远闭塞的广西考察。

万事总是开头难，民国时期的铁路刚作为新鲜事物兴起，车速极慢，设置也不够人性化。两点一线的居多，好几点一线的偏少，这意味着铁路在广袤的大地上大多分散零碎，彼此之间往往不能连通。乘车出行，需辗转反复。

且举当时交通糟糕一例。1924 年，身在北平的著名作家鲁迅，受陕西省教育厅和西北大学联合邀请，去西安讲课。7 月 7 日，他从北京西车站坐上火车，沿着刚开通不久的京汉铁路向南进发，花了一天零一夜抵达郑州，后换乘西去的火车，却没有直达西安者，最近的只能抵达陕州。怎么办？他只有再次辗转，而陕州距离西安数百千米，它们之间偏偏没有铁路，意味着要么徒步旅行，要么走水路。7 月 13 日，选择走水路的鲁迅从潼关登岸，最后坐上汽车，才最终到达目的地。从北京到西安，鲁迅整整花了一个星期。

同样，当时从北平到苏州都没有直达的班次，严家显来往需要辗转多次，花上数天，更何况是去遥远的广西。

一路艰辛到达广西不说，他还特意选择一处老屋而居，因为当地昆虫研究者说，这里经常出没一些古怪的生物。

一眼望去，老屋旁的植物生长过盛，通往大门的小径差不多被高度及腰的植物给淹没了。陪同人员都不免啧有烦言，他却丝毫没有望而生畏之情，挂着打狗棍，一路向前。

在老屋子里守候了一个多星期，他意外地在横梁上解救了一只误闯蛛网、使尽洪荒之力仍不得脱身的天牛。看着它挣扎着远去，在横梁上留下一道似疤痕的线路，充满破坏之力，他相信广西有着可供研究的新品种。

他继续穷追不舍，终于有了新发现，给出了新命名。

回到燕京大学，胡经甫不仅对他的发现肯定有加，还指导他写出论文《一种在广西发现的天牛科昆虫新物种》，并马上将这个天牛的新命名载入自己的巨著里。

这对师生，对昆虫学和中国科学家的关系算是做出了某个交代。

严家显本硕时代论文一览表

1931 年	《飞蝗交尾之观察》 《中国华东地区蚜虫初步名录》
1932 年	《一种在广西发现的天牛科昆虫新物种》
1933 年	《关于尖音库蚊和淡色库蚊感染上海地区班氏吴策丝虫的敏感性研究》

第二把金钥匙

严家显天资聪颖，博学多才，深得燕大校务会和导师的喜爱与器重，对他边读研究生边当助教毫无微词。燕京大学研究生一般需读 2 至 3 年，如和严家显同时期就读物理专业、后来成为中国两院院士的张文裕、孟昭英，就是如此。

严家显生前所填简历，称自己 1931 年 7 月在燕京大学研究院任助教，离职时间是 1932 年 4 月；1932 年 4 月至 1935 年 7 月在雷士德医学研究院医学昆虫组任高级研究员。而他的第二任妻子王祖寿手写履历，则称他"1931 年就学于北京燕京大学生物系研究院专攻昆虫学，1932 年至 1933 年兼任该系助教，1933 年获硕士学位，并以第一名成绩获第二枚 Golden Key 奖。1933 年至 1934 年任上海英雷士德研究所副研究员"。

夫妻俩交代的时间有些出入。

笔者经反复比较和研究，倾向于王祖寿之说。严家显有可能误填——在燕京大学不足一年如何拿到硕士毕业证书不说，1934 年的他已身在国外，1935 年如何能继续在雷士德医学院就职？当然还有一种可能，1932 年他在雷士德是兼职，一直到拿到毕业证书，再在雷士德正式上班一段时间。

具体情况和细节，只能留待资料的进一步发掘。我们只能推测严家显是在

1932年暑期往上海雷士德医学研究院的。当时这所由英国人创办不久的研究院主要从事血丝病的媒介体生态学与防治等研究工作,其下设的医学昆虫组,与严家显所学专业倒也相近。金陵大学、燕京大学倡导的服务社会之风气,引导他又开始了社会实践,他希望在这所研究机构中增长学问。

他在北京、上海、苏州和南京间来回,除了回母校金陵大学看望老师,也前往中央大学农学院寻师访友,切磋学问。一天,他碰到一个熟悉的身影,情不自禁地脱口而出:"邹老师!"

原来,这是邹钟琳。两年前,他得到江苏省昆虫局的资助,前往美国明尼苏达大学深造,怎么这么快就回来了呢?

一经交谈,才知有所遗憾。邹钟琳在明尼苏达大学师从著名生态学家查普曼,学习昆虫学和昆虫生态学,1931年获硕士学位后,入康奈尔大学攻读博士。不料1932年他因学费拮据,不得不提前回国,赴中央大学农学院任教。

得知严家显一边攻读燕京大学的昆虫学系硕士研究生,一边在雷士德医学研究院医学昆虫组兼职,邹钟琳欣赏之余,说:"有条件,还是可以到美国攻读,他们的昆虫学研究领先世界水平。"

"那可是个遥远的梦。"

"只要心中有梦,就该想法实现。你英语很棒,家境状况又好……"

一个留学梦就这样深深地埋在了严家显的心里,像种子一样生根发芽。

1933年的夏天,严家显顺利地从燕京大学理学院毕业,取得硕士学位,并获得一把金钥匙。燕大是他读过的第三所教会大学,这是他拿到的第二枚金钥匙。

在中华人民共和国成立前,中国共有14所基督教教会大学,分别是燕京大学、齐鲁大学、东吴大学、圣约翰大学、之江大学、华西协和大学、华中大学、金陵大学、福建协和大学、华南女子文理学院、金陵女子文理学院、沪江大学、岭南大学、震旦大学等。连读三所教会名校的人,历史上可能不会太多,严家显当是个异数。

这些教会大学在体制、机构、课程、方法乃至规章制度诸方面,直接引进西方教育模式,在当时的历史条件下,对中国教育近代化起着不同程度的示范与导向作用,为中国高等教育做出过不可磨灭的贡献。严家显就读金陵大学时的师弟、历史学家章开沅,在1989年华中师范大学举办的研讨会上曾直抒己见:"毋庸讳言,一些教会与教会大学曾与西方殖民主义及所谓'为基督教征服中国'的宗教狂热有过不同程度的联系，也正因为如此，教会大学曾经引起众多中国人士的反感——但是，以现在的眼光来看，这种尖锐的批判虽然不无事实依据，但却失之笼统与有所偏颇，因为它没有将教会大学作为主体的教育功能与日益疏离的宗教功能乃至政治功能区别出来，也没有将学校正常的教育工作与西方殖民主义的侵华政策区别出来。"他还说："过去人们曾经将中国教会大学单纯看作是帝国主义文化侵略的工具，殊不知它也是近代中西文化交流的产物，它的发展变化是近代中西文化交流史的重要组成部分。"

教会大学的优点之一，是学习空气自由，教学注重联系实践。于严家显而言，他连读三所教会大学，成全了他的学者人生。

拿到燕京大学的硕士学位和又一把金钥匙，严家显的心里该是美滋滋的，终于如愿以偿地取得了梦寐以求的学历！念念不忘，必有回响，知识的回响亦是心灵的回响，才是真正令人热血沸腾，心潮澎湃。

走出燕园的他，抱着"归去来兮，吾归何处"的心情回到苏州，祭奠母亲后，正式接受雷士德医学研究院的聘任，就职医学昆虫组副研究员。

但他脑海中却不时浮现那个留学梦。这个梦不只来自邹钟琳，也不只来自金陵大学校友、已先行一步出洋留学的木渎发小柳支英。梦想从来就不是靠别人硬塞和灌输，而在于自个儿的心心念念。

第三章 追风之马，长啸海外

一片初心能对月

解父忧，明断账本迷案

上海自开埠以来，就华洋杂处，中西交汇，新旧行业皆汇集于此，引领一时风潮，其中科研院所更让人耳目一新。严家显就聘雷士德医学研究所副研究员后，想着尽情地做喜欢之事。

那时的上海，远没有今天这般高楼林立、钢筋森林的都市化气象，郊外更是一派田园风光，崇明岛就更不用说了，倒方便严家显和研究者们的田野调查。

清晨出发到城郊田野，草尖上的露滴在阳光下晶莹剔透。午后时分，知了欢快地在枝头鸣叫。他戴着斗笠，手拿网兜，立在一片碧绿间，一面心里赞美眼前的无限风光，一面守"株"待蝴蝶。若张火伞的六月于他而言，是收获的时节，蝴蝶在林木茂盛处、草丛花枝间翩翩起舞，偶会有头晕眼花者误撞入网里，严家显不需像往日一般疾走绿野间。古时，庄生能晓梦迷蝴蝶，确有其理。它们翩翩起舞，轻盈自若，真是自然的精灵。越是深入，越觉得李商隐的诗正好描绘了蝴蝶令人着迷的魅力。

成天流连在田园郊野，严家显过了一段自得其乐的生活。人们以为这位戴眼镜的白面书生要长期扎根于斯了，忽然鸿雁传书，他的父亲严良灿急召他回苏州议事。

到底议何事？信似乎是急急而就，并无细微具体的描述，寻不出蛛丝马迹。严家显丈二和尚摸不着头脑。父亲在商海沉浮一辈子，早已见惯大风大浪，是个遇事沉稳之人，从来没有这般迫不及待地唤他回苏州。至少他在京畿读研的三年里从来没有过。

严家显思忖，父亲会不会顽童心爆发，跟他玩个把戏，意图"骗"他回家结婚，完成人生大事。在那个由传统向现代过渡的剧变时期，包办婚姻依然是主流婚姻形式。不久前就传闻，江苏省议员周钺因为女儿周静娟违背命令擅自与他人私定终身，旧式思想作祟爆发，竟然狠心将其淹死，完全不顾多年父女情义。真是封建事大，人命事小。

严家显的几位兄弟，除最小的弟弟外，都已听父母之命，按媒妁之言，各自娶妻有了家室。他曾经的年少好友，皆已成家立业，孩子都满街角巷口地跑了。

唯独自己身为严家老二，一心扑在浩瀚无尽的学业上。从金陵大学本科到燕京大学硕士，连贯读下来，就这样度过了七八年。他是个正常的男人，并没有畏惧女人的魅力，只是学问的魅力过于无边，不可抗拒。现在的他，已二十有八，小家还是遥遥无期。

严家显安排好研究所的事务，火急火燎、忐忑不安地上路回家。从上海到苏州木渎，没有直达的铁路，这必是一段磨人的旅程，若顺着水路，再坐上汽车会更快一些。

到达木渎的馀里楼，放下行李，马上到里屋向父亲请安。一问才知，原来是家里的重要店铺出了严重的财政问题。

20世纪20年代末，已是木渎首富的严良灿，依旧不满足已有的商业格局，想着"欲穷千里目，更上一层楼"，不断扩大旗下产业，开张了包括中华老字号品牌恒源祥雏形店在内的店铺。这是一家与毛纺相关的新颖店铺，也是大上海较早的一家。货源一般向外国洋行直接订购，力求备货充足、品种齐全。如此就需要与西洋人打交道，这让严良灿十分头疼，本就身兼多职的他分身乏术，再加上西语的阻隔，根本无法亲力亲为，便专门聘请了一位有过相关经验的经理，自己"身居幕后，控局天下"。这样的管理模式有个弊端，站在金字塔尖的人往往只看到了最终结果，知其一不知其二，不好知晓细微之处，倘若出了问题，也难一时察觉，不免闹出乌龙。

恒源祥刚开业时，经营得热火朝天，人潮往来，络绎不绝，严良灿也就盯得松了些。且他年岁既长，不能一一亲为，于是就只守住苏州一带的生意摊，上海这边则交由三儿子严家起掌管。

严家起在兄弟中学历最低，并非不爱读书，而是被其父选定为守家业者，于是中学一毕业就到上海的商号当学徒。严良灿在传帮带几年后，把沪上一摊事业移交，期待他子承父业。严家起天生的本分老实，喜欢清静悠闲，骨子里并不热衷如战场般厮杀的商场，一来二去之后，竟一股脑把日常事务全托付给经理打理。

墨菲定律有一条：如果你担心某种情况发生，那么它就更有可能发生。严良灿在担忧中，恒源祥果然出现了愈来愈严重的财政问题，形势大好中，利润却越来越小，小得几乎可以忽略。他的感觉和眼力向来是好的，可以一辨善恶。可店里的账本他翻了又翻，一串串熟悉的数字规规整整，也看不出有什么猫腻。

这让久经沙场的严良灿也是一筹莫展。

他的名下有诸多产业、店铺,还有忙不完的慈善事业,有时连回趟家,安安静静地与家人共享天伦之乐的时间,都如挤牙膏一般,挤了几天,才有那么一时半会儿。束手无策、筋疲力尽的严良灿,一筹莫展中,想到了老二严家显。一众儿子里就属他饱读诗书,博闻强志,学历最高,刚好又在上海雷士德医学研究院上班,熟悉上海,得派他前去"监理",当一回"狄仁杰",破此桩"悬案"。

原来是这回事,严家显倒是松了口气,只要不涉及婚姻,一切好办,作为儿子,也该替父分忧。

严良灿没有失望。欣然应允的严家显,商业才能一并显山露水了。刚开始时,他依着顺序翻阅了店里所有的账本。那些数字,看着神秘莫测,似乎没有关联,无秩序无规律地排列着,犹如一个又一个旋转的陷阱,不停地吸附注意力,使人眉头紧锁、精力疲废。严家显一向专攻的都是理科,在数学方面有着坚实的功底。他知道,数字是人类认知和描述世界的基础之一,闪烁着智慧的光芒,但凡排列在一起,之间必定有着千丝万缕的关系。这样一琢磨,他便灵巧地透过数字的表面,仔细研究它们之间以及背后的关联,同时又看现场,秘密走访客户和相关人员。

很快,他敏锐地发现了一些隐藏得极深的痕迹和线索,认定数目表里不一,账不对头。依着类似的方法,翻了几页又出现类似的情况。这一下,严家显茅塞顿开了。账本表面上看似清爽洁净,实际上幕后有一双黑手操纵,里面基本已被掏空。打通关节后,很快破案。罪魁祸首,便是店里的经理和会计,他们合谋在账上做手脚,还欠下许多外债。显然,他们不是黑心贪婪,就是欺负小东家。

震惊之中,严家显赶紧将此事禀报父亲,建议他要有壮士断腕的决心,不论这家店、这个行业未来会有多大转机,现在都要立刻将之转卖掉,拖下去后果不堪设想,弄不好血本无归,债务缠身。

在商海遨游了大半辈子的严良灿听罢"破案"详情,心里也忍不住打了一个哆嗦。他情知老二素来是个好孩子,从不说谎,也不会开过分的玩笑。

他合计了一下,意识到问题的严重性,采纳了老二的建议,三十六计走为上策,只能把自己苦心经营的商店抛售出去。

幸运的是,这个一生做好事,信誉卓著,长年把木渎镇公用电费包揽下来的开明乡绅，得到了福报，遇上了好买主。上海滩财大气粗的人不少，有人冲着恒源祥那些年已然创下的名气，许以一个好价钱。自然地，贪污的经理、会计也被驱逐，算是罪有应得。

恒源祥从严氏家族企业中分割后，严家有了一笔可观的回笼资金。严良灿给每个儿子两根沉甸甸的金条，也算是家产，由他们自行决定用途，投资兴业也好，置产也罢。

严家显当了回中国的"狄仁杰"、西方的"福尔摩斯"，才华和能力渐渐地显露出来。他虽一心扑在昆虫学研究上，但一点也不书呆，而且兴趣广泛，在书法、音乐上也有一定造诣，还跃跃欲试着学开车。谁也不曾料到，这个满肚子学问的时尚青年，在生意和经营管理方面，竟也有强大的基因遗传。

有了钱怎么花？亲人和朋友都建议严家显娶妻，当务之急是先把小家庭成立起来。他摇摇头，大丈夫不患无妻，而患志不高远，何况第一桩包办婚姻的噩梦还在他心头徘徊不去，他要用心等待志同道合的意中人，何须饥不择食，视婚姻如儿戏。有人鼓动他买轿车，争个无限风光。

这两根金条成了严家显生命中的一个分水岭。

从父亲手里接过两根金条时，他不是两眼放光，而是心下激动，如有烈火熊熊燃烧，生出轰轰烈烈之势，烧旺着他紧揣不去的一个梦。他把想法如实向父亲端了出来："我想用这笔钱，自费去美国留学。"

父亲微微一惊，眉头紧锁："仲扬，你读完硕士，应该很有学问了，为什么又要放洋读博士？"

在严良灿琐碎的记忆里，老二蹒跚学步时，就爱穿梭于斑斓的蝴蝶群里。是的，这个孩子小时就让他眼前一亮，与那些扑在游戏堆里贪玩的孩子不同，他天真烂漫，活泼可爱，上进好学，身上自然地有一股闲云野鹤般的架式。后来，他渐渐痴迷于书海，常常秉烛夜读，在学校内独占鳌头如吃家常便饭，成为了长辈眼里出类拔萃的优等生。旧事已如烟。再后来，他从木渎小学一路读至本科、硕士毕业，这样的学识与学历在木渎，在苏州，乃至全中国，都是少有的。他以为儿子会就此停下求学的脚步，从此回到他的身边，承欢膝下，陪伴左右。但是，儿子又一次选择了离开。从小没有享受多少母爱的他，对父亲的爱难道如此鄙弃淡漠？他心中凄凄，儿子出了国，留了洋，又是一个三年。自己的身体日渐虚弱，不知能否等得起下一次的相见。

严家显陈述了自己的理由后，父亲一时沉默了，俄顷又说："有志于学是好事，我们也不是花不起这个钱，只是，你真要出国留学，能不能先成家立业？"耳里听多了各种议论，父亲到底还是关心起了儿子的婚事，当然，他是商量的语气。

严家显讷讷道："我觉得自己还不具备结婚的资格……"

父亲瞪大了眼："仲扬你都快三十了，孔子不是说过三十而立嘛！"

严家显心平气和地说："要说年龄，当然早就到了，但孩儿认为，婚姻是人生大事，不可随便应付。男儿结婚不仅要达年龄，还要有独立的经济能力，尤其是要有丰富的学识。孩儿自觉在学识这一块尚有不足，唐朝大诗人杜甫曾说'富贵必从勤苦得，男儿须读五车书'，我少了几车书呢。"

他说了这么多，其实还是因为没遇上能让他念念不忘的意中人。曾经失败的婚姻让他愈发地觉得，没有知识、无法独立生活的女子，爱起来没有共同语言、容易乏味不说，还令人不堪其重。他心中的女子不应像藤蔓一样，缺少主心骨，只会在寄生的环境里完成生儿育女的任务。

严家显那段不堪回首的婚姻，谁也不想再去触碰。自觉有责的严良灿一直以来，也尊重老二的选择，无意再强行包办。

父亲算是读懂了老二的心思，知识流露出的无穷魅力，不可抑制地征服了儿子的心呢。他扼腕叹息中，转而问："你还想继续学农学昆虫？"

"是的。"

"说说你的理由吧。"

那一刻，严良灿五味杂陈。老二中学毕业之际，做父亲的便希望他进入东吴大学后，选择政治法律专业，如严家的诸多祖先一般，步入官场，平步青云之上；或是按家族的商业传统选择经济专业，以便子承父业。令他大跌眼镜的是，严家显两样都没有选择，他为了农业救国的理想毅然决然地转投金陵大学农学院，继而进燕京大学理学院攻读硕士。盼到望眼欲穿，儿子总算毕业了，却又胸怀大志，为了追逐心中的梦想，要远渡重洋。此去在遥远的彼岸，一切都是未知。身为父亲，不免忧心忡忡。

只有足够的爱，才生出泛滥的伤怀。严良灿一脸悲切悠长的愁云，徘徊不去。他希望老二只是开了一个恶劣玩笑。但老二严仲扬，显然不是个爱开玩笑之人，他一向为人稳重。

面对父亲的忧心，严家显一边替他捏肩捶背，一边耐心开解，细述了自己前卫的意识与想法。

他说，中国虽是农业大国，自古就有灿烂的农耕文明，但如今在农业技术方面却远远落后于世界。唐代诗人李绅写诗道："春种一粒粟，秋收万颗子。四海无闲田，农夫犹饿死。"从事农耕向来不轻松，能种的田都种了，周边再无闲置地，可仍有农民因为粮食被官府征去而饿死。古人尊重土地，进而尊重农事，无处不流露着对生命的尊重。千百年来的尊重，却是精神层面上的，固然近人情，却于技术上少有研究改进。

他还表达内心的农业救国理想，希望提升中国农业科研水平，通过发展中国农业生产，以挽救积贫积弱的国家现状，让老百姓在极短的未来里都能过上美好的日子。

"孩儿原有出国留学的想法，只是不敢开口向父亲要钱，毕竟这不是一般数目，想着边工作边挣钱。现在父亲给了两根金条，孩儿打定主意，就用这笔钱去海外留学，见一见所谓的世面，涨一涨知识，用黄金给自己镀一层'真金'。孩儿这辈子志在学问，昆虫学这门专业，就属美国领先世界，要学就学最先进的！"

清末，湖南革命月刊《游学译编》曾刊有一篇《与同志书》，内有一段精辟而荡气回肠的议论："无学问，无教育，则无民智，无民气；无民智，无民气，则无政治，无法律；无政治，无法律，则无武备，无实业。学问，教育者，三累而上，强国势之起点也。"世间的道理如孟子所言，"鱼和熊掌不可兼得"，没有学问与教育，哪有强国；没有强国，哪有安稳的家？

心怀国家农业发展的严家显，在选择的瓶颈里，不得不忍痛割舍自己的小家。他耐心地做父亲的思想工作，诉说自己的远大理想、心中的家国之梦。帝国主义侵略中国，荼毒百姓，这何以忍得下？只有自身强大，将恶势力驱赶出境，才能还祖国同胞一个完整干净的领土。

儿子的直抒胸臆，让父亲想通了，不假思索地说："仲扬，金条给了你，你便可自由作主，读个博士回来，也是光耀门楣！"

"只是这一去就得好几年，父亲年纪大了，孔子说'父母在，不远游'……"

严家显深深理解父亲的挽留意愿。百善孝为先，生为人子，没能好好地尽心侍奉，他内心难过，愧疚不已。

"仲扬你就放心去吧,不拿个博士帽就别回来,钱不够我来供!"父亲一脸的蔼然。夜深风静,街上传来辘辘车声,碾过人心。

严家显的宏大志愿,触动了父亲。他以前只以为自己的儿子是个品学兼优的书生,没想他心里的世界竟然比海辽阔,有家,有百姓,还有国。

"你母亲九泉之下,也当赞成你的想法,保佑你完成心中念想!"

是啊,严良灿和居氏谁都没想到,竟然生出了这么一个有骨气的儿子。夫人早逝了,他愿意扮演通情达理的父亲,助力儿子实现科教救国、农业救国的鸿鹄之志。这次父子间的一席促膝谈心,让他益发觉得,属马的儿子是匹千里马呢,良骥一跃,志在千里,且由他去!

严家显辞去洋人企业的高薪工作而自费留学,消息传出,亲友们有鼓劲的,也有惋惜和不解的:

"磨刀不误砍柴工,待仲扬回来,更是一条好汉!"

"什么好汉,说白了还不是崇洋媚外。"

"这么好的工作到哪找啊,还倒贴去外国留学,多不划算!"

"留学多好啊,起码能赶个时髦呗。"

……

姑苏城里,去海外留学镀金在富人、官宦的世界里是一种流行,某某家的谁谁谁又要去某国游学的消息,不时传入大街小巷,飘入人们的耳中。严家显每每听到此类消息,也是心生羡慕,盈满渴望。

面对各种议论,严家显只是笑笑,志如钢坚。

其实,在决定赴美留学前,他已断然辞去了雷士德医学研究院的工作。原因是这家机构的某个头面人物竟剽窃他的研究成果,换成自己的名字公开发表。严家显知道后气愤地说:"你们西方人就爱像蚊子一样吸我们中国人的血!"然后,头也不回地辞职了,连不菲的工资都不想要了。那年代如此有骨气如此决绝的中国人,直让英国人目瞪口呆。

在美国多所大学中,严家显最终选择了明尼苏达大学。邹钟琳等师友既有在该校的求学经历,又万分称道该校出类拔萃的昆虫学研究,他也就心驰神往了。

骐骥志千里，岂甘伏槽枥

严家显出国前，特地和已有几年工作经验的堂兄严家淦作了番交谈。

父辈因分家之事而有所不快，并没有影响到这对堂兄弟的情谊。在十来个堂兄弟中，他们也是走得最近、最有共同语言的一对。

《列子·杨朱》云："仁圣亦死，凶愚亦死。生则尧舜，死则腐骨；生则桀纣，死则腐骨。腐骨一矣，孰知其异，且趣当生，奚遑死后！"是说生命何其短暂，大家最后都是一堆骨头，不如生前好好地及时行乐。严家显完全可以当个富家公子，及时行乐，潇洒一生，让千万人羡慕。然而，他偏偏不喜虚度年华，愿意在浩瀚的学海中遨游。

严家淦赞成严家显的选择，借用杜甫"吾闻良骥老始成，此马数年人更惊"诗句相称，并道及一段往事。

"六岁那年，家里在私塾为我举行了一个拜孔敬师的入学仪式。行完拜师礼，先生打开一个用锦缎裱装的盒子，内有一幅字，写的是'聪明智慧'，自是勉励的吉利之语。我启蒙不久便没有继续在私塾念书而改进了新式学堂，却悟出了这四个字的真谛。"

"什么真谛？"

"聪明和智慧两者并不相同。所谓'聪'，是指听觉灵敏，'明'是指视觉明快。合起来是指能举一反三、明察事理，并且能随机应变的意思。而智慧则可以包括聪明，这是一种与生俱来的本能，是先天能够辨别、分析、了解和研究事物的能力。对智慧两字最好的解释，当推佛家，他们甚至把'智''慧'二字都予以分别的解释。我领悟了私塾那位老先生提出这四字的用意，当是要我们发挥智慧，不可单凭聪明，更不能因为聪明反被聪明误。现在你要出国深造，就是要追求聪明智慧，也期待你带着聪明智慧早日回来。"

严家显嚼着严家淦这番话，庄重地点了点头。

一曲《阳关三叠》如行云流水，成为他们聊天的背景音乐。"渭城朝雨浥轻尘，客舍青青柳色新。劝君更进一杯酒，西出阳关无故人。"以茶当酒相送，自有情怀萦绕心头。

"要不是看了族谱，哪能想到我们严家的祖上还出过那么多人才，静波哥我们得见贤思齐，建功立业。"

严家淦点点头，道："是啊，仲扬你远渡重洋求学，可能就创了我们严家放洋的纪录。"

上年修《江苏洞庭严氏族谱》时，几位长老都说，严氏族人爱读书由来已久，那些书生意气与坚韧不拔的意志仿佛已成了一种基因，通过血脉一代代传承下来，衍变为与生俱来的本领。

顺着族谱一级一级向上推，可以发现上文提及的严氏七世孙严经的孙子严果也是一位奇才。

严氏七世天隐子文石公严果像，取自 1932 年修《江苏洞庭严氏族谱》。严果在严氏族谱中排至第七辈，故为"七世"；天生喜爱研究养生长寿之法，自称为"天隐子"

严果是明朝嘉靖人，太湖东山颇有声名的才子。喜欢独坐书房研究古籍，"不入城，不问家人产，兀坐一室，博览群书"，数十年如一日。学识渊博，时人称之"胸藏万书""有所独吟，皆得其情境"。

严果自称"天隐子"，对养生苦研不辍，对人生抱有一种乐观的看法，相信大自然对人的无私馈赠，但需要人们自觉去研究发现。于是著《天隐子遗稿》十七卷，细述养生之道。该书论养生新思想颇多，文笔方面却也不落后，佳句迭出。例如"寂寞幽人久闭门，只闻风雨不知春"，说的是他自己，也是所有沉浸于书海、乐在其中的读书人。卷中还有《倭警》等诗记载史实可以补史，各篇祭文及尺牍可补其生平，又有歌咏四时风物等文，皆文采斐然，妙趣横生。

严家显和严家淦一同端详过明严氏悟澹斋家刻本的《天隐子遗稿》之部分，果真是精美悦目。

除去严果，严氏家族在清季还有一位人物与《四库全书》关系密切。其大名严福，才华横溢且官运亨通。他于乾隆二十七年（1762），中顺天乡试举人。这是挺了不得的一件事了。要知道明代的大才子徐渭，虽然才学出众，多次参加乡试却名落孙山。屡试屡中的严福最后官至"上书房行走"，一生大部分时间都与文为伍。儿孙也受他影响，三代进士，从乾隆皇帝至光绪皇帝，基本横跨了大半个清朝，严家因之被誉为"清华济美"的科举世家。

依据"严氏族谱"统计，严氏在民国之前，共出了三十多位县以上官员，其中知府及以上官员十位。真可谓是诗礼簪缨之族，才俊辈出。

而严家显、严家淦这对堂兄弟，正是从严家谱系中奔腾出的两匹千里马，奋蹄飞驰四海八荒，披星戴月在所不辞。迢迢万里，其辛勤可佩。

严家显一路从高中读到大学，再到研究生，而后远渡重洋到彼岸著名的院校攻读博士。非同寻常的经历，放在时下也出类拔萃，令人羡慕钦佩。

留学在世人眼里一直是个奢侈的概念，百年过去了，这样的观念在国内某些地方依然存在。子女留学，父母需要提供一大笔学费及生活费。懂事的子女若舍不得父母受罪，会尽力申请公费留学，并到各种场合勤工俭学。所以能自费出国留学的人，一般家境不会太差。

严家显留学，并非像钱钟书《围城》里所写的某些人，为了出国镀金，而是真正为了追求知识，寻找"聪明智慧"。

1934 年夏，严家显站在了驶往太平洋东岸的船上，喝足了海风。当年赴燕京大学就读时，报到表上填的仍是已婚。如今远渡重洋求学，已无婚姻的羁绊，身轻似燕，精神自由。

漂洋越海的求学之路可不是想象中的诗情画意，要坐一个多月的轮船，晕船、呕吐不说，还得应付不测风云。事非经过不知难，再难，也阻碍不了他前往"西天"取经的壮怀。

有的人与自己的灵魂渐行渐远,有的人是越行越近。严家显显然属于后者,他是个对学以致用怀有极大热忱之人,同时也是一位懂得珍惜与把握时机之人,胸有读书梦,心为梦想因。

在民国这个动荡波折的时代,并不是人人都有机会痛快淋漓地上学念书,有机会的又不免受世间琐屑杂事的影响而追逐扰攘的世俗,最后能正儿八经坚持下来的人凤毛麟角,往往是对生活、对光荣与梦想有着异常执念的人,一桌、一椅、一书即可支撑整个精神世界。

严家显正是这样的人,以自己的执念,让众人生就"骐骥志千里,岂甘伏槽枥"之叹!

逐梦明尼苏达大学

1934 年初秋,黄昏时分的明尼苏达大学一派静谧,甚是美丽。踏着一地随风旋转的金黄色落叶,一位气宇轩昂、黄皮肤黑头发的学生,穿过一群白人,在一双双好奇的灰蓝色眼睛的注视下,以一口无比流利的英文,为自己办好了入学手续,并龙飞凤舞地写上了自己的英文名字:Yen Chia Hsien。

严家显不是第一个到此留学的中国人,更不可能是最后一个。

他带着一身的本领、满腔的热情、沉重的行囊,独自一人漂洋过海,到彼岸留学,是一匹真正行了千里的良驹。

这所创办于 1851 年,有着"公立常春藤"之誉的世界名校,在建校一个甲子之后,才开始有了中国学生——那是 1914 年第一次世界大战枪响一个多月后——此后便开启了与中国剪不断的联系。

如果统计不出错的话,严家显该是第 38 个到此留学的中国人。20 世纪前十年,明尼苏达大学的中国留学生有 5 人,到 20 年代猛增至 16 人,其中有汤佩松等农学家。到 30 年代,在严家显之前已有 16 位中国留学生,包括他认识的金善宝、邹钟琳,还有他的木渎发小柳支英。

中华民国创建后,赴美留学持续升温。据《留美中国学生月报》统计,民国三年(1914),全美已有超过 800 名中国留学生,其中有不少在明尼苏达大学注册。二十世纪二三十年代,平均每年都有不下五名中国留学生在明尼苏达大学学习,其中多数就读于农学院。

是柳支英迎接严家显进的校门。叫校门，其实也无门，进了校园如同进了公园。

美国明尼苏达大学(UMN)位于密西西比河畔，有着美不胜收的湖光山色。它是美国最具综合性的高等学府之一，始建于 1851 年，经过数百年的漫长发展，拥有五座校园：双城主校区、德鲁斯分校、摩里斯分校、克鲁克斯顿分校、罗切斯特分校。建校至今，学校已拥有众多声名显赫的校友，迄今已诞生三十来位诺贝尔奖得主

严家显一向独来独往，但在异国他乡求学，有柳支英这样志同道合的发小，总归是好事。起码在他的导游下，严家显很快就对明尼苏达大学熟悉了。

柳支英在严家显的人生里，扮演着重要的角色，他们既是沾点亲戚的同乡，又是校友，还是同事，也是一生的挚友。柳支英只比严家显大一岁，曾名柳知行，中学毕业后立志学医，也曾去考过清华留美预科，结果是候补第一名，直接入苏州东吴大学，半年后转入上海沪江大学，还不合口味，1925 年秋又转入南京金陵大学，选择生物系昆虫学。

前文言及，金陵大学有着近乎严苛的入学把控，学生入学后也是需要认真对待，费一番气力，足以优秀方可毕业。从加入"斐陶斐荣誉学会"，并被授予一把金钥匙，足可显示柳支英的优秀。严家显也是这个荣誉学会的会员，与柳支英还算是会友。

巧合的是，柳支英也有过江苏省昆虫局工作的经历，担任过副技师兼标本室主任。1924 年，江苏省昆虫局成员、南京高等师范学校和金陵大学昆虫学师生联合组成了六足学会，这是中国第一个昆虫学社，张巨伯为会长，柳支英在邹钟琳、邹树文、胡经甫等人之后跻身为其会员。

1931 年，江苏省昆虫局因经费原因而停办后，原局长邹树文转任浙江省昆虫局局长，柳支英也随之到来，任技佐兼水稻虫害研究所主任。不到而立，他已在学术研究方面有了一定成绩，积累了丰富的昆虫标本室和水稻虫害的研究经验，以及昆虫分类和害虫防治等方面的实践经验，并有多篇学术论文让人侧目。

1933 年春，在岭南大学授课的美国昆虫学家、明尼苏达州立大学教授芮莱，返美前到浙江参观，来到柳支英所在的嘉兴昆虫所。芮莱和柳支英一番接触后，鼓励他去美国深造。一句话，就把柳支英十年前报考清华留美预科时的候补第一名这份遗憾给勾起了，他也确实不满足仅在国内有份稳定的工作，世界很大，需要学习与研究的东西如海般辽阔，此前就受着身边一些留洋研究生的启发和鼓励，一直想去海外留学呢。现在，算是机缘巧合了吧。但此际政府在昆虫学方面没有公费留学的举措，柳支英留学的渴望无比强烈，乃在是年夏天向外婆借了一笔钱，到芮莱所在的明尼苏达大学攻读昆虫学及动物学系研究生，并根据系里设备条件和芮莱的建议，从事跳蚤研究。

严家显在一年后也选择明尼苏达大学，或许也有这位同乡同道校友的影响。

由是，自私立金陵大学之后，严家显与柳支英再次成为校友，还同出一门——芮莱也是他的主要责任博士生导师。从这之后，他们的人生轨迹多有重合。

其实不需柳支英过多介绍，严家显在国内就已了解到明尼苏达大学的基本情况。

明尼苏达大学（明尼苏达大学双城校区），是一所位于美国明尼苏达州双城区（即明尼阿波利斯市及圣保罗市都会区）的公立综合研究型大学，设有商业、建筑工程、科学、法律、文科、医学、农学等三百来个专业，很多学科在全美始终名列前十。

所谓双城校区自然分两个校区，分别以"双子城"明尼阿波利斯市、圣保罗市命名。其中，明尼阿波利斯校区位于密西西比河畔，以河为界，校园被分为东岸和西岸，大部分校区在东岸，距市中心不过十分钟车程之遥；圣保罗校区位于明尼阿波利斯校区往东的猎鹰高地，地处明尼苏达州首府圣保罗市的起伏山峦中。双城校区风景秀丽，建筑风格各异，校园主体面积位列全美前茅。

第一眼，看到这位选择专攻医学昆虫的学生，西装革履，领带系得齐整，导师芮莱有些意外。他的穿着不说，光从自费来读博士这一点，就可知家境显然优于柳支英。

那些年，美国各著名高校都有中国留学生，但总有媒体报道中国学生以混学历为主要目的，以为到了国外就是天堂，压根没有心思脚踏实地开展项目做学问。一些西方教授也在文化冲突、碰撞之下，存有某些刻板又私人化的偏见，不愿意接收中国留学生，以为他们在中国接受了畸形教育，保守呆板，热衷于囫囵吞枣、生吞活剥，不愿灵活地探究知识背后深层的奥秘。看严家显的简介也还是不错的，会不会不一样呢？这位治学严谨的教授，需要的是一个尊重知识、热爱真理的学生，千里马最好。

一番交流兼考察后，芮莱发现严家显不仅才华过人、专业过硬，英文表达也十分流畅。对绝大多数中国留学生而言，艰难晦涩的专业术语，会说还要会写，的确是个难关。但严家显却应付自如，轻松过关，没有半点儿的磕磕绊绊，芮莱有些吃惊，不觉多了一问："你以前没到过美国和欧洲？"

"没有。"

芮莱点点头："我看你的语言表达，差不多有半个美国人的样子了。待些时日，一切就能适应。"

这学生虽然来自落后的中国，但丝毫没有阻止芮莱的喜爱。

因为他们的关系，芮莱很快就认识了另一位来自中国的留学生徐天锡。徐天锡是严家显、柳支英的江苏老乡，稍早于他们考入金陵大学农学院，后来也读过燕京大学。谁能想到呢，几个黑头发黄皮肤的中国学子会在 1934 年 9 月的美国打上照面。原来，徐天锡也是这个时候赴明尼苏达大学研究院深造的，攻读农艺与植物遗传专业硕士。

对于大多数留学生而言，远离亲人朋友，孤零零地在陌生的海外读书，日子是不会轻松自在的，有些人甚至可以说是饱经磨难。

要英文好、有实力是一方面，还要在生活上完全自力更生。这是严家显生平第一次在海外独自生活，各种滋味并未如他当初遥望欧美山水时一般美妙，他已然初步尝到了生活的艰难。西方人的生活习性与东方人截然不同，拿饮食来说，他们离不开牛奶面包，而中国人熟悉的米饭菜肴，在校园里寻不到一点踪影。有的时候，大多数国外游子渴望的不过是一碗热乎乎的豆浆，一根油而不腻的油条。

胡适日记中就记载他在美国留学时一段"接地气"的日子："7 月 2 日，读《马太福音》八章至九章。作书寄李辛白。天热不能作事，打牌消遣……""7月5日，往暑期学校注册。下午打牌……""7月8日，无事，打牌，天稍稍凉矣……"不看不知道，原来大师的青春也曾这般荒度过，竟然"天热"就不能"作事"只能"打牌消遣"了，文字中透露他赖皮可爱的一面，读罢着实要令人忍俊不禁。

我们尚且不知严家显是否有这样那样的"无事""消遣"之"瘾"，但可以肯定的是，他大部分时间在钻研学问。在学习方面，他是完全自觉的，这是良好的家教所致。只是，偶尔在轻松的课余时分，看着三五成群的学生互相打闹，他难免感到无尽的寂寞与苦闷，常常怀念远方的故乡。

如同导师所期待的那样，严家显很快适应这里的一切。

就学一段时间后，严家显发现，双城校区不仅提供了良好的教学和科研环境，还是整个明尼苏达州的文化和艺术中心，在这里可以享受到高雅的音乐、油画和戏剧，还可听到世界各方名人的公开演讲。

喜欢音乐的严家显，甚至自己买了把吉他，在宿舍里自弹自唱，高兴起来也在一些文艺活动中公开亮相，颇得同学的青睐。

严家显从来就不是个书呆子。课余，他总爱静静地观察明尼苏达河在这里与密西西比河交汇、纠缠、追逐。洁净的河水从双子城中间哗哗流过，奔腾出形态万千又声势浩大的水花后，汇成一条数百米宽的洋洋大川，向无边又无垠的南方奔涌而去。这一带地势起伏，不时冒出夸张的水位落差，形成许多瀑布，引人入胜。

在游过明尼阿波利斯市内二十来个轻盈秀丽的小湖后，他立下一个宏愿，要循河而上直达密西西比河的发源地——市北面的伊塔斯湖，亲眼看看河水随着山势蜿蜒数百公里的壮阔场面。当然，他知道，一如人们喜欢环境幽雅宁静，曲径环湖、绿树成荫、花草繁茂处，也会是昆虫们的理想住所，他希望能有新发现。

他像是从太平洋游进密西西比河里的一条鱼，无比适应这里的水质和空气。明尼苏达大学的几位老师对来自东方的这尾鱼很是偏爱，礼遇和呵护有加。他心知肚明，是那些年中国留学生前辈给他挣下了面子。

这样，他也就兴致勃勃地去了解中国学子在这所世界名校的所作所为。

明尼苏达大学向中国留学生敞开，因一位叫潘文炳的北京人。

1914年，清华学堂第二届毕业生潘文炳获得庚子赔款奖学金，前往明尼苏达大学攻读化学专业。一来便被这里的学术环境折服，还写信说动在密歇根大学就读的胞兄潘文辉和在芝加哥大学就读的好友邝翼堃先后转学到明尼苏达大学。潘文炳学业优异，活跃于各种社团，是学校合唱团的第二男高音、运动队员，曾担任世界学生会副主席、基督教青年会董事会成员。他求学清华期间，就曾参加1913年举办于菲律宾的第一届远东运动会（亚运会前身），并率先为中国夺冠。他在哥哥潘文辉、好友邝翼堃迅速转来明尼苏达大学后，带动他们一同加入了校足球队，并以出色的成绩连续两年担任足球队长。

三位首批获庚子赔款奖学金赴美的中国留学生，在明尼苏达大学留下了出彩的档案资料。

根据1914年《明尼苏达大学校友周报》载，潘文辉是名出色的田径运动员，还是明尼苏达大学网球队成员。1915年秋，潘文辉获选曲棍球队队长，1916年获选网球队队长。明尼苏达大学年鉴特别提到了他出色的运动能力。根据1916年《明尼苏达大学校友周报》，潘文辉这年获得工程学学位，并回到中国。1920年《明尼苏达大学校友周报》还追踪报道潘文辉在北京的工作情况。

潘文炳1918年获得化学学士学位，翌年又获冶金工程学士学位，毕业后在明尼苏达一家采矿公司担任工程师。

邝翼堃求学期间，参加过世界学生会和冶矿学院社团，是校足球队里的中卫，和潘氏兄弟一同发起创办了明尼苏达大学中国学生会。他于1917年获冶矿工程学士学位后，先在芝加哥某铁矿公司担任化学工程师，1919年回到中国。

严家显、柳支英、徐天锡还分别从《明尼苏达大学校友周报》等处，找到早期另外一些中国留学生的相关信息。他们中，一位叫缪云台的留学生引起了严家显的注意。缪云台1915年由伊利诺伊大学转来，1918年获文学学士学位后，先在纽约工作，1919年回国，出任云南省农业和矿业厅厅长。

大门已开，留学风潮愈加盛行。一代代留学生都应该继续自己风格的叙事，创造属于自己的历史，然后传给下一个，不仅留在"校友周报"里，还记载在汗青里。起码他对自己是这样要求的。

严家显、柳支英、徐天锡等几位东方学生意气风发地走在公共视野里，成了异国一景。华人留学生这些年在明尼苏达大学逐渐增多，不由得引起了美国人的注意。校园内外，偶尔有美国人截住他们问："你们的国家很落后，你们怎么会讲英语,怎么有钱出国留学?"

"这么厉害,但愿不是 Dr. Fu Manchu……"

那语气,明显不是对古老的中国产生什么兴趣,而是奇怪之中掺杂着某种不可言传只可意会的鄙薄。

严家显不卑不亢,应对裕如,只是此类遭遇一多,总是窝着一肚子气。

为中国申辩,我不是"傅满洲"

一个周末,严家显找到柳支英,一副气急败坏的样子:"气死我了,气死我了!"

一向温文尔雅的他,本不该如此,柳支英急问为何。

原来,他坐密西西比河观光游船刚回来,一位同游的英国同学便邀请他去全美最好的剧场之一看电影,把他给气炸了。

有人请看电影,为何就气炸?

原来,严家显看的是关于 Fu Manchu 的系列电影之一,看着看着他就受不了了,出于礼貌耐着性子看完,走出影院还不及喘口气,偏偏有人认准他这肤色,戏谑直呼:"Dr. Fu Manchu!"把他和影片中的主人公对号入座起来了。

听罢,柳支英半晌不语,怪不得严家显不吐不快呢!他可谓感同身受。

Fu Manchu,汉译傅满洲,是英国通俗小说家萨克斯·洛莫尔创作的"傅满洲"系列小说中的虚构人物,清朝覆亡第二年首度出现于《傅满洲博士之谜》一书里,可谓是一个超级恶棍式的中国人形象。傅满洲系列进入美国后,在 20 世纪 20 年代不可思议地走红,渐成西方流行

电影《傅满洲之血》海报,截取的是影片中傅满洲蹂躏西方女子的场景

文化中最著名的亚洲人角色，号称世上最邪恶的形象。以小说为酵母，所有以傅满洲为原本进行创作的电影、戏剧、漫画等艺术作品，不管他是主角还是配角，皆是又高又瘦，高耸肩膀，长着竖挑眉，留两撮下垂胡子，面目阴险如同撒旦，穿着清朝官服的中英混血儿。整个系列小说和各式电影中，傅满洲每次都以阴险丑恶的嘴脸行世，结尾被杀，在下一部里再次登场，结尾再次被杀，如此循环往复，轮番上演。其胡子形象如此深入人心，甚至"Fu Manchu Moustache"还成为理发店的一种胡子造型名称。

傅满洲博士才高八斗，智可齐天，聪明博学，懂得科技，却邪恶无比，精于各种毒药制作和阴谋算计，也会悄无声息动用各种政府关系洗脱罪名，使得像福尔摩斯一样的白人警探 Denis Smith 在除暴安良过程中也不得不说，"傅满洲博士是黄种人奸诈取巧的绝佳象征，是经过无数代人才能出现的一种现象。他是超级天才，假如他愿意的话，他完全能够带来一场科学的革命，改变世界"。这些作品表达的意思莫不是，西方世界不幸的根源就是因为有黄种人的代表傅满洲及其统领的黑帮存在。小说和电影的正派人物，都以阻止和摧毁傅满洲的阴谋为终极目标。

严家显一口气喝完柳支英递上的杯中水，气犹未消："看了半天，才知 Fu Manchu 其实是 Yellow Peril（黄祸）的拟人化形象。这位英国同学还一直问我，中国何以出现 Fu Manchu 这类高智商低素质、邪恶狡诈的博士，何以弄出 Yellow Peril 来……"

先行来美国的柳支英，当初一接触到傅满洲这个莫须有的形象，也是和严家显那般怒不可遏，何以如此诋毁、妖魔化中国人？傅满洲这个虚构人物的诞生，西方世界的创作动机，是由特定的时代背景造成的。西方列强用鸦片和大炮打开了中国的大门，加之晚清政府的腐朽无能，让中国人饱受欺凌，"扶清灭洋"的义和团运动随之爆发。不管义和团运动怎样爱国，在西方人眼里，拳民的行为充满了荒唐、野蛮、暴力，这自然也影响到欧美文艺界。而那些以各种方式进入西方的中国人，多数都在底层摸爬滚打，无法融入主流社会。所以，白人眼里的黄种人，如同黑人那样不堪，不是盗窃、贩毒，就是组织团伙与上流社会为敌。傅满洲可谓是黄种人这种形象的"集大成者"，恰如其始作俑者洛莫尔所承认那般："我常想为什么在此之前，我没有这个灵感。1912 年，似乎一切时机都成熟了，可以为大众文化市场创造一个中国恶棍的形象。义和团暴乱引起的黄祸传言，依旧在坊间流行，不久前伦敦贫民区发生的谋杀事件，也使公众的注意力转向东方。"不独洛莫尔,柯南道尔的《福尔摩斯探案集》,也总把黄种人和贩卖鸦片等犯罪行为联系在一起。

柳支英接过严家显的话:"可以说,所有有关傅满洲的东西,都是对我们中国人的污辱和损害!可恶的是,西方现在还风行不止,如细菌一般又传染给了年轻一代。"

"不过,英国同学觉察到我的情绪后,倒反过来安慰我,说这个片子在美国上映的目的如果真是辱华的话,对于美国青少年观众来说可能效果会适得其反。"

"哦? 他为什么这么说?"

"他的意思是,抛开傅满洲的邪恶不说,这个人物的各种设定简直魅力十足,贯通中西,聪明博学,虽然结局不好,但像他这种靠脑力玩局的人物十分引人注目,而且现在的西方年轻一代也不一定就会觉得傅满洲的对手白人派代表特别厉害。所有这些东西,要不是建立在你们中国人反感的辱华倾向和种族歧视基础之上,这个人物该有多么生动和厉害啊!"

"站着说话不腰疼! 不过,你这位英国同学总算有点良知和同情心。"柳支英说罢,看看时间,拉着严家显道,"走,我们去吃中餐,消消气!"

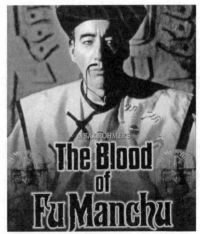

"傅满洲"系列电影海报

校外不远处有中餐吃真好,像是过年一般!

柳支英带着严家显前往明尼苏达州一家熟悉的中餐馆吃饭。餐馆主人,是美国颁布排华法案后迁来明州的华侨。看到这位同胞，严家显想起了深深烙在心里的一句话："华人在明州的故事，也是华人在美国历史的缩影，交织着屈辱和斗争、失败和胜利、歧视和尊重、变化和同化。"

明州有不少在 19 世纪 70 年代初期到来的华人移民。相距于第一批华人到美国的历史，他们晚了 30 年。

大批华人涌进美国，源于 1848 年加利福尼亚州发现特大金矿。在此后不过 30 年时间，三十多万华人或被卖为"猪仔"，或奋不顾身远渡重洋，来美国寻找财富之梦。早年这些移民多数定居于加州，而后陆续散布在美国各地。到 1890 年，美国所有的州和领地都有华人定居。

早年华人移民大多目不识丁，言语、饮食、衣着、行为方式迥异于白人，自然而然地被界定为"异类""外星人"，招来歧视。"外星人"源源而来，白人莫名的恐惧感随之而来，他们开始把华人作为一个仇视对象予以言语和行动攻击。加州排华气氛日炽，逼迫不少华人向美国内陆和东部移居。

之所以选择美国中西部的这块腹地，源于这里相对宽容的环境。1876 年 5 月 31 日的《圣保罗先驱报》就曾载文指出："圣保罗市的人们不能理解为什么加利福尼亚人对华人不满。在我们的城市里，华人的行为无可指摘。给东方人一个机会。"

1882 年，美国国会通过《排华法案》，经总统签署后成为联邦法律。这是美国历史上第一次也是唯一一次以某一个特定民族为对象，在移民上予以歧视和限制，由此对在美华人的生活和工作产生了深远和持续的负面影响。受着《排华法案》的影响，华人在美国的整体数量开始下降。

到 20 世纪 30 年代初，明州全境有上千名华人，主要居住在明尼阿波利斯-圣保罗双城地区，以及杜鲁斯。

客人陆续地走了，店老板得以加入他们的闲聊。

在异乡也能见到这么多故国之人，是一种缘分，严家显关切地问："明州也有排华现象吗？"

"虽然比加州好很多，但也有不友好行动……"

开餐馆的老华侨忆述了世纪之初的一幕。明尼阿波利斯厨师工会在华人餐馆外拉起了警戒线，阻拦顾客进入华人餐馆用餐，并散发传单称："作为工会成员，我们请求你们远离中餐馆。他们用工不平，对白人劳力是一个威胁。"

严家显好奇地问:"你们怎么办?"

老华侨回答:"我们气不过,聘请律师起诉,法庭最后判我们获胜,为我们现在开餐馆赢得了正当权益。"

严家显道:"太好了,美国法院到底也有正义的一面。"

老华侨说开后,还提及十多年前明州的华人社团针对美国娱乐界一度歧视华人的表现,联合"全美有色人种协进会",一同撰写了一项立法提案,要求禁止演出引发种族仇恨的文艺节目。继而深有感触地说,十多年后,电影中又大量出现了"傅满洲",并通过流行文化的传播逐渐被视为华人的固定形象。种族歧视者妄称华人在西方社会只配混迹于阴暗角落,直接或间接地听命于首领傅满洲博士。

连老华侨都愤愤而道"傅满洲",可见这个人物形象何等疯魔。

柳支英感叹道:"中国真是太弱了。偏偏前年,末代皇帝溥仪又在日本挟持下建立了伪满洲国傀儡政权,那可真是个实在的'溥满洲',自取其辱。"

老华侨一对浑浊的双眼看着两位中国留学生,语气里蕴含着某种急切:"小伙子争口气,好好学,学一身本事回去报效祖国,叫他们真正认识中国博士,叫他们不敢看轻我们中国人!"

步行回校路上,严家显忽然问道:"支英,你听说过辜鸿铭这个人吗?"

"你说的是北大教授、留学生的老前辈?"

"是啊。你想想,辜鸿铭也是中西混血儿,母亲是西洋人,还有个英国义父。听说他懂九国语言,一张利嘴骂尽天下洋人,很早就为'黄祸论'辩护,主张儒学救世,连伊藤博文、托尔斯泰、海明威等世界名人都尊崇他。而这个傅满洲,父亲是英国贵族,母亲是普通中国人,也会多国语言,通西方各种科学,几乎无所不能,有点像辜鸿铭吧,却被塑造成一个贼眉鼠眼、奸诈狡猾、想方设法毒害西方世界的黑帮老大,真是不可思议啊!"

"我看过好莱坞影星克里斯托弗·李饰演的傅满洲,正是这个中国人角色,让他在欧洲影坛一举成名。"

"他演的越好,中国人丑恶、野蛮、残酷的形象,就越容易被欧美人记住,就越是在全世界疯狂蔓延。当然,他如果只是尽一个演员的本分倒也罢了,千万别像一些别有用心的艺术家成为了'巫师',通过作品来弄'巫术'!"

"仲扬你这话太精辟了,今后我们一起来抵制!"

心情好了些,眼前一长溜枝头披黄的树和秋日阳光一同扮靓宁静而美丽的校园。抬头而望，各个时期各种风格的建筑错落有致。

严家显在一栋赭红色的典雅建筑物前停下，欣赏好一会儿，问："支英你看那图案是不是有点像雄鹰？"

柳支英细瞅，那一挂着了秋色的常春藤，贴着墙面向两端蔓延，确实有点像贴着墙振翅欲飞的鹰。他莞尔道："仲扬，你说我们是不是从中国飞过太平洋的雄鹰？"

严家显道："不是雄鹰，就飞不过太平洋。支英，你在信里和我说了，当初决定到美国学农，是本着'民以食为天''农为立国之本'的古训，决心为这个'天'和'本'出力、效劳，造福于人数最多、生活最苦的中国农民。"

柳支英语声高亢起来："仲扬，你也说过你到美国留学的目的，是要提升学问，以世界一流的学识，为发展祖国农业做贡献，提高中国人民的生活水平。"

严家显点点头，道："我们既然都肩负着使命，就应该是翱翔蓝天的雄鹰，而不是贴在墙上的假鹰。"

柳支英抚掌道："大丈夫志当存高远！"

"未来中国人的形象，应由中国人自己来树立，这才不辜负我们的祖先！"

两位中国留学生的对话，仿佛让明尼苏达大学的留学史册又增加了一分厚重。

此后，电影院只要放傅满洲及其他辱华电影，故事情节再怎样劲爆，怎样惊世骇俗，严家显都坚决不去了。虽然他知道，自己不去，电影还照放，戏剧也照演，"黄祸"仍以傅满洲等人的形象被持续不断地戏说，像闹鬼的屋子一样，折磨着欧洲和北美的文化想像。

当校园内外在议论新戏、新电影中傅满洲始终不变的形象时，严家显忍不住要反驳。连老师说起这个话题时，他也直截了当地表达爱憎："傅满洲系列电影一拍再拍，不过是为了满足欧美人病态的心理期待，西方社会就是要让'黄祸'有一个具体的形象代表。"

有一次外出观察和捕虫途中，他感觉自己就这个话题的反应过激了点，在平息内心的波澜后，也适时地补上了一丝歉意。

导师芮莱却说："如果傅满洲博士真是西方人臆造的黄种人形象，那你不必有歉意，应该道歉的倒是我们！"

他不由地睁大了眼睛，看着导师。

康奈尔大学博士毕业的芮莱，担任明尼苏达大学寄生虫教授和经济动物学系主任，他神情蔼然："各种文明之间的误解、误读由来已久，我们不必去刻意回避。作为没有去过中国、缺少和中国人沟通的美国人，我们很难知道中国和中国人是什么样子，而傅满洲这样一个广为流传的中国人形象，也是我们不愿看到的。我情愿这是一场误会，促使各文明都正视由于缺乏交流而造成的一切偏见，进而明白文化间的交流沟通是何等重要。"

严家显意外中大感欣慰："老师的胸怀真让人佩服！"

芮莱坦诚地说："好在你们的国家正在重建，很多像你这样的中国人，已经走向世界各地，你们的作为和发出的声音必然会让更多的人听到，在这种交流中，中国文化也必然会遇到更多的知音，中国、中国人/华人、美籍华人的形象不仅在文学艺术中，也必然在其他领域得到合理而公正的改善。"

芮莱严谨地分别列出中国、中国人/华人、美籍华人，可见他是有思考的，这令严家显感动，由衷地说："真希望这一天能尽快到来！"

对东方学子来说，很多时候，美国的一街一景，一餐一饮，望极黯然，陌生无味。严家显也有这样的体验，孤寂中，只能将热情全部寄于学业。这个在导师眼里尊重知识、才华过人的中国学生，为人聪明不说，还独立、上进，倒真是异类。

芮莱盯着他看的褐色眼睛里充盈着善意和期待："我对此很乐观。随着时间推移，特别是这些年中国留学生增多、贸易和各种交流持续推进，肯定会让西方的态度发生有效转变。相信严你能为你的国家争口气！"

改变中国和中国人的形象！严家显听得浑身一震。回望身侧的实验室，玻璃简单透明，里面的科学研究却复杂深奥。他在这里要充分汲取到科学精神的源泉，不仅向导师证明，也向美国人证明。

严家显和柳支英、徐天锡在图书馆碰面，提及和芮莱的对话，说："导师讲得对，改变中国人的形象，我们都有一份责任，除了与洋人接触、交流、参与活动，更需要真本事和精神支撑。"

柳支英平时与这位导师接触较多，知其师德，遂点头："我们远渡重洋求学，决不虚度光阴！"

徐天锡说："学业不精，何以见江东父老？"

"我留学虽是攻读博士，但信条是不求学位只求真知。"严家显说这话，乃因为知道留学风气中，有些人是冲着混个洋文凭而来。

图书馆明亮的灯光照亮了他们的眼神,照进他们的精神世界。

明尼苏达大学校园,
静谧而美丽。古老城堡式
的建筑默默讲述着该校的
悠久历史

夜色苍茫,他们绕着阔大的校园行走,时不时就出现在眼前的精美雕塑、高大圆柱,把古老的建筑衬托和支撑得更有气势。抬头仰望,这些雕塑、圆柱和一排排严谨的建筑,正像是代表了学术研究需要秉持的细致严谨、一丝不苟。

严家显特别喜欢这种感觉,叶已落尽的苍劲大树,挂着几颗星星,把校园更衬得宁静别致。有几次,他在树上瞧见过猫头鹰。

他想起了黑格尔说的一句话:"智慧女神的猫头鹰总是在夜晚起飞。"猫头鹰不是昆虫,不是他要研究的对象,但在日月星辰之下,在教室、实验室里,他总是不由自主地感到有一双猫头鹰的慧眼在傲视宇内,吞吐八方。

在这个物竞天择、适者生存的时代,太平洋对岸的祖国面临的日紧一日的窘境,或许就是给他带来思考的猫头鹰。于是,便有了他灯光下的一次次试验,图书馆、教室、野外的一次次行走,不厌其烦收集一个个数据。异国他乡身是客,绝不能一晌贪欢,在一片弱肉强食的黑暗里,严家显清晰地辨认到闪烁中始终未曾泯灭的光芒,放飞智慧女神的"猫头鹰"。

科研使命,劫后余生

连着秋意,天突然就冷了。树叶还没落尽,密西西比河的观光游船就早停航了,所有的田野调查几乎都跟着停止。大小昆虫们不约而同地躲到它们过冬的地方去了,不便拜访。

图书馆、实验室里亮起的一盏盏灯,照亮了印有彩绘或雪白的天花板。在芮莱无比信任的目光下,严家显了解着形形色色的昆虫。

这天,芮莱向几位学生解构曙凤蝶:"你们看,雄蝶翅膀体背黑得发光,两侧及腹面有丝绒的质感,后翅背面下半部有曙红色大斑。"

对这个昆虫纲、鳞翅目、凤蝶科动物,严家显很快就有了自己的表述:"雌蝶较之雄蝶略大,翅膀正面黑底带褐色,后翅背面下半部的红色绒毛较浅……"

类似这样的场景和对话,贯穿了整个冬天。

芮莱的几位学生中,这将迈入而立之年的中国学生,勤奋刻苦,举手投足间都是学者的成熟与稳重,温和的言词里没有废话,严谨得让人佩服,说话或阐发观点时,眼睛里总是折射出智慧之光。他天生就是个学者,就是个昆虫学家!谁再说中国博士就是 Dr. Fu Manch,芮莱就先不同意,"你们来看看严家显博士(Dr. Yen Chia Hsien)!""Dr"的帽子虽然还没戴上,但这有何难,指日可待,且他将来必有一番大作为。

柳支英晚年,曾向女儿柳西玲谈起留学生活:平时功课很多,写论文也忙,几乎每天都要忙到深夜。暑假他在大学的森林研究站度过,忙着采集标本、研究昆虫生态。……在 14 个月中,共完成了 16 门高级课程,制作了 1 000 多张玻璃片标本,对七八十种跳蚤进行鉴定分类,还发现了两个新种。在整个留学期间,他得到美国导师和同学们的赞赏和照顾,有几次还被学校邀请去报告学习心得,他也常参加一些教授们的宴会和学术活动。

这段经历大致可以用来参考严家显当年的求学状态,虽然他们的研究对象有所不同。

1934 年秋天,柳支英以优异的成绩取得了明尼苏达大学的硕士学位。

毕业之前,这位在农业昆虫学、医学昆虫学教育和研究上已显才华的学者便受到邀请,加入了美国科学荣誉学会、美国农学荣誉学会,并被授予金钥匙。还有美国机构向他伸出了就业的橄榄枝。

那天,明尼苏达大学礼堂上空,校旗骄傲地飘扬。柳支英庄重地戴上了硕士帽。

严家显参加了好友的毕业典礼,向他表示热烈祝贺。之后,他亲自开车送柳支英到码头。

柳支英谢绝了美国方面安排工作或边工作边读博士的挽留，在明媚的阳光下毅然离开，登上了返回祖国的航船。

"支英，一路平安！"

"仲扬，记得回来！"

"那是肯定的，也肯定会很快！"

"待你回来，我们或又能在一起搞教育做研究，尽一份国民之力！"

他们在码头依依惜别，最后一握，传递着一种不可言表的精神力量。

再之后，徐天锡也学成回国了。

又有新的黄色面孔向着明尼苏达大学走来，攻读的是农学硕士，大名李凤苏。这个湖南人，取字"力耕"，可知他早就立下了致力于农业科学的抱负。巧的是，他读的也是金陵大学，也有过江苏省昆虫局任技士的经历，考察过江苏40多个县。他在从事害虫和蚊蝇防治的研究时，深感国内科技落后，设备和资料贫乏，诸多问题难于解决，遂萌生留学之念，靠着亲友的资助来"西天"取经。这样的同道，严家显与之一见如故。

严家显一点也不孤单，君子原本就该慎独，且一种使命无时无刻不在召唤他。

昆虫研究，其实涵盖了整个生物学的范畴，包括进化、生态学、行为学、形态学、生理学、生物化学和遗传学等方面。由此及彼造福于农业，造福于社会，正是生物学家和昆虫学家的使命。

昆虫学家的世界，除了虫还是虫。他们的眼里，大大小小这些虫，都可以做出学问来。他们的学问，必须以虫为倚托，才能破译昆虫的密码。

严家显重视田野调查，决心到昆虫活动频繁的地带，寻找新的研究对象。他从来就是个知行合一之人，重于实践和应用。

暑期还没到，密西西比河的水就已经涨了起来，水面上，游船来往，热闹非凡。严家显利用随后的假期，终于开启了探寻密西西比河源头的旅行。

他往湿地和树林的方向走，循着窸窸窣窣的虫鸣，不知疲倦地辨认前来打照面的虫子，熟练地用网兜"请君入瓮"。那些不甘就缚和警惕性极高的蚊虫，冷不防在挣脱和擦肩而过中毫不客气地前后左右给他一口或一阵叮咬。他备足了药品，随时涂抹。没有药品，贸然去探访那些不友好的虫子，可是自寻苦恼。

终于，他带着一身疲惫，小心翼翼地挑起包裹成圆筒的战利品，恋恋不舍地踏上回程。

芮莱检阅着他采集到的昆虫标本,不时惊叹,睁大眼睛,丝毫没有掩饰他如获至宝的心情。有不少昆虫是罕见的,有的他一时还叫不出名字来。看完标本他忽地注意到严家显那显然有些红斑点的脸,"怎么回事?"

"可能不小心被什么蚊虫咬到了。"

芮莱近前,定睛细看,不禁吓了一大跳:"不,不好!"

他太清楚了,一只饥饿的小虫曾经害得达尔文差点丧命。或许除了囚在实验室的昆虫以及博物馆里插在板上的标本,大多数昆虫的毒性无人研究或有待发现,普通人对它们的了解几乎为零,它们却可轻易地要了人命!

电话打通后,救护车马上开来,把这对师生拉去了医院。

被某个虫子咬伤的严家显,竟一病不起。幸而毒性不大,经医院救治,慢慢恢复了健康。

出院后,严家显稍事休整,就开始协助导师,开展对新捕获昆虫的研究和实验。得抓紧时间,等它们生病或死了,岂不是竹篮子打水一场空!

年轻研究生的敬业精神再次感动了芮莱。古道热肠的芮莱疼惜自己的学生,多方照料不说,有段时间还派自己的车子来回接送,直到他完全康复为止。

生物系的其他老师也都知道了此事,有人问芮莱:"你为什么对中国学生这么好?"

芮莱不假思索地回答:"因为他杰出,值得我这样做!"

如果没有美国导师芮莱这份亦师亦友的厚爱,严家显在磨难的途中,用他自己的话说,差一点就要死在美国了。

中国博士勇赴国难

在美国能遇上芮莱这样的教授,是严家显的幸运。知恩必图报,说的就是严家显,而对老师最好的回报就是学业精进,让他为你自豪。严家显除了抓紧补上落下的课,便是积极参加美国生物学界、特别是昆虫学界的重要活动,踊跃加入多个学会。一时间,美国昆虫学会、美国寄生虫学会、美国科学家荣誉学会(西格马赛学会),接二连三地授予他学会会员或荣誉会员。

前后已有几次提到西格马赛学会了,在此有必要交代一下。这个成立于

1886 年的学会，是规模最大的国际科学和工程科学组织之一，有着悠久的社会服务历史。在世界各地著名大学、政府实验室和行业研究中心，几乎都可以找到西格马赛学会成员的科学家和工程师，许多诺贝尔奖获得者也以能成为其会员而自豪。这个荣誉学会会员的授予，旨在表彰在科研方面已有或具备卓越表现的人，并鼓励各科学和工程领域的研究人员之间建立友谊和合作。

无独有偶，师出同门的严家显和柳支英，都是西格马赛学会的荣誉会员。

海外读博士，听上去高级洋气，背后的苦楚只有自个儿知晓。几度风霜雨雪，几度衣带渐宽。1934 年到 1937 年，严家显在美国读博的三年期间，完成了多项研究考察。据闻，他曾经胆识过人，随队远赴南美洲的亚马逊热带雨林，不惧丛林野兽，深入其间考察。

三年间，严家显笔耕不辍，完成了多篇论文，曾在美国昆虫学刊物上发表的有：

1934 年	《关于上海地区班氏吴策丝虫周期性的观察》 Lingnan Sci. Journ., 13(4)：607-613. 《关于尖音库蚊、淡色库蚊及致乏库蚊实验感染班氏吴策丝虫的敏感性研究》 (with M. K. Hu) Trans. 9th Congress, Far. East. Assoc. Trop. Med., pt. 1：483-490.
1935 年	《从上海雷士德医院的某病例中观察到的马来布鲁线虫的周期性》 (with T.L.Chang) Lingnan Sci.Journ., 14(3)：399-402.
1937 年	《关于犬恶丝虫与明尼苏达种蚊子的感染敏感性的特殊关联研究》 Journ.Parasit.

为了感念导师的恩情，也为了一次性顺利地毕业，严家显忘情于学业中勤奋不息。实验室是他学习和做试验的好地方，每逢西方节假日，他大都在里面度过。除了学习，兼给试验植物浇水，给昆虫喂食。他津津乐道地对导师说，这样的节日过得最愉快。

海外博士毕业本身有一定难度，因为博士论文要求高，需要作者在专业领域内具备大量的理论知识，以及相当水平的科研能力，并能够提出独创性的学术见解，有一定的学术价值。在西方大学读博，写毕业论文最基本的一点是纯英文写作。这对于大多数的东方学子而言，本身是一道可怕的门槛。英文不达标，论文不合格，严重的后果是留级，慢慢再耗费时日重修，直到可以毕业为止。

许多东方学子的毕业之路并不顺利，大多数人只好拼了命地啃书，也有走旁门左道，靠投机取巧谋得学位。钱钟书的《围城》里，开篇便写了主角纨绔子弟方鸿渐在欧洲四年间三换大学，为了回国后给家人一个交代，毕业前花重金从一个爱尔兰骗子手里，购买了子虚乌有的国际著名的"克莱登大学"的哲学博士学位证书，才敢有脸随海外学成的其他学子一并携证东返，"荣归"故里。

来美国留学是梦寐之望，严家显早说了不为学位只为学问，岂会动花钱买学历的邪念，让人生染上洗脱不掉的污点？

不临绝境，难见真境。1937年，在去美国的第三年，严家显不负导师芮莱所望，终于戴上了那顶让无数人梦寐以求的明尼苏达大学昆虫系哲学博士帽，并以优异成绩获得两个学会——美国明尼苏达生物学会、化学学会的金钥匙。真是漂洋越海几万重，游子终圆博士梦。

严家显的三枚金钥匙

一个中国人，经历一场生死劫之后，活跃于多个学会，顺利毕业，并不简单。除了个人的因素之外，导师芮莱的影响不可忽视。

芮莱真是为这位中国学生骄傲了，在他博士毕业那天，特地举行家宴庆祝。那天，他们谈及甚多。

此时的严家显，在芮莱看来，遇上了有家难归、不知何处去的境况。震惊世界的消息已然传开。在太平洋的另一头，1937年7月7日，日军在北平西南附近演习，借口一名叫志村菊次郎的士兵无故"失踪"，全然不顾中国守军的严词拒绝，炮轰宛平城，强行挑起卢沟桥事变。中日战争由此全面爆发。

芮莱就此谈开，殷切希望他能留在美国，专心致志地从事昆虫学专业的研究,这里有世界上最先进的专业力量以及独一无二的舞台。他甚至对严家显做了番胸有成竹的预测,假如他安心留下,以他的学识才华,将来必是美国昆虫界的领军人物之一。若能受此荣耀,大可以再称心如意而归,总比现在两手空空、回归前途不可预测的战火家园来得体面和风光。

是啊,此时,何处望神州?烟波浩渺使人愁!

关心着海那头的严家显,却似乎清晰地听到了中国共产党喊出的"全中国的同胞们,平津危急! 华北危急! 中华民族危急! 只有全民实行抗战,才是我们的出路!""为保卫国土流最后一滴血!"等响亮口号;似乎清晰地听到了蒋介石的声明:"卢沟桥事变已到了退让的最后关头""再没有妥协的机会,如果放弃尺寸土地与主权,便是中华民族的千古罪人"。一个又一个强烈的声音,如海浪般冲击着远在彼岸的严家显的心。

他虽然也心动于美国良好的研究环境,但在这样一个国破时节,已然全无研究心思。满目山河空念远。一筹莫展的他根本无法抛开祖国母亲的一切,抛开对家人无尽的思念,只身一人安安静静地飘在外面,若无其事地做学问。他试着扪心自问,在全民抗战的节骨眼上,在国家最需要他的时候,即便在美国做出偌大的成绩,于全世界闻名,那又有什么光彩可言? 早已不是一个完整的中国人了。愁上亦复愁。

芮莱仍想努力挽留:"你是我目前所教中国学生中最优秀的一位,真的不打算留下?"

严家显鞠了一躬:"谢谢导师厚爱,相比于美国,我的祖国更需要我。借莎士比亚的话来说,'我重视祖国的利益,甚于自己的生命和我珍爱的儿女'。"

芮莱沉默了,俄顷喃喃地说:"祖国! 每个人心目中都应该有祖国,谁说中国人就没有国家观念呢? 谢谢你,你向我证明了这些!"

"谢谢老师的理解,待我在我的祖国做出成绩后,一定请老师来中国传经送宝。"

芮莱笑了,主动向他伸出了手:"我相信,会有那一天!"

在芮莱试图挽留时,美国、德国多家研究机构和高等学府也向他发出高薪的聘请,给予种种承诺。但严家显一概不曾动心,他铁了心要束装东返,认为正值磨难的祖国,需要一批像他这样热血奉献的知识分子,他要投身这场抵御外敌的正义之战。

卢沟桥事变十来天后，严家显登上了开往中国的轮船。芮莱送别之际，拥抱了心爱的学生，并说："我相信大多数美国人民会站在正义的一边，你和你的国家多保重！如果哪一天想回来了，我随时欢迎！"

海风在耳边呼啸而过，美丽的海鸥自由地飞翔，大西洋是如此的广阔安宁，恐怕世间只剩下这几片海面是没有纷飞硝烟的了。严家显站在甲板上望着海天交接处，本是苍茫一片，慢慢地因斜阳照射，海天已是一片红，颇具诗意美感。他的心也跟着颤动地红起来，如烈焰奔放，终于要回国了！日有所思，夜有所梦，经常是"夜来幽梦忽还乡"，在梦里寻找亲人、朋友。他忘不了家乡蒙蒙的烟雨，忘不了田园里泥土的芬芳，更忘不了亲朋好友关怀的眼神。但是他又深深畏惧这抹红色的热情会突然变为殷红的血流，他害怕失去任何一个同胞，想到此处又有点茶饭不思、精神不振。日夜煎熬，到最后只有一个想法：回家、报国。

船行月余，已近中国。这里的海水似乎不再是晶莹的湛蓝，泛着些许蓬勃的黄色，倒像是一片"黄海"，庄严而澎湃；远方朦胧的青山，一重一重地，隐现在白色的云雾中，起伏不定；浓云正在天空中经历着暮色，月亮刚刚从一朵云彩的后面爬出。大家开始欢呼即将进入中国领域，身心一并正式回到了祖国母亲的怀抱。

严家显也跟着激动起来，他说不出任何言语，与船上那些黄皮肤黑头发的游子一样，"惟有泪千行"。转过身抹去泪水，看着船后通往美国的海，他定了定神，心下默默地与之告别，又不禁惆怅，这不会是永别吧，这辈子还会复返美国吗？

第四章　从珞珈山到广西「农都」

武汉大学的年轻教授

1937年8月末,搬迁至珞珈山新校区四年有余的国立武汉大学,迎来了意气风发的新教授严家显。他坐了一个来月的轮船,万里迢迢从美国回到故乡,在苏州老家和父亲、家人稍加团聚,便在弥漫的抗日硝烟中,风尘仆仆地渡过长江,赶往武汉,开启回国后的首次大学任教生涯。在美国求学三年,他切实感受到了中国在教育上的落后。中华崛起,教育为先,他决心追随一帮志士仁人,加入到教育救国的队伍中来。

1933年,中国正处于内外层层叠叠的高压状态下,国立武汉大学农学院排除万难开始筹备。到1936年,农学院正式成立,初设农艺系,宛如一个刚从母体出生不久的婴儿,处于脆弱的摇篮时期,迫切需要农学专业人才加盟。

而且,武汉大学也有其迷人之处。民国最著名的学者之一胡适,曾对来华访问的美国外交官说过:"你如果要看中国怎样进步,去武昌珞珈山看一看武汉大学便知道了。"1937年3月,武汉大学与北京大学、清华大学、中央大学、浙江大学在全国进行统一招生考试,简称五大国立大学联考,由此跻身为"民国五大名校"。

严家显正是被这种氛围所吸引来的,是年他而立出头,堪称全校最年轻的教授之一。

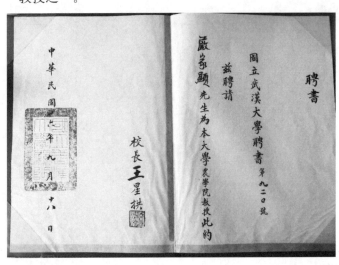

1937年9月,王星拱校长正式聘请严家显为国立武汉大学农学院教授

迁校之初的武汉大学,环境和精神面貌焕然一新,吸引了四海英才。

在严家显到来前,早他数年毕业于明尼苏达大学的汤佩松(中国植物生理学主要奠基者)、金善宝(中国小麦科学主要奠基者),也曾在武大执教。

来校前,已略知校史。武汉大学前身为 1893 年湖广总督张之洞在武昌三佛阁大朝街口创办的自强学堂(后迁武昌东厂口,改名武昌高等师院,1926 年组建成为国立武昌中山大学,两年后改组为国立武汉大学),是为晚清四大学府之一。清末洋务运动领袖、写过《劝学篇》的张之洞,在主张"中体西用"之时,还认为"自强之道,以教育人才为先","天行健,君子以自强不息"。诞生于救亡图存洪流,匡时济世、奋斗不止的"自强"精神,成为武大精神的不竭源泉。其底蕴一脉相承,在不同时期都闪烁着光辉。

严家显到任后,王星拱校长一如对其他特聘教授的礼遇,马上亲自面谈。

王星拱,字抚五,是一位受学界普遍敬重的爱国学者,早年在英国伦敦大学帝国科学技术学院留学时,就参加过孙中山领导的反清进步运动,加入过中国同盟会欧洲支部。毕业回国后历任北京大学教授、省立安徽大学校长,1928 年受国民政府大学院(即后来的教育部)院长蔡元培重托,与王世杰、李四光等一起负责筹建蔡元培主张的"一流水准、规模宏大的万人大学"——国立武汉大学,曾两度代理校长,总揽校务,1933 年正式出任武大校长。

在王星拱"尊重学者、崇尚学术"的思想指导下,武汉大学从世界各地广揽人才。严家显因此机缘而来。

武汉大学史上最杰出的校长之一王星拱,为中国著名教育家、化学家、哲学家,后来还曾出任国立中山大学校长。中华人民共和国成立之初拒绝赴台,1949 年 10 月在上海病逝时,时任上海市长陈毅送来挽联,上书"一代完人"

五旬之年的王星拱身着长袍,神清气朗,打量着一身西装革履、英姿飒爽的严家显,含笑道:"比照片上的人更有精气神!"

严家显敬谢过后，陪同前来的叶雅各教授说："严教授舟车劳顿，也不稍事休息，就要进入角色。"

王星拱频频点头，神情亲切。大家分宾主就座，王星拱招呼品尝他已然沏好的安徽老家毛峰茶，接着畅谈开了他的办学主张和希冀。

王星拱侃侃而谈，认为大学的任务，在道德方面要树立国民的表率，在知识方面要探求高深的理论，在技能方面要研究推进社会进步的事业。他主张办教育要有深远的眼光，学校教育要适应健全社会的需要；学校要养成研究实学的风纪，在教学与科研中摆正理论与应用的关系；学校要注重基础课的教学，传授给学生探求知识的方法。他希望教师要秉承学术独立的精神、抱持不管政治的态度，努力使武汉大学不愧为全国知识的中心，让武昌变成"文昌"。

严家显整衣敛容，静静地听着，感觉在长期的教学与教育管理中，王星拱确实有着颇有见地的教育思想。

"抚五校长为武大的发展呕心沥血，任劳任怨，忠诚劳苦，为全校师生所共仰。农学院也正是在抚五校长的主持下，得以新增设。"叶雅各一旁道。

原来王星拱以校长之尊，还兼任农学院筹委会主任等职，亲自过问并解决款项等难题，严家显不禁肃然起敬："是啊，这才有了我的一席用武之地！"

王星拱微微一笑："我们这叫筑巢引凤呢！这不，新设了农学院，不仅适应了学校教育和国家发展的需要，还把严教授这样的龙凤俊才给引来了，一举多得。"而后正色道："经过这些年大家持之不懈的努力，武大才有可喜的发展，但很多方面还需进一步用力。特别是农学方面，你们都是抚五必须仰仗之才！"

王星拱的长者之风、学人之范，第一次接触就让严家显感触颇深。他向王星拱拱手致意："驽马十驾，功在不舍，有校长和院长在前引导，我努力齐驱并进就是！"

王星拱端视严家显，蔼然道："好好！我看严教授是属马的，相信你在'十驾'之后，必是'骐骥一跃，志在千里'！"

一屋子便都朗声笑开了。

属马的他，是驽马还是骐骥，已不消说。世上的马儿都追风，他迎着海风一直追到了太平洋彼岸。他这匹真正行了千里的良驹又不单纯追风，更不崇洋媚外，不求学位而求学问，肚里装下的草料，反刍过后全是学问，化为精神能量。严家显的学问之道，连着精气神，很对王星拱的口味，他坚信严家显会是珞珈山中奔跑的一匹黑马、骏马。

"现在,日本发动全面侵华战争,我国高等教育事业的正常发展进程被打乱了。国家兴亡匹夫有责,我们的责任是,在奋起抵抗时,仍要有一腔热血为国家长远的发展培育人才。"

王星拱这样说罢,让严家显大为敬佩,却不无忧心地说:"前些时候我在苏州、南京停留,感觉寇氛日炽,国府西迁之后,南京凶多吉少。届时日寇如果一路追打到武汉,我们的教育可怎么办?"

王星拱沉吟良久,缓缓道:"完全有这个可能。武汉少不得要面临兵祸,为此,我们要做好应对工作,一旦日军打到长江边,就及时稳妥地迁往抗战大后方四川。"

严家显稍顷又问:"如果我军不敌,而日寇仍穷追不舍,再追打到四川,又作何打算?"

王星拱起身踱步,而后面向严家显、叶雅各,慷慨表示:"如果日寇真打到四川,我们也必然以热血和生命守住武大,与之共存亡!"

王星拱言行举止间洋溢的爱国热情,极大地感染着严家显,他霍地起身,掷地有声道:"我回国,即为爱国而来,今后宁为玉碎不为瓦全!"

那天谈话后,严家显在叶雅各陪同下,参观了里里外外都透出新气象的武大。

叶雅各是武大农学院院长。武大筹办农学院时,王星拱校长兼筹备处主任,他任副主任。1936年农学院正式成立后,他自是院长的不二人选。

不独农学院,就是武大新校区落成,也与他有诸多关系。

得说说叶雅各这个人。

1928年,国民政府在当年张之洞的自强学堂等基础上,组建成立国立武汉大学。是年7月23日,《申报》向中外报道:"武汉大学筹委李四光,提出建设计划大纲,拟以洪山为校址……"但几个月后,这一选址发生了变化。武大校长王世杰在翌年的一次讲话中公开爆料:"在某一次开筹备会的时候,李四光先生提出建设一个新校舍的主张。那时,适逢叶雅各先生——前金陵大学森林系主任,后受聘于湖北省政府计划改进农业事务者——于武昌东湖一带考察农林状况之后,对大家说武昌东湖一带是最适宜的大学校址,其天然风景不唯国内各校舍所无,即国外大学亦所罕有。于是李先生等亲去该地察看。"

正是叶雅各的四处查看,慧眼识珠,并幸赖"建委会"主任李四光他们的从善如流，广纳良言，使得武大的"风水"从此改变，与美丽天衣无缝地对接。

1928年，李四光骑着毛驴，在叶雅各陪同下，亲自察看了珞珈山麓东湖之滨，由此为武大勘定了依山傍水的新校址。而后，师生们开展建校运动，如胡适称说的那样，"披荆榛，拓荒野，化荒郊为学府"，于1932年春开始迁入珞珈山。

严家显早就听说过叶雅各，因为他曾是金陵大学有名的教授、林学家。

叶雅各在广东番禺出生不久，父亲就前往美国旧金山金矿当劳工，及其父回国，家境改善，乃自费入菲律宾大学学习。这位虔诚的基督徒在求学往返之间，目睹洋木进口日增，而国内童山濯濯，水旱灾害频发，颇受感触。眼看北洋政府林政不修，举国上下又罕见重视林业，乃决心为振兴中国林业献身，遂从菲律宾大学抽身而出，于1917年赴美攻读宾夕法尼亚州立大学森林系科学学士学位，继而又入耶鲁大学森林学院深造，获森林硕士学位。1921年，叶雅各离美赴欧考察森林情况后回到祖国，就任南京金陵大学森林系教授兼系主任，时年27岁，为中国林学界少数最年轻的教授之一。他痛感中国林业的落后，提出振兴林业，必须首先培养专业人才，并动员全国有爱林思想的人们共同努力。

所谓农林不分家，当年在金陵大学，叶雅各执掌的森林系，和严家显就学的昆虫专业，有着千丝万缕的关联，所以这位海归教授的大名，于年轻的金陵学子严家显来说，自是如雷贯耳。只是他进校没多久，叶雅各就受国民政府大学院（后改教育部）指派，任武汉大学新校舍建筑设备委员会委员兼秘书，同时被聘为武汉大学教授了。

有缘千里来相会，这不，一晃十年，他们又在珞珈山相遇并且共事了。

"武大搬来以前，珞珈山既无植被，又无人文古迹，离城又远，不过是座湖畔荒山。四周也没有村落，可以说是一片与世隔绝的空山淡水。"叶雅各的话带着浓重的广东腔，说到高兴时喜欢夹杂着英语。

严家显望着眼前郁郁葱葱的树木，不觉惊奇起来："那这些树？"

"都是这几年种下的。"

叶雅各以林学家的眼光，选定了虽系荒山的珞珈山为建校新址后，马上发起了一场造林运动。1929年建委会作出规划后，他在校园、林场、植物园及一切可以绿化的道路网和荒山隙地，亲自进行造林设计，采取自采种、自育苗、自栽植、自保护之法，数年后整个珞珈山地区，旧貌换新颜，山上山下，都换了绿装。

所以，叶雅各和这位昔日金陵大学的学生、如今已成为自己属下的年轻教授，是从武汉大学的林业建设进入谈话的。

几年之中,能在这样一处寂寂荒郊平地起高楼,造出如此一所校址佳、风景美、规划高的大学,任全国之大,能有二例乎? 严家显边听边看,感叹道:"看着眼前的郁郁葱葱,哪能想到当初竟是荒郊野岭呢,诸位的毅力和魄力之大,无人可比,如此说来,也是十年树木了,这种的是荫庇后世的玉树琼林啊。"

"是否能荫庇后世,能荫庇多久,在此国难当头,说实话我心里没底。但看到眼下师生们的学习生活,不仅有一片树林可依托,还能与身旁这片浩渺的东湖水紧密联系,我心里已有说不出的高兴。"

说话间他们在一栋楼前停步。说是楼,其实是半拉子工程,刚起了一个楼基。叶雅各介绍道:"这是我们农学院的大楼。"

看突起的有些气派的楼基,可见用地还是阔大的,但环顾周围,别说施工人员,连施工设备都不得见,似乎有收工的迹象。

严家显诧异间,叶雅各揭开了谜:"抗战爆发,蒋委员长在庐山发表讲话后,我们就接到通知,奉令暂时停建。"

武汉大学农学院雅各楼

严家显嗟叹中,叶雅各却又豪情满怀地说:"大楼虽停建,但种树不已。我相信得道多助失道寡助,中日这场战争中国必胜,我们现在种下的每一棵树都将是历史的见证!"

严家显大声叫好,并说:"我今后也要种上几棵树,添上些花花草草,再养些益虫,给珞珈山添一份热闹,帮武大看山护林,增一份抗战必胜的信心。"

"树木不够,更要树人,所以农学院上年初建,我就着手招收林业专科学生了,得来个百年树人。你来了就又多一份力,今后林业方面的'虫害',也就靠你了。"

严家显听罢,愈发地动容:"十年树木,百年树人。我一定以叶院长为榜样,努力树木树人,自强不息,献身农林教育。"

武大农学院初创,下设农艺学系和农业简易班,显然还不成气候。不几日,叶雅各把有关老师召集在一起相互认识了,并根据各人所长作了教学分工。

就这样,从美国毕业的年轻博士严家显,与叶雅各、李先闻、杜树材、李相符等学者一起,成为刚刚成立的国立武汉大学农学院的五大教授。

无心插柳结良缘

严家显是个自带一股风的人。他这种自带风的气质,在不少场合都能抢镜。

中秋那天下午,严家显午憩后准备移步山中听蝉。初来武大的生活,有些简单:从宿舍出发,到教学楼给学生上课,或去山中、湖边亲近自然,接触昆虫,偶尔也与同事探讨深奥的学问与人生。

没想,这天下午的固定流程,却被打乱了。在宿舍门口,学院青年教师马宝志叫住了他:"严教授,中秋佳节到哪欢度呢?"

"孤家寡人一个,能到哪欢度?"

"你要真是孤家寡人那就太好了,今天就一起出游好了。"

他们年龄相当,又同在学院当老师,说话随和,相谈投机,还大有相见恨晚之感。

得知共同出游的还有女生,严家显就问:"我不是当电灯泡吧?"

"放心,当不了灯泡。再说了,我对自己也有底气,除了学问,我不输你这份帅。"马宝志狡黠地说。

严家显也就不好意思再推脱了。在国外连着三年没过个中秋,回国第一个传统佳节,热闹一下也好。于是随马宝志往东湖而来。

一接上头,对方来的也是两个人,亭亭玉立在湖边,恰似两株盛开的莲花不胜凉风的娇羞。马宝志约见的人是袁艺兰,没想她带来了陪同闺蜜、舍友王祖寿。

袁艺兰尚是一位学生。鉴于当时风气,师生恋并不算是一件十分吸引眼球之事,更不至于引起公愤。胡适说:"你如果要看中国怎样进步,去武昌珞珈山看一看武汉大学便知道了。"不单是赞美武大学风,也得知道,这所学校的环境优美,催生了自由的风气,随处可见相爱的恋人或于水中划船,或在湖边漫步,玩一些浪漫的把戏……

介绍后,大家便都吃吃笑开了。原来,他俩以前是鸿雁传书,私下约会倒是第一次呢,内心里也都需要别人多一份鉴定。

那一天,单身的严家显与同样单身的王祖寿,都不愿意当好友的电灯泡,两人便凑在一起说话。王祖寿相貌清秀,性格温婉,此时表现十分自然,倒是平时较少与异性出游,只顾一头扎进书堆里的严家显稍显拘谨。

这位女生完全一副淑女模样,身披一件淡紫色如薄烟般朦胧的旗袍,细窄的腰身玲珑有致,袖口上绣着淡雅的花纹,皮肤在灿烂的阳光映射下柔若凝脂,眼中含着春水清波,回眸间浅笑嫣然,腮边两缕青丝偶随风动,唇不点而赤……两个人面对着面,严家显着实不知道眼睛应该放于何处。

第一次见面,他们其实也没聊上几句。那个时代的人,还是有自己的含蓄。

只是,这么一相识,便有了第二次。

第二次话题便多了,深了,敢问学习情况、师出何门了。这才知道,王祖寿是这年九月来武汉大学借读的,专业是文学院历史学系,此前肄业于金陵大学。

"啊,原来是来自金陵大学的小师妹,幸会幸会!"

"师兄在上,失敬失敬!"

相同的背景让他们多了份亲近感,推着他们天南地北地聊。

"师兄,都说武大是中国最美大学之一,你觉得美在哪?"

"美在自然,美在精神。这种美,除了来自玲珑精致的珞珈山,还来自与山紧临的东湖。东湖也太壮阔了,像是漫无边际地摊开在平野上,珞珈山就在湖畔守望,山虽不高,但倒映在湖水之上,静寂之中就显得有几分雄伟了。就是武汉大学的美丽之源。"

"是啊,山不在高,珞珈山在平原地带连绵起伏,不显崔巍,却显秀媚。山与山之间,大小湖泊星罗棋布,远看如古人青绿山水的长卷……"

一聊开,各自学识和襟怀便情不自禁地流露出来。

严家显不觉对伊人刮目相看,大家闺秀,知识渊博,能顺着自己抛出的话题讲下去,又不让自己觉得尴尬。而伊人对这位海归博士也是深有好感,戴着一幅眼镜,为人斯文有礼貌;虽是大学老师,却亲切幽默又风趣,一点儿也没有老师严肃的架子。

严家显和王祖寿不好意思私自接触,于是倒希望各自好友的约会频繁些,带他们出来也频繁些,好让他们有机会见面。

他们"仗义"陪好友约会,而后便不远不近不声不响地退一边,凑成他们的另一个天地,谈天说地。见过世面的堂堂大学教授,有时说话怎么会有些不太流利呢?好在王姑娘性子好,易相处,不计较对方生涩的行为。两个人的交流慢慢顺畅起来了。有时自己想要说的话还未到嘴边,对方已脱口而出,相识不久的两个人互相腼腆地报之一笑,默契十足。世间所有的相遇,似乎总带着那么一丁点久别重逢的滋味,似乎从前已然见过对方。

几次相聚后,严家显对伊人念念不忘,每每想到初遇时的细节,内心深处似着起翻腾火焰。她在他眼里犹如晨间花朵一般楚楚动人。素来认真讲学的严家显,心里热忱起来,在书籍与学生之间穿梭,捎带些甜而分明的快乐,又夹着细腻的忧愁。一日不见,如隔三秋。

而伊人对这位海归博士的好感也与日俱增,对方似乎没有社会上流行的"男人病",杂乱不洁,使女人避之不及。共同语言仿佛是男女间最为关键的要素之一,有时一个貌不惊人的人与一个长相非凡的人走在一起,不免引人侧目,一问原因大多是聊得来,彼此感觉舒服温暖。真可谓是话不投机半句多,话若投机万句不足。

在此之后,四个人经常玩在一起,有时泛舟湖上,望水天相接,或感受风涛烟雨,感觉愈加美妙。知识分子总喜欢与知识分子在一起,这遵循的照样也是"门当户对"那个理。这里的门户多是精神层面上的。"江山风月本无常主,闲者便是主人",四人常常担当着武汉大学珞珈山旁、东湖水上的"闲者"。斜风细雨里,淡烟疏柳处,此中有意,呼之欲出。

划起船来,两个女生的姿势和熟练程度,把两个大男人给比了下去。她们越划越快,赶超了身边一条又一条船,飞快地在湖面上穿梭,马宝志忍不住叫道:"当心,可别落水,我们可是旱鸭子!"

袁艺兰嘻嘻一笑:"王同学是浪里白条,我严重怀疑她上辈子就是条美人鱼,只是你们两个同时落水,她一张鱼嘴先叼谁好呢?"

马宝志龇牙咧嘴:"小王救严教授,你肯定救我嘛。"

袁艺兰拌起嘴来:"美得你,我可没小王那身手,我是泥菩萨过河,能保自身就阿弥陀佛了。"

严家显轻轻笑过后,问:"小王同学还会游泳?"

王祖寿腼腆起来:"我家住在闽江边,也是被两个哥哥给惯的,带了几回后就知道个皮毛了。"

严家显道:"失敬失敬,我家在苏州的河边,可就是不敢下水,后来还是在美国学了简单几招,也还没毕业。"

袁艺兰道:"严大教授那就放下身段,拜小王同学为师呗。"

不待严家显开口,马宝志先行说开了:"时序已是秋天,这水说冷就冷了,不能游泳就等立夏吧,只怕没等到夏天的影子,鬼子先打上门来了。"

大家听出了他的弦外之音,寇氛日炽,战局不利,国民政府重要的党政机关已从首都南京搬到武汉来了,这里势必会有一场战争。

袁艺兰白了马宝志一眼:"你就不会讲些轻松的、高兴的?"

马宝志干咳两声后,赶紧改口:"会游泳的人到了武大,那可真是如鱼得水。东湖带给武大师生的最大福利,就是水上运动。"

武大迁入珞珈山后,专门聘请毕业于德国柏林体育大学的袁浚担任体育部主任。袁浚出生于洞庭湖上的船工之家,自幼熟悉水性,经他领头,武大体育教学风生水起,特别是游泳成为一大特色,得到国民政府教育部褒扬。学校在东湖边兴建了两个湖滨游泳场,不仅把游泳列为必修课,还把游泳达标定作武大学生毕业的必要条件。

先期执教的马宝志了解的"掌故"自然也多,又说:"你们女生能在东湖自由游泳,还得感谢张学良。"

严家显好奇了:"为什么这么说?"

原来,1934 年夏,身在武昌的张学良曾慕名向袁浚学游泳技巧,并多次来武大东湖边游泳,有一天,他和武汉行辕参谋长钱大钧等人偕各自夫人下水。是时,国内各校以"有伤风化"为由,均禁止女生游泳。少帅一干军政要人男女混泳的消息,像风一样在珞珈山迅速传开,学生们纷来围观。张学良不仅不恼,还特意请夫人为众人表演游泳。有如此要人、名人带头,武大趁热打铁,率先废除女生游泳禁令,并开设女生游泳课。一时间,东湖之滨开风气之先。

王祖寿"哦"一声后道:"即使真是这样,也没有什么好感谢张学良的。倒要怪他'九一八'不抵抗,把东北拱手相让,久而久之造成今天国难当头的局面,弄得我们即使游泳健身,也要担心被说成'商女不知亡国恨,隔江犹唱后庭花'。"

一席话，让严家显不觉肃然起敬，这个小女生，原来还有如是家国情怀！

马宝志也感叹起来："但愿来年夏天，我们有机会欣赏到王同学如鱼得水的身姿，为水上运动添一道风景。"

那天泛舟东湖后，大家兴致不减，又游珞珈山。那山形，半弯状，一侧临湖，一侧与狮子山相连，秀峰蜿蜒，浅谷起伏，杂花乱树，五色缤纷。

马宝志和袁艺兰走前头，他们便在后面不紧不慢地跟随。有时落下一段路后，听前面召唤，再加快步伐。

在这个农学教授面前，王祖寿并不觉得拘束，想说什么便脱口而出："名人就是名人，闻一多这一改，山还是那座山，却凭空多了份灵气。"

原来珞珈山原名落驾山，也叫罗家山，闻一多到武大任文学院长后，为之改名"珞珈山"，沿用下来。

"武大看中珞珈山，还真是个不因循守旧的选择。我在美国看过一些世界一流的大学，大都是建在平地上，自然风光与建筑人文两相契合。即使像我就读的明尼苏达大学，地处密西西比河畔的丘陵山地，也要避开峰岭坡谷。但武大偏偏就别具一格，依着山的走势，顺着水的形态，在山水之间建起了规模宏大的建筑群落。"

"我不懂建筑，但可以想象，地质结构这样复杂，工程难度该有多大！"

他们聊的投缘。

青年男女有得聊就好。一回生二回熟之后，便大大方方地互相聊起了家世。

王祖寿说自己生于福州闽侯。闽侯这地方，古属福州府闽县、侯官县，素称八闽首邑。历史上人才辈出，"近代睁眼看世界第一人"、以虎门销烟壮举而影响世界的民族英雄林则徐，以及翻译过《天演论》的启蒙思想家严复就不说了，当下的国民政府主席林森也出于此地。

既读文学院历史学系，王祖寿对这些家乡出的大人物如数家珍，她甚至讲到了家乡另一个大英雄、黄花岗烈士林觉民，以及他那篇感天地泣鬼神的《与妻书》。

但此时的严家显，却似乎更有兴趣了解她的家史和个人史。王祖寿在他的追问下，无比信任地，第一次无保留地把家底给兜了出来。

这王祖寿还真是个不同寻常的女子！

南国有佳人

1916年农历九月十七日,王祖寿生于福州闽侯一官宦之家,属龙。父亲王景仁,又名德甫,是清末举人,做过多年地方官,1925年还一度做过闽侯县知事(县长)。母亲李含英,生有三个孩子:长子王祖锡;次子王祖武,后改名为王琛;老三是女儿身,便是王祖寿。她出生那天正好是祖母的寿辰,又因为前面两位哥哥的名字都有"祖"字,所以就有了"祖寿"此名,另有闺名志芳。她底下还有一个同父异母的弟弟。

闽侯,又称侯官,素称八闽首邑。这个"首"字,不是民间历史平白无故乱评的。这里风景绮丽,有屹立数百年的昙石山文化遗址、旗山、十八重溪、雪峰寺……带给人无尽的遐思与感叹。这里人文荟萃,在近现代短短一段时期内,涌现出一大批先进人士,每一个在中国掀起的都可谓是暴风骤雨,影响至深。当然,闽侯这片土地还是稍显谦虚低调,严家显们如果不去探究,这地方就不会主动道出过往的光辉伟迹,因为那都是昔日烟云了。

还是小女孩的王祖寿,天真无邪,活泼可爱。在一众兄弟中,她与二哥王祖武年龄相仿,关系也最好。有时,两小儿一起爬树,摘几片嫩绿的树叶或粉红的花朵,径直扔下去,看着它们一个接一个翻着身旋转地落下,导致往来路过的村民一脸疑惑的神情;又在人家种好的田地里,顺手牵走几个成熟的果实,引得看守的小狗,在后头不停地追赶……真是"坏"事做尽。

王祖寿不是真的"坏",而是透着一股单纯,拥有一颗纯真善良的心。她每每见到弱势群体,总会不由自主地上前关心。王家有位大姐姐式的丫鬟,叫蓝瑶玉,比王祖寿大十来岁,长得十分美丽,性格活泼开朗,心灵手巧,手工尤其好,能一手缝制出漂亮的洋娃娃。王祖寿喜欢与她黏在一起,大小两个女孩子有着说不完的话,总是形影不离。

有一天,王祖寿看到这个大姐姐一改往日的活泼劲儿,闷声不响地坐在光线昏黄的小屋里做女红,偶尔发出点啜泣,停停顿顿。善解人意的王祖寿没有像往常上前打扰,而是随即拉着刚从她身边经过的仆人打听了一番,才隐约知晓蓝瑶玉的命运。

蓝家在福清乡下,孩子多,家徒四壁。蓝瑶玉七八岁那年,家乡遭灾,生活无以为继。父母无奈,想把她的妹妹卖了度荒。蓝瑶玉听说要进城,新鲜得不得了，缠着要跟去看看。父亲拗不过，便带她一同出门，谁知让她从此走上不归路。

蓝父打听到王家要买丫头之后，便找上门来。不料，王家主持此事的老姨太（王景仁庶母）嫌妹妹太小，一眼看中了姐姐。蓝父似乎不甚情愿，声明姐姐已能帮家里干活，不卖只押，三年赎回。于是蓝瑶玉就留下来开始了丫鬟的生活。期间，蓝母还来看过她，给她梳小辫，她哭着要跟母亲回家，蓝母无奈，许诺等家里凑齐了钱，就来赎她。一个劲流泪的女儿相信了母亲的话。但不知是蓝家没这个能力，还是做父母的不守诺，三年期满后直到王家离开闽侯，也没见蓝家再来人。蓝瑶玉只能绝望地跟着王家出发，前往前途未卜的南京。现在开始，她没了家人，生命里只剩下这个没有任何血缘关系的王家了，也不知会不会被驱逐。

听了这个伤心故事，王祖寿也跟着泪水涟涟。从小生在衣食无忧的家庭里，她从来没有感受过贫穷的滋味，也无法理解为何亲生父亲会狠心抛弃自己的孩子。但有一点，年幼的王祖寿是明白了，女性的卑微地位是悲惨命运的根源，她决心自强自立。聪明活泼的她，早于先前便显示出了读书的兴趣。现在，她又多了一个努力上进的理由。

在当时的整个中国，不单单只是王祖寿一个女孩子有这般觉悟。早在1896年，梁启超在戊戌变法前夕所撰政论文章《变法通议》中提到，女子教育是一个国家富强的标志，他如是而言："女学最盛者，其国最强，不战而屈人之兵，美是也。女学次盛者，其国次强，英、法、德、日本是也。"

随着民国替代腐朽的清王朝，西学东渐愈发频繁强烈，流行了千年的"女子无才便是德"，如一个漏气的气球，被一针刺破。

风气渐开后，民国的女子再也不满足成天坐在家里消耗光阴，或是仅学一些《女诫》《内训》之类纯粹让她们遵守妇道的东西，她们开始渴望专业化、科学化的知识。她们不分老幼，学习热情持续高涨，女子教育和女校随之兴起，在全国各地如雨后春笋般涌现。

王祖寿所生活的闽侯，相对闭塞，估计在全国女子教育热潮刮起来时，没那么快受到影响。这里依旧兴私塾学堂，男孩到了年龄可以入学，女孩则还要养在深闺里，不被人识。

看到父亲请来了私塾先生，哥哥弟弟们高高兴兴地去读书了，王祖寿不觉心动起来，也很想跟着去祠堂学习。一次她不顾家人的严格告诫，竟偷偷地跟着溜出门,在教室外偷听。突然电闪雷鸣,小王祖寿虽然心底害怕,却舍不得离开知识的熏陶;连绵雨水落下时,只能缩在角落,听课的同时还要提防不被发现。令她略感安慰的是,先生的授课方式新鲜有趣,耳目一新中也将知识铭记于心。这比待在家里傻坐着、不食人间烟火的状态简直好太多了。书中未必要有千钟粟、黄金屋之类人人羡慕之物,但它的内部一定要有真的知识,经得起急急流年、滔滔岁月的洗礼。

读书,真是进了另外一个奇妙的世界。但好景不长,先生发现了这个偷听课的小女孩,大发雷霆。他是位老夫子,观念守旧,自然不允许这类事情发生。生气的他直接拿起课堂上的竹板,作势要打王祖寿的手心,问她还敢不敢再偷听。小女孩不肯屈服,直言道就算打死也要读书。倔强的回答,令老先生相当不满意,他真的下手打了几板子惩罚她,没个轻重。王祖寿咬着牙不让自己哭出来。

这事传到王景仁的耳里,他看着女儿被打肿的手心,十分心疼,但他还是有意考她一番。王祖寿天姿聪颖,有问必答,且对答如流,甚至比哥哥们答得还要好。

身为官员的王景仁,也是位开明的父亲,见过世面,知道中国其他先进省市女校的盛行。他也没有重男轻女的思想,虽然在当地人看来,女子去学堂读书简直如猪上树一般不循常理,但他还是将唯一的女儿送进了学校,并谆谆告诫:一定要认真读书,不能偷懒懈怠。王家开风气之先,周围人家看到"书香世家""名门望族"敢于冲破世俗观念,也随之将自己的女儿送出去接受教育。

王祖寿真正坐进学堂之后,难掩内心的激动,倍加珍惜,也更加奋发上进地学习。她喜欢动脑筋,因为有思考的习惯。想做什么,也要立刻动手去做,因为世事多变。读书的方法千奇百怪,她也有自己的一套,颇有成效。从未读过小学的她,竟然可以直接跳级,升入高年级。

在自己接受教育之时,王祖寿也常常手把手地教蓝瑶玉读书写字。她虽然只是个地位低下的丫鬟,但在王祖寿的眼里,却是个比她懂得人情世故,又经受了磨难的大姐姐,也该享有受教育的权力,通过知识改变自己不幸的命运,谁说身份低微就要一辈子低微呢?勇敢的王祖寿,正想把这个想法大胆地向父亲倾吐之际,家里突发了一件大事。人的命运,全然是最拿不准的东西。

王祖寿的亲生母亲李含英因年纪渐长,耳朵愈发不好使了。这里的渐长,不等于老迈,其实李氏还是相对年轻的。只是当时大环境下,女子大多早婚早育,三四十便儿孙满堂,要被当成老龄了。当时大家也没有把这放在心上,日积月累下,李氏耳背厉害,请遍了城里的大小医生,也不见好。

提前退休的这副耳朵,自是阻碍了夫妻双方的日常交流,还使本身有点小磕碰的婆媳关系雪上加霜。王景仁的庶母,下人们称为"老姨太",颐指气使惯了,常常无缘无故地惩罚儿媳妇,打骂下人,见儿媳妇这个样子,便发话说要把蓝瑶玉给王景仁收房做姨太太,仿佛这样才像个家。

在她十三四岁那年,这个家从福州迁到了南京。1933年,王祖寿来到南京汇文中学就读。这是南京第一所女子学校,已有五十多年的办学史,独自开辟了女性教育的蹊径。

在此期间,她多了一位同父异母的弟弟,名叫王祖福。除了产生些许感想外,这并没有影响她的学业。

让她感慨的是,蓝瑶玉并没有母以子贵,为王家再添男丁后,连着儿子在家里的地位也还总是比别人低,动辄受欺。家中老姨太心胸也太狭窄,为人也太刻薄了点,可能是因为过去自身地

照片中年轻的李含英,温婉贤淑,气质不凡

位低下,受到压抑,好不容易咸鱼翻身熬到做了长辈,总想寻机报复,出口恶气。可家中上下,也只有蓝瑶玉是她凌虐的对象。而且,老姨太一直把她当作家中重要劳力使用,从屋内到院里,从厨房到客厅,都是她劳作的地方。幸好,作为正室的李含英为人温良,对蓝瑶玉还算不错,相处也和睦。

年少的王祖寿更是对这位年轻的庶母怀有一颗同情之心,想方设法要来保护她们母子。每当蓝瑶玉受"老姨太"之气而落泪时,王祖寿不是为她擦眼泪,就是讲故事安慰她。庶出的弟弟在家遭受欺负时,也常常是王祖寿以姐姐身份出面为他打抱不平。王景仁看在眼里,有天忍不住对蓝瑶玉说,你啊,将来要靠芳妹子(王祖寿小名)哦! 蓝瑶玉不信,说:我有儿子,怎么会?

三年的高中生涯恍然如梦。王祖寿的周边是清一色懵懂的如花少女。她们在一个个"小我"的世界中,慢慢成长为"大我",渐知是非曲直。花开无声,叶落有痕,草堂语稀,一千多个日日夜夜,以勤为径,以苦作舟,如流水般淌过。那时的王祖寿,兴之所至时,也曾与同学们豪言壮语,"书生"意气,作势可顶半边天。

1935 年，王祖寿顺利地从高中毕业了，默默地挥别同窗挚友后，又一次性顺利地考取私立金陵大学文学院，专修历史经济学系。

全民抗战爆发后，南京大多数学校开始西迁，金陵大学自恃是教会学校，有美国大使馆保护，倒不积极应对，起初只安排几个院系和相关专业的学生到内地大学借读。

王祖寿所在的院系就这样暂时到武汉大学借读，她的学号是"借 85"。

共寻爱的"蜗牛"

既是金陵大学的校友，严家显与王祖寿就走得更近了，海阔天空，无所不谈。

有次，严家显问王祖寿："金大旁的鼓楼有座霓虹灯塔，上面有总理塑像，还有一句总理名言，可曾记得？"

王祖寿答："记得是：人生以服务为目的，不以赚钱为目的。对吗？"

严家显点点头，道："我第一次见到后，觉得总理这话说的很好。世界那么大，"Life is to give, not to take"，人生是给予，而不是索取。我觉得人的一生应该是这样子的。"

"Life is to give, not to take。"王祖寿一边复述，一边点头，眼里溢出光彩。

严家显回国后，曾到金陵大学看望陈裕光校长等母校老师，而后也打听到了金陵大学西迁的一些情况。他忧心忡忡地对王祖寿说："淞沪战场失利后，南京告急，中央大学紧随国府西迁，金陵大学西迁是迟早的事。炮弹不长眼睛，谁能保证敌机轰炸时炸弹不落在金陵大学的校园？千万抓紧，别弄得措手不及！"

"是啊……如果迁到四川去了，那我们恐怕也要从武大跟过去……"面对眼前这位博学多才、赤心许国的严教授，王祖寿没到嘴边的话又默默地咽了下去，她的心中塞着无数的惆怅与不舍、牵挂与憧憬。

不知何时，袁艺兰折回到他们的身旁，话里有话地说："真是'金风玉露一相逢，便胜却人间无数'，你们聊得比我们还起劲啊。"

她两腮微红，低头不语，正值二八芳华的少女忽地感觉，在这个节点来武汉大学借读，所遇见的人与事，有可能会改变她一生的命运。

马宝志和袁艺兰都没想到各自的无心之举,会让各自的"灯泡"对上眼。眼见他们有说不完的话,眉目间皆是情意,识趣中渐渐就各自分开活动了,再黏在一起,倒像是当了别人的电灯泡。严家显、王祖寿也心照不宣,上课之余任游玩,轻松且美好。

东湖西岸的海光农圃,是农学院的教学点之一,严家显平时去得勤,也乐意把王祖寿往这带,因为心底藏着让她了解农学、培养农学兴趣的小心思。在他的娓娓讲述中,王祖寿饶有兴趣地了解到,原来蚯蚓拱动松土,有利土地透气,还有助园艺;雄蝴蝶舞动美丽的翅膀是为了求偶,蟋蟀、蚱蜢和蝉都通过大唱情歌示爱;飞蛾身上还有爱情"费洛蒙",能随风释放到数千米之外;还有匪夷所思的呢,雄蝎蛉献上干燥后的唾液堆,是为了诱惑雌性……在蜂飞蝶舞的鲜花旁,他说:"你看这些花儿真美,值得那些蜜蜂蝴蝶无数次地围绕,甚至无数次地奔赴死亡"……她喜欢听这样的话,喜欢跟着他来农圃。

海光农圃作为东湖风景区的首个开放景区,是武大的风景地标,吸引校园内外的游人络绎而来。

和严家显同期在武大中文系任教的女作家苏雪林,到台湾后曾作《怀珞珈》,情凝笔端:"每逢春秋佳日,游人如织,都自那烦嚣杂乱的都市,涌向这世外仙源,抖落十斛襟尘,求得几小时灵魂解放之乐……每遇夏季,居住珞珈的人固然要把每天一半的光阴消磨在东湖里,三镇居民也成群结队而至,在那柔美湖波里,寻觅祛暑的良方。所以湖滨茶寮酒馆,鳞次栉比,热闹的景况抵得北戴河和青岛的汇泉浴场。"

在彼时如织的游人中,有严家显和王祖寿。他们的感受可能和苏雪林不同,但每次行走在这偌大的校园中,也是满心欢喜地看待每一栋建筑,辨别每一座青山,抚摸每一株绿树。他们走在一起,有着别人不知的心事。

一天,两人在农圃一隅的石凳上坐下。严家显随手从口袋里掏出两粒糖,一粒给了王祖寿,一粒留给了自己。王祖寿正要动手剥开,却见对方饶有兴趣地盯着地面,便问他为何不吃。

"不如我们来做个游戏。"严家显边说边把糖衣剥开,自己咬了一半,另一半轻轻地放在地上,那里有只蚂蚁探头探脑在觅食,"看看会发生什么?"

能发生什么呢,还不是引蚂蚁来。王祖寿心想。

一会儿,果然又引来了一只蚂蚁,紧接着三只、四只、五只。

"你看好了,那三只蚂蚁尝到甜头后,回去报信去了……"

好一会儿,严家显远远地指着地上一群浩浩荡荡赶来的蚂蚁大军:"瞧,它们来了。"

王祖寿也看到了,还没说话,严家显却弯腰拾起了那半粒糖果,并把附在上面的两只留守蚂蚁吹弹地下。

"它们把队伍引来了,你为什么又把糖果拿走,岂不是让它们乘兴而来扫兴而去?"

"哈哈,我要让它们的同伴以为它们在撒谎,欺骗它们,也要让那三只回去搬队伍的蚂蚁误会留守同伴合谋把糖果给私吞了。"

原来是大教授在做恶作剧,王祖寿不禁吃吃笑了。

蚂蚁大军一无所获,一片骚动,几头当事蚂蚁似被押着"兴师问罪",它们左看右看,表现得很是无辜。

"你看这两只留守蚂蚁恐怕是跳进东湖也洗脱不清了吧?"他说得认真,更像是在逗笑。

她顺着他的说笑一脸认真地问:"它们会不会受到处决?"

"这个得凭蚁后的心情。"

好半晌,眼看蚂蚁大军折腾一番后要撤,严家显起身,蹑手蹑脚地往它们的来路挪腾几步,那粒糖果从他手中轻轻滚落。

几只蚂蚁——可能包含当事蚂蚁——出列,绕着糖果视察一番,确认后回头报告,黑压压的蚁群便有秩序地涌了上去。

"哈哈,什么叫如蚁附膻,这就是了!"

"它们要把糖果现场瓜分完吗?"

"巢里有蚁后的话,它们要带回去交差,也得让家里的'老人小孩'有福同享。"

他说得很幽默,她又笑了,并学他的样子半蹲着身子观察。

数十只蚂蚁合力抬起糖果往前挪动,前面开路和两旁护卫的蚂蚁莫不威风凛凛、警惕十足。

忽然,严家显往蚁群大军里轻轻扔下手中的一片枯叶。蚁群中马上出现骚动,部分蚂蚁还相继出列,四方巡察,样子显得滑稽。

严家显招呼蹲在身边的王祖寿:"你瞧,任何一点轻微的干扰,都会像涟漪一样传开,扰动得整个蚁群不安起来,促使它们释放出警戒费洛蒙,再决定下一步行动。"

他解说得生动有趣，仿佛整个队伍都在听着他的指挥。蚁群中短暂的骚动之后，马上分出部分蚂蚁连搬带拖，清除了枯叶这个障碍，而后继续抬着糖果前行。一眨眼，蚂蚁大军撤得无影无踪，留下几个断后的，也渐渐成了黑点。

她起身，伸伸久蹲之后微酸的腰，远望碧波荡漾的东湖，沿着接二连三的野鸭叫声，寻见了不远处树丛最高点上栖息的一只野鸭，就问："你知道它在叫什么？"

严家显略加思索，道："这肯定是头公鸭。"

"如何判定？"

"你听它的叫声，是不是很像两颗干燥的卵石在互相敲击呢。这个时候啊，雌鸭无疑正藏身于芦苇深处，弄不好是坐在鸟巢中孵化天蓝色的鸟蛋。"

"连这个你都知道啊……"她不知他说的是真是假，只是感觉到了眼前这个男子的有趣，少女的内心也就像东湖水面那样泛起了阵阵涟漪。

一段时间下来，严家显在她面前，说是大她十岁的大男人吧，还童心不泯，一点距离也没有；说是大教授吧，幽默豁达，一点学究气也没有；说是海外归来的洋博士吧，也食人间烟火，一点架子和洋气也没有。他这么与众不同，乐山乐水乐于跟昆虫打交道，她好几次相随之中，似着了他的魅力。

有一次周末，他们上山粘知了。途中他手指路侧一个水竹筒，向她"嘘"了一声。原来他无意间发现一只小蜗牛在喝水呢，它吸附在竹筒上，向下伸出晶莹剔透的触角，去触碰竹筒里的水流。

他借题发挥："有时想想做蜗牛也挺好，背着全部家当，四海为家，无牵无挂。"

她调侃表达不同意见："你们大丈夫啊，四海为家是鸿鹄之志，但比作蜗牛就过分了。蜗牛蜗牛，窝囊不说，还是头假牛，再说以它那速度，我们要多少年才能打败日本重建家园啊！"

他咧嘴而笑："哈哈，蜗牛是假的牛，你说的可真有意思。"

她志忑地问："我说错了吗？"

他敛容肃然："不不，蜗牛确实是假的牛。休言女子非英物，你这见地让人刮目相看呢，看来我不能想着做蜗牛。"

她笑笑之中倒有了一种感觉，有点缓慢，是一股说不出的柔情，像眼前蜗牛湿润的触角一般，不由自主地向他延伸。那微妙的触角，连着自己道不明的心思，有目的地寻找。她暗暗鼓励自己这只寻找爱情水源的蜗牛，能勇敢地脱下自己的壳,用爱陪着对方慢慢走,并准备由此承受一切风暴。

秋后的一个周末,他们相约上山采野果。就地坐享野枇杷后,周围的一片稀疏新土吸引了严家显的目光。他绕地一周认真察看后,道:"这是地下的虫子打开泥土爬出来觅食呢,泥土是它们的门,它们可以灵活地自开自闭。"说罢,他半趴在地上,倾听虫子拱破土地的声音,半晌说:"这伙虫子可够机灵,知道外头的动静,就和我们捉迷藏打埋伏了,倒让我听到了另一个声音。"

"什么声音?"

他起身寻找,指着刚坐过的那一堆石头说:"你听,石头下面有声音。"他搬开一块石头,没有找到那个声音。旋又搬开一块,在搬开一大片后,一只红如火苗的虫子突现眼前,身体蜷曲成盘状。

她惊叫一声:"蜈蚣!"不由自主趋前时,险些扑进他怀里。

"不是蜈蚣,是千足虫,又叫草鞋虫、马陆,放心,它没有毒颚,不会螫人,和蜈蚣是节肢动物的两个分支。"

她抑住卜卜直跳的心,他还在手舞足蹈地讲:"千足虫像特务一般,白天潜伏,夜间活动。受到惊动时,不是像这样呈假死状,就是顺势滚到别处,等警报解除后才慢慢伸展开来爬走。它虽然是农业上的害虫,却是森林生态系统的重要组成……"

她忍不住打断:"这些丑恶的吓人东西……"

"美国有的家庭还把千足虫当成宠物饲养呢……"见她半晌没吱声,身子还在哆嗦着,严家显马上补充一句,"对不起,我把你当学生了。"转身把刚才挪移的一堆石块小心翼翼地一块块搬回原处,也不再惊动还在装死的千足虫。

"学生……"她欲言又止中,也帮着搬回了一块石头。

还好,如同"蜗牛是假的牛"一样,这"学生"也是假的。冬打雪仗,春捉蝌蚪,在他们此后的武大时光里充满快乐。两无嫌猜中,属于他们的武大记忆还有很多。

正值妙龄的王祖寿,除了学习之外,还有多方面的兴趣爱好,有着那个时代一般女性罕见的鲜明个性。她组织能力强,是校内学生进步组织的发起人,在别人怯于抛头露面之时能挺身而出,在大庭广众之下从容演讲呐喊。她很早就学会了骑自行车,常与同窗三五结伴,稳稳地蹬着踏板,出行野游,穿过纵横阡陌,尽情享受活力四射的青春生活。有时,技巧娴熟的几个女孩调皮地双双松开手柄,轻情地从惊诧的人们眼前掠过。人生最潇洒的不过是这般随心所欲。

她尤其擅长划船,甚至让许多男生甘拜下风;她还爱好骑马,英姿飒爽地驰如疾风,频频赢得回头注目礼。

平日里,她喜欢紫藤花,高兴时脖子还会挂上一串,或是胸前别上一支。因着花,她也喜欢浪漫而高贵的紫色。当时的相机较为简陋,纵使有高端的虚化功能,也只能拍出黑白照片,阴沉沉的,喜事也能被误看为衰事。王祖寿不喜欢这样灰暗单调的风格,她会自己到店里买一些水彩笔回来,为照片涂色。尤其是喜欢的紫色,她涂得最多最用心。为照片上色,也是民国时期一个典型的社会现象。女作家张爱玲曾在文章中写自己的生母——那个几乎环游了整个世界的黄逸梵——喜欢蓝绿色,喜着该色服装,也给他们姐弟的黑白照片上了不少蓝绿色。

王祖寿兴趣爱好广泛,爱骑马,爱骑自行车,也爱泛舟湖上

受王祖寿影响,严家显也慢慢地喜欢上了荡起双桨,以及氤氲着浪漫气息的紫色。他知道她的喜好,花尽心思满武汉地找紫藤,也拜托同事一起打听。有位同事带给他一个靠谱的消息,说武汉城内有座隐秘的公园,里面有一株千年紫藤树,架在半空中,灿若云霞,紫气横溢,在花架下走,犹如行走在梦境中一般,微风袭来,丝丝绵绵,更犹如在一汪紫色的海洋里。

听者有心,某个周末,他独自约了王祖寿过去。公园内环境极美,果然有千年紫藤树一株,再往前看,山色秀丽,一片苍绿。着实是一个浪漫的约会之地。这让两个人都暗自高兴。

严家显倒是好奇王祖寿为何会喜欢紫藤花,王祖寿饶有兴致地说起一则传说。与灰姑娘的美丽故事相反,这是一个穷小子的故事,与王实甫笔下的《西厢记》倒有些异曲同工之妙。

在很久以前,有一位美貌的富家小姐,在一个中秋之夜逛花灯之际,遇见了一位英俊潇洒的男子。两个人一见钟情,互生好感,但并没有任何交流,只是在人群里互相多看了几眼。后来,又有一次,缘分让两人再一次相遇。这一次,男子大胆地上前与心仪的女孩聊天,女孩也支开了丫鬟,大胆地与男子交流。平日里养在深闺中,她基本没有见过什么男性。这是她第一次与除父亲、兄弟之外的男人说话。她深深地被男子的魅力折服。男子也被女孩的美丽所吸引。之后,他们深深地相爱了。

不幸的是,这段不匹配的婚事遭到女孩父母的反对,因为男孩的家境太过贫寒,女孩父母认为男孩并非真心爱她,而是在觊觎他们的家产。在一次次反抗后,筋疲力尽的二人双双跳崖殉情。后来,在他们殉情的崖边长出了一棵树,树上缠着一棵藤,藤上开出紫色花朵。有人便说,树是男子的化身,紫藤则是女孩的化身。这段传奇,让紫藤花也成为了浪漫爱情的象征。

严家显听罢,喃喃自语:"结局虽凄惨,但这正是爱情的魅力,叫人生死相许。"

他们的浪漫爱恋,大抵与世间所有青年男女一样,刚开始的时候互相小心谨慎,慢慢熟悉了之后,一月相思如七年,爱情如火焰般,轰轰烈烈。再后面,偶起一些微小的争执,然而过不了多久便会合好如初,产生的嫌隙被彼此暖心的言语慢慢缝合,感情由此更上一层楼。

王祖寿没想到自己到武大后,还会多爱上一个色彩——桃红色。

东湖南岸的珞珈山丘陵地带,一到春天桃花成片盛开,蔚为壮观,引来游人如织。国立武汉大学第一任校长、时任国民政府外交部长的王世杰,在 1938 年春天便有这样一段日记:"今日偕李仲揆渡江,赴珞珈山,校园中桃花盛开,鲜艳无比。"

严家显 1938 年在珞珈山迎春,又岂能忽略眼前夺人眼球、被王世杰欣然载入日记的似锦桃花,不携来王祖寿花前月下流连忘返?

不管桃花结情缘的主题何时点开,严家显与王祖寿都得先行摆脱横在他们面前的世俗眼光。他是个自带一股风的人,即使放在一大群教授中,也是出众的。她也是青春靓丽且落落大方、卓有见识,即使放在名媛群里,也能压倒群芳。可现实却又那么的尴尬:他们俩,一个是年轻有为的大学教授,一个是如花似玉的在校女生;一个已经三十出头,一个才二十芳华。这使得严家显难以迈出勇敢的一步,交出自己的真实想法,一来害怕被对方拒绝,连朋友都做不成,二来又担心社会旧俗的阻挠。半夜醒来，甚至已然忘了自己身在何处，心中只剩下无尽的绵绵忧思。

王祖寿虽是新派女性，知道女追男隔层纱的道理，但好歹这也是初恋，心里对严家显的好感，带有分寸，不想过火。腼腆之间，始终无法扮演主动出击的角色，将真实的情感道出口。

山高还有羊肠路，水远还有船可渡。没什么可怕的！三思再三思，坠入情网的严家显还是委婉地道出了"但愿君心似我心"的想法。王祖寿一听，内心就甜蜜一片，她就等他这句话了。

珞珈山缘定终生

珞珈山上桃花灼灼，却也不是真的世外桃源。留给他们的时间已经不多了。武汉大学也到了不得不西迁的地步。

大学西迁，势所必然。严家显初来乍到，就听王星拱校长提及这个问题。卢沟桥事变一个多月后，从武大校长任上擢升为国民政府教育部长的王世杰，签发的《战区内学校处置办法》密令规定，各省市教育厅（局）如其主管区域辖有战区，应斟酌情况采用相应"措置"。

但王星拱和武大还是抱有一份天真，希望随着当局党政重要机关和重要军事力量移驻武汉，加之长江天堑，能有力拱卫武汉，让局势化险为夷。

因此，1937 年 11 月 8 日，王星拱在武大举行的总理纪念周发表专题演讲时，慨然表示："自全面抗战以来，多数大学，因为在战区以内，都受了敌人的直接或间接的摧残，虽有临时联合大学之组织，然而因为种种不便，都不能履行经常教学的规范。武汉大学在比较安全的地方，图书仪器都可以照常使用，我们更应当利用这个绝无仅有的机会，多求一些专门学识，以备国家之征用。"

严家显对"这个绝无仅有的机会"将信将疑，但正如王星拱所期待的那样，仍抖擞精神，抓紧教学安排，努力"传道授业解惑"。王祖寿又何尝不是如此，要在这个战云密布下的时候多求一些学识。日本发动全面侵华战争，中国高等教育事业的正常发展进程被打断，有志于教和有志于学的人，都在争分夺秒地抢时间。因而，那段时间他们不那么你侬我侬了。

即使正式交往后，也未像过去一样只顾着花前月下。在一起的时候，他们喜欢谈抗战前途,谈理想未来,谈学业。

"我听过王星拱校长的演讲,他号召在教学中要灌注抗战的精神,特别强调战争与困难时期的人格教育。你怎么理解人格教育?"

"王校长说的很好了:能立而不能行,是僵立;能行而不能立,是乱行。能立得住,能行得通,两方面都不可偏废,这就是人格教育。"

"王校长身上洋溢着一种感召人的精神力量,你也是⋯⋯"

任何话题只要开了个头,他们总可以抛砖引玉,有说不完的话。

战场的瞬息万变是师生们无法预料的,武大在开展正常性教学时,也还是做好了两手准备。王星拱演讲半月后,武大决定函致宜昌行政专署商洽,函已拟就,其称:"日来倭寇侵略未已,武汉方面,人口增加甚速,敝校一切自应照旧进行,惟一部分人员及物品仪器,实有疏散之必要,拟于日内装运来宜安置。"即使疏散,考虑的也是就近的宜昌,对形势估计并不严重。正待签发,南京沦陷并遭大屠杀的噩耗像疾风一样迅速传遍世界。

各种消息不断涌来,南京每天都在发生大规模的屠杀、奸淫、放火、抢劫等血腥暴行,遇难人数节节攀升。他仿佛听到遥远的曾经待过多年的南京,在日军的铁蹄下颤栗。

南京流血五天后,12月18日,火急改变主意的王星拱致函武汉警备司令部:"本校现已租定江兴、永平两轮,搬运图书仪器,前往宜昌、长沙等处,拟请贵部派兵四名随轮保护,特托本校事务部主任熊国藻、农学院教员萧洁两名,趋前晋谒,敬祈惠予接洽为荷。"

农学院有教员受此"特托",倒也让严家显等本院五大教授多了一扇及时了解相关内情的窗口。

其实,不需内部消息,也不需报纸的"号外",这段时间武汉骤然加紧的空袭警报,任谁也能感受到危如累卵的局势,并为此饱受惊恐。

1938年在所有人惴惴不安,也在严家显和王祖寿的互相祝福声中到来。

"我收到金大校友的信,第一批到达成都华西坝的人都说西迁简直是场生死劫!"

"听说陈裕光校长等人还在途中,但愿安然无恙。金大空出的老校区,已被'南京安全区国际委员会'列为难民区收容所⋯⋯"

一个是金陵大学毕业的校友,一个是身在武汉大学的金大借读生,都对母校的西迁充满关注。关键是金陵大学落定后,王祖寿也要过去会合。

"都说武大也要西迁了，会不会也在成都华西坝?"王祖寿不经意的问话，一语双关。

"是啊，怎么就不选择华西坝，可能下手迟了，没位置了吧。"严家显似在回答，又似在自言自语。

这对尚处热恋中的男女，知道好景不长，即将面临分离。严家显纵然万般不舍，却也不愿意阻碍王祖寿的大好前程。

在武汉加紧的空袭警报声中，武大两大学院院长率员兵分两路，前往考察迁校地址。却因动作迟缓，即使以天府之大，可供武大选择之地也已然不多，考察员最后相中岷江边"不易受敌机威胁"的小县城乐山为迁建校址。

在他们谈话时，武大第一批办理迁校工作的教职员，已开始启程。武大西迁路线的里程和难度，较之于中央大学、金陵大学、浙江大学、联合大学，似乎要好一些。如果拿钱钟书小说《围城》中描述大学师生们抗战时逃难的狼狈情景来对比，那么严家显他们幸运得简直有点"天上人间"了。但全程两千多公里水路也不是朝发夕至，此时交通工具愈发紧张，兼之枯水季节，得分段驳船起运，一趟行程需半个来月上下。一些特殊人员选择陆路，漫漫蜀道，也快不了太多。

在快慢之间行走的，还有这场血腥战争的进程。

一寸山河一寸血，四亿中国人全民抗日。而叫嚣"三个月内灭亡中国"的日军，在越陷越深的战车上，除了看到野心宣告破灭，何曾看到速胜的希望?

武汉会战在即。入春以来，珞珈山上已陆续住进国共双方高层人物，有些教授在东湖散步时还遇见过他们。

严家显不经意间也曾望见他们风度不一的身影，满心赞成建立全民族抗日统一战线的他，祈愿国共合作这面能给无数炎黄子孙信心与士气的大旗，能鼓舞中国人斩尽强虏凯歌还。

王星拱、叶雅各曾和严家显闲聊，武大对珞珈山、东湖的点石成金，早早就吸引了蒋介石的注意。1932年12月他与宋美龄结婚五周年纪念日时，曾专门前往刚迁入新址的武大，在珞珈山听松庐小住。《申报》还公开报道，蒋介石一度有过将行辕搬到珞珈山办公的计划。

严家显不由自主地想起九一八事变那年，他和燕京大学学子们赴南京请愿时蒋介石接见的情景，对彼时中国最高领导人的抗敌政策虽有诸多不解、不满，但国难当头之时，他也相信满口"天下为公"的此公，来珞珈山并非寻欢作乐，这方宁静悠然的山水，该是他此时难得的心灵避风港，为他在强敌进逼、戎马倥偬之际提供一段"忧中之乐"。

有天晚上,蒋介石夫妻在东湖滨与新生活女指导员谈完话,一群人共唱岳飞的《满江红》词,悲歌壮烈,声振林木。

"靖康耻,犹未雪。臣子恨,何时灭?驾长车,踏破贺兰山缺。壮志饥餐胡虏肉,笑谈渴饮匈奴血。待从头、收拾旧山河,朝天阙!"

最后一次和王祖寿同游珞珈山时,严家显便情不自禁地吟哦起了岳飞的《满江红》,那情状,何其不是仰天长啸,壮怀激烈?

"但愿这个'待从头',不致让我们白了少年头,空悲切。"她听罢,悠然道来,不免有些伤感。"别时容易见时难"的滋味,在接到西迁通知令的那一刻,就升上心头。

"所以岳武穆要我们'莫等闲'!"他尽可能地把话说得英雄气长些,也让战时的儿女情长有个饱满的附丽,"岳飞的事迹连同他的诗词都留在历史的时空里,今天我们在国难当头之刻再吟诵他的千古绝唱,也把我们的决心留在珞珈山上。"

她似乎受到了某种鼓舞,脱口而出:"身不得,男儿列。心却比,男儿烈!"

"你是说你?"

"不不,这是秋瑾的句子,是她赴日本留学前所填《满江红》里的一句。"

他知晓她敬佩鉴湖女侠秋瑾,肃容道:"从这一句,便知秋瑾果然是巾帼英豪,可记得全篇怎么说?"

"小住京华,早又是、中秋佳节。为篱下、黄花开遍,秋容如拭。四面歌残终破楚,八年风味徒思浙。苦将侬、强派作蛾眉,殊未屑。   身不得,男儿列。心却比,男儿烈!算平生肝胆,因人常热。俗子胸襟谁识我?英雄末路当磨折。莽红尘,何处觅知音?青衫湿!"

她声情并茂吟来。他截住最后一句评点:"'何处觅知音?青衫湿!'女英雄慷慨悲歌、舍生忘死之外,却也有柔情的一面,只是又过于的缠绵了。"

"不是说人走茶凉。风流总被雨打风吹去吗?"她恍然间有了某种担忧。

对这个学校,对眼前的一切,他们是共同留恋的。

在这里享受过一段太平之福、收获了一份美好情感的严家显,坚信有的足迹和声音不会被风雨消磨。分别在即,两个人又一次相约来到湖边。严家显纵有千言万语,一时竟也凝噎。王祖寿背靠着树,低着眉,不发一言。最后,还是严家显主动打破了沉默,摆出一副幽默豁达的姿态:"你看,这偌大的校园,我们行走过多少次，几乎认得每一栋建筑、每一座山、每一棵树，几乎能辨听每一声鸟叫、虫鸣，我们已经把我们的故事藏进这山中这湖里，'待从头收拾旧山河'后，愿与你再来这里寻觅。"

王祖寿听了之后很感动，她的男友果真是言如其人，是她此生可依靠的肩膀、灵魂深处可共鸣的精神支柱，就如她现在倚着的这棵松树。

"十年树木，百年树人。但愿我们再来时，这些树一棵棵还在这里挺拔，它们可是叶先生的心血啊！"他倚着一棵毗邻之树，抬眼望，深情无限。

"雕栏玉砌应犹在，哪怕朱颜改！"她很有信心，继而问，"你说的叶先生，可是叶雅各院长？"

他给她讲过叶雅各等教授的经历和传奇，她也从别的师生那里饶有兴趣地听过一些。因为叶雅各是农学院院长，从耶鲁大学毕业后又曾在两人共同的母校金陵大学教过书，谈论他就多了些。严家显以前曾跟她提及，身为农学院院长的叶雅各，只要人在武大，隔三差五便要巡山察园，一旦发现有破坏树木之事，决不放过。上年平安夜，某位老师私自拔了一株幼松用来制作圣诞树，叶雅各闻悉，立即登门问罪，直至该老师认错并重新种回才罢。

这次，他又道及叶雅各的一桩佚事。某天，叶雅各在家闲居无事，小儿子抛出一问：人能不能飞翔？做父亲的手指窗户答：你从二楼跳下去，一试便知。小孩倒也勇猛，二话不说立时照办，落地时把手给弄骨折了。子不哭，父不慌张，在医院里治疗一阵子好了，儿子也明白了人不能飞的事实。严家显言罢，补上一句："有孩子真好啊！"

她白他一眼："有了孩子，你也让他跳楼？"

他莞尔而笑，接着说："不，我教他辨别益虫和害虫，也教他读梭罗的《瓦尔登湖》，梭罗说：'感谢上帝，人们还无法飞翔，因而也就无法像糟蹋大地一样糟蹋天空。'我还要带他走近自然，梭罗还说：'大多数人，在我看来，并不关爱自然。只要可以生存，他们会为了一杯朗姆酒出卖他们所享有的那一份自然之美。'"

看他滔滔不绝地"掉书袋"，她不禁笑了。

一阵清冷的风吹过，树上松针摇落，那场景不胜凄婉。王祖寿油然吟哦起来："昔年种柳，依依汉南；今看摇落，凄怆江潭。树犹如此，人何以堪。"

"树犹如此，人何以堪"，严家显吟罢，不禁也触景生情，说："既要离去，我们合种一棵树如何？"

"好啊!"

人约黄昏后,严家显设法弄到了一棵小树苗、两把小锄,王祖寿提一小桶水,在山上选了个地方,你一锄我一锄地松土、挖坑,再你一勺我一勺地浇水。一会儿工夫,这棵幼树已立于风中,摆动枝叶唱歌了。

"给树命个名?"

"就叫爱情树,我们一起种植,在这里缘定终生!"

王祖寿脸上升起了一抹红云,点点头,抬头望夕阳下一片清凉的东湖。

已经没时间卿卿我我了,他言语里不无关切:"三峡水道既险又长,你可要多加保重!"

她点点头,不复少女的娇羞,一字一顿地说:"心中有你,就什么也不怕了!倒是你,要多加休息,别尽熬夜。"说罢,已泪盈于睫。

郎情妾意如蜜甜,在珞珈山缘定终生的他们,在风中拥抱在了一起,像一种仪式中的宣誓与承诺。他们彼此抱紧的手臂,让两个依依惜别的人都相信情比金坚。

王祖寿跟随金陵大学西迁后,严家显内心忐忑,备受煎熬,担心万一遇到什么不测。不久前王星拱的秘书先行赴川,不幸在湘西翻车身亡,更让他惴惴不安。

折腾了数个日夜,没安心地阖上几回眼,心里七上八下的,白天课余也坐立不安,东望河,西望湖。收到伊人平安抵达的信后,一颗悬着的心才放下。从那时起他便知道,自己平生最放不下的便是她了!

教育部一纸电令下达,武汉大学农学院并入国立中央大学农学院。武大既然没有农学了,严家显乃决定另赴他职——前往广西大学,担任该校农学院教授。

广西,那也是一个抗战大后方,有一批老朋友在等着他的到来,胼手胝足携手共创中国农业的科教事业!

身处乱世,在著名的国立武汉大学已有一份对口又令人羡慕的工作,头脑清醒的人有几个愿意抛开似锦前程,而奔赴一个陌生的简陋的边地大学的?严家显就敢!他喜欢这样有开创性和挑战性的工作。广西也让他有一种亲切感,在燕京大学读硕士研究生时,他曾深入广西腹地考察,撰写出题名《一种在广西发现的天牛科昆虫新物种》的论文,得到老师胡经甫的肯定。广西有他的荣光,更有他的新梦想。

在珞珈山任教的半年多中,严家显重视教学与科研工作,先后发表多篇研究论文,以严谨的治学理念和善为人师的良好风范获得了师生的赞誉。可谓半年教职,一生情怀。

七十年后,武汉大学给出的评价是:"严家显教授任教国立武汉大学的时间虽然很短,但是他为初创时期的武汉大学农学院的发展,乃至为我国农业教育和农业发展所付出的努力和贡献,他真挚而又深沉的爱国主义情怀和忘我的工作精神,将永远值得武大人铭记。"

广西岁月,聚焦沙塘

1938 年 3 月初,严家显风尘仆仆来到柳州沙塘时,广西大学农学院搬迁的舟车多数还在路上。一时无课可上,他却没闲着,径直走向广西农事试验场。除了担任农学院的教授之外,他还相继被聘为广西农事试验场病虫害组主任、广西省农业督导专员。

战时高校搬迁,主要是往四川、云南、广西三省,考虑的是在这几个被称为"大后方"的省份,有利于教学的稳定、学校的发展。但战争的进程太出乎人的意料,广西也没能逃离战争的魔爪。

战火不觉间燃至广西。广西大学为躲避战乱,把大本营从梧州迁往战时省会桂林。几大院系中,之所以决定农学院迁建柳州沙塘,乃因广西农事试验场早已在这里发展得风生水起。农学院落脚之处,也是农事试验场的地盘。

严家显步入农学院前,已有许多他熟悉的或是听闻其名的人先来到。他们中除了柳支英,还有马保之、周明牂、张信诚、黄瑞纶、陆大京、郑庚、吴绍骙、唐有恒、李景均、孙仲逸等人。这些人绝大多数是留美博士,也有留德、留日博士。在中国学术史上似乎有这样一种现象,大凡要踏上学者之路,差不多都是先迈进研究院专心做实验、做研究,以专攻术业对国家有所奉献。但也不是非此即彼,也有一些知识分子既做研究,也志在教育。严家显就抱定这个宗旨。

进了农学学院,先熟悉众人。严家显一一拜访同事,每握着一双手,他便能辨别出那是从事科研、从事农业实验已久的一双手,粗粝沧桑,布满老茧。

战时能聚集出这支阵容强大的博士队伍,可见广西大学农学院乃至广西大学的卓尔不凡。

他们中，严家显的发小柳支英不说，这马保之，也是他金陵大学的师兄，留学于美国，回国后子承父业，勤勉教事，已有不凡表现。其父马君武，不仅是海归前辈、中国获得德国工学博士第一人，还是个政治风云人物、国民党元老，当过孙中山临时大总统府秘书长、广西省长、北洋政府司法总长和教育总长，倦政后专心教育，是广西大学的创始人和首任校长，"北有蔡元培，南有马君武"，说的正是他在中国现代教育界的重要地位。马君武前后三次出任广西大学校长，广罗俊彦，使广西大学师资盛极一时，规模迅速扩大，成为彼时中国的著名大学。

1929 年 6 月，粤桂战争再起烽烟。广西大学经费无着，被迫停办，马君武校长命担任助教的儿子马保之等人，将贵重仪器如白金杯、显微镜等，装箱运送梧州思达医院保管，并留精干人员看守房屋，保管公物，以期复校。两年后，粤桂战争结束，广西大学复办，马君武仍任校长。他提倡科学研究，为了充实教学设备，他亲赴德国采购大批科学仪器，其中光是高倍显微镜就有 50 多台，居全国各大学之冠。他主张"学校要养成科学的智识、工作的技能和战斗的本领。读死书的时代已经过去，今后的我们要能工作，为生活而工作，用新的方法改良我们的生产"。在礼聘国内外一些著名教授来校工作时，也出资选送有培养前途的助教出国留学深造。

广西大学俊彦云集，学术氛围浓厚，广西农村建设试办区闻名遐迩，让严家显心生向往，盼着大显身手。

1938 年 3 月 7 日，广西大学农学院昆虫组专家合影。
前排左起：柳支英、严家显、吴福祯、陶心治、冯教堂、吴逊三
后排左起：陆培文、邱式邦、陈金璧、刘调化、冯宗林、钱念曾、陈灼、李永禧、于菊生

由沙塘拐往江湾村,有十数栋中西合璧式的建筑紧密相挨。不消介绍,严家显便知,这该是广西农事试验场(现为柳州市农业科学研究所)了。试验场的办公楼、外国专家住宅楼,连同农学院教学楼等,尽在这里。

"广西的农业科研和农业教育,在这里可以窥一斑而知全貌了。怎么样?"柳支英的话里充满着自豪,毕竟他也是有功之臣,浙江大学六位教授一同投奔沙塘,少不了有他的作用。

"不简单! 失敬失敬!"严家显由衷地说。

"沙塘距柳州虽不过 20 公里,过去却人烟稀少、野兽出没、匪患猖獗,简直就是穷乡僻壤……"

柳支英娓娓道来。毕竟,胼手胝足的创业并不寒碜。古往今来,人类的伟大事业,少有不在贫穷、荒凉之地搭建而起的。

严家显倒喜欢听这样的创业故事,虽然难免千篇一律,在流传过程中也可能走样,但无论如何总是励志的。

于是,在柳支英的介绍中,引出了一位叫伍廷飏的人物。

伍廷飏起于行伍,曾任国民革命军中将师长、广西省主席。他戎马半生,对内战深感厌倦,于是在考察日本和半个中国后,把梦想系在沙塘这片热土上,大刀阔斧致力于农村建设的改革实验。1932 年于此创建广西垦殖水利试办区(后更名广西农村建设试办区),自任区长,开垦区、建农场、育苗圃、修马路、创医院、办实业、兴教育,设立科研教育机构,引进良种和农业机械,还招募数百户农民,迁入无人之地垦荒。沙塘由此热闹开来,焕发出前所未有的生机与活力。

伍廷飏的改革试验与当时梁漱溟在北方的农村改革齐名,一时有"北有梁漱溟,南有伍廷飏"之誉。广西农村建设试办区成为新桂系实行新政的一块招牌,全国各省市数十个考察团、新闻记者采访团纷至沓来,其中不乏军政要员和学者,如李济深、李宗仁、黄绍竑、白崇禧、黄旭初、蔡廷锴、裴维蕃、马君武等。社会各界对试办区给予极高评价,认为"沙塘为未来本省新农村的温床""试办区的组织及进行上种种,为桂省农村经济改造的先锋,亦我国复兴之一线曙光也"。沙塘一时声名鹊起,1936 年广西农事试验场迁入并接管试办区。

1937 年伍廷飏调任湖北省建设厅长时,严家显刚好也在武大。

严家显到达伍廷飏创下的这个试办区时,广西农事试验场已经成为大后方一个规模宏大的机构,占地面积两万余亩,设施日趋完备,实验室、办公室、仓库、礼堂、宿舍、测候室、图书室、温室、机房、糖厂、畜舍等各类房舍相继落成,不仅拥有一眼望不到头的森林、果园,还在六个分农场配备拖拉机等全套新式农具。谁能想到呢,偏居一隅的沙塘,在抗战时期竟成为中国农业科学研究的一个避风港,拥有教职员工及学生三四百人的广西大学农学院,在战争疏散中,就这样停泊了进来,农学、森林、畜牧兽医三个系,得以依托农事试验场较为完善的条件,在相邻的泊位实现教学与科研的结合。

随后,中央农业实验所广西工作站、农林部广西推广繁殖站,也先后驶进了这处港湾,与试验场、农学院联合办公,农业科技精英在沙塘越聚越多。

江山代有才人出,继伍廷飏之后,马保之也成为广西农事试验场的代表人物。

严家显进金陵大学农学院一年余,马保之则从同一大学同一学院毕业,赴美国康奈尔大学留学;严家显赴美那一年,已获康奈尔大学博士学位的马保之,正在英国剑桥大学研习,而后回国任中央农业实验所技正,直至来沙塘扎根近十年。在很多场合擦肩而过的他们,在很多场合也意外邂逅,惺惺相惜。弄不清严家显来沙塘有没有马保之的推荐之功,但身兼广西农事试验场场长、中央农业实验所广西工作站主任的马保之,真心欣赏这位同龄师弟的才华和科学救国、农业报国之志。

"一个处在战争漩涡中的国家,农业的支持何等重要,诸君当知肩头责任!"马保之常常和严家显及同事们共勉。

柳支英回国后全身心从事害虫防治研究,与他人合作研制成功粘杀蔬菜害虫的粘虫胶,已在大半个广西推广应用。严家显真心地为这位发小高兴之余,也不忘共勉:"我们理应尽一介书生之力,以农业报国!"

他们滔滔不绝地聊起理想、抱负来,仿佛回到了过去那段"恰同学少年"的难忘时光。

他们都坚信科技必能兴国,国家强盛了才不会受人欺凌。

从天南地北奔赴沙塘的农学界精英们,多数和严家显、柳支英一样,既在广西大学农学院上课,又兼广西农事试验场的重大研究课题。水稻、甘蔗、玉米、小麦、花生、蔬菜、柑橘、烟草、油桐、土壤、肥料、病虫害及其防治等,莫不是他们的研究对象,120 多个试验项目中,许多是开创性的研究。

严家显欣然受命兼任广西省农事试验场病虫害组主任,而后又兼任广西省政府技正。在重大研究课题之外,还协助开办相关培训班。作为一个农学家、昆虫学家,他深知只有将科研成果推广和应用于农林生产中,才能真正地服务于中国农业。身兼多职，一份工薪之外，其余都是义务担当，分文不取。

战时米珠薪桂，沙塘地方偏僻，科研条件差，来自四面八方的专家八仙过海各显神通。严家显担任主任的农事试验场病虫害组，连一间养虫室都没有，他们就土法上马，搭起一间临时茅棚和用木板钉起来的养虫架，以灯罩、小瓦缸和养虫盅做饲养工具。

国外昆虫学者们画昆虫标本必不可少的正规图纸在这里稀罕着呢，他们只能使用普通沙纸。在沙纸上直接用笔起稿，橡皮一擦动辄起毛，影响着色。研究员李永禧绞尽脑汁反复试验后，推出一种好法子：先用薄纸打稿，再拿硬铅笔稍稍着力照描，移去薄纸后，画纸上便留下一个虫体的刻痕，依此刻痕用淡色描出，照此轮廓着色，昆虫的造像干净异常，看不出一点铅笔残迹。

有的研究人员由于在简易的实验室内停留时间过长，被农药的剧毒熏晕，休息数天才得以复元。

广西农事试验场专家
住宅楼旧址

正是在严家显和一批新旧同事的齐心协力下，广西农事试验场规模日渐完善，拥有了事务、农艺、园艺、病虫害、农化、森林五个组，并使得中央农业实验所广西站、农林部广西推广繁殖站的工作在沙塘逐项开展。

"西大有一种精神，就是'大家拼命'！"马君武创建广西大学之初，就曾这样号召教职员工。

有这样一以贯之的拼命精神，加上特殊的时代背景，广西大学农学院虽是颠沛流离辗转于沙塘，却毫不怨天尤人，很快就行气活血开课了。院长王益滔在开学仪式上与全院师生重温创校人马君武的话："广西大学教育的目标不但是知识的传授、技术的学习，还应与国运的隆盛、民族的复兴、社会的发展密切联系。"

有过留学日本经历的农学院院长王益滔是农业经济学家，既懂农业，又善于算经济账,十分推崇马君武倡导的"锄头主义",要求学生拿起锄头参加建校劳动,既培养吃苦耐劳精神,又能使家境贫寒的学生通过劳动取得报酬,补贴生活费用之不足。

严家显浑身似乎有使不完的气力。除了上课和试验场的科研,还积极参加农科人员的学术团体"鸡鸣会""农业问题研讨会",不定期给周围的农民开讲座,深入浅出地教授病虫害的防治知识。

当时在病虫害防治方面,稻苞虫的防治、玉米螟的生物防治、小麦品种抗黄锈病及褐锈病的研究、广西三化螟防治等尤为突出,他和柳支英、邱式邦等一帮同事急农民之所急,在这方面悉心研究,造福于民。他们还研究利用天敌控制害虫,开我国早期生物防治发展史之先河。他们研制的稻箧箕等器械极受当地农民欢迎,而后在广西大面积应用推广。

"'池塘生春草,园柳变鸣禽',沙塘生什么呢? 我看生成了一种奋发向上的力量,生成了一种浓郁的学术氛围,并在整个柳州、整个西大产生共鸣!"

说话之人汤佩松,西南联合大学农业研究所研究员、著名教授、植物生理学家。严家显到明尼苏达大学后,就知道有这么个早他近十年在此留学、继而到哈佛大学进行博士后工作的中国留学生。他到武汉大学任教时,汤佩松刚离开珞珈山,另迁他校就职,两人总是前脚后脚的距离。没想到,沙塘浓郁的农事,把他从昆明吸引过来访问了。

他还特地参观了农学院研究室的标本馆。馆内陈列着各种动植物标本,数百只五颜六色的昆虫标本最是引人注目,逗人喜欢。它们齐整有序地排列在标本板上,像一支整装待发的昆虫大军,气势非凡。

汤佩松看着看着,不觉感叹起来:"短短时间内,要采集、制作这么多昆虫标本、植物标本,不容易啊!"他知道,严家显等专家费心从广袤的山谷原野里采集来犹不够,还得经过一番精心制作,才能得到这些标本。

事非经过不知难,从事动植物研究的教授在一起,总有说不完的话题。

叙谈中,汤佩松握着严家显的手,环顾众人道:"这里的条件,不消说和美国是天差地别。我和严教授在美国都有获得优厚条件从事科学研究的机会,为什么都放弃了呢,就是因为我们都有精忠报国的思想!"

严家显知道汤佩松任武汉大学教授时,建立起了全国第一个植物生理实验室,四年间既忙于实验室建设、同时又从事教学和研究工作,遂虚心向他请教有关问题。一番交流,彼此留下深刻印象。

在一种奋发向上的力量鼓舞和浓郁的学术氛围熏陶下，小小沙塘给这个国家培养造就了一批高级农业人才。

在大后方营建"中国农都"

沙塘聚拢的人才越来越多，聚沙成塔。这些学有所成的农学精英，像严家显那样，正处壮年，怀揣着一颗颗献身科教、报国为民的心。

让严家显内心滚烫的，还有四川那边时不时飞来的鸿雁。

王祖寿没想到严家显武汉一别，会转赴广西大学农学院任教，两人相距越来越远，但看到后面的文字，她的心又如蜜般甜。他说请她放心，他会一如既往地写信与她保持联系，两情若是久长时，又岂在朝朝暮暮。天涯何处无芳草，可他只守着她这株芳草！

知道了严家显的去处，王祖寿也回了信，告知了自己的近况。

云中谁寄锦书来，雁字回时，月满西楼。严家显从王祖寿的信中可知，华西坝已然安置着金陵大学、金陵女院、齐鲁大学、燕京大学一部、中央大学医学院和农学院兽医系等，加上东道主华西大学，共有六所大学的师生在此同甘共苦。王祖寿信中还告诉他，大家集聚于此，尽管条件艰苦，人员众多，但依然相处融洽，请他放心。身处"大后方的天堂"的她，倒十分牵挂另一在大后方的人。

等信看信都是恋爱双方的幸福。王祖寿不仅书读得好，随口吟风谈月，还能写一手好字，软硬笔皆可。

她像旧时受过良好教育的年轻人一样，自幼便受到传统文化的滋润，骨子里多少带有些古典文化的底蕴，培养了一定的"气"。不仅文笔方面有力量，且一手好字，如细幼青竹，透出来的情思是经过匠心独运的，缓缓入人心。一封又一封信，她笔底随意流出的一些字眼着实用得妙，用得精，用得准，严家显常观之入迷，一遍一遍看，折叠得整齐，决心珍藏一生。

但愿君心似我心，定不负相思意。她也如此这般相待他的来信，哪怕有时上面只是只言片语，在她眼里也携带着天然的情意。纸短情长，她并不希望留在纸上的那些字，今后成为一个埋在光阴土壤里的"古董"，而期待会在不久的将来绘就一幅优美的并蒂莲。

鸿雁传书，字里行间，有许多别人看不见摸不着的东西，隔着千山万水，在他们的心间盛开,为他们的每一天点亮一盏灯,给他们的精神世界安放一个再好不过的寄托。

思念的人儿相互牵挂着。

站在抗战"大后方"的沙塘,严家显知道自己从事着另一场抗战,却仍情不自禁地想到了正饱受日军铁蹄蹂躏的故乡苏州,父亲和亲人们在那边可安好?他也情不自禁地想到了成都华西坝里的伊人。

远方的伊人说,想看他瘦了还是胖了。慕君心,何以解相思?盼君相片来。于是,春节前,他兴冲冲地特地去了趟二十公里外的柳州,选了一家上好的照相馆,正儿八经地拍了张照片。

他捧着刚洗出的还热乎乎的照片,飞快地在背面写上一行字,亲昵地称对方的闺名"志芳",落款只留下字里那个"扬"字。情侣之间常有简单又亲密的称呼,也是一段恋情甜蜜的佐证。只在想,待远方的人儿收到相片捧在胸口,会不会有火热的心跳让他感应到?

1939年严家显寄给王祖寿的照片

1939年,广西大学经国民政府批准,由省立升格为国立。严家显和师生们还沉浸在喜悦中,不料跟进一个坏消息:校长白鹏飞被当局强行撤职。原因竟然是:当局不容许白鹏飞源源不断地请来进步教授、名流学者,搞"红色大本营"。而从日本留学归国、曾出任过暨南大学校长等职,敢于当面痛斥国民党特务和投降派的白鹏飞,不肯俯首听命。当局便借广西大学"晋级"之机,将其撤职。

柳支英愤然有声:"国难当头,当局还胡作非为,真是不得人心!"

白鹏飞来沙塘视事时,严家显和他有过交流,倒觉得这是位有见解、富于正气的学者校长,对他支持建成广西大学农学院研究室并为之题字心存感谢,不意他上任年余就被撤职。严家显在备感政治的险峻和不可理喻之时,又关心将由谁来接任校长。

"当局有人选,但西大师生坚决顶住,集合到省府那里请愿,呼吁再把马先生请回来。我看农学院这边,多数教授也都是这个意思。"

柳支英说的马先生就是马君武。严家显渐渐地知道,柳支英在研究昆虫时,也悄悄地在研究国共两党异同,心里的杆秤似乎更倾向于共产党。

各方呼吁中,1939 年 9 月,在上海等地赋闲三年有余的马君武,不计前嫌,第三次出任广西大学校长,公开说:"我向来不找事做,但若国家有事要我办,我也不辞,尤其是在此国难期间,人人应该尽力救国。"

隔着层峦叠嶂,他的话从桂林传到柳州,依然给了严家显相当的震撼:尽力救国,我当如是!

从事教学和科研的严家显,一丝不苟,还积极收集病虫害研究的最新成果,充实教材,以使学生具有更为广阔的知识和视野。有时为了收集标本或是完善一个说明,他四处翻阅资料之余,不时压上节假日外出考察。

他不止一次地告诉学生和助手们,在地球上已知的上百万种动物中,昆虫占了一半以上,人类每一个能想象得到的生态环境,都有昆虫存在。他还说,如果有兴趣到热带雨林转转,随便挥一挥捕虫网,就能网到好些新品种的昆虫,有待于准确的命名。

在实验室或野外现场,他讲得更是精彩:

"你们瞧好了,昆虫不仅生活周期各有不同,交尾习性也同样千奇百怪。你们看这些雄锹形虫,平时也还相安无事,可是一到求偶,便各不相让,大打出手,比赛谁的下颚角力狠。最好笑的还是这些雄柄眼蝇,你们道它们长时间的大眼瞪小眼在干吗?那可不是闲着无聊,也不是面面相觑,而是在较量谁的双眼离得最开呢,赢的一方才有资格抱得美人归……"

言者声情并茂,听者聚精会神。

"说一千道一万也不及皮毛,昆虫界还有更多不为人知的奥秘,这个有待大家发掘,当然得花上时间和精力去探索。"

严家显这样期望学生和助手,自己更是身体力行。

南国的夏天很漫长,十月间暑气还在肆虐。一个周末,这位昆虫学教授又带着两名学生助理深入山谷雨林采集昆虫标本了。年轻的学生一路上对纺足目节肢动物很感兴趣,一心想抓个"俘虏"回去。

纺足目是襀翅总目下的一个小目,全世界记录有数百种。多数种类分布在热带地区,个别还群居于蚂蚁或白蚁巢中,在中国大部分地区并不常见,据胡经甫《中国昆虫名录》里记录,中国仅有区区几种。

以足丝蚁为主的纺足目喜隐蔽,昼伏夜出,哪里能轻易见到？学生少不得好奇。

严家显耐心地告诉他们,足丝蚁多数寄居在桉树、木麻黄和榕树上,喜欢以枯死或腐烂的植物碎片、地衣、苔藓为主要食物,这样总能按图索骥吧。

年轻的学生点点头,四处探索中,在一处山沟水塘旁寻到了几株榕树,连忙冲上前去。好半晌,一人举着手中一个豆科植物的果荚,兴冲冲地朝严家显这边跑来,边跑边喊:"严教授,我找到了!"

严家显抬眼望去,忽地惊叫:"别跑,快抓住你前面那只蜉蝣!"

一脸兴奋奔跑中的学生还没反应过来,严家显已丢下手中的笔记本,撒开大步迎面跑去,眼疾手快抓住了一只显然才刚学会飞行的蜉蝣。

学生浑然不觉:热带雨林中特有的一种毒蝇在他奔跑时,已盯上了他,紧追不舍。若被这厮咬上一口,人在几秒内因受刺激而达到极度兴奋状态,或将导致全身痉挛而死。

握在严家显手中的蜉蝣通体红色,如同燃烧的火焰。他将蜉蝣的腹部对准盘旋中欲扑过来的毒蝇,刹那间,蜉蝣腹部末端喷溅出一股透明的液体。毒蝇发出一阵凄厉的叫声,像失衡的飞机颤抖着身子拐了几拐,一溜烟儿飞得无影无踪。

学生明白老师适才救了自己,脸色发白,半晌无语。

严家显镇定自若:"不用怕,自然界一物降一物,处处留心皆学问,今天这一招我看就叫蜉蝣喷汁退毒蝇。"

"蜉蝣蝣……"受到惊吓的学生嘴里吞吞吐吐地念叨着。

另一位赶过来的学生拍拍同学的背,继而看着严家显手中已然半扁、四翅挣扎的飞虫,问:"这就叫蜉蝣啊,以前见过,却叫不上名来。"

严家显翻转着手中昆虫,像是在解析一件艺术品,娓娓道来:"《诗经》里不是有'蜉蝣之羽,衣裳楚楚'之句嘛,《汉书》里也有'蟋蟀俟秋唫,蜉蝤出以阴'。你们看它,成虫体壁薄而有光泽。蜉蝣运动性不强,寿命极短,成虫后一般不超过一周,最短仅一天而已,可谓朝生暮死。但今天这只蜉蝣,在短短的生命中,为我们绽放了最绚烂的光彩,值得带回去做标本!"

两位学生听懂了严家显的弦外之音,齐声说:"是应该带回去做标本!"

严家显往鼻梁上推了推金框眼镜,道:"蜉蝣二字两千多年前就有了,但作为一目昆虫的科学名词出现,却不过几十年。目前所能见到的中国学者对它最早的研究,该是民国七年(1908)沈维钟的描述。他说,'(蜉蝣)实发生于水上,盖其幼虫须在水中一二年,然后变化。变化之后,形态略似蚕蛾,惟尾末有细丝三条,长倍其身。借之,可以浮游水面。行动如射,故称之',他还纠正了古人对蜉蝣的一些错误解释,认为它断非天牛一类。"

严家显如此博闻强记,让两位学生深感佩服。

一位学生边说边从他手中接过奄奄一息的红色蜉蝣,轻轻地让它飘进了笼子里。

严家显欣喜地看到,与他们这些教授艰苦教学相对应,学生们几乎都能发奋求学。战时条件艰苦,他们常常油灯伴读,早上起来面颊和鼻孔都是黑乎乎的,让人看了都忍俊不禁。图书紧缺,他们就到图书馆抢书看、互相抄笔记。平日三餐基本上都是青菜素食,个把月才到沙塘街打一次牙祭,吃上一次扣肉。课堂内外,似乎都有不泄的精气神。

师资力量还在不断充实。汪振儒、黄亮等人戴着博士帽分别从美国来校,就任教授。本校毕业生罗达新等人经选拔,或留校任助教,或在农事试验场工作。

在战火肆无忌惮燃烧和毁灭之地,也蓬蓬勃勃地生长意志,使沙塘成为集农业科研、农业教育、农技推广于一体的绿洲。中国战时农事鼎盛境况于斯为盛,"中国农都""中国农业专家的摇篮"实至名归。沙塘对中国近代农业科技的发展做出了重要贡献,大批从沙塘走出去的农业科技工作者,此后成为农业科研骨干和学科带头人,不少人还成为中科院、工程院院士。

广西大学改为国立之后,根据国民政府教育部的要求,改订组织大纲,调整机构。1939 年底,严家显在农学院的教学任务大为减少,更多时间用在广西省农事试验场,任昆虫学及植物病理学部主任,兼广西省农业督导专员、广西省政府技正之职。

退休前担任清华大学计算机系教授的柳西玲,如是回忆其父柳支英的那段广西岁月:"父亲除了进行研究工作外,还负责全省的治虫计划设计,并兼任柳州区的农业督导主任。他为了督导,花了半年多时间跑了十几个县和乡村,对稻苞虫做预防,就此一项工作使稻米增产 13 万担。……这期间的研究经费很困难,设备不可能有条件改善,都是父亲自己制作玻璃片标本,有时还需给广西大学(农学院)的学生上课来补贴家用。"从中可知彼时教学研究和督导的不易!

有段时间,严家显也不时出门"督导",偶然也现身广西大学在桂林的大本营,那里也有农学的研究阵地。此时的桂林,已成为抗战大后方的文化名城,学者名流云集,严家显身在其中,接触到更多的进步人士。

督导农事,就得深入田间地头,密切与农民的关系,了解农民的生产生活情况。他一改平日里上课做学问的严谨作风,用最朴实的语言、最诚挚的态度,和农民聊天,栉风淋雨话桑麻。他一再告诉学生,知识不仅仅来自书本,更须有长期不分严寒酷暑,坚持跋山涉水、深入田间地头进行实验观察所获得的第一手经验。

他走进一个村庄,和几位晒谷的老乡招呼起来:"你们要播种,要耕耘,要除病虫害,到收成时,又是挥汗如雨,真是千辛万苦啊!"

老乡们一看这个穿西装、戴眼镜的中年男子,就知是知识分子,虽然脸生得很,但从他眉宇间升起的和善之气,却让他们愿意和他闲聊:"一年到头再苦再累,只要收成好,政府少些苛捐杂税,日子好过些,也就能透一口气,快快乐乐地过个春节,就阿弥陀佛了。自古以来农民不都是这样过来的嘛。"

得知眼前之人是专门的农业病虫害专家,周围的农民便雀跃着一下子围拢过去。有给他递纸烟的——他笑着说不会;有给他端茶水的——他起身恭恭敬敬地接下;有给他递水果的——他往往也会取其中之一品尝。他知道只有接受,农民才相信他不是嫌弃、不是高高在上,这样才会愿意和他打成一片。

严家显边吃边说:"农忙时不敢打扰,现在大家空闲一些了,借这个机会,听大家有什么意见和困难,我们能尽力解决什么。"

大家以放松的心情与他话短长,七嘴八舌地问这问那,诸如我这耕种方法好吗、我家果树和蔬菜的种类有必要增加吗、施用的肥料种类和分量要改变吗?

他没有一点架子,有问必答。置身在善良朴实、热情似火的农民中间,他原先疲劳的眼睛一下子活泛了许多。

农民们没想到这个满腹学问的教授如此平易近人,和他们聊种子、肥料、病虫害、植物保护是那么的投缘,让他们不仅眼界大开,还获得了最直接有效的指导,不觉个个眉开眼笑。

"用了你们专家推广的种子和农具、农药,真是增收了,你们专家真是我们农民的恩人。"说话的农民不知道严家显是哪路专家,只把他当成包治百病者,是专家里的一个代表,感谢了他,就代表了对所有专家的千恩万谢。

严家显忙说:"你们才是我们的衣食父母!"

多数人听不懂何谓"衣食父母",听了当地陪同人员的解释,才恍然大悟,一下子便开心地笑了。

严家显提了些改进农业生产的意见,特别是指导农民如何用双层捕虫网捕杀竹蝗,控制蝗群蔓延之后,不忘送上祝福:"希望大家能有'五谷丰登''六畜兴旺'……"

沙塘和桂林于他,就像是特殊时代他在广西停留的两个"驿站"。

来自福建的召唤

进入 1940 年以后,沙塘和桂林这两个"驿站"都不得宁静。

元旦刚过,严家显就和农学院、农事试验场的师生一道,发动沙塘民众募捐劳军,之后目送劳军团分头前往柳州、柳城、桂南等地开展慰劳伤兵等活动。

1 月 10 日,蒋介石飞抵柳州,至迁江视察夏威第十六集团军司令部,督促官兵加紧作战,收复失地。2 月 21 日,蒋介石由重庆飞抵桂林,当晚乘火车到柳州主持召开高层军事会议。日军仿佛嗅到了他的行踪,次日下午出动 50 多架飞机分批轰炸柳州,低空俯冲投弹百余枚,炸伤蒋介石卫士十数人。

在国军接连丢城失地之后,有关蒋介石的这些事,传入了严家显耳里,他总觉得有所欣慰,姑不论主帅无能连累三军,一个最高统帅能勤勉于抗日大事,总让人看到胜利的希望。而军队持久抗战,是要大量粮食供应的,手中无粮,岂能稳定军心? 粮食增产事关抗战大局,缺少农业科技人才,又如何能促进粮食生产? 他知道落在自己肩头的那一份责任,他得司其职而为之。

桂南会战前后日军歇斯底里的轰炸,并不能摧毁沙塘这个中国战时后方唯一仅存的农业试验中心的各项事业。

1940 年初,由马保之创办的广西省立高级农业职业学校又在沙塘成立。严家显又是一名不拿薪水的校外研究员,他和当地农民的关系也愈来愈亲密,他能叫出他们许多人的名字,他们也都知道他是留洋回来的严教授。此外,他还兼任过广西农林技术人员训练班教员。

马君武校长到沙塘来了,他对儿子创办这个农业职校自是赞赏和支持的。他还应邀在广西农事试验场与中央农业试验所广西工作站联合纪念周上讲演中国农业,特别期许众志成城,更好地发展农业研究和生产,增产粮食,助力抗战。马君武说话时,不时捂着胃部。

严家显从马保之那里得知,这些年,马君武一直没能摆脱胃病的阴影,而且日益严重,他这次接任广西大学校长时,身在疾中,却未尝懈怠,仍悉心擘画,夙兴夜寐。

严家显大受感动,当过省长的马君武在广西大学不仅倡导"大家拼命"的精神,还率先垂范,知行合一。如此非常之人,真是叫人钦佩!

正如此,在抗战硝烟中,聚集在沙塘的专家学者们克服种种难以想象的困难,在土法科研试验中,取得足以让人眼花缭乱的丰硕成果:

陆大京在柳州上空 500 米～5 000 米高度捕获真菌孢子 12 类,开中国空中孢子调查之先河;

黄瑞纶因陋就简地兴建人力担水的自来水塔及管道、人工研磨样品处理室、消煮室,以及四个农业化学和土壤微生物实验室;

彭绍光引进菲律宾、印度、美国、爪哇的甘蔗良种,取代广西本地蔗种,每亩出糖量比原先提高了三分之一强;

范福仁白天冒着酷暑在地里观察、记载、套袋、授粉,晚上忍着蚊虫叮咬伏案整理记录,致力于玉米引种和杂交育种,使广西农事试验场成为当时全国玉米育种规模最大、成绩最卓著的单位之一;

在全国列优的"中桂马房粘"等 30 多个优良水稻品种,在沙塘的科研人员手中育出,并推广到全省 32 个县,每年增产稻谷数以十万担计,有力支援了抗战事业;

严家显所领导的病虫害组是农业生产的有力保障,据不完全统计,他在广西先后主持过甘蔗螟虫防治试验、甘蔗棉蚜虫防治试验、玉米品种抗螟比较试验、水稻三化螟防治试验、稻瘿蝇生活史研究及防治试验等。

沙塘每一个专家学者,在战火纷飞、民族危难的时刻,都锲而不舍地投身教学、科研,挑起为全国农业增产增收、支援前方打胜仗的重任,为此绞尽过脑汁,挥洒过汗水,立下过功劳。他们艰辛地设计、试验、调查、观察、记录,以及试验后整理、总结,不仅为后来取得突破性的科研成果奠定了厚实基础,还给后世留下了价值不菲的科研资料。

那几年,沙塘还开展了国际学术交流活动,吸引了包括李约瑟在内的外国专家学者前来,留下一连串的赞叹声。

沙塘能成为闻名遐迩的"战时农都",与马君武、马保之父子前仆后继的努力有着莫大关系。身在沙塘,严家显不时感受到这对教授父子的创业和报国精神,他也想着学习他们,从无到有创办一个事业,不负此生。

在和几位好友探讨时,以及给远方意中人王祖寿的信中,他不时流露出这种思想。从何着手呢?

1940 年，一封来自福建的信函，翻山越岭辗转到达他的手中，让他的希望有了着落。

那天，他在广西农事试验场刚结束某个试验，正收拾着桌上的东西。也许是在南边的户外待久了，他的手显得特别的黝黑粗糙，隐隐露出一道道干燥的裂纹，这完全不该是一位书生的手。忙碌中，有人送来了这封信。

信是时任福建省财政厅长的堂兄严家淦从福建战时省会永安寄来的，信上的毛笔字迹奔腾有力，透着一股庄重的仪式感。信里热情邀请他赴闽在战时的省会永安，创办福建省立农学院，并出任首任院长。

此刻试验室里空荡荡的，但严家显的心里塞满了一堆的好奇与渴望。

福建省为何还没有一个高等农业学院？永安是何神秘之地？严家显通过各种渠道，对此做了一番细致的考察研究。无论如何这都是个实现自己抱负的机会，更是个挑战，他要白手起家，创建一个合格的大学。陶然半醉中，又是深思熟虑。那夜，雨正绵绵，滴沥滴沥，吧嗒吧嗒，宛在溪边，严家显似乎梦到了自己奔赴遥远的福建。

福建还是王祖寿的故乡呢！他决定不像上次突然奔赴广西大学那般擅作主张，第一时间写信告诉她，顺便听听她的建议。

来自重庆的回复，飘然而至，一字一句都是坚定的支持，毕竟，福建是她的家乡。她自金陵大学毕业后就进入一家银行上班，但表示待他安顿好，就辞去工作，前往永安与他会合。

读罢满含鼓励和爱意的信，他感到了前所未有的清爽。相比于农业学院已然开花结果的广西，福建也许更需要仁人志士的一臂之力。联想至此，他心底的"侠"气，以及那份不惜赴汤蹈火也要为福建农业教育做贡献的热望，彻底点燃了起来，不再有稍许停顿与迟疑。

沙塘这边的许多同事，虽然舍不得，但都鼓勉他前去，并相信他能不负重托。

不久，福建省政府的公函和任命文件下达。柳支英等人在沙塘街摆了个简易酒席，既道贺，也是送别。

大家先是客客气气说着鼓励的话，三杯两盏淡酒后，柳支英拍着严家显的肩道："仲扬，你在福建立脚后，如果需要我们，就来信说一声。"

严家显笑道："可别说得比唱得好，到时我即使敢来挖墙脚，你怕是也走不了……"

"是啊，柳教授在广西顺风顺水，又有马校长的知遇之恩。"

柳支英近期在国内外首次发现凉薯种子能杀虫，又在菲律宾科学杂志发表研究论文，还刚把中国第一部蚤类专著《中国之蚤类》付梓，轰动效应未去，更得到马君武、马保之赏识。

"福建当局能让严教授负责创办农学院，真是长了我们留学生的脸，人生快事也！"

"天降大任于严教授，待福建建起农学院，我们就一起前去参观访问。"

"祝贺严教授，也希望我们教育救国、农业救国的理想早日成真！来，干杯！"

那天一起喝酒的还有徐天锡与陆大京，几位年龄相当的人，又都是明尼苏达大学留学回国的教授，举起酒杯碰在一起，清脆的声响在空中飘荡，仿佛未来的召唤。

柳支英他们后来回忆沙塘岁月时，都情不自禁地称，那些年是一生中感到救国之心最切、学术气氛最浓、物质生活最苦精神生活却最丰富、心情也最为愉快舒畅的时期。这个心声也适用于严家显，他在广西沙塘待了近两年时间。

可以想像，严家显如果在广西继续待下去，未来的前途也是一片光明。在高级农学知识分子成堆、人际关系处理起来却不那么复杂的地方，他当和大家一起切磋一起弘扬拼命精神。

但一个更大的、需要拓荒、需要奉献的事业，在远方呼唤他。纵有"蜀道之难"，他，也决心迎难而上。

第五章 黄历之恋

不辞辛苦入闽来

广西到福建,山重水复,路途艰险不说,还极有可能遭遇匪情,发生不测。而要在一个完全陌生之地从无到有创办一所大学,也必然困难重重。

路漫漫其修远兮,严家显心知肚明,可为什么还是执意上下求索? 他后来自称是"窃抱乐育之志,敢辞劳怨,但矢精诚"。区区十数字,已明心志。他从接受聘任之时,就义无反顾地甘愿从零开始,为福建农业教育事业打开一片天地。

大唐诗仙李白说"纵死侠骨香,不惭世上英",武侠爱好者喜说侠骨丹心、仗义行侠。中华上下五千年,向来崇拜一个侠文化。其实"侠"也未必就一定是惊心动魄、豪情万丈那种,像严家显这般谦谦君子,愿从发达国家回到落后且处于战乱的祖国,投身朴实的教育界,树立科教报国之志,更是大侠之风。

在木渎严氏,严家显始终鹤立鸡群。他从大学本科到博士,走的都不是先辈热衷的经史之路,而是严谨淳朴的科研路线,心无旁骛地研究生物昆虫学,时不时要走出实验室,去田野水边跋涉,去山谷林间捕捉昆虫,只有到接下福建省立农学院院长之职,大小是个官,这才与那些峨冠博带的祖辈们搭着边角了。

人的一生真是奇怪,全国有那么多个地方,怎么他偏偏和福建结缘呢? 其实,严氏家族里也还是有人在福建出仕的。严家显出国前一年,恰逢修族谱,他和严家淦曾一起辨识过那些被隆重地写在谱系里的严氏名人,知道清末有位在福州招商分局任职却英年早逝的严国贞,还有一位在福建官场文化界有些名气的严良勋。他对严良勋记忆较深。

现在,在前往福建漫长的路上,他有足够的时间回味先人严良勋。

严良勋的名气不在教育界,而在译林和政界。他早年进上海广方言馆习过海国语文(外语),毕业后以优异成绩考进京师同文馆,获内阁中书职衔,名字还曾出现在曾国藩的文章内。

严良勋担任上海广方言馆"都讲"一职,从事英文教学,逐渐体验到语言背后非凡的魅力,渴求新知、思想开放的他和曾任上海广方言馆教习的美国著名传教士、《万国公报》创办人林乐知成为知己密友,携手翻译英国作家博那所著 *The Book of Dates*。从严良勋主张将此书译为《四裔编年表》,可知其翻译功力。此书本意简单翻译可以是"时间之书",他们却特意添上"四裔",诚为专业做法,既让大多数中国文人可以一目了然,又不失翻译"雅"之标准。"四裔"在中国传统史书中是个专门术语,凸显华夷秩序,指代四方极远之地,严良勋用此指称中国以外的所有地区与国家。此书被认为是晚清第一部专门介绍西方历史的著作,是当时人了解世界各国创立、变革、种族、政教和战争的必读书,在史学史上地位不一般。

清光绪初年,严良勋受调去福建,因赴台湾筹划海防有功,不久任福宁知府。福宁就是今天福建的宁德。他上任不久,就在辖内各地积极开办学塾,鼓励百姓多送孩子入学堂读书,慢慢地兴起福宁的好学之风。

严良勋出仕福建期间,精研经训,博览史书,并依据史料和已有书籍,对琉球疆域进行详考,作《琉球疆域考》。文中反复出现"测量"二字,说明了清廷对琉球的宗主权。严良勋考证中还明确了琉球的星野、幅员、都会、郡邑、各属岛名称及其方位,还曾提到"以针路所取之彭家山、钓鱼屿、花瓶屿等山去琉球二三千里者",说明钓鱼屿(即今钓鱼岛)不仅归属于中国,且有着地标性的作用。这些文字从某种意义上讲是钓鱼岛归属中国的重要文献证据。

在担任地方官时,严良勋仍热衷于翻译,想着在文化方面为国家做些力所能及的贡献。于是找到老友林乐知,再度强强联手,翻译《埏纮外乘》二十五卷补遗一卷。此书为国别体史书,每个国家一卷,以编年方式记述该国在建国前至十九世纪九十年代的史事。

据《洞庭东山安仁里严氏家族史记》载,清光绪二十八年(1902),也就是《埏纮外乘》出版后的第二个年头,严良勋因治绩优秀,先是调补汀州,再至泉州任职,不久又调任闽都福州。每到一地,深得百姓爱戴。在朝廷要

严良勋所著《琉球疆域考》

晋升他为道员时，他因病请辞，回归故里，优游林下，藏书读书，自得其乐，一面也不忘乡绅助人本分，竭尽所能为故里乡亲做些事情，直至 1914 年卒。

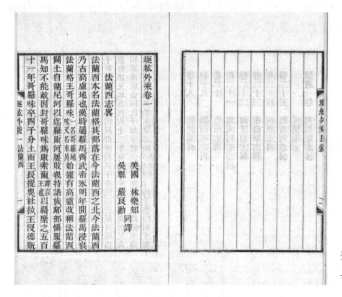

《埏纮外乘》卷一书影，印有"美国林乐知、吴县严良勋同译"的字样

1940 年初夏，从广西远远地向着闽地而来的严家显，在梳理本族先人与福建相关联的种种情状时，想着即将承担的使命，想来也是激动喜悦的。

福建学界的情况，他从在闽省当财政厅长的堂兄严家淦来往信札及他人讲述中，已有初步了解。

学校方面，福建只有厦门大学、私立福建协和大学等寥寥几所文理科大专院校，省政府主席陈仪鉴于"本省地处亚热带，物产丰富，只以农学未修，人守旧习，遂致地不能尽其利，物不能尽其用，欲言建设，必先本根"的考虑，决定筹建福建大学，内设农学院。但计划赶不上变化，这张蓝图很快因各种因素的不断干扰被搁置，省政府遂于 1940 年初决定单独成立福建省立农学院。在物色创校校长人选时，颇受陈仪器重的严家淦，举贤不避亲，推荐了已在学界深孚众望的堂弟。

"八山一水一分田"的福建，竟还没有独立的高等农业学院！严家显既知，心底那份不惜赴汤蹈火也要为福建农业教育奠基的热望，彻底地燃烧了起来。没有稍许停顿与迟疑，遂千里迢迢赴命而来。

在民国农学界，和严家显同等级的学者应该说不少。但能在乱世之中，以一介文弱书生敢于胼手胝足创新业，并能"不辞辛苦出山林"，如此真的猛士，严家显即使不说独一无二，也是罕见、高贵的。

民国初年的《道路月刊》曾称："闽省腹地，山脉绵亘，道里崎岖，鸟道盘纡，羊肠迫隘，陆行百里，动须旬日。"其实，在交通不便、战乱频仍的年代，任何一个跨越数省的水陆行程，总是曲折而艰辛的。就拿武汉大学西迁四川乐山来说，当年和严家显同在武大执教的文学教授苏雪林随队前往，感叹"一路上经过了唐三藏上西天取经的苦难与波折"，才到达"理想中避难的圣地"。前半句也适用于严家显此次的赴闽之旅，所不同的是，他不是"避难"，而是迎难而上！

三十四岁的严家显就要进入的"院长"角色，充满了挑战性。从美国回来，先是武汉，连着广西，严家显始终是教授，是意义崇高、性质单纯的老师。而这一去，从福建开始，他要展示的还有行政治校办学才能。这才是一个完整、后人所知晓的严家显印象：爱国、博学、练达、强干、活跃……

严家显初次赴闽，到底是如何去的，乘坐何样交通工具，已难以查知，但一路艰苦跋涉确切无疑。

两年后，曾任国民参政会议员的著名词作家卢前，也从广西受聘来福建永安，首任国立福建音乐专科学校校长。他自述行程，连同在金鸡岭遇险经历，可揣摩严家显行程之不易。

卢前如是记述："偕浙闽监察使高曙青先生乘湘粤通车抵韶关，会有南平曲江直达汽车，取道赣道、瑞金入闽。十一月八日宿长汀，曙青先生倦且止，前计程明日得达永安，自幸其行旅之迅便，心窃喜焉。闽西多山，九日饭朋口，南进，岭益峻，林莽丛密，意去会城咫尺，宜无所戒惧。路数折，出金鸡，忽见持枪者三四十人，阻车前，而岭上有二车在，十数客屏息途侧，始知有变。车中人次第出，举手任搜索，车上箱箧悉委诸地，枪声斧声一时作。一匪面前斥曰绑，乃受缚，被缚者凡六人，中一女子。骗入山，行不循径……"

卢前既遭匪劫，乃称自己为福建教育而来，并出示随身携带的国民政府教育部聘书，由此得以脱身。

严家显固然没有如此这般虚惊一场，却也没有随达官而沾得的"行旅之迅便"，若有窃喜者，乃是平安到达。

严家显一路舟车劳顿，在1940年7月初抵达福建战时省会永安。

我们之所以把严家显到达永安的具体时间，定在该年7月初，乃因一封7月1日以福建省立农学院院长名头致闽省各机关的公函如是称："福建省政府

000字号训令内开'兹聘严家显为本省省立农学院院长,此令'等,因奉此本院迟于七月一日成立,本院院长迟于同日到院视事,除呈报并分函外,相应函达即希查照是荷。此致各机关。"

而后,7月5日,福建省主席陈仪签发"福建省政府训令",其曰:

令福建省立农学院

　　兹刊发该院木质关防一颗,文曰"福建省立农学院关防"。小章一颗,文曰"福建省立农学院院长"。合行令仰查收,并将启用日期具报备查此令。

陈　仪

依据这两则公文,可见严家显该是7月初抵达就职的。

熙熙攘攘的人群之外,一堵又一堵墙上刷写着"抗战到底"四个大字。从此,这所山城蜚声全国的抗战进步文化活动,便烙上了一代农学家、教育家严家显的影子。

图为位于永安城郊吉山村的福建省高等法院职员的宿舍,墙上"抗战到底"的标语,经历了七十多年的风雨仍清晰可见

永安,地处闽西和闽中大山带之间,地势由西南向东北逐渐降低,因境内九龙溪与巴溪汇合于城西,形似燕尾,别名"燕城"。

此际中国,深陷于抗日战争,全国上下难有一片安宁之地。福建自1938年5月厦门沦陷后,就着手把省会从福州搬迁至永安。永安占据福建省心脏部位,可辐射全闽,路程相当,水陆相通,人员往来、物资运送也相对方便,且又处于万山掩映之中,地势险要,天然的山水壁垒能够有效抵御日军入侵,换取一个相对安宁的环境。理所当然,许多带"省"字头的机构,连同中央驻闽各机构、在福州的高等中等学校,一并内迁至此。

这座山城,山水相望,在没有敌机轰炸的时候,倒也平和,严家显对永安有了一个好的印象。而严家淦夫妻的嘘寒问暖,更是消除了严家显长途跋涉的疲惫。

虽然久未谋面,但兄弟间见面一点也不生分。

严家淦 1926 年自上海圣约翰大学理科学士毕业后,没有从事所学的化学专业,也没有追那个时代的出国留学之风,而是在上海德商孔士洋行任买办。1931 年经宋子文引荐,出任铁道部京沪、沪杭甬铁道管理局材料处长,从此步入仕途。1937 年冬进入福建省政府,任建设厅主任秘书,兼任福建省政府贸易公司总经理,主持贸易行政。翌年初加入国民党,紧接着便是省府委员兼建设厅长、财政厅长,他凭着精明能干,成为国民党福建省主席陈仪眼中的红人、技术官僚。

严家淦的夫人刘期纯忙着沏茶切瓜,招呼几个孩子来见仲扬叔叔。她既是东山名门,还是严家宗亲,严家显在上海、苏州时就见过她,印象很好,是个美丽大方、知书达理的大家闺秀。他们婚后在上海出生的几个孩子,以前也知道,只是长高长大得很快,如今不免有些隔膜,这几年新添的孩子,他更不认识了。孩子们和他打过招呼后,就礼貌地随着母亲退到别处了,留下他们在大厅谈事。

严家淦简要介绍了永安这边的政情和创建农学院的设想,特别提到陈仪对农学院的重视,让堂弟先在他家住下,待他报告主席后,再择机见面。才过一天,严家淦就传话说,陈仪要马上接见严家显。

严家显惊喜道:"这么快,陈主席看来和我对路,是个工作狂。"

"抗战爆发后,公洽主席就在省政府举行的总理纪念周上提出过一套格言,叫'工作是道德,忙碌是幸福,空闲是堕落,懒惰是罪恶'。"

陈仪所提这几句口号,虽是从蒋介石的"新生活运动""党员守则"那一套搬来,但严家显细细咀嚼,感觉确有理,值得"共勉"。

他们边说边坐上已然停在家门口的轿车,往吉山省主席公馆而去。

来自省主席和教育厅长的期待

吉山位于永安城西隅五公里处,文川溪东岸。于山水之间建村安寨,体现了村民对美最朴素的向往。在村夫野老眼里,水即财富,村口当面向水口,这也合了民间祭祀"水口财神"的风俗。其村口河西岸,有块黑褐色的圆形巨石,远望像颗硕大的橘子,人称橘子石,含有大吉大利之意,吉山村遂由此得名,并以范围而分上吉山、下吉山。

这里一向是僻静的,与世无争的,几百户人家世代务农兼酿酒。后来,省主席公馆择上吉山而建,紧接着省政府在上吉山创办音乐专科学校,就热闹起来了。尤其是音专,内置各种乐器,其中钢琴就有数十架,吸引不少省内外学生、教授来此,静寂的山村一时充满生机,从早到晚琴声悠扬,歌声嘹亮。在歌声乐曲中,公路、电话、电灯陆续进山,汽车、小包车、手拉车、黄包车也唱着各自的调儿畅行于山上山下,不久又专设班车,每小时对开一班。

随着一些重要机关的迁入,公务员家属也纷纷搬来。计划的房子不够用,只好把民房的大厅、客厅改成办公场所,几乎所有的房子都人满为患。

在严家淦的介绍中,轿车穿过各式房子和荷枪实弹的宪兵后,就停在了上吉山的"春谷山房"。显然,这就是省主席公馆,陈仪的住处和办公地点。

此地位于北陵山麓东侧,地势险要,风光秀丽,前有池塘,后有花园,四周古木林立,横柯上蔽,山花藤萝,蝉鸟相和,清雅幽静。更让人心旷神怡的,是春谷山房大门的一副对联:"花开谷口迎人笑,错认桃源小洞天。"严家显后来才知,这里原是刘氏书院。

清康熙年间,下吉山富商刘锡晋的孙子刘次言选择于斯建造书院,取名"春谷山房",供刘氏子孙就读,求取功名。至清末,西风东渐,科举废除,渐渐就荒废了。陈仪率省府内迁前,一眼看中此地,征得主人同意,将此地征用为居住兼办公地点,在必要的修葺和扩建之后,外界称省主席公馆。从此,春谷山房成为闲人免进的神秘所在,日夜有荷枪实弹的门岗守卫,这里牵动着福建各项政令的实施,联系着全省乃至全国的抗战局势……

"两位请稍坐,先用茶,我马上禀报主席。"秘书一身青色粗布制服,连着笑容可掬的态度,给了严家显一个良好的印象。

会客室不过十几平方米,全部采用木料,透出沁脾的清香。虽在绿荫之下,却还是像其他几间房屋一样,瓦上用了杉木皮覆盖,不消说,为的是起伪饰作用。会客室内摆着一张方形小茶几,几边各配一张靠背椅;一张小圆桌,旁边三四个小方凳。两盆素心兰安放于进门两侧,在优雅地迎接客人时,也显示出合乎主人秉性的喜好。靠墙一架小玻璃橱,摆放着几个新鲜水果和一罐茶叶。橱顶灯台上烧了一半的残烛,说明这里也不时停电。橱窗里还赫然摆着一套红色封面的《鲁迅全集》,相邻的一本是张君劢翻译的德国鲁登道夫的《全民族战争论》。

严家显打量完房子刚坐下,马上有个再熟悉不过的江浙口音传出:"有朋自远方来,欢迎欢迎!"

抬头,一个五短身材、膀阔腰圆的人,踱着方步已近在眼前,这就是福建省主席、国民政府第二十五集团军总司令、二级上将陈仪。

刚落座的严家显便又起身,陈仪温和地示意他坐下:"坐坐坐,我听静波(严家淦字静波)说你是大学者,别拘束嘛。"

陈仪稍事寒暄,直奔主题:"我们中国积贫积弱,教育是脱不开干系的。过去提倡的'君子'式教育,大多数民众都没有份,因此对国家弄到今天这样的地步,一般民众并不负责,责任在政府和知识分子。所以,我主张教育要有两大目的:一是提高民众的知识,树立他们的国家观念;二是提高生产技术,千方百计增加产量。为此,我们的教育就不能与民众对立,不能与民众的需求脱节,要教育并领导他们,在技术上指导他们。在我们这个农业国家、农业省份,农学院自然是重中之重……"

眼下福建当局最高长官,并无一点统治者的趾高气扬和戾气,看人的目光倒是锐利,话语却深沉:"我们创办农学院,近的来说是为普及农业科学知识,增产粮食,支援长久的抗战;远的来说是为将来的民主政治打基础。可以说,我们办教育,做的像是盖房子前平地基的工作。将来的民主政治必须先由小处着手,由教育着手,我们提出开办六千所战时民众学校,提高一般民众文化水准,就是围绕民主政治这个大目标而喊的口号,可不是吹牛呢。严院长一来,便也有一份责任了。"

陈仪直接称严家显为院长,还让他分担一份责任,弦外之音一听便明。严家显也就无拘无束起来:"陈主席所说极是,民智不开,政府和知识分子都有责任,长期下去,别说无法实施民主政治,还得饿肚子吹牛皮。"

陈仪点点头,目视严家兄弟:"想来静波给严院长也介绍过了吧,福建包括办教育、开民智在内,各种工作的困难在于人手不够,眼下最缺乏专门技术人员、大学生、技术助手。这三种人中,专门技术人员可以向外省借,还可以用自给自足的原则,设研究所来训练工农业各方面的人才,但一定数量的大学生和技术助手,只能先靠网罗合适的师资,以此为酵母,大量培养我们所需要的人才,再通过普及教育,方能解决。"

头大,谢顶,三角眼,阔嘴巴,上唇留两撇胡子,陈仪的外貌像极了知识渊博的中学国文老师。在他看来,"文官执笔安天下,武将上马定乾坤"的时代仿佛已远去,一省之主席既要能文也要能武,方算合格。

严家显问:"对农学院的教师,陈主席有哪些要求?"

陈仪思考俄顷,道:"农学院初创,教师必须要有自然科学的专业素养,同时有社会科学广泛的修养,这样便可以教导出真正有用的人才,为国家民族真正尽力。"

谈罢设想,陈仪说:"筹办福建大学时,也考虑将农学院放在永安县郊的黄历村,但现在福建大学暂时不办了,农学院作为一个独立高校,究竟建哪里合适,如何规划,办学规模又当如何,你这个开山鼻祖可以提出建议。静波你这个财政厅长,当尽力配合好,有空时也可带严院长和仲九聊聊,听听他的意见。"

陈仪口中的仲九是省政府顾问沈铭训(字仲九),系陈仪的堂内弟。严家淦道好后,陈仪再次把目光投向严家显:"校园图纸就由你负责,希望能尽快完稿!"

严家显慨然道:"既蒙信任,我自当拼命工作,尽力而为!"

陈仪微微颔首,继而一字一顿地说:"希望你做事能公正、认真、有勇气!"声音洪亮,铿锵震耳。

严家淦一旁道:"仲扬,这是公洽主席对福建公职人员的教谕,对你也是一视同仁寄予希望。"

严家显敛容肃然:"好,我领教了!"

"农学院的教师和其他干部,也都可以由你聘任,希望抓紧时间,力争在年底前开学。我一向主张,'工作是道德,忙碌是幸福,空闲是堕落,懒惰是罪恶'。"年近六旬的陈仪这么说,让人感觉他不是军人,而是政治家、实干家。

昨天严家淦曾道及陈仪这二十字箴言,严家显听得新鲜,今天又听陈仪当面道来,更明白了此中之义,不觉说道:"陈主席这句格言,我看完全可作农学院今后的校训。"

陈仪含笑不语中,严家淦道:"这个好! 我们很多公务人员,也都是把公洽主席的训示作为座右铭的。"

"初次见面,就送套《鲁迅全集》给严院长做小礼吧,好书共欣赏。"陈仪边说边向身后的秘书发出指示,"鲁迅是有精神的,他的精神就是民族精神,现在也就是抗日精神。"

严家淦一旁介绍："《鲁迅全集》在上海编辑出版时，公洽主席积极支持，自己掏钱预订了 200 套，准备分赠省内各大中专学校图书馆，在福建广泛宣传鲁迅精神。"

严家显从陈仪秘书手中接过红色硬皮装帧的《鲁迅全集》，打开一本抚摩着，是蔡元培为之作序，分 20 卷，600 多万字，内中还有一些老照片。他略感惊讶："没想到陈主席也推崇鲁迅。"

严家淦道："公洽主席和鲁迅先生是绍兴同乡，当年同怀着热血荐轩辕的豪情壮志求学东瀛，几十年交往不间断。"

陈仪摇摇手："这个不说了。"俄顷又说，"不过，我们活着的人倒要有鲁迅先生所说的'推重车上峻坡'的精神，对抗战和建国两重工作都做出些许贡献。"

严家淦接着又说，"农学院建成后，也是可以一边宣传鲁迅精神，一边促进笠剑学风活动的。"

陈仪点点头："就是这个意思。"

严家显有所不解："笠剑学风？"

陈仪笑笑："这个静波会跟你详说，但农学院等高校也不一定照搬照套。"

严家显想，鲁迅生前虽未到过永安，但作为崇拜者的陈仪，把这位同乡好友的全集推介到永安，让鲁迅的"民族魂"传播到他的生命未至的时空，在这特定的年代实属难得，这未尝不是福建之幸。

一番谈话下来，他对这个说话明显带有绍兴口音的武人，有了好感。但愿他如同严家淦此前所说，真正是个有见地、有胆识、有思想、忠守信义的人。

陈仪原来雄心勃勃想创建省立福建大学，由已经开办的法学院、设于沙县多年的医学院，加上设想中的农学院组成。在未得教育部批准的情况下，乃将法学院移并到厦门大学，仍坚持要在永安办农学院，而且是独立的学院。严家显的到来，让省立农学院有谱了，陈仪心情大好。这时夫人陈月芳从外间进来，询问晚餐事宜。人颇客气，和严氏兄弟见面并续了茶水。她身着绛紫色旗袍，头发剪得不长不短，说一口纯粹的北平话，要是事先不说，哪能知道她是日本女子呢？

陈仪的这位夫人是一个浑身透着迷一样气质的东洋女子。当年他在日本陆军大学留学时，成绩优异，日本教官赏识其才华，乃将女儿古月好子许配给这位中国学生。古月好子随陈仪来中国后，易名陈月芳。九一八事变以来，日本帝国主义在中国烧杀抢掠，涂炭生灵，陈仪身为福建省主席，与日本台湾殖民当局时有接触，还有个日本籍的夫人，不免引发众多猜疑。

陈仪当然也知道社会上各种不利于自己的传言，但和蒋介石的关系，以及固有的民族大义、抗战精神，使他并不在乎这些传言。在福建，陈月芳是个神秘的女子，深藏在春谷山房，很少公开露面，即使达官贵人也没有几个见过她的真容。

这一面，也就揭开了严家显心中那个谜底。不仅如此，听严家淦介绍，她每天晚上还收听台北、东京等地的日本广播，供她铁心抗战的丈夫做参考。他想，福建有此抗战氛围甚好，自己教育救国、农业报国的理想就更有着落了。

离开省主席公馆后，车行一段路，严家淦忽地让停车，趁此机会陪同初来乍到的堂弟熟悉一下周边环境。

首先就近去了上吉山的北陵殿，这是个明末清初的建筑。盛夏时节，殿亭内外古树成荫，一派清凉，严家显不禁赞道："深山藏古寺，别有天地。"

"这里还是周围一带的天然防空场所。"

严家显听罢，"哦"一声后问："永安的空袭多吗？"

"自公洽主席断然拒绝日本的诱降后，空袭就多了……"

说话间，远处飘来一阵高亢激昂歌声：

> 抗战的旗影在飘，
> 抗战的号声响了，
> 这是民族生死关头，
> 这是我们献身的时候。
> 奋起不犹豫，前进不逗留，
> 誓雪国耻、誓报国仇，
> 收复国土保卫我神州。

从严家淦那里得知，这首名为《抗战的旗影在飘》之歌，由音专首任校长蔡继琨谱曲，省立师范专科学校校长唐守谦作词。

由着歌声的吸引，他们边走边看，信步到了音乐专科学校。操场旁的一棵树上，高悬一口大铜钟，有专人守护。显然，这专人也就是敲钟人了。在严家淦问话之后，敲钟人称：每敲四响一停，约敲两三分钟，是为预备警报；连续急敲则为紧急警报；单响缓敲则是警报解除。

严家显赞许地看着敲钟人："为了师生的安全,你这也是严阵以待了。"他知道,农学院也得未雨绸缪,设一口警报大钟。

"有段时间,警报十分频繁,有时一天响好几次,总是刚敲解除警报,又得敲响下一次紧急警报。"

敲钟人说罢,严家显好奇地问:"这样怎么开展教学呢?"

敲钟人手指后山的树林,努努嘴:"那里遮天蔽日,算是个天然的防空洞,师生们就在那里席地而坐,把膝盖当桌子,坚持上课。"

严家显不觉啧啧有声,福建战时省会的条件这么艰苦,却没有影响教学,但愿也不要限制思想的活跃。

严家淦还带严家显去了设于吉山墩头大厝的福建省农业改进处,严家显创办农学院,今后少不得要和这机构打交道。相比于衙门式机构,严家显对农业改进处附设的两场(园艺试验场、农事试验场)三所(造林事务所、畜牧畜医事务所、农林研究所)更有兴趣,表示择日前往参观学习。

回家路上,严家淦和严家显交心:"仲扬,请你来,是真心相信你能做事,也希望你能实现做大事的夙愿,却也担心,万事开头难,农学院只是个空壳子,你这个院长也还是个光杆司令,战争年代要白手起家,困难不小哩!"

"不是有你这位当财政厅长的哥哥做靠山嘛,大树底下好乘凉呢!"严家显轻松地开起了玩笑。

"我既是'红娘',当然要尽绵薄之力!"严家淦朗声说罢,复以安慰的语气道,"其实也不用担心,有些事情,不管怎样困难,只要找公洽主席,总能得到解决,何况他真是在乎农学院。"

"他对教育真能尽心尽力,不会是三分钟热血或叶公好龙吧?"

"这个可以放心,不只对教育,对整个抗战文化事业,他也是鼎力支持的,否则怎么会有那么多名家会聚永安? 只是人多嘴杂,仲扬你还是少关心政治为好……"严家淦讲到政治,欲言又止,严家显也就心领神会了。

不久后,严家显看到了《大公报》记者孟秋江采访陈仪后所写《访问陈仪先生》,掩卷而思,感觉访谈内容,也有不少是他们那天会见时的意思,如"一般国民的道德知识提高了,建国的基础才会稳固,不过,还要拼命的努力,才能形成现代的国家",等等。

陈仪还说:"飞机炸弹有什么可怕? 是斗醒我们的暮鼓晨钟。"他还怒斥汪精卫出逃是"出卖民族利益的行动"。

在回答对抗战前途的看法时，陈仪明确表示："当然是乐观的。我们还要努力，咬紧牙根苦干，度过难关。……我们抗战胜利以后，一切力量用之于建设，千万不能有内部的分裂，或者胜利以后，骄傲自大睡起觉来。那么再遇到一个外来的压力，中华民族永远不能翻身！"

阅罢这篇访谈，再结合那天接见情形以及严家淦私底下的评价，严家显对陈仪的开明就有了初步了解，但愿他是真开明，而非嘴上谈兵。陈仪那天不跟自己谈政治，难道也如严家淦那般，希望自己做个纯粹的学者，专攻术业，用深厚的学术造诣表达对国家和民族热切之爱？答案是肯定的。

严家显初来乍到，严家淦依着陈仪的吩咐，先行带他拜访几位紧要之人。

担任着福建省政府顾问的沈铭训，是陈仪原配沈蕙的堂弟，没有实职，深居简出，却是必见之人，只因他是陈仪的左膀右臂。

沈铭训先后留学日本、德国，学贯东西，新文化运动时期即是小有名气的作家，曾担任过大学校长。跟随陈仪入闽后，人称其为陈仪的心腹智囊，著名记者曹聚仁敬称其为"福建的卧龙"，也有人暗地里以"无冕之王"相称。彼时福建省府所出公文报告，多由沈铭训草拟或整理，他还代陈仪主持"县政人员训练所"，一手培训各县政府科长以下公务人员。陈仪到外地时，省府的事务便交由沈铭训代处。沈铭训蔑视权贵，言论激进，对国民党当局心存不满，在思想上倾向于共产党，而且还给陈仪引荐来了不少"左派"人物。因此，国民党福建省党部主任陈肇英曾指名道姓说，沈铭训是"潜伏"在陈仪身边的共产党。

虽被如此"挂号"，陈仪却照样用人不避嫌，仍视这位堂内弟为知心朋友和得力助手，平日里依旧让他也住春谷山房，私下说，沈仲九哪里是共产党呢，不过是比别人开明进步些。别的不说，陈仪对教育事业虽然热心，但具体如何筹措，多是咨询并尊重沈铭训意见。知情人如严家淦都懂得，在永安设立法学院、农学院、音乐专科学校及省研究院等高等教育，省教育厅空有主管之名，实不能完全做主，多数由沈铭训从中操办。

很显然，严家淦和沈铭训平常颇有来往，他既介绍永安城有这样一位进步、热心文教的奇士，严家显也便想一识庐山真面目。创办农学院少不得来搬这尊"佛"。

初见之下，沈铭训对严家显便有好印象："公洽到任后，积极兴办教育事业，推行笠剑学风，一方面开展民教，一方面兴办学校和研究所，在物力维艰之下，已见成效。严院长在我们的翘首企盼中到来,无疑是如虎添翼啊!"

"沈先生是留学前辈、学界翘楚,家显不才,切盼今后先生不吝赐教,农学院的开创事宜也必然多有仰仗。"严家显不卑不亢,他不以顾问而改以先生称呼沈铭训,倒是合着学人的身份,两相适宜。

果然,沈铭训听得受用,含笑道:"公洽定的主张,又有静波厅长在此,严院长还能有什么难事? 真有难事,尽管吩咐就是,在下当尽绵薄之力。"

在相互谈了有关教育的话题后,毫无拘束的会面便在笑声中落幕了。

乘兴来回间,严家淦道及,沈铭训平日里极少抛头露面,许多人知其名却不识其人。严家显也就问及,何以如此?

严家淦笑而不答,只是说:"沈铭训绝非等闲之辈,有人称他为'卧龙',似不为过。仲扬你办学有所需求,尽可找他,但在政治主张上,则需自己揣摩着去。"

后来,又有过不少的接触以及耳闻,严家显渐渐知道,沈铭训之所以如此躲在幕后,既是淡泊名利,也是自救——在后来的种种变故中,可以说正是这样的心性救了他。此是后话不表。

至于陈仪道及的"笠剑学风",严家显慢慢也弄明白了。

民国制度,大凡省立高校,经费由省政府支出,师资认定则由教育部高教司管理,省教育厅只能管理中小学,不管高校。虽然如此,严家显还是主动拜访福建省教育厅厅长郑贞文。他自个儿前往,不想时时处处沾着严家淦的光。

教育厅在下吉山刘氏大宗祠内,走廊壁上所写"顶天立地 继往开来"八个大字让严家显眼前一亮,而"笠剑轩"三个字则让他肃然起敬——那是郑贞文给自己在吉山的住宅兼办公室的取的名字。陈仪初次接见他,便提及"笠剑学风",看来他们在这方面心息相通。

早年留学日本的郑贞文,绝非等闲之辈。他在教育厅长的任上,曾三番五次请辞,次次都被打回,可见能力不俗。他年轻时曾加入中国同盟会,在商务印书馆编译所工作,曾协助陈嘉庚筹建厦门大学并代理过校长。还曾悉心照顾受蒋介石通缉的郭沫若,郭沫若文章不时出现"郑心南"的身影,心南乃其号也。这位被日本帝国大学教授片山正夫称赞为"不可多得的人才",在中国统一化学名词方面做了奠基性工作的化学家,还是位填词作赋高手,文采斐然。他任教育厅长期间,希望能有所建树,战时永安风靡一时的"笠剑学风"正出于他。

所谓笠剑学风,主要内容是要求每个中学生和师范生戴斗笠、持短剑,深入农村进行抗日宣传和战时民校教育。抗战开始,福建计划设立一万所战时民众学校,散布于各县山区和边区。为解决师资不足问题,除另设战时民教工作人员训练所外,还动员全省高中、职业、师范学生(以二三年级为主),停学一年,施行短期集训后派往各地参加民教,一年后返校复课,延期一年毕业。

他们受命出发时,身着军装的省主席陈仪赠送每人一把柄刻"捍卫祖国"四字的佩剑,以壮行色,还发表讲话:"大家将要到穷乡僻壤去工作,要发扬艰苦奋斗精神,为了抵抗日本侵略,要抱着不成功便成仁的意志,去做唤醒民众、组织民众、训练民众的工作。你们重任在肩,使命神圣而伟大!"省教育厅长郑贞文则赠送每人一顶竹篾编制、上面用红色油漆写着"风雨无阻"四字的箬叶斗笠,以御风日。讲话中提倡树立"笠剑学风",说笠剑二物意义深远,笠是指学农,下农村参加劳动,剑指学军,上前线抗日,合起来就是要边学习边杀敌,既学农民戴着斗笠劳动生产,也学战士拿武器杀敌立功。这个相当隆重的授剑授笠仪式,为的是鼓舞和调动民众同仇敌忾的积极性,并使学生得到实践锻炼。

"那天仪式在崇仁堂左边的大坪上举行,周围群众纷纷前来围观,得到斗笠和短剑的学员备受鼓舞。短剑和斗笠,是福建教育思想的两个载体,两件物品,传递出'笠剑学风'的涵义……"把推行"笠剑学风"作为任内一大政绩的郑贞文,滔滔不绝。

从苏州桃坞中学、苏州东吴大学、南京金陵大学、北京燕京大学,再到美国明尼苏达大学,严家显一路唱着校歌走来,对校园文化自是富有热忱,正由于这份心,他和身为编译家、教育家的教育厅长郑贞文相谈甚洽。

那天,严家显还欣赏了郑贞文的书法作品,感受到了这位前辈人物的教育理想、文化追求。

文化能滋养人生且救赎心灵,给人以精神的升华;文化有新旧更替,但是不会灭绝,依然会与天地共存。任何一个时代,都不能没有艺术和人文之光的烛照。从这个角度来看,郑贞文对教育有坚守,对文化也有坚守,值得钦佩。严家显倒也希望自己成为一位在教育和文化精神上同时富有且具时代使命感的教育家与科学家,以恒常心自修,向时代、社会、校园传递温暖。

酒逢知己千杯少,话不投机半句多。在官场和学界也有自己风格的郑贞文,对这位言辞恳切、行止有度的年轻教育家倒也不设防,坦率地说了报刊舆论对"笠剑学风"做法的各种评判、褒贬。甚至坦承,在一次纪念周上,中央立法委员刘通来演讲,批评福建教育办得太落后,贻误莘莘学子。

严家显静静地听罢,也认为"笠剑学风"是国防文化,而省立农学院肩负的使命不同,且在筹建中,迟于他校招生,应更好地重视专业培养。抗战救国在福建省立农学院此后的教学和实践中有自己的特色,爱国报国的方式本来就各不相同,无需强硬推行"笠剑学风"。

翻开"黄历"这一页

在相关人员的建议下,严家显坐着省政府临时拨给的一部旧轿车,由熟悉地况的人员陪同,连着在城郊看了几个地方,回来后就找严家淦等人讨论、比较。他想到叶雅各当初为国立武汉大学选址,考虑何其周详,这才有了武大后来的发展。现在虽然没有更好的条件,一省财力也不能与国家财力相提并论,但总得为福建省立农学院找个合适的地方。而且,这个省立农学院绝不能像福建大学那样停留在纸上。

夏天的太阳异常灼人。远处的农民早已习以为常,辛勤地耕作着。心系农学院的海归博士严家显,也差不多是农民,不怕热,不怕脏,更不怕累。几位随同人员除了佩服,就是叫苦不迭。

汽车开不进的地方,就下车步行。灰尘弥漫、凹凸不平的黄土路,鞋子踩在上面,像是两个意见相左之人,存心闹脾气,总不能平稳,再小心也不一定能走踏实。

他决心避开城乡结合部。当时很多机构都一窝蜂涌进永安城,城里空袭随时可能发生,每每晴朗的日子,也是最提心吊胆之时。警报频频,城里人早晨扶老携幼出城躲避空袭,夕阳西斜才回来,过着有家不能安住的生活。为长久计,未来的农学院需要一个离农村较近的地方、一个安全隐蔽的地方,它应该是一个在战火中还能生存的绿洲。

一路顺着蜿蜒山路往南郊走,约七八公里,一个地势开阔的平原村落展现眼前,高高低低地、零星地散布着些简陋的屋子。近处,一位穿小褂的少年正优哉地放牛。

站在溪边环顾四周,眼光从远处无尽绵延的青山收回后,就近细瞅。一条清澈见底的溪,该是燕江的支流,绕着村北转向西南蜿蜒而流,跟公路隔开,也隔出了一块遗世独立的"桃源"。村东北的地势高处,横越江面原来筑有便桥通对面;村西南低处水流较平稳,则有渡船可撑,由于便桥常被山洪冲断,村民不胜修建之烦,便干脆听任断桥废置,使得对外交通仅剩摆渡一途,周而复始地陪伴昼夜哀叹的流水。

他便是坐船,横跨湍急的溪水来到村里。这是黄历村——胎死腹中的福建大学初选地!他先来看过这地,还在不远处简易法学院周围浏览过,之所以在酷暑下不辞辛劳考察别处,是为了有个比较。虽然陈仪口头允诺他可以另选地盘,但他不得不承认,和看过的几个地方相比较,还是黄历更理想些,而且,能供他选择的余地、折腾的时间实在不多。

他又一次打量了眼前。三三两两低矮而破旧的瓦屋,像一群衣不蔽体的孩子,无精打采地蹲伏在那里。倒是那些农作物,蓬蓬勃勃地生长,盛开的花儿,千娇百媚,招蜂引蝶。

官话在这里不够普及,只能靠随行的翻译代为传递。才知,这里的村民祖辈除了务农,还有以船工为生者,只是由于近百年内忧外患,民不聊生,曾经繁忙的渡口早已不复存在,原有的商贸之地破落得难觅当初繁华的蛛丝痕迹。

他的目光落在一处立于荒草丛中、依稀有烟火味飘来的祠堂。祠堂外不远的一侧,一枚没有爆炸的炸弹斜插泥土里,弥漫着一丝危险气息。要是没有这枚吓人的还未摒除的炸弹,这祠堂,这村庄,倒有着绝大多数山村所共有的纯朴和宁静。

经翻译联系,村中长老在几位村民簇拥下,带着一头狂吠不止的黄狗,来到眼前,告诉他:这是冯氏祠堂,系黄历村开基始祖冯金六于明代中叶由外地迁居黄历所建。

足有二百平方米的祠堂,前方和左右两边茅草丛生,后面是一片树林。树那头偶尔传来几声鸟雀的歌唱,才给这里带来一丝生机和活力。连象征一姓一氏的祠堂,也像周围的房子一样破旧不堪,可见这里荒废到了何种程度。

严家显却看到了另一面。这里山川明丽,村民纯朴,村前村后有风景林,交通不畅却也便于读书。村名也颇有意思,黄历黄历,翻过"老黄历",就是新的一页。

严家显彬彬有礼地问村中长者:"老伯,如果我们在这里办个学校,你们欢迎吗?"

"不是刚办过一所学校吗,怎么又要办?"老人边说边手指远方,目光有些困惑。

　　老人指的显然是两个多月前刚草草开学的简易法学院。严家显耐心地说："我们和他们的性质不一样,他们教的是法律,我们教的是农业,建的是可以帮助大家搞好农业生产、提高生活水平的农学院。"

　　老人不假思索地说："只要不搞飞机场,引来日本鬼子炸我们就好。"

　　严家显笑道："我们不建飞机场,只是想建所大学堂。"

　　他的谦和以及温文儒雅,显然博得了村民的认同。一位村民附和道："真个办学就好,造福子孙后代不说,还可改善我们的风气,当年我们这里也是出过读书人的。"

　　老人点点头,眼睛定定地看着严家显,大声说："即使建学校,祠堂也绝不能拆!"

　　严家显知道祠堂之于一个家族、一个村庄的意义,忙说："放心,一万个放心,真要借宝地建学校,我们也只会和你们一起保护好祠堂!"

　　祠堂在整修之后才能住人,尽管环境不尽如人意,但于严家显这么个执着于农学和昆虫研究的学者,却有着莫大的吸引力。他一眼就看到了,祠堂因疏于维护,已成为各式各样动植物占领和出没之地。

　　他想好了,根本无需如何美化,稍事整修,即可入住。他甚至希望这栋建筑还能是一些动植物的庇护所。屋瓦上继续任其披覆不同色泽的地衣——它们是毛毛虫啃食的对象呢;瓦片槽道间也任由苔藓茂盛地繁衍——无数小昆虫正可借其潮湿的空间生存呢;那些瓜葛藤蔓就继续顺着斑驳的墙面攀爬吧,连着一字儿生长的地衣和青苔,把墙壁包裹得喘不过气来才好——雨后阳光中,墙面就必然成为蝴蝶、蜜蜂和苍蝇们竞相青睐的日光浴场,它们出发寻花觅偶之前,八成会先过来热热身,得手后或许也会来此碰头炫耀,呵呵,蜘蛛、壁虎也就不缺猎物了……

　　遐想间,远处传来一阵悠扬激昂的歌声。

　　他循着声音,目光越过绿油油的农田,看到对岸有一群佩戴斗笠的学生,迈着整齐的队列,往省城方向行走,歌声正是从他们那里传来。

　　他听出来了,他们唱的正是流行一时的"笠剑学风歌":

　　　　出东湖,意气激昂,我肩上挂着笠!
　　　　怕什么狂风暴雨,炙背骄阳,我腰间佩着剑!
　　　　怕什么鸷鹰毒虺,张口贪狼,一齐到乡村去!

倡质朴生活,守勤劳习惯,养端庄品性,表公正态度,奋忠勇气概,唤起民众,效命疆场!

角帽怎比得竹笠坚?!倭刀怎比得铁剑刚?!

准备向炮烟弹雨,锄强权,伸正义。发扬威力,为国争光!

这批学生,应是完成任务回来了呢。歌声动听,音律铿锵顿挫。他出神地听着,听出了教育厅长郑贞文心中的那份报国情志,不由想,何不请他也给省立农学院写首校歌?

国有国歌,军有军歌,校有校歌,大凡各行各业都该有自己的歌,以此鼓士气、树形象、塑精神。学校和军队一样,理应有一首口口相传的歌,宣示自己的办校宗旨和传统,这也是一种号召和承诺。校歌犹如学校的精神图腾,与校徽、校训等相得益彰,对内自我激励,凝心聚力;对外自我张扬,展示风貌,于学校建设、于学生成才皆有益。

他不由自主地哼起了国立武汉大学的校歌:"黄鹄一举兮,知山川之纡曲,朝斯夕斯,日就月将……"好不典重隽永!他也哼起了广西大学校歌:"保卫中华,发达广西,是我们立校本意。为国牺牲,为民工作,是我们求学目的……"这分明是抗战硝烟中一代学子报国的呐喊啊!福建省立农学院一定要在开学典礼上唱响自己的校歌!

斜阳半山,晚鸦数点,清风徐徐,炊烟袅袅,田地渐渐灰蒙起来,几个农夫荷锄担畚,少年赶着温驯的黄牛,匆匆走过田埂,收工晚归。空气中有微弱的潺潺之声,眼前的景色何等清新可人!

他呆呆地立着,不觉喜欢上了这里。是的,这里有几处灰房瓦屋,有不容侵犯的青山,有暖暖的山风、低平的稻田、柔软的竹枝,虫鸟时鸣,夜晚还能闻着稻香,在蛙声中探一弯月牙,真个是可以让人静下心来、抛开俗世烦恼的地方。

严家显心里有谱后,回城和严家淦商量,严家淦道:"这就对了!筹建福建大学时,黄历我也实地考察过,距省城不算太远,交通虽不甚方便,但公路局每日总还有班车经过那里。即使徒步进城,也就两个来小时吧,倒能让学生安心读书,确实是办学的理想环境。只是有些刁民……"

严家显想起来了,问:"我听村民口口声声反对建飞机场,静波哥知道是怎么回事吗?"

严家淦自是知道其中委曲。

福建省政府内迁后，原准备在永安附近修个简易飞机场，勘察之后，决定征用距省城七公里许、位于通往大田县干道右侧的黄历。但黄历农民担心失去土地，更担心建机场后会让黄历成为战场，于是联合起来抗议。当建设厅长徐学禹带着严家淦来向陈仪汇报时，陈仪震怒，意欲强征土地，被沈铭训劝下。由此，机场改选连城县而建。

"仲扬你选黄历做校址，正合公洽主席之意！"

省府内迁时，陈仪在订立福建省五年经济计划时，筹办福建大学就在计划之内。陈仪到永安后，跋山涉水做了大量的考察，才最后勘定战时省会南郊的黄历村为大学校址。福建大学未获教育部批准而告流产，他虽在口头允诺严家显可另选校址创建省立农学院，但不言而喻还是心向黄历的。

此时，一纸任命下达，严家淦兼福建省田赋粮食管理处长，为的是让他向陈仪动议的"田赋征实"制度能更好地推进。

这对堂兄弟同时翻开了"黄历"这一页。

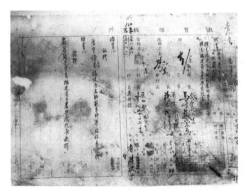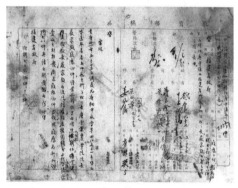

国民政府教育部长陈立夫圈阅的聘任严家显为福建省立农学院院长的报告件

七月，严家显接收了处于黄历村澄湖头半山坡上的"为筹办省立福建大学原址"，在一处木质结构的屋子外，挂上"福建省立农学院"的木牌。

冯氏祠堂一侧的哑弹，当局很快就派工兵拆除，消除了人们心头的阴影。没有名山大川，也没有古刹胜景的永安黄历村，将成为承载福建农业教育的土壤，并被赋予比十月稻谷更加金灿灿的使命。

只是，当初筹办省立福建大学的全部校产，接收后才知过于简陋。不说教室太少，基本的教学设施、图书馆、操场、食堂，还有农学院需要的实验室、养殖场等最基本的格局都还没有。这还谈什么创办大学呢？

学生千里迢迢来读书是要教室和宿舍的，老师们自然也是需要宿舍和办公室的。如此合计下来，方知局面糟得让人快窒息。缺少的东西太多，工程量非常大，要在十月开学前把"略具雏形"的校园打造成农学院，再按之扩张，简直难以想象。

严家显有自己的计划和勃勃雄心。他站在全局的高度，缜密安排，一步一步往前推进工作。个中的迂回曲折和酸甜苦辣，非常人可知。

严家显要为福建省立农学院画像，难在画出其"神"。画出其"神"之前，要先画出其"形"。笔底波澜，先要笔底有料可以挥洒。他有条不紊，先设置一些精干的办事机构，配备各部门工作人员。

老子在《道德经》里谈到："天下难事必作于易，天下大事必作于细。"严家显深谙其道，他由易入难，由小及大。在抓紧各项准备工作、力促早日开学之时，他忙里偷闲，集思广益，拟定了《福建省立农学院组织章程》。

严家显亲自兼教务主任，选聘何学尼副教授出任训导主任，陈明璋教授兼总务主任，各部门工作人员专任 25 人，兼任 7 人。

训导处建立后，第一步就是制订训导方案、导师制施行细则、新生入学须知、教室规则、浴室规则、膳厅规则、宿舍规则、学生早操规则、学生请假规则等二十余种细则和学生操行考查表、小组讨论会报告表等十余种表格。

继而，严家显与何学尼一同磋商订立了详细的训导目的、组织、职责及各种章则等。

那段时间，严家显活像个不知疲倦的机器人，疾走在一望无际的青绿田野间，带领有关人员亲抓校舍的总体规划和具体建设工作。青山茂林，是对付烽火硝烟的天然掩体，他就在半山坡上择一处，建鱼鳞板平房，充当实验室与课堂。田畴青绿平整，他就选几处四合院式的民居，或作教室、试验室，或作师生宿舍。图书、仪器者，为科教至重，严家显更是悉心擘画，编入重要经费开支，以便向省政府陈情，恳请特别拨付。总之是要有个合理的布局，符合战时条件办学的需要。

严家显坚持事必躬亲，尽展学者之外的行政才能。很难猜测与想象严家显那段日子里的具体内心活动，但即使面临困难，他教育报国的信心与决心是不变的，他也是充分想到了艰难困苦的境况，如果稍有嫌弃之心，就不太可能毅然决然地从繁华发达的美国奔回正饱受苦难的祖国、进而挑起创校这个重担。他心里更多的是兴奋,是对于未来的展望。

巧妇也难为无米之炊,怕是再有才能而无耐心之人遇上这般从零开始的局面,也会默然叹息,焦头烂额,严重者估计要精神崩溃、打退堂鼓。耐心和耐烦一样考验人,缺少了它们,勾践不会卧薪尝胆,苏武不会北海牧羊,杨时也不会程门立雪数个时辰。严家显在这方面是合格的,他是个既有耐心又能耐烦的学者,也是个有眼光的行动派。他在其位谋其职,乐观地坚信,没有过不去的山,没有渡不过的河。

英国著名小说家阿道司·赫胥黎在《针锋相对》一书中,这样说道:"是何等样人,就会遇见何等样事。"从这角度来看,严家显这样的人,正是能遇见并成就这样的事!

炎热的夏天,日子一天天流逝,农学院也如火如荼地按照计划建设着,渐渐地有了绵绵的回响。

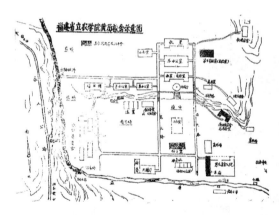

从《福建省立农学院黄历校舍示意图》中,可以清楚地看到其设施已趋于完善,从左至右,有农场、教职员宿舍、小礼堂、图书馆、系办公室、温室、园艺场、厨房、大膳厅、教室、总办公室、实验室、升旗台、操场、大礼堂、种子室、服务社、教授宿舍、院长宿舍、篮球场、畜牧场、男生宿舍大院等。学校旁边的交通设施也较完善,有黄历车站,也有渡头,方便师生节假日往返永安城区。但因为学校三面临水,师生进城回校,唯有靠渡船过溪

办学"贪心有余"

在基建、后勤、教务、管理及其他各项筹备工作全面展开之时,严家显一刻也不忘广揽人才,为福建省立农学院建立一支高质量的优秀师资队伍,为此在全国广散英雄贴,礼聘名家教授来校执教,共襄盛举。他想到了美国康奈尔大学昆虫学硕士和哲学博士周明牂教授、康奈尔大学风景建筑及观赏园艺硕士程世抚教授、美国耶鲁大学林学硕士李先才教授、美国明尼苏达大学昆虫学硕士

李凤荪教授、明尼苏达大学研究生院农业经济系包望敏教授、明尼苏达大学硕士赵仁镕教授,想到了在国内已经颇有名望的植物病理学家林传光、裘维蕃、王清和、黄齐望、何家泌、周家炽,农学家孙醒东、畜牧学专家金德祥、茶叶专家蒋芸生,地质学家周昌芸等等。他脑海里的名单还有张彬忱、张效良,甚至还有金融专家刘子崧、武术教育家万籁声等等。

虽然处在大学校长、研究院院长可以自主聘任教授学者,教授学者也可以自由流动自行选择单位的时代,但一个正待运转、毫无名气的学院,要罗致天下成名人物,着实还是件难事。严家显心里也忐忑,谁知一夜之间,风生水起,靠他已然在"江湖"创下的名号和个人魅力,竟吸引了社会广泛的注意,得到热情的回应。不少学者专家冲着严家显的声望欣然应聘,有人还自华北、江浙一带沦陷区辗转南下。

福建省立农学院教员
编制表

筹备四个月内,尚在"闺中"的福建省立农学院,就聘得教师31人,其中教授7人,副教授3人,讲师9人,助教10人,体育与军训教官各一人,成绩喜人。这些知名教授的加盟,使得福建省立农学院创建伊始,就拥有一支实力较为雄厚的师资队伍,在教学工作中起了主导作用。他们的薪水,参考已然开学小半年的福建大学法学院标准下发。笔者查到一份福建省立农学院教职员薪额表，从中可知某月详情：严家显领取现支薪额为 480 元；教授中，程世抚 440 元，符致逮、周明牂 400 元，赵仁镕 360 元；副教授在 280～350 元之间浮动，讲师在 160～260 元之间，助教则在 100～200 元之间。

与此同时，招生工作也在紧锣密鼓进行中。报名期间，严家显每天都能收到各处的介绍信，恳请他在招生时高抬贵手。那些信都放在抽屉里，几乎没拆封，他不想开这样的后门，所有考生都得通过考试，一视同仁地凭成绩说话，这才是为国选才，也才能真正实现自己的教育报国之志。第一届学生尤其重要，宁缺毋滥。

他对招生的困难作了充分估计。据说，上半年三月间福建大学招生时，前来报名的高中毕业生有 700 余名。考场设在参议会礼堂，试卷由出题教授从上海用棉纸密封寄来，考试时当场拆封。很多考生闻悉如此严格，不敢应试，只有 300 余名入场考试。待试题拆开分发，进场的不少考生面面相觑，竟有半数交白卷，最终只录取 71 人，不够分配三个学院，因而只成立一个法学院，71 人统归法门。

他想万事开头难，农学院无论如何也要择优录取，既有标准不能降低，严格一点也可促使当年落榜的考生下次早做准备。

一天，严家显正在现场指挥实验室的装置，严家淦来了。这段时间，严家显一直待在黄历，严家淦特地前来看望。

忙得连轴转的严家显喜出望外："财神爷来了就好，农学院的各种缺额还真不少，得请你伸以援手。"

"该支持的，公洽主席说了，必须支持。不过，我和你嫂子眼下最关心的，还是你在哪安家？"

"心安处即是家。"严家显笑道。

"我可以不管你这个大男人，但总得考虑未来的弟媳吧。"

前段时间严家显暂居堂兄家，严家淦原本想在城里给他找个房子，但他执意不肯，要把家安在黄历，和农学院的师生同甘共苦。看到三十四岁的他还孑然一身，严家淦不无关心："仲扬你该有个家了，黄历黄历，翻过老黄历，你有了新事业，也要有新的人生和新的家庭啊！"严家显便把未婚妻之事和盘托出，并且肯定地说，待他在这边安顿好，她必会从重庆那边过来。所以，严家淦夫妇也就更关心这事了，待她来，总该有个像样的落脚之地。

见堂兄执拗要看自己的家,严家显交待旁人几句,就带着他,沿着身后开阔的村庄,走在一边山一边河的阡陌小径上,当脚步渐渐收拢并停在山脚下的一座祠堂门口时,他打了个手势,笑问:"能入静波哥法眼吗?"

严家显已向冯氏族人恳请过,把他们闲置的祠堂作自己的宿舍,但厅堂维持原貌,逢年过节他们尽可以一如既往地前来烧香祭祖。冯氏族人欣然而允。

严家淦进屋细看,一股霉味扑鼻而来。客厅阶下的坪上长满青苔,两侧各有两间厢房,十分矮小,经过修葺,祠堂就这样因陋就简变成了家。

严家淦不觉皱了皱眉:"新娘来了,你就让她住破祠堂啊?"

严家淦一直关注着堂弟的婚事,得知他已有心仪的女友,就催着早日完婚。这对堂兄弟的过往有着惊人的相似,在大学就读时,都当选为斐陶斐荣誉学会会员。即使婚姻,也相似得有点"同是天涯沦落人",两人都在高中时代奉父母之命成家,首次婚姻都异常不幸:严家淦18岁在苏州结婚,翌年夫人叶氏尚未生育便病故;严家显婚后倒有二子,却先后夭折,夫人席氏也因病早故。所以,有了幸福家庭、儿女成群的严家淦,希望堂弟也尽快有个温馨的家。

"金窝银窝不如自己的狗窝,我看这比狗窝要好很多。国难当头,有地方落脚就不错了。再说住祠堂有什么不好呢,倒能保佑我们诸事顺利!"

"话是这样说,可把你从那么远的地方请来,这样还真有点委屈你,要不要报告公洽主席……"

严家显摆摆手:"一点也不委屈,政府要是真有钱,你和陈主席要是真关心我,就给农学院多买些仪器设备!"

严家淦莞尔:"你啊你……"继而道,"今晚接你回城,你嫂子说是要给你改善生活,别让准弟妹来后,说我们亏待你。"

严家显道:"好,我正想拜访一下郑厅长,请他给我们写首校歌呢!"

严家显一到堂兄家,就被侄儿侄女们缠上了。孩子们莫不喜欢仲扬叔叔,谁都希望他在家中长住,最好就是家中一员。

男孩们哪个没听仲扬叔叔讲过知了、蜜蜂、蚱蜢、螳螂等奇形怪状的昆虫?各种有趣的知识,随时随地总能从仲扬叔叔嘴里源源而来。

他还会指着眼前昆虫之间的各种动作,以及尔虞我诈、你死我活的争斗,形象解说。说得生动、神奇、魔幻,引得孩子们哈哈大笑。

有时,严家淦夫妻也在一旁听得津津有味。

2017 年冬天,我们前往台湾采访严家淦之子严隽泰时,他还清晰地记得当年严家显给他们讲昆虫的一幕幕,并说:"小时,我妈就告诉我们仲扬叔叔是科学家、昆虫学家,一肚子的学问。我对仲扬叔叔印象最深的事,是他讲起昆虫来滔滔不绝,头头是道。他说蚊虫里头,会咬人的一般是母的,雄的不会咬人,母的蚊虫咬人是因为要产子,还说这是他亲自试验出来的。这事我一直记到现在。"

话说那晚,严家显在堂兄家给侄辈们讲罢昆虫的故事,便又上了吉山,去"笠剑轩"找郑贞文商谈校歌之事。

写歌不难,难在想要表达什么。

与上次见面,听郑贞文大谈"笠剑学风"不同,这次是严家显侃侃而谈。

中国是农业大国,上下五千年,农为邦本。早在先秦时期民间流传的《击壤歌》就云:"日出而作,日入而息。凿井而饮,耕田而食。"《诗经·大田》亦云:

> 大田多稼,既种既戒,既备乃事。
> 以我覃耜,俶载南亩。播厥百谷,既庭且硕,曾孙是若。
> 既方既皂,既坚既好,不稂不莠。
> 去其螟螣,及其蟊贼,无害我田稚。田祖有神,秉畀炎火。
> 有渰萋萋,兴雨祈祈。雨我公田,遂及我私。
> 彼有不获稚,此有不敛穧,彼有遗秉,此有滞穗,伊寡妇之利。
> 曾孙来止,以其妇子。馌彼南亩,田畯至喜。
> 来方禋祀,以其骍黑,与其黍稷。以享以祀,以介景福。

谷穗金黄一片,收成不错,周文王便亲自下田与百姓一起收割捆载,不亦乐乎中,大家有意遗漏一些,好让那些生活凄苦的鳏寡之人来田里拾捡,有粮食糊口。

严家显当初读罢,对周文王及百姓对待土地的热爱之情、拯溺济危的恻隐之心,感动不已。及从事农学和昆虫研究,有此悯农情结,自然也就有了"去其螟螣,及其蟊贼"的壮志。

严家显从先秦农业说起,娓娓谈到眼下的抗战农业,以及抗战胜利后的农业远景,郑贞文听懂了他的心声以及要传递给师生们的志向抱负。有了素材的他,内心已然澎湃着待发的歌词。

这次深谈,他们因同气相求,惺惺相惜,彼此更有了一个深入的了解。

在师资、设备及顶层设计先行之下,1940年8月,福建省立农学院开始招收新生。

严家显虽是昆虫学家,但他的眼光放到大农业,看到了森林、畜牧、土壤、农业经济等,办起学来就不局限在狭义的昆虫了。他认为"研究农业之科学统称之曰农学,其以技术改进为主题者为农业生产学,以发展农业经济为主题者为农业经济学,以改善农民社会关系为主题者为农村社会学。农业生产学可依其之性质分为土壤、肥料、农具、作物、园艺、森林、植物病虫害、畜牧、兽医等科目,各科目之中更可细分若干专门学问"。是故福建省立农学院成立之际,他定下七大专业学系:农艺系、园艺系、植物病虫害(病虫害)、森林系、畜牧兽医系(畜牧系)、农业经济系(农经系)、茶科。

经过严格考试,学院共计招收76名学子,统一发黑色校服。

严家显考虑周到,还聘任省民政厅秘书钱宗起(原本拟任福建大学兼职教授)担任国文讲席。

9月,严家显签送了福建省立农学院给省政府的呈文,称:"本院自奉令成立积极筹备以来,一切业已就绪,并定于10月7日开课。"

首届农经系学生程钟平后来情凝笔端:"1940年秋,当我跨过燕江桥,踏上往黄历村的小路,迎面就是一条笔直的石子路。路旁整齐地栽植着行道树,在微风里向着我们点头哈腰,夹道欢迎。左边那草地上长着高大的红枫,和图书馆前的那棵乌桕,飘红挂绿,显得喜气洋洋。一湾燕江水冲击着河床里的沙石,不断地发出美妙旋律,欢歌黄历的成长和壮大。呵!小石子路上的铺路石,犹如上海南京路上拥挤的人流,人头济济,是来欢迎由远方来到的黄历村的新公民!"

福建省立农学院轰轰烈烈地拉开了帷幕。严家显心里的石头终于缓缓落地,可以旁生一些安稳的感慨了。那个时代,不仅人的命运充满戏剧性与选择性,连一个小乡村的命运一并如此。如同山城永安一跃成为战时福建省会,黄历这样一个貌不惊人、纯朴天然的村庄,果真要成为一所大学的出生地,简直不可思议!

法学院师生倒是见证了福建省立农学院颇为热闹的开学。两所学院,原本同属福建大学,三分天下有其二,岂料创办在先的法学院要撤并,新建的农学院将单独存在,接收部分校产独居黄历并且长留。月初,省政府主席陈仪就法学院归并厦门大学有关事宜复函厦大校长萨本栋后,厦大即派员赴黄历接收,催促得紧,像是一山不容二虎要给农学院腾地,法学院师生的心里自有一股难以言说的滋味。

农学院开课第四天,法学院65名学生在院长吴芷芳带领下,分乘多部汽车离开黄历,前往闽西长汀。

这样,除了附近还有的县长训练班外,福建省立农学院就显得格外抢眼,也格外地成为大家关注的话题了。

明眼人都知道,它的规模、设备、师资阵容,都优于法学院。借"桃花源中人"林复的话来说:"那时的教室是新盖的,女生宿舍和教授的宿舍也是新盖的,学校将大食堂隔起来做成三四十人的学生宿舍。我们只要专心念书,不用参与盖宿舍的活动。几个人一间房,还供有电灯。电灯对于我们而言可谓稀有,而在战乱中还能有电灯给予我们光亮的读书环境,实属不易。"

好个"实属不易"!

当年,严家显回国后任教的首站——国立武汉大学农学院也是从无到有,慢慢发展起来的。其1933年开始筹备,历时三年才正式成立,起初仅设农艺系,主要教授实用农林知识及技能,为复兴农村培养实用人才,开展稻麦等农作物育种试验等各项研究工作。相比之下,福建省立农学院不过半年工夫便擘划得当,筹备成立,一开始就有七个学系,规模初具,这几乎是一个奇迹了。

待正式开学,福建省立农学院已总共建成院办公室、各学系办公室、研究室、教室、实验室、教职员工和学生宿舍、膳厅等十余栋建筑,占地二百余亩。虽然这些房子并不是什么华丽的高楼大厦,在民生艰难、物资稀缺的战时却足够让师生们有个美好的回忆了。

首届学生陈琇就曾写道:"只有几座小楼矗立在山坡下,以及几幢平房依倚在林荫小道旁,农舍和庙宇祠堂是我们的宿舍和教室;平静的池水,潺潺的燕溪,使她显得多么幽静和秀丽。那里风光明媚,环境恬静,是我们学习和生活的好地方。"

陈秋江所记更为详细:"我们男生宿舍是一栋历有年代的大宅院,正靠近渡边,岸上老树成荫,更添盎然古意,同学们晨昏漫步其间,微风习习,流水潺潺,大有助于思考;溯溪北上转弯处,积水成潭,尤为天然的游泳池,对岸岩壁阶次峭立,还可供跳水,成为消暑的活动中心;村西渡头附近和村东的山麓有小店各一,遥遥相对,都以供售陈年佳酿为号召,兼卖香酥花生和糕饼之类零食,则是课余休闲交谊的好场所⋯⋯写不尽的景物,即使是一草一木,如今回想依然清晰,令人眷恋。"

1987 年 10 月 16 日,福建农学院在美丽如画的校园内为省立农学院创始人严家显举行铜像奠基仪式。应邀到场的福建省立农学院第一届校友吴玉液,代表黄历时期一至七届全体同学讲话时,饱含深情地提到:"严院长创办本院伊始,就抓了两件大事,一是想方设法延聘知名的专家学者来院任教,二是千方百计充实图书、仪器和设备。""本院图书馆藏书充实,保证了正常教学活动的进行。""我们的生物理化实验室、各系实验室和研究室,以至农场、园艺场、畜牧场等设备都齐全。"

当时却没几个人知道,除了书籍,生物实验用的显微镜,化学分析必备的天平,统计分析用的计算机等各科教学所需要的仪器、设备,要么是辗转相求得来,要么是向港澳和国外择优选购,不断充实。让福建省立农学院师生们无比骄傲的四架最新式手摇计算机、三座大型温室等设备器材,多数是从已沦为"孤岛"的上海采购,冲破重重封锁,千辛万苦运来,其间要耗费多少人力物力,何其难能可贵!

难怪半个多世纪后,第一届学生龚钧智向我们回忆这段历程时,仍如此自豪:"你很难想到在那物资缺乏的条件下,福建省立农学院的实验室里还有分析天平、显微镜和手摇式计算机。因为学习遗传学需要精确严密的计算,所以学校购买了一台手摇式计算机,这给教学科研工作提供了许多方便。与同类院校相比,学校的师资在当年算是一流的,教学设备也十分先进,有一年光买仪器就花了 18 万余元。"

但仪器的购进需要时间不说,也难以购全。战时永安物资匮乏,刚开始时,就连绘图用的丁字尺,也得严家显亲自出具借条向省工务局借用,许多设施只能因陋就简,逐步改善。

从下面一封信函,可见那些年严家显的呕心沥血:

(胡)总经理吾兄勋鉴:

……显微镜运费计数单一纸均奉悉,兹将首项运费一百八十元另由省行汇上至察收,制据掷还至该显微镜四架并乞皆存贵公司内。俟弟不日过延之便亲自领取可也。专此奉复,顺致勋绥。

弟　严家显

在知识与教育面前,严家显表现得"贪心有余",内心唤起的热情似乎永远释放不完,充满了对未来的梦想和宏大的计划。多一点想法,将来也许能够多开一点花,多结一些果。

补上开学典礼

学校是如期开学了,但因种种原因,连个仪式都没来得及办。严家显觉得一个新创办的学校,师生也都是第一届,少了一个开学仪式到底是失了味道,就像拿了个新锅炒了几盘菜,却忘记了调鲜调味,一点样子也没有。他想补办。

有人不无担心:永安虽是内地山城,但既已成临时省会,又岂能逃过日军的侦察。万一哪天日军卑劣地空袭,哪怕只是恐吓在天空中只响起马达声,怕也要把到场的嘉宾吓个抱头四窜,各奔东西吧。

严家显却没那么多瞻前顾后,反正他认为补办开学仪式势在必行。他这么做不是形式主义,更不是迎合,而是不愿意让堂堂一个省立农学院的开办如蜻蜓点水般走过场,让四海之内冒着风险而来的师生们黯然失望。要办就办一个像模像样的,能摆得上台面的开学典礼。战争虽是无情,生活却有其美好,一定要"多此一举",得让全院师生一同有兴致、有热情,对学校充满信心,产生一种生之烂漫、学之烂漫的激情。

严家显考虑周详后,面见省主席陈仪,直陈己见。

陈仪快人快语:"这个应该补!你们开学时我因紧急公务脱不开身,定个时间,我一定出席,刚好也要到学校看看。"

一心要为福建培养一批人才的陈仪,对办学是有气魄的,对开学典礼本也讲究。年初他下令筹办包括法学院、医学院、农学院在内的省立福建大学,仓促之中虽因学员不够分配,只办起一个法学院,却仍坚持要称福建大学,并坚持于4月1日举行开学典礼。典礼当天,接教育部通知,福建大学不准成立。他不为所动,下令照常进行,并亲率教育、民政、财政、建设各厅厅长及永安县长前来祝贺,要求第二天正式上课,学生的膳宿费、学杂费、制服等,一应由学校供给,还给予助学金,惹得厦门大学法学院不少学生也前来要求转入福建大学。陈仪对教育的执着和热心,让严家显和各界人士肃然起敬。

1940年11月16日,黄历再度热闹起来,福建省立农学院在新修建的礼堂,补办了一个盛大的开学典礼。

学生们打着绑腿,穿着黄色的校服,系着牛皮腰带,戴着军帽,胸口还别上一枚刻有"福建省立农学院"字样和"农"字图案、三角形绿底白字的校徽,由教官带领,踏着整齐的步伐,走入会场。

这天的来宾阵容不小,计有"省府陈秘书长,教育厅郑厅长,郑主任秘书,建设厅包厅长,财政厅严厅长,省府韩委员、项秘书,农业改进处宋处长、卫生处陆处长、军科长,会计处萧处长,地政局张局长、姚科长,建经会专门委员孙越、杨振先,县党部林书记长,医学院侯院长,音专学校蔡校长,高农张校长,师资养成所沈所长及其他各机关官员等数十人"。遥想现场,也算是永安战时盛况、难得一景了。

庄重而热烈的典礼,在校歌声中拉开序幕:

> 农为邦本,训自前贤,
> 中华立国五千年。
> 授民时,尽地利,
> 深耕易耨,古相沿。
> 功宏耕战,政以为先。
> 吾闽屹立东海缘。
> 果蔬遍野,禾黍连阡。
> 勖哉我同学,科学宜精研。
> 拓经界,均地权,报国效殖边。
> 农工并进,服膺拳拳。

校歌铿锵有力,反映了以农为本、希望国富民强的思想,以及对学子们发愤图强、学以报国的殷切期望,激荡人心,发人深省,鲜明的节奏让人过耳难忘。这是严家显恳请教育厅长郑贞文出手,几经琢磨而作成的词。歌词成后,又请来国立福建音乐专科学校老师萧而化谱曲。这位从日本国立上野东京音乐学校作曲科学成归国的年轻音乐家,为省会永安、为小小的黄历及时谱出了一曲悠扬动人、催人奋进的校园乐曲。

面对热情似火的师生,面对冒着敌机轰炸等不测之虞而来的政府、教育界各路人物,东道主严家显做了个专门演讲,讲述学院准备经过,明确办学方针:"大学农学院以研究、教学、推广为三大任务,必须兼顾并重,联系进行,其目的为造就具备实际工作能力与切合社会需要之人才。"

陈仪则在训词中,对创办农学院旨趣及学术救国、心身修养、生活锻炼各点,指示甚详。教育厅长郑贞文等相继演说,语多勖勉。

典礼结束后,严家显率教授们热情地陪同来宾参观学院,一一走过实验室、标本室、教室、图书馆、办公室、学生宿舍、图书室。每处的设备都相对充实,布置亦甚整洁。

眼见这个规模初具、庭园式布局的崭新学府,在战乱年代平地而起,掩映于树木与田野的翠绿之间,功能齐全,道路四通,不独陈仪,大家都不禁对创院院长严家显刮目相看,赞不绝口。

陈仪看到严家显果真把自己所提"工作是道德,忙碌是幸福,空闲是堕落,懒惰是罪恶"当作农学院校训张贴,更是欣喜,脸上浮笑:"创办伊始,农学院已具如此设备及规模,让人耳目一新,不简单,真不简单,严院长功莫大焉!"

教育厅长郑贞文也说:"公洽主席知人善任,老朽相信严院长凭着丰富的阅历和学识,将在这所新兴校园里,画出更加精彩之作!"

农业教育史上的一次壮举

晚清至民国时期,社会动荡不安,西方文明伴着列强的坚船利炮蜂拥而来。那边科举业已取缔,这边新学勃兴,新旧文化激烈碰撞,环境相对宽松,学者们绞尽脑汁要为国家奉献出一己之力,涌现一大批大师级人物,如王国维、蔡元培、鲁迅、陈寅恪等,他们怀着慷慨激昂的爱国情怀,著书立说,自由地表达所思所想,为中国学术界带去了一个又一个繁荣而富有生机的高峰。严家显所处的便是这样一种自由的学术氛围。

俗语道"新官上任三把火",严家显自担任福建省立农学院院长后,先在学术研究领域,放了三把火。

蔗糖业调查是第一把"火"。1940年8月,福建省立农学院还没有正式开课之前,严家显鉴于福建省的甘蔗品种优良,因"惟过去墨守成法致少发展",甚为可惜,特计划进行初步调查,作为今后改良之依据。

一心追求教育报国、农业报国的严家显,却难免为政治所牵绊。作为这个项目的牵头人,也是一院之长,严家显需要考虑的大事小事太多,无法全面抽身。他没有办法带上项目队伍亲自考察,也不太可能随行,暂时退居幕后是唯一办法。

福建省立农学院在黄历的办公场所。穿过写着"丹桂有根书内种,黄金无本俭中生"对联的大门,向左往里走,可以看见曾经的"院长办公室"。当年,严家显就是在这样简陋的环境里工作了四个春秋,批阅了无数文件(钟兆云　摄)

这所学校宛如刚出世不久的婴儿,极需照看与呵护,他最好是留在学院里扮演好"母亲"的角色。值得一提的是,这位足够聪明的校长,把丝丝烦扰,最终都化为了教育动力。因此,蔗糖业调查项目,严家显请骆君骕教授带队深入考察。

骆君骕教授本身也是再合适不过的领队,他早年于金陵大学农学院毕业后,曾在广西办农场种植甘蔗,对甘蔗有足够的热爱与了解,后又赴美专攻植物学,获博士学位回国后即来福建省立农学院任教,讲授植物生理、病理等课程,是个在甘蔗研究方面有一定成就的学者。后来他的人生轨迹,更加证明了严家显当年的选择是多么准确与明智。1945年抗战胜利后,骆君骕离开大陆,前往光复后的台湾工作,接收台湾糖业公司,任公司下辖屏东甘蔗研究所所长,从事甘蔗科研工作多年,撰写了大量关于甘蔗的论文与研究报告,成绩显著,对台湾甘蔗育种起到积极的作用。

带队做科研,在福建走一圈,需要大笔经费。当时,农学院建院已花费不少,所幸经严家显一番折冲,这个项目由"本省农业改进处予以援助",得以顺利进行。

考察队从南靖、漳浦、海澄、龙溪、长泰、同安、南安、泉州、惠安,一直走到莆田,足足花了两个月时间进行实地考察。随着步伐不断前移,山愈来愈近,山风从青翠欲滴的叶片缝隙间穿梭吹过,拂过考察团员的脸颊并打上印记。在骆君骕率领下,考察队探访了福建省甘蔗种植区所存有的甘蔗品种、栽培方法、病虫害状况、土法制糖及栽培成本等,一路采集了大批样本。调查完毕,骆君骕及时写成了一份报告《福建之蔗糖业》。

骆君骕教授起了一个良好的开头。一心想促进福建农业发展的严家显"鉴于本省植物病虫害之猖獗,直接影响省计民生者至巨",进而又点燃了第二把"火",点将新上任的裴维蕃讲师,对福建省做一个初步植物病虫害调查,再者研究全省果品简捷经济之贮藏运销法,以便销往较远地带。

裴维蕃——这位后来的中国科学院院士,当年在金陵大学是严家显的小师弟,在植物病理学系成绩优异,毕业后留校,年纪轻轻即担任中央农业实验所蘑菇栽培的研究任务,擅长实地调查。抗日战争爆发之际,他只身一人到安徽调查,回校路上,南京告急,金陵大学要他直接到武昌与学校会合,及待辗转到达武昌,金大已西迁至成都,只好又一个人在硝烟中匆匆赶路,直至年底才安全抵达。把这样的调查任务交给他,严家显是放心的。

裴维蕃和同事们不负所托,步行到莆田、晋江、漳州等地进行植物病虫害调查,后来也出了《福建经济植物病害志》等三篇报告。

匆匆便到了12月,严家显趁热打铁又点燃第三把"火"。这把"火"非常大,几乎燎遍了整个福建。严家显组织了一个"福建省农业考察团",意欲走遍八闽山水,对全闽农业情况进行一次详细的摸底,并采集教学材料。

他之所以有这样宏大、缜密的计划,很大程度是因他入闽创办农学院前,已制定人生规划。他下定决心要在教育上做出一番事业,而不仅是简简单单地教几个学生、领薪俸了事。

从广西进入福建的漫漫长途中,他对福建的地形地貌和植被分布有了一个直观的了解。福建依山傍海,江河纵横,向有"八山一水一分田"之称。这块美丽的土地,不缺满目葱茏的山,山地主体由并列的两大山带构成。一列是闽西大山带,由武夷山和仙霞岭、杉岭等山脉组成,蜿蜒于闽、浙、赣边境,是闽赣两省的天然分界;另一列是闽中大山带,斜贯本省中部,由鹫峰山、戴云山和博平岭等山脉组成,主峰是德化戴云山。两大山带均呈东北—西南走向,与海岸线大致平行,长度均约五百公里,控制着全省的整个地势,自东向西两伏两起,西北高东南低。山脉多,意味着植被多。优越的自然环境养育了多少勤劳智慧、淳厚朴实的福建人。他们对自然充满了敬仰与尊重之心,守住也守好了绿水青山。"八山一水一分田"加上亚热带地理位置,对福建的气候、水系、水文、土壤、植被等各种自然因素的形成和分布,对农业生产都产生了广泛而深刻的影响。

这里的畜禽、鱼虾、贝藻种类繁多，亦是粮食高产区，甘蔗、龙眼、荔枝、橡胶、剑麻、胡椒、松香、香菇、笋干应有尽有。也正是由于福建地处沿海，属于海洋性季风气候，受季风影响较为显著，气温波动、雨季始止、降水量多少等都不甚稳定，因此旱涝灾害频仍，农林牧渔多种病虫害也较为频繁发生，尤其是水稻"三寒"和农作物病虫危害较为严重而普遍。每年不同程度的台风，以及局部地区的冰雹等不可避免的自然灾害，毫无商量地对福建的农作物"删繁就简"。虽有泥土的芳香、清水的灌溉，比许多北方之地滋润丰盛，但福建农业的日子，过得也不轻松。有些农家劳碌半世，依旧挡不住风雨交加中四处潜伏的危险。

可是，福建省的农业情况迄今尚无详细、完整的相关资料，许多当地本专业的专家，对此也是一知半解，说不出个所以然来。

严家显一经了解，不禁动了心思，有了相应的"企图"，希望通过组织专家队伍进行考察，从而对福建全省的农业情况做个完整而明晰的了解，来发掘和延续这个省份历史积淀已久的农业潜力。再有，他自身对农业的热爱与迷恋，在农学院院长位置上有增无减，能为福建的农业奉献一己之力，他乐此不疲。

作为农学方面的博士，严家显对农业科学的考察有着丰富的经验。陈仪素极重视本省农业建设，对严家显的用意与想法深表赞许。考察团每到一处，他要求当地政府机关予以种种便利。

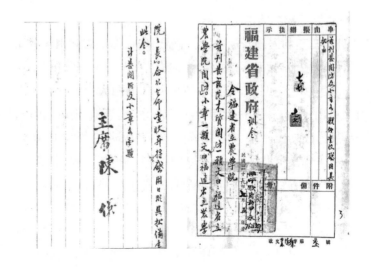

民国福建省政府关于为福建省立农学院"刊发关防（印章）及小章各一颗"的训令

遗憾的是，严家显此次依旧没办法随行考察，最后福建省农业考察团由教授包望敏、程世抚、李凤荪，副教授余廷献，讲师裘维蕃、胡笃敬，及干事林奎光等12名教师组成，包望敏教授为团长。

包望敏是福建屏南人，自幼聪颖好学，毕业于金陵大学农艺系，曾先后执教于集美农林专科学校、杭州高级农校。1935年获教会支持，走出国门，赴美国明尼苏达大学留学，再次成为严家显的师弟，两年后获得农学硕士学位，担任爱荷华大学研究院的研究员。包望敏极善接受新事物，并能够坚持初心不改。当大家满足于以绘画记录农作物时，他省吃俭用地买了一部当时最小最轻便的相机用以记录，以便更加真实地获取信息，并把拍好的成箱的资料带回国内。包望敏受严家显之邀，来福建省立农学院任教时，也带着那部相机和一箱资料，让严家显大喜过望。

至于李凤荪，有心的读者可能已从前文留意到了，他是严家显留学明尼苏达大学时的师弟，是中国卫生害虫最早的研究者之一，在蚊蝇防治研究上有所成就。他自幼对农业便怀有深情，曾为此奋笔疾书："吾华以农立国，垂五千年，国人生活所需，罔不唯农是赖……然胼胝之劳苦，常不敌蟊贼之损害，如史称飞蝗蔽、螟务禾稼者，无世无之，是不可抗御之天灾乎？"他学成回国后一度担任浙江大学农学院教授兼理学院寄生虫学教授，受严家显之聘到福建省立农学院这年，他的50万字巨著《中国经济昆虫学》刚行问世，备受国内外昆虫学者赞誉。此书记述了中国1 300余种主要害虫的形态特征、地理分布、生活史及防治措施，是中国第一部全面系统且实用价值很大的昆虫学专著，他意图不断扩充、完善，使之成为一部能反映中国昆虫全貌的大著。他参加这次考察团，就是为了发现更多的害虫，为民除害。

12月3日，福建农业考察团由永安出发，兵分两路，范围包括全省四十七个县和一个特种区，对福建省农艺、园艺、森林、畜牧、植物病虫害及农业经济等，来一次全面彻底的调查。

这场考察原计划为期三个月，只因"闽省腹地，山脉绵亘，道里崎岖，鸟道盘纡，羊肠迫隘，陆行百里，动须旬日"（语出民国初年《道路月刊》），乃延长考察时间，前后历时半年有余。

那段日子里，严家显一直挂心考察团。有过诸多野外考察经历的他，可以想像各位考察团成员的辛勤与专注。他们弓着腰，痴痴低首，小心翼翼地拨开低矮的灌丛和荆棘，一一辨别。他们乌白相交的发丝与绿叶的融合，远远地观，像是因雪白头的青峰变幻式地移动,让人思绪万千。

他真想随行同往,头顶白云,走过一条条路,登上一座座山,转过一道道弯,历经全省,那样的生活,天地不过近在咫尺,怕是要让人忘却何为人间烟火,何为尘思俗念。但一院之长,岂能长期脱岗?

在严院长的羡慕和期望中,考察团成员个个珍惜机会,奋勉向前。因为他们的内心深处始终有一份卓然的使命感,不达目的绝不会放弃。幸运的是,沿途除了各地政府施以援手之外,地方人士也是有心协助,这才使工作顺利进行。

考察团共计采集各类标本两千多种四千多件。他们捧着那些采撷而来的珍贵植物,觉得在世上没有比这更厚实而珍贵的东西了。

而接手并安置它们的严家显,也是它们的知音,无比珍惜地捧看这一丛那一株珍贵的植物,说:"它们在苍茫的天地间可能寂寞地绿了数十年,周而复始地上演枯荣代谢的独幕剧,直到被我们发现。它们生命的奥秘很快就能迎刃而解了。"

作为这次考察的发起者和幕后指导者,严家显无比重视活动及其成果。考察团回院稍事休整,他亲自主持全院教职员茶话会,请团长包望敏及相关成员就此次考察如何历经重重险阻、如何渡过难关、有何收获,逐项道来。

福建依山傍水,少平原,海岸线极长。湿润的气候使这里的山影格外朦胧,植被格外丰富茂盛

茶话会后,严家显还在为省立农学院所写《本院史略》中,对此作以下描述:"十二月组织福建省农业考察团,分头出发,省之县区及重要市镇墟集等处,无

不有其足迹,历程三千余里,经时半载有强,实地考察,搜集农作物,不下四千余种,学科教材,良有赖焉。"

考察团成员在深度考察福建省农业情况后,认真撰写了一份详细的专题考察报告,摘登于《新农季刊》,在丰富教学内容之余,也用以指导农业生产。

鉴于当时的环境险恶,考察团能历经种种艰险完成重任,许多人都称说,这算是福建省立农学院历史乃至全省、全国农业教育史上的一次壮举。

严家显来黄历履职后,终日公务繁忙。教育与政治合二为一,这个差不好当,在政治上需要小心翼翼,不可走错一步;在教育上,作为学院的领头人,又需要顾全大局,尽心尽力在艰难的环境里营造活泼乐学的校园氛围,让师生安心工作学习。

第一个冬天到来时,他就接到了"全国征募寒衣运动委员会福建省分会"的公函,要求为前线将士及难胞征募寒衣或代金。哪怕这是摊派,也必须不折不扣地完成。他马上组织学校响应"寒衣运动"号召,并亲自撰写《关于民族存亡之一大事》,张贴于校园,那也是他的抗战救国宣言书:

> ……秋风又起,抬眼中原,我数百万将士正在浴血抗战,数千万同胞正在流离颠沛,杀身成仁,忍死望复,天地同愁,鬼神齐泣,况乎同胞志切同仇者乎! 有力出力,有钱出钱,天责之尽,义不容辞!

在他的带领下,福建省立农学院的任务完成神速,全国征募寒衣运动委员会福建省分会主任委员陈仪、副主任委员陈肇英,为此联名发来公函:

> 兹收到贵院解缴二十九年度征募寒衣代金共国币叁百元整,如额募足,具见办理努力,殊深钦佩! 本会谨代前方将士及难胞,表示谢意。除登报公布,并入账汇缴外,相应检发收据一纸,复请查收为荷!

受着行政事务的羁绊,严家显一时无从远足考察,并不等于"游手好闲"。他对农业科学的考察有自己的一套方式。当同事们相继走向广阔的山林田野开展科考时,他则就近到田地里"取经"。

黄历村虽小,但绿油油的肥沃田地不少,无边无际的绿色可以铺展到视觉的尽头。而且昆虫种类繁杂,这对严家显来说就显得意义非凡。他常在田里搜捕采集,一天可以来回数趟。有时,天微微亮,他已在田间工作;有时,半痕弯月斜挂在天边,他还在远处地头和学生或农人交谈。

很多时候,他会穿着从美国带回的皮鞋,蹬蹬蹬地在黄土路上跋涉,从来不感到疲倦,也不可惜质量上好的皮鞋受损。他在意的是今天又收获了哪些知识,研究领域有了哪些拾遗补漏和进展,认为这才是世上的无价之宝!

一段时期的酝酿,严家显脑海里已有省立农学院的特色治学方针。

为了给福建培养大批初级农业技术人才,经严家显筹划,1940 年 12 月,福建省立农学院在永安上茅坪,附设高级农业职业中学,向农家子弟打开了大门。

三位一体: 研究、教学、推广

半年中连着烧起的三把"火",源于严家显研究、教学、推广并重的治校方略,而它的实际效果和社会影响,又进一步加强了他的固有认识。

严家显就读金陵大学时,陈裕光校长即有"研究高深学术,养成专门人才,适应社会需要"的教学方针,让他受益无穷。而后,在燕京大学又受到先进科学的进一步熏陶。到美国攻读博士,明尼苏达大学一向也主张:大学要积极主动地为地方经济服务;大学的任务,是将学生培养成为有知识专长的公民;大学要发展知识,并成为向社会传播知识的场所。中外先进的高等教育特别是农业教育理念,给了严家显有益启发。

回国后,严家显在广西大学农学院和广西农事试验场两头做事,既从事本职教学,又在农事试验场进行研究,进而在督导中将科研成果向生产者传播和推广,反过来,在推广工作中,触类旁通,挑选研究课题,进行科研活动。如此三管齐下,既提升了教学质量,也提高了科研水平。

福建省立农学院刚成立,并没有专职的研究人员,其他的条件还有待于完善,严家显遂结合各种先进的教育观念,凝练出了"研究农业高深学术、造就专门人才"的办学宗旨,也明确提出了学院的治学方针:"大学农学院以研究、教学、推广为三大任务,必须兼顾并重,联系进行,不可偏废,其目的为造就具备实际工作能力与切合社会需要之人才。"其中,"教学"为学生的学习服务,"研究"为学科的发展服务,"推广"为社会的进步服务。他把美国农业院校彼时普遍施行的"教学、科研、推广"三位一体之"科研"改为"研究",一字之差,自有乾坤。"拿来主义"是可以拿来,但要从实际出发,要"尤须顾及本省及本国之环境,俾可矫除隔靴搔痒之弊,而得适合目前我国之环境及需要"。

相比美国,中国在农业生产、农业技术或者农业教育方面落后了一大截,要求不是专职研究人员的高校老师达到"科学研究"的水平,如同赶鸭子上架,显然不太妥。1936年4月,竺可桢受命担任浙江大学校长后,曾说:"办一地教育,必须知其过去之历史,并明其当前之环境。"一位优秀的教育家不可能不切实际、随心所欲地办大学,而是明白要以科学严谨的态度去实事求是。

因此,严家显在借鉴中没有对美国农业教育的"三位一体"照本宣科,而是立足于国罹劫厄、人遭苦难,以及福建省立农学院的具体实际,结合中外教育新潮流中的各种教育观念,推出"研究、教学、推广为三大任务"的办学理念。

理清福建省立农学院"三位一体"办学理念的渊源,丝毫无损严家显的功劳与光辉,倒是更进一步体现出这位海归校长对现代教育的尊重与发展。如杨孔炽所指那样,他的办学新理念里,"融中外教育思源精华为一炉,形成了鲜明的现代性和先进性特征","规定了一系列的原则和制度,推动了高等农林科学教育与现实社会的密切结合",符合现代高等教育的基本理论以及民国高校的现实情况,可谓是引领了风气之先。严家显的农业教育思想,自有其历史价值与意义,留给后人一定的思考与借鉴空间,是一份难得的精神遗产。

严家显强调处理三者之间关系要"兼顾并重,联系进行",做到"务期研究结果可供教学及推广之材料,推广之设施作为研究及教学之应用""合学、用于一途"等,最终"造就具备实际工作能力与切合社会需要之人才"。

具体到福建省立农学院,严家显要求:"本院除努力充实学科提高程度外,对于本省乡土材料、农业特有问题多作组案研究,使在学时熟悉本省农业之所地,出校后能以合理解决本省农业病症……更须注重深入农村,服务田间,广布新智,指导改良,以增进农业生产,提高农民思想,应养成刻苦耐劳之精神,与乎强健体魄,坚决意志,来改革农业,建设农村。"

研究是一门重头戏,首先需要有一定的研究项目。在严家显的主持下,福建省立农学院制定的1940至1941学年校务行政计划中就有"拟定各项试验及研究计划""本院与国内其他农业机关实行研究合作计划""遴派员生从事粮食增产督导计划"等项目。因为省立农学院是一所崭新的学校,当时还没有专职研究人员,那么研究的任务很大程度要落到教师身上。严家显以身作则,在繁忙的公务之余,积极从事科学研究。在这期间,他撰写了《农业与科学》《略谈植物病理与经济昆虫》《蔗螟生活史及其危害损失》等重要论著。另订立规定,学校讲师以上教师,都应竭尽所能参与科学研究,每个人每年都应有三篇以上的论文、调查报告或专著,在省内外发表或出版。

鉴于农学院创建于抗战的关键时期,严家显特别强调,研究"尤须顾及本省之环境,俾可矫除隔靴搔痒之弊,而得适合目前我国环境及需要"。由是,那些年,农学院教师的论文、调查报告等,结合战时经济、旨在提高农业生产,尤其是围绕粮食增产者为多。

严家显专门和几位在粮食生产方面有发言权的农学教授有过交流,分析福建的粮食生产现状。福建气候温和,雨量充足,全年无霜期长,许多地方本有利于粮食生产,却由于种种原因,长期以来粮食产量过低,平均亩产不过三百来斤,几乎年年缺粮。这些年,随着粮食加工业发展,如酿酒、糕饼、酱油等业兴起,粮食消费量猛增,供需矛盾更趋尖锐。这是一方面,另一方面,粮食增产并非不可能。比如改进耕作技术。福建地处偏僻,长期以来,耕作技术停滞不前,为此,福建省立农学院编印了有关新耕作技术方面的资料,呈地方当局,并向农民反复宣传,还在创校当年就附设高级农业职业中学,以培养各类农业技术人才、加强对农业的技术指导为己任。再比如,大力推广新的耕作方法。介绍人造肥、草木灰、绿肥(油菜肥田)的肥效和施肥方法,推广肥田粉;普及农药的用法;传授防治农作物的病虫害常识;通过示范和参观,提高农民的耕作水平。此外,还不定期开办农业人员养成所、讲习所等,作为传授果树嫁接,水稻杂交、连作间作、适当密植、改良土壤、选种育苗、防治病虫害等农业知识的阵地。学员接受新技术后,回乡传授,带动改变旧习惯,尽可能将单作改为连作,二收变为三收。

因为处于特殊年代,农学院的教材有限,许多课程是由老师自由发挥,教师博学、多才显得尤为关键。所幸,严家显请来的一大批老师,学历醒目、德才兼备,而他们许多现成的研究成果,充当了教材的作用,促使研究成果在教学中进行推广。另一方面,也可在推广中进行教学,严家显所提倡的正是让师生共同参与到项目中来。

"中国为农业国家,大多数人民皆为农民,故中国之经济基础在于农业"。抗日战争伊始,国民政府为了把后方农业纳入战时轨道,增加生产,支援抗战,相继颁布了一系列的战时法令和条例,以便有效地集中力量开发农业,谋其生产力之发展,维持长期抗战。为了适应战时农业改良需要,国民政府对农事机构进行了多次调整。1937年,在军事委员会下设立了农产调整委员会。1938

年,改实业部为经济部,改农产调整委员会为农产调整处并隶属于经济部农本局,且在经济部中设置了主管农、林、蚕、垦、渔、牧等业的农林司。1940年成立农林部,直属行政院,管理全国农林事业。

同时,为充实粮食生产起见,1941年2月,国民政府组织粮食增产委员会,发动中央及各省农业机关,开展粮食大增产工作。农林部农产促进委员会先后协助川、桂、黔、甘、闽、鄂、湘、豫、浙、陕等十省成立省农业推广机构。进而建立农业推广督导制度,实行分省督导,所有主持及督导、视导人员,或由该会派驻各省负责人员兼任,或遴选推荐干员充任。

1941年暑期开始时,严家显奉令兼任福建省粮食增产督导。敏锐的他立刻察觉到这是一次不可多得的学习机会,遂组织农学院数十名师生参与了福建粮食增产督导工作,分赴闽北九个县进行督导。督导组每次出发前,都会先进行有关粮食增产技术措施的培训,以保证督导工作的有效开展。

其中,薛承健、程钟平、蒋明南、张立华为一组,工作地点为松溪、政和等县。

他们对松溪县粮食生产情况调查研究后认为,"低产原因是多方面的,如不合理的租佃制度影响农民的生产积极性,缺少农业生产资料的生产和供应部门为农民提供优良的稻种、化肥与农药等。这些情况暂时都无法改变。当地多为山地梯田,土地贫瘠,挑送人粪尿等无法上山。农民多集干草、堆土燃烧,使成肥土,筛细后即作为肥料。有的年年放火烧山,草木灰肥田,时有造成大片山林大火,严重破坏水土保持。为此,经请县府发出禁令,严禁放火烧山;举办学习班,推广堆肥制作方法,要求各区乡派人来县城学习后,回去推广,学习班具体业务工作,由我们承担"。

其他各路督导组驾轻就熟,工作进行得十分顺利,圆满完成了历史特别赋予福建省立农学院的这项使命,为支援前方抗战、促进后方粮食增产做出了贡献。

翌年,严家显撰写督导。该报告大部分完好地存于福建省档案馆,摘之一则如下:

推广南特号早籼

本项工作仍继续,前月份由省农业处派员前往长乐、闽侯、福清负责推广及分配。连江、闽清、永泰、莆田、罗源、仙游、惠安、南安、同安等县,计长乐约推广九百余市担;闽侯、连江、福清等三县共约推广三十余市担;古田、闽清、永泰、莆田、罗源等五县共约推广十余市担；仙游、惠安、晋江、南安、同安等五县共约推广五市担。除长乐县推广以每市担价二十五，无纯粹售种外，其余各县均无价发给特约农家进行繁殖示范，或发给各该县农林院圃进行繁殖以为来年扩大推广之资。此项工作业以本月底办理过后，推广情形正在催报中。

科学研究的顺利进行，不仅要有能力与毅力兼备的研究者，还要有经费。

在严家显的积极争取下，福建省立农学院每年都由本来就比较紧张的学校总经费中统筹安排一定的研究经费。如 1943 年，学校总经费 120 万元，安排调查研究费 9 540 元；是年底，主管部门还专门给学院教授拨发特别费 5 000 元，以示对教学与研究工作的鼓励。

这里颇值一提的是"特约农家示范通讯网"的创建，其具体工作为：设置示范农田，以先进技术和优良品种引导农户，促进其应用推广；其次是利用通讯办法获得各地农业情报，征集农业实际问题，以供编写教材；再次是编印刊物以供农家阅读参考，为他们释疑解难，促进农业革新，提高农业技术与农村文化；第四，选择优秀农民协助学校调查研究及推广工作；第五，施行实验示范通讯网制度，以供省内外农业机关参考。

"示范通讯网"的实施办法是农学院与农家直接合作，由学校定期征集报告，并接受咨询。学校每月发行《新农通讯》，分赠各特约农家，还随时派员访问、指导，并分区召开讲习会、座谈会，向择定农户设置的示范田供给示范材料和实施技术指导。示范田成绩优良者，学校给予物质或名誉奖励，倘若受到损失，学校则酌情给予补偿。

这项措施的基本做法，历经半个多世纪后，直到今天，仍然在福建多数县乡沿用以指导农业生产，只是组织形式、技术手段变得更为科学和便捷而已。

创校以来，在经费紧张的情况下，为了潜心学术，解决实际问题，启迪广大学子，"进以发展我国农学"，严家显将一部分精力集于学术文化领域，在办学半年后即主持创办了《经济评论》（半月刊）、《新农季刊》、《福建省立农学院院刊》。以三份期刊为平台，学院的学术文化氛围日趋浓厚。

作为福建省立农学院的学术刊物，《新农季刊》特地成立了以严家显为首，含包望敏、程世抚、张彬忱、骆君骕、金德祥、余廷默、裴维蕃、章安荣、李凤苏等九位教授和副教授组成的编委会，于 1941 年 1 月正式发行。严家显特地为之撰写发刊词,详述了创办福建农学院之目的,逐一分析学院当前之任务,研究应该注意的问题,最后阐明创办期刊的愿望。

近世科学昌明,农学进步,工商原料资以供应,现代文明赖以建立,国之富强肇端乎此。吾国夙为农业国家,而过去墨守望成法,故步自封,地不尽利,物未尽用,驯至衣食所需,犹难自给,遑论发展。是以欲谋吾国农业之振兴,从而改善整个国民经济,舍努力农业科学化之一途更无捷径。

本院创设伊始,凛于责任之重,敢不黾勉从事相与砥砺?以潜心学术为兴趣,以解决实际问题为抱负,以启迪学子作育人才为职志,进以发展我国农学为宗旨。惟院属草创,事自卑迩,因陋就简,在所不免,工作范围,亦甚窄仄,是以入手之初,自不宜多方进行,致贻好高骛远之识,而作不切实际之病。故兹之方针,着重研究教学双方之进展。研究则除管理而外注重本省农业之重要问题,根据事实,从事观察俾作切实解决之准备。教学则努力充实学科,提高程度之外,随时当与研究相辅而行,尤须顾及本省及本国之环境,俾可矫除隔靴搔痒之弊,而得适合目前我国之环境及需要。

同仁等爰抱斯旨,不揣谫陋,或埋首于实验,或奔波以调查,如有所得,愿供同好,以求匡正。区区本刊之辑,仅发其轫,不计其功,但呱呱坠地之本院,如能从抛砖而得贤达之金玉,从学步而得进步,则幸甚矣!

从这些文字中,我们看到他对教育尽心竭力,对时代有一种深沉的忧患意识,对学问怀有情意与诚意。

《新农季刊》顾名思义,是一份季刊,因时局不定,第一卷按季发行,第二卷起多为两期合刊,实为半年刊。汇编有研究中国农业发展史、中国现代农业等相关成果,为广大师生提供了全面的、系统的、不可多得的第一手资料,弥补了整体学院教学没有课本之憾。第一期首篇刊载的是严家显与包望敏合作的研究文章《农业与科学》。

随着越来越多人的喜爱与推荐,《新农季刊》的名气越来越响,一跃成为福建省立农学院的一张文化名片,每一发行便及时赠送本行业国内著名学者、机构,成为国内农学界重要的交换刊物。

一次,时任福建示范茶厂厂长、后来有"茶界泰斗"之称的张天福,因为没有及时收到最新一期《新农季刊》,曾给严家显致函提及。

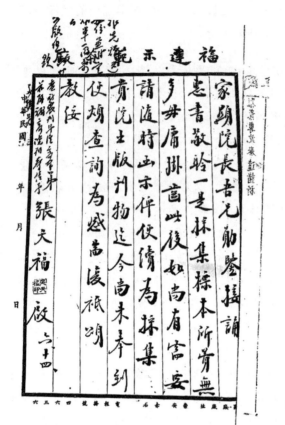

张天福"讨要"《新农季刊》的亲笔信

从张天福信中，也可看出严家显为农学院教学标本采集事所花心思。

农学院办校伊始，家畜解剖学没有标本，负责的金德祥教授便要求学生自己做。正因为标本奇缺，严家显组织农业考察团分赴各地考察时，特别交代要想方设法采集标本。考察团不辱使命，带回了两千多件动植物标本，算是解了燃眉之急。

福建省立农学院短时间内充实的标本，以及纸张洁白、印刷清晰的《新农季刊》，得到前来黄历访问的英国学者赞许。这位英国学者翻看刊物后，爱不释手。后来，他对同行的中国学者高度评价了《新农季刊》，说这是他目前在中国看到的最好的农业刊物之一。他还建议福建省立农学院今后可以经常与英国学界交换期刊，分享交流。

以上三种刊物外，严家显还支持校园艺学会创办《新农园艺》季刊，支持校农艺学会创办《新农农艺》，支持农学院永安校友会编印《校友通讯》。这些是学校层面的刊物,他也鼓励支持学生自治会组织编辑《新农双周刊》。

但它们存世的时间都不长,有的办了一期便没有下文,不了了之。这是因为随着抗战的深入、持久,政府财源枯竭、开支紧缩,农学院和众多机构一样,开始面临全面性困难。太平洋战争爆发后,海上运输遭到日军封锁,一切进口纸张完全断绝,只能采用"土纸",而永安有众多出版社、报刊社,珍贵的纸张一到,便要优先送到它们处。这样,学校的刊物出版,久而久之便一纸难求。

严家显忍痛放弃部分刊物后,鼓励班级创办《谷风》等墙报,交流学习心得,丰富校园文化,抒发抗战建国之情怀。师生情谊,也在这样的互动中得到良好的培养。

黄历校园一角

那些年,那些在黄历的学者

作为创院院长,严家显一心想把福建省立农学院办成国内一流水准的农业高等学院。大学之要,重在教授,如执掌清华大学最久的校长梅贻琦所说,"一个大学之所以为大学,全在于有没有好教授"。为此,严家显聘请优秀教师的想法日渐强烈。有过不平凡求学和教学经历,并在农学教研方面成绩斐然的严家显,请那些包括几所国内外校友在内的同门同道,相对顺利。

福建省立农学院养虫室，严家显经常出没于此

首届农经系学生程钟平回忆："我们的院长与教授们多为国内外名牌大学的同学或同事，对如何创办这个新型的农业院校，造就对我国新农业建设有用的人才，他们是有共同的理想与抱负的。省当局也对创办福建大学难产之后建立的省立农学院寄予殷切的期望，提供较充足的办学经费，使学院有可能用较优厚的待遇聘请许多著名教授专家来校任教、用较高的费用从沦陷区的上海采购到许多科学仪器、化学药品和计算机等教学上所必需的各种器材。学生也得到全公费待遇（除免收学杂费外、每月尚发给 30 斤大米与 8 元菜金）。"

严家显执掌福建省立农学院仅四年，期间曾在院内任教授、副教授的人员名单，竟有一摞之多，让人叹为观止。按姓氏笔画为序，他们分别是：

万籁声	王大顺	王性良	王益滔	方建初
牛瑞延	石延汉	甘景镐	卢浩然	卢润孚
冯奎义	包望敏	包敦朴	刘子崧	向立才
孙醒东	孙凝澄	吕潜	汪仲毅	沈道
沈荣熙	余廷献	宋瞻骥	何景	何学尼
何家泌	李凤荪	李先才	李树青	李善劝
李舜訇	陈竹君	陈存朴	陈肖柏	陈伯丹
陈明璋	陈其曝	陈哲人	陈新民	杜俊东
吴英东	陆馥初	余庆赍	林镕	林天兰
林凤仪	林传光	林成耀	林礼铨	林汶民
林伯欣	林空鹤	林振骧	林龚谋	林景亮
林谓访	金作栋	金肇源	金德祥	罗清泽

杨孙鎏	杨名声	杨振先	杨赐福	郑　庚
郑林宽	张木匋	张效良	张振铎	张彬忱
周　桢	周长信	周明牂	周昌芸	周家炽
易希陶	易希道	胡少波	赵仁镕	赵伯基
施华麐	骆君骕	徐大衡	徐绍华	顾华孙
钱宗起	符致逮	黄　农	黄　震	黄友迪
黄齐望	梁灼华	程世抚	傅邦杰	蒋芸生
裘维蕃	雷寿彭	虞威廉	滕詠延	

——本名录摘自《福建农林大学校史（1936—2016）》

他们都是学识渊博的高级知识分子，社会精英。多数人留过洋，还是海外著名大学毕业的博士、硕士。他们对祖国有着赤子般的热爱，乐意从海外漂回来奉献。这是知识分子爱国、报国的方式之一。是以小小黄历，能有如此规模的学者群。

这些教授、学者，为福建省立农学院的发展与建设，尤其在造就高素质农业专门人才和为战时经济服务中，做出了不可磨灭的贡献。

正是有了严家显前期细致又耐心的铺垫与经营，福建省立农学院才能由零开始，飞速成长，吸引这么多"大咖"不约而同奔赴艰苦淳朴的乡村。

严家显和他打造的师资队伍，以真挚而又深沉的教育情怀和忘我的工作精神，被后人永远铭记。

后来，黄历校友任恕生曾深情回忆："闽农生活环境优美，所聘教师，均属一时之选。院长严家显博士，博学多才，教学认真，才气横溢。办学颇具热忱、理想，令人钦佩之至。兼科主任周明牂博士，为一资深教授，严肃而和蔼可亲。诸教授均雍容有度，相处融洽。"

春风化雨时

当着院长的严家显，百忙之中仍担任部分课程的教学，亲自上阵，为渴求知识的莘莘学子传道、授业、解惑。他对学生严厉中透着关爱，时常鼓励他们要有互助精神，做学问之前先懂得如何做人；教育他们做学问要严谨，并且应该随时保持饱满的状态，不要让自己内心有"饥饿"之虞。

许多旁系的学生听说严院长博学多才，是海外归来的著名昆虫学家，纷纷抱着仰慕之心，主动选修他执教的"普通昆虫学"等课，聆听他深入浅出地给昆虫定义："昆虫是世界上数量最多的动物，它们的身体分为头、胸、腹三个部分，两对翅膀，三对脚，所以，昆虫纲也称六足纲"；看他用粉笔三下五除二就在黑板上画出多种昆虫的头、须、足，细节生动毕现，让人叹为观止。

黄劭古稀之年的回忆更是妙趣横生，带人们走进了严家显的"农业概论"课堂，让听者捧腹："'唰，唰，唰！'他的粉笔在黑板上挥舞几下，一只蚱蜢活生生地显现出来。我注视着他戴在鼻梁上的眼镜，实在好像蝗虫的一对复眼，我不理解，一位昆虫博士，怎么脸谱也有点像昆虫呢？"

严家显讲起课来，不仅板书精彩生动，而且常常口若悬河，中间不休息不停顿。他的课，理论与实践相结合，时而严肃，时而风趣，谈天论地，结合进东西方典故，讲研究的幕后趣闻，再言及当前的种种不足。讲到昆虫的种种可爱处，自己先笑起来，受到感染的学生也跟着哄堂大笑。

他教书育人是热血沸腾的，谈到国罹劫难、全民抗战的时局，谈及反人类的细菌战正血腥登场，更是一副疾恶如仇样，教育学生："落后要挨打，挨打了就应奋起，科研、教育尤其不能落后。炎黄子孙要忠诚爱国，众志成城，驱逐日寇。即便是在颠沛流离中，各位同学也要不忘爱国，不废读书。"

严家显做学问与做人的精神，感染了听课的众多学子。许多人晚年回忆此段经历，总还带有十二分的敬意，能够一字不落地背出严院长当年铿锵有力讲的那些道理。

不由自主地联想到荒芜浩渺的沙漠中有只骆驼，风餐露宿行万里路，为一批分不清方向的迷茫失途者，带去最明晰最闪耀的希望。严家显正是这样一只骆驼！经纶满腹的他，总有讲不完的知识，恨不得把平生所学，毫无保留地散播出去，完整地传承给下一代。

农学院的学生，大部分英文水平有限，而许多教授是有海外留学经历的，所教授的专业知识背后，有着很深厚的西方语言基础。上课时，常常脱口而出专业性强的英文词汇，有时还有拉丁文，讲起来意犹未尽，但学生们几节课下来犹听天书，不知所云，苦不堪言。

当时，别说刚草创的福建省立农学院，就是有数年光景的武汉大学农学院、广西大学农学院，整体教学情况也是老师讲、学生听，学生的笔记很大程度上充当了课本的角色,稍不留神,关键字眼就从耳旁溜远了。课后要么赶紧追上刚下课离去的老师请教问题,要么找班里的同学大补笔记。否则期末考试,成绩会有吊车尾的可能。关键还有因物资匮乏,大家的笔记往往是袖珍本,巴掌大小,记下来的文字图画大概只有自己能看懂,万一记错几页,本子都要去掉大半。

还好,有些老师能急学生之所急,准备了讲授提纲,并指定一些参考书目,引导学生在课外阅读补充。

接下来,必须尽快充实学校图书馆,以便能协助保证正常教学的进行。读书时总爱往图书馆跑的严家显,记着美国斯坦福大学第一任校长戴维乔丹的名言:"一个图书馆是建立一所伟大的学府的必然要素。"他现在作为一校之长,有此责任,也树立着雄心。

严家显理解学生们,公务繁忙之余,亲自抽空在课外为他们补习英语、拉丁文,一直坚持到离职。他讲了自己学英文的方法,道及学好英文对今后了解世界、走向世界的重要性。而后在上课时,不时也有意地以英文授课,遇到学生不懂处,就用浅显一些的英文再加解释。如此这般,培养学生听说英文的习惯,加以课堂上随时考问,更令学生不得不全神贯注学习。

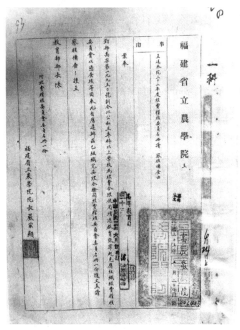
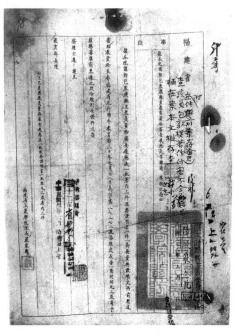

以严家显名义送呈的有关报告

严家显求学期间受惠于老师,尤其是留美期间受导师格外关照,所经师生情谊给他此后的从教生涯带去了深刻的影响。在他回国执教后,对学生总是关爱有加。

战时读大学,大多学生需背井离乡,近的到别县,远的须跨省,交通不便,路途艰辛且不安全,加上有些学校食宿费用较高,使得高中毕业后能再升学深造者微乎其微。严家显既知其难,自有悲悯,想方设法保证教学质量,使学生既能掌握高深理论,又有实际操作本领,培养出符合一定要求的专门人才。创校之初,他就定下以系为单位实行学分制,学生在四年内修满规定学分(136～144分),成绩合格者方可毕业,授予农学学士学位。课程安排上,第一学年为全院统一的共同必修课,共 12 门 50 学分;第二学年起按系开课,分别是 42 学分、36学分、16 学分,允许跨系选读,但选修课一般不超过 10 学分。因为要比协和大学(协和文理学院)多修 16 学分,此外还有不计学分的军训与体育,这使得不少学生一到黄历就紧张起来。

为了让学生在校期间能开阔视野,获取更丰富的知识,严家显不仅自己站讲台上课,也不时请校外专家、各界名流莅校演讲,并巧妙地把这种学术讲座归入"总理纪念周"活动。

他初来乍到,就参加了省里的几次总理纪念周,得知省主席陈仪、省党部主任陈肇英乐此不疲,今后农学院正式成立后肯定不能"免俗"。

"总理纪念周"由来已久。1925 年孙中山病逝不久,国民党中央执行委员召开全体会议,通过"总理遗嘱"议案,并训令各级党部:"每逢开会时,应先由主席恭诵总理遗嘱,恭诵时应全场起立肃听。"翌年一月,国民党"二大"正式通过决议:海内外各级党部会议场所应悬挂总理遗像,凡开会前应宣读总理遗嘱,海内外各级党部及国民政府所属各机关、各军队均应于每星期举行纪念周一次。随着国民党逐渐掌握全国政权,这一仪式在全国推广开来,不仅党政军如法炮制,大中小学校等各方面也都照遵。

既然无法"免俗",严家显就动起了脑筋,不能流于这种政治上的形式,必须要有高校的特点,那就利用这个时机,邀请校外名流专家莅校演讲。

这并非他独创,他不过是活学活用。

有过国立武汉大学执教经历的他,岂能不知国民政府教育部长王世杰在武大校长任上,曾提出"总理纪念周"要有武大的特点,"应当有关于学术教育之报告和讲演"。因而,"总理纪念周"在武大几乎成了该校名师做学术报告和演讲的"学术周"。

战时后方不少大学名义上定期举办"总理纪念周",却普遍举行各方面的学术讲演,心照不宣地绘就了中国近代教育史上的一道独特风景。

严家显就是计划着把全校性的"总理纪念周"办成事实上的学术报告会,不仅本校教授在纪念周上登台演讲,还请些校外专家名流出席。这其中,就包括陈仪和严家淦。

毕业于上海圣约翰大学的严家淦,步入政界成为技术官僚后,仍不改学者本色。他见多识广,口才又好,可以从当前政府财政,讲到科学发展,再讲到形势政策,一路滔滔不绝,倒也很受学生欢迎。因为严家显的关系,严家淦一年来黄历两三次,不仅开讲,也送上额外的支持和鼓励。

"文事""武行"尽展农学院风采

劳逸需结合,严家显是读书过来人,深谙此理。他自己做学生时,每临大考,总还是该玩照玩,这让天天埋头苦读成绩竟然不如他的同学大为好奇。枯燥的学习生活需要调味品,需要有丰富的课余生活助兴。带着这个认识走上杏坛后,严家显向来支持学生的课间活动。他之所求,不是只会读死书的书呆子,而是富有活力、朝气蓬勃的莘莘学子。

在他的倡导和鼓励下,学生自治会及各系的墙刊壁报竞相绽放,交流学习心得,抒发爱国情怀。学生可以在上面发表自己的作品,展示才艺。

它们中,"谷风"壁报最是摇曳多姿。所刊文章,皆为原创,言而有味,妙趣横生,每期的板书书写也是龙飞凤舞,绚丽多彩。严家显就注意上了这家壁报,一打听,说是五位同学合编的,差不多个个是全能才子,能吟诗作赋,还能书善画。

一次,"谷风"刊载了署名陈秋江的几首"十七字诗",其中一首《即景》写道:"月下影婆娑,只手马鞭拿。近前详细看,夜叉。"夜叉意为夜叉婆、母夜叉,他在诗里并非恶意地指极度凶恶之女,只是生动写实地把畜牧系某女生夜晚独自骑马兜风的情形给描绘了出来。笑果十足,看者忘倦。在畜牧系的范围内,猪、羊、马、牛、狗、鸡等家畜遍地皆是,夜行路经该系时拿根鞭子也正常,怎料撞见的竟是"母夜叉"?

一时间,这首杰作在黄历传为笑谈,陈秋江这个人也由此引起严家显的注意。第一届录取的76名生员中,按注册先后为序编学号,第一号的便是这个陈秋江。学校为便于教学,又依学号的单双数编为甲、乙两组上课,陈秋江又排在甲组。严家显找来陈秋江问话。

陈秋江解释了《即景》这首"十七字诗"的由来后,怯怯地问:"不知严院长怎么处理我?"

"处理你?你倒说说,为什么要处理你呢?"

"学生生性顽皮,从小就让师长们感到头痛,自己也尝过不少苦头,罚站、罚跪、戒尺打手心、旱烟敲脑袋、申诫、记过、禁足、关禁闭等等,几乎全都领教过,只差被开除一样,所以怎么处理都好,就是不要让我退学,如果我有错,保证改过。"陈秋江能说会道。

严家显笑了:"你能自曝缺点,总算孺子可教。放心吧,没有任何理由处理你,相反还要表扬你活跃校园文化。'谷风'是你为主编的吧?"

"不不,我们五个人合编的,我可不敢掠人之美……"陈秋江边说边为"谷风"编委会做广告。他说同组邻座、学号第三的高章焕,喜文学,写得一手洒脱的行草;提到不是同组却同是农经系的马诚朴,更是喜形于色,"马诚朴同学小时就读线装书,能落笔成章,小楷又端正,大家戏称他为'马状元',他袖珍型的个子,看似弱不禁风,却经得起煎熬,我们为了如期出壁报,有时通宵赶编文稿,他毫无怨言,更是毫无倦色"。

严家显听陈秋江这么夸同学,备感喜悦:"看你们倒挺投缘啊。"

"是啊,相见恨晚。我们有的虽然不在同一教室,但课外常在一起,谈各自的学业,也谈文学、艺术。"

"我看你们出的壁报,字体潇洒,你小时有练字吧?"

"是,小时跟家父学过。"

"这么说,令尊是书法家?"

"书法家谈不上吧,但家父的作品在闽南各地流传颇多。"陈秋江见院长问得亲切,也就不见外了,径自说下去。原来他父亲当过一县知事,政务之余酷爱书法,行楷学苏东坡,草书宗释怀素,一有闲暇,便勤于挥毫,不论是主动写赠友人,还是别人向他求墨宝,他都是自备宣纸写好奉送。陈秋江兄弟为他临池前磨墨,落笔时按纸,书成后盖章,一来二去,也就"近朱者赤"了。

严家显饶有兴趣地继续问:"你诗文写得好,也是令尊教的?"

陈秋江点头称是,继而津津乐道。他们兄弟姐妹幼时便受父命读书识字,从《三字经》《千字文》《幼学琼林》而至四书诗经，都要熟背，同时练习作文，每每送父亲评分，佳作被张贴共赏。父亲从泉州归隐乡村后，对他的功课督促得更紧，或出联嘱对，或临帖习字。后来家庭还成立了一个小诗社，命题占韵，而且各有笔号，什么"武陵樵子""海滨健儿""桃源隐士""清溪渔人"都有，妙趣横生。他取号为"东篱菊友"，煞有介事，所作诗文未必都佳，却俨然以诗翁自娱。有时家庭玩方城之戏，却不赌钱，而规定按每人"胡"（麻将计分单位）数多寡，依序缴交一篇作文、背诵经书、应对联句或写几张大小楷不等。

严家显听了动容："像这样以家庭为单位切磋文事，该是少有，看来你倒真是渊源有自了。"

陈秋江急忙摆手说："惭愧惭愧，我的文墨一直没什么长进，连大嫂都不如。因为担心荒废，所以进了农学院，也还时常习之，但愿严院长别责怪学生不务正业。"

严家显忍俊不禁，对这个言行举止少见大方的学生说："就怕农学院埋没你啊，我看你该进外交学院或文学院。"

"雕虫小技，不贻笑大方就好。"陈秋江看院长和颜悦色，不觉也跟着笑了，接着又抖起家事：当过知事的父亲，军政各界酬酢多，不时也带他同去，因而他曾和当年闽南著名的民军首领、风云一时的人物同席，渐渐地就不畏生人，也习惯于交际场合。是故一进农学院就组织起了一个志同道合的"谷风"壁报队伍。话到这里，他忽然想起什么，讪讪地垂手肃立："对不起，浪费严院长宝贵时间了，我这人有时就是话痨子，我哥都说我是水龙头，关不住。"

严家显却不嫌他啰嗦，又问："你怎么会想到投考农学院啊？"

"我原先读的是省立福州高工，学的是电机。还没毕业，就响应去做了抗日救亡工作，报名参加省里组织的后方宣传队，一年中走遍了闽东和闽北，还跨省到了浙江的龙泉，回来后决定重拾学业，却苦于省内大学没有电机系可读，得知农学院创办招生，就改行投考，有幸被录取。"

严家显喜欢这位学生的直率，也欣赏他对抗日救亡的投入，诚挚地说："与其说你有幸，不如说农学院有幸，感谢你选择农学院，也希望农学院今后能以你为骄傲。"

"但愿不负严院长的厚托，只是……"

"只是什么？"

面对严家显温和的目光，陈秋江又恢复了昔日的任性无羁，继续实话实说："学生求学十几个春秋，课业成绩虽不算坏，到底也不是老师属意的好学生。由于我自恃还不笨，上课时不够专心，又懒于整理笔记提高成绩，更因兴趣广泛，写作、导演话剧、打球，都得占用时间和精力，因此给老师留下的一向是学业不专的印象呢。"

"做学问有专而后博，也有博而后专，现在给你下结论为时过早，还是让事实来说话吧！"严家显沉吟片刻，又说，"你们还会演话剧、打球，好啊，什么时候我来看看……"

校内课间活动，篮球、排球是较受欢迎的运动项目，有班级之分，也有男女之分。女生打起球来，现场厮杀的程度，丝毫不逊于男生。男生一进球场，更能燃起心中的熊熊烈焰，花样百出。

打篮球，大家都不是专业人士，组织起篮球队来却自命为"球术研究院"。据"谷风"壁报编委高章焕回忆，当时"拥立温文尔雅的邱武陵为'院长'，顽强苦斗的薛承健、短小精悍的黄浩齐、冲锋陷阵的苏春钧、摇旗呐喊的李森惠等，都是球院的中坚分子"。业余比赛的奖品，有时不过是一碗肉丝豆腐汤，大家却为之杀得昏天黑地，乐在其中。

黄历第三届校友、后来投身台湾教育事业的许志超，晚年在台湾曾作《黄历山庄的健儿》，忆述福建省立农学院让人难忘的"文事"和"武行"，其中说：

> "武行"方面，就是当时最流行的体育项目——打篮球。当时几乎人人有兴趣，个个都会抢球投篮。因此，除了定期的系际赛、班级赛外，最常见的是随时组队的斗牛赛。为了助兴，每每想及输队要请胜队一大碗肉丝豆腐汤，双方"斗士"出场，都作斗士打扮，人人光脚赤膊，全身只着短裤一条，战略都采"人钉人""五进五退"，战术就看个人的身手了。
>
> 人人能攻能守，勇猛无比。高头大马的勇士，采硬抢破吃（投），王念烈兄就是这样取胜的。身材中等的斗士，采远投近钩，来个"海底捞月"，陈秋江兄就是这类投篮能手。至于短小精悍的猛将，则采钻营偷袭法，黄浩齐兄常有斩获。
>
> 大家经常如此：你传球，我硬卡；你运球，我穷追，有时追不及，便拉人，大家一身汗水，滑如鳗鱼，拉不住，只好施出绝招故意犯规，拉他裤子，逼他情急，弃球而护裤，弄得全场大笑。虽然犯满五次，也从不"毕业"。
>
> 热烈的斗牛赛结束，大家检讨战术，又是阵阵哈哈大笑，也许就是这种

斗牛赛的因缘，无形中培养出同学间深厚的情谊。

　　球赛这番热闹，严家显看在眼里，不时也无拘无束地爆发出哈哈大笑，有时还会跟着欢呼，做拉拉队，就差擂鼓助威。中场休息或输赢定局，他偶尔还会来个即兴点评，有时评得精妙，让人佩服，球队纷纷欢呼：原来他们的院长并不是一枚书呆子，文艺和体育也很在行！

　　这样的"与民同乐"，无形中也拉近了师生的距离，培养出了彼此间深厚的情谊。

当时的校园篮球比赛现场，一个个飞奔的身影，争夺一颗抛至半空中的篮球。该照片出自首届农经系学生程钟平之手。虽有些模糊，依稀可看出当时条件的简陋

　　很快，福建省立农学院组建起了"新农球队"，由全院篮球队的佼佼者、清一色男生组成。他们球技上乘，经常为学校夺取荣誉，是整个省会风行一时、最能吸引女生驻足尖叫的队伍。这支队伍的奇特之处，还在于他们打球不穿鞋子，个个以"赤脚大仙"的姿态，轮番上场。倒不是喜欢特立独行，在那个时代，能有饭吃、有书读，已然是天大的喜事了，球鞋是不能指望的。没鞋穿便赤脚上阵，反而更贴服自然，能打出水平，打出风格。据说，曾经有一次，"新农球队"作为代表参加"开瑃杯"篮球比赛时，因鞋子紧缺，仍有两位队员无鞋可穿。二人商量一番后，决定一人穿一只鞋子上场比赛，场面活泼有趣，也不失热血沸腾。

　　严家显置身简易的球场，耳畔传来阵阵欢呼声，感受到擂鼓助威的热烈、"利刃出鞘"的威力。他从昆虫学者的角度说，篮球运动在中外都是一种容易"招蜂引蝶"、逼出肾上腺素的体育项目。

　　有次周末，严家显乘坐"木炭车"前往永安城办事。此车有个由来。1941 年全省汽油奇缺，许多车辆停驶。因为黄历除了农学院，还有个县长训练班，在压缩班次后，倒还时断时续。而后，永安修造厂试将道奇客车改装为木炭客车，用

木炭作燃料并获得成功,装备了十几辆,作为永安至吉山、黄历等郊区的公共汽车,这才恢复正常交通。

省里破例配给他的那辆旧汽车,因年久失修,加上缺油,很少使用。差强人意尚能上路时,回来也只能停在燕溪边,没桥可过,哪能直开回学校呢。久而久之,这辆汽车几乎报废,当地百姓和学生就将其停泊处称为"破车",成了个一说就知的地名。

这天乘坐"木炭车"回校的严家显,看到几位在前方徒步行走的学生莫不光脚,却人人把鞋子提在手上或用鞋带绑着挂在肩上。他感到纳闷,下车后就等在渡口问他们:"怎么,你们的鞋都破了,质量有问题?"

一生讪讪答:"不不,我们是舍不得老穿,怕磨损了。"

"从黄历到城里,往返有十四公里路程呢,你们就这样来回光脚走路?"

"我们可是穿鞋坐车进城的,再宝贝鞋子,大庭广众面前也得为我们农学院争光呀!严院长您瞧,我们穿的可都是校服还别着校徽呢!人家一看就知道我们的身份。回校路上才脱的鞋,反正没几个人看见。要是来回都打赤脚,就不需带鞋子了,那样岂不成了摆设,当了累赘。"

严家显听出来了,他们宁愿成一个赤脚走路的苦行僧,也不愿磨损珍贵的皮鞋。

面对这位和蔼可亲的院长,学生们还自抖小秘密:多数学生都很宝贝质量中等的农学院校服。在校时小心翼翼地穿,有人还舍不得穿,怕穿旧穿脏穿坏就没校服了。反倒是周末或假日,如果要出校园,尤其是进城,便都不约而同特意穿上整洁的校服,别上闪亮的校徽,走在大街小巷,享受周边人群羡慕的眼神,感觉特别神气。

"这年头,能有一双皮鞋、一套整齐的卡其布中山装,算是一大笔财富了。我们偶尔显摆一遭,也算是满足了一下小小的虚荣心。"

学生的话让严家显深受感动:特殊年代里,这群学子身处艰苦的环境,不仅不抱怨,还积极向上,保有着年轻人的乐观心态!

抗战期间,哪能不清苦呢?寒门学生们有所不知,他们能享受"全公费"待遇,食宿不收钱,每年还能添夏装、冬装、工装三套衣服,少不了严家显的力争。虽然供给标准不算高,但总算能维持生活所需。糙米、竹筒饭再不好吃,也勉强能填饱肚子,如果偶尔能吃到一小块肉,一天就算满足了。大家仗着年轻,在嘻嘻哈哈中,谁也不觉得生活有多苦。

严家显不仅观看了学生的"武行"——赤脚篮球赛,还津津有味地欣赏了他们的"文事"——话剧演出。在他的支持下,对话剧有浓厚兴趣的学生自治会主席王念烈和陈秋江、吴玉液等同学,发起组建了"新农剧团",用文艺来活跃校园、服务大众。

1941 年 4 月上旬,一封来自福州协和医院的电报,让陈秋江一下子懵了。在上严家显的课时,也显得愁眉苦脸。严家显看在眼里,课后关切地问他出了什么事。原来,陈秋江在福州协和医院工作的大哥得了重病,发电报请他赶紧过去护理,也许是最后一面。

严家显赶紧让他请个长假过去探视,安慰他不要伤心,也许情况会好起来的,还再三交代注意安全。据悉日军最近暗中蠢动,将对福州有所行动。

陈秋江赶到福州陪侍不到两周,大哥溘然长逝,丧事照教会仪式办理。陈秋江待后事料理停当,马上重返学校。

4 月 22 日,当他出现在严家显面前时,严家显松了口气,道:"你回来就好,我也放心了,你可能还不知道吧,昨天福州全城被日寇占领了,还好你走得及时!"进而又关切地问及他大哥因何英年早逝。

陈秋江抹一把泪说:"医院说,我大哥得的是肋膜炎感染结核菌并发症。怎么会这样呢?他平时特别爱干净,甚至有洁癖了,他主持医院里的化验任务,清楚细菌传染的可怕,动辄要用酒精消毒,没想到最后竟免不了受细菌侵袭……咳,大哥太年轻了,只比我大十岁呢!"

严家显拍拍他的肩膀,道:"我和你一样难过。但人死不能复生,希望你节哀顺变,完成学业,我想这也是你大哥临终前对你的期望吧!"

陈秋江感动了,严院长和自己非亲非故,事务繁重,竟能在百忙中关切到他这位普通学生,足见他对学子关爱之深!

1941 年 4 月 21 日,福州沦陷!战时省会永安上空阴云密布,日军的战机飞过,弹如雨下,城内城外火光冲天。

东南沿海一带,先遭日本军舰飞机狂轰滥炸,日军占领后,又大肆焚烧商店、学校、民房、政府机关等。整个福建乃至全国上下,每天都上演着触目惊心的惨剧。

抗日救亡运动在燕溪波翻浪涌,势不可当地漫过黄历。一批血气方刚的大学生,呼吁投笔从戎,当兵上战场。他们集队高呼抗战救国的口号,还唱起了抗战歌曲：

> 拿起枪，上前线，
> 捍卫国家是我国民的责任。
> 我们不要贪生怕死，
> 我们只要志决心坚，
> 誓把满腔热血洗涤大地一片腥膻。
> 争取最后的胜利，
> 保护我美丽的山河，
> 写成中华历史的新篇，
> 这才算尽了国民的责任。

这是福建省立师范专科学校校长、留美博士唐守谦作词，福建音乐专科学校（后改为国立福建音专）校长蔡继琨作曲的《捍卫国家》。农学院开学时，蔡继琨曾来黄历指导，并应严家显之请，派出师生来此开展短期业余培训，教唱抗战歌曲。

日军攻陷福州后，沿闽江而上，直扑南平大湖，欲图永安，国民党军李良荣率部奋力阻截。福建师范学校学生多人从军抗日，协助国军挫败日军企图，其中有两名学生英勇捐躯。消息传来，农学院学生自治会组织学生哀悼，有人还强烈要求从军。

严家显并不赞成学生从军，他说："救国有不同形式，军人用战斗救国，医生用手术救国，我们用学习救国。学好知识，今后以科学为武器，才能更好地战胜敌人，特别是制止严重违反国际法的细菌战！才能真正实现抗战建国的目标！"

有学生问："战火烧到家门口了，我们还能安心上课吗？"

严家显不假思索地答："能，抗战有政府，有军队！"

"就怕政府和军队不好好抗日，只会在大敌当前同室操戈，再制造皖南事变这样亲痛仇快的千古奇冤！"学生中爆出一个尖锐的声音，震得人耳膜嗡嗡作响。

这年年初，国民党顽固派在皖南重兵伏击新四军军部，新四军军长叶挺被捕，副军长项英等七千将士倒在"自己人"的枪口之下，是为震惊中外的"皖南事变"。国共合作后在重庆担任国民政府军委会政治部副部长的中共中央代表周恩来，愤怒题写"千古奇冤，江南一叶。同室操戈，相煎何急！"永安再远，也是能听到这个声音的。当时师生中就有各种声讨之声，福建省国民党党部还专门为此给严家显打了招呼。

9月，一个消息传来，省农改处造林事务所技士林鸿图被捕入狱，据说他是共产党。这个林鸿图，严家显是认识的，他是广西大学农学院毕业生，这年春天从广西柳州到永安工作后，还到黄历看过他这位老师呢。他怎么可能是共产党？

五十来天后的某个傍晚，林鸿图忽然又现身黄历，原来查无实据，得以保释出狱，重回造林事务所工作。严家显私下问他是不是共产党，他笑一笑，说的是："国共合作，共产党和国民党还不是一家人嘛。"

共产党有些神秘，黄历同情共产党的声音会不会是林鸿图传播的呢，严家显不知道，但他没有抑制这个声音，他倒希望能多一些这样的声音发出，国民党内部必须停止再掀反共高潮！这也是他和许多教授们的共识。

符致逵教授讲《农业经济学》时，常常举出社会不公正之事，并把抗战中出现的这样那样的怪事、笑话，当成批评国民党当局的武器。不知怎么传到了永安县国民党党部的耳里，他们很快提出质疑，严家显少不得一番周旋。

如今面对学生的呼号，严家显在这个问题上婉转地说："各位同学的希望，也是我们的希望，相信炎黄子孙都会清醒地看到，国共合作抗日才有希望，大敌当前必须一致对外！"

有人还在高喊："国家兴亡，匹夫有责，我们应尽自己一份力！"

严家显耐心地做学生的工作："同学们，你们是百里挑一的好学生，是宝贵的农业科技人才，是国家留在后方的后备力量。国难当头，你们的生命已不再属于你们自己，而属于这个国家，属于这个民族的未来！法西斯战争意图毁灭中国毁灭世界，我们学习科学则是要保卫中国保卫世界，用科学造福人类。一个生一个死，这就是我们和他们的天壤之别！"

"恨不抗日死，留作今日羞。国破尚如此，我何惜此头！"有人吟诵起吉鸿昌的绝命诗来。

直听得严家显也热血沸腾，他振臂道："真要到了国破家亡那一天，别说你们，就是我，也会穿上军装去战斗，热血荐轩辕！"

如此慷慨激昂，大家不语了。有人想到了严家显不久前组织学校响应"寒衣运动"时所写《关于民族存亡之一大事》，那是他的抗战救国宣言书啊！他们的严院长是有热血，有报国之志的，不然就不会从美国回来。

抗日救亡不能缺席！严家显虽不赞成学生弃学从军，却支持师生在"文事"中筑长城。在他的有力支持下，院系刊物、班级壁报内容不断刷新，学生自导自

211

演的各种话剧你方唱罢我登台。这是抗战时期最流行的表演。此外,还积极参与劳军捐献、赠送军鞋、慰问出征军人家属以及为前方将士和战区难胞征募寒衣等活动。

既要抗日救亡,又不能落下教学,不违"研究农业高深学术,造就专门人才"的办学宗旨,在战时条件下其艰难困苦可想而知。严家显却总是乐观的,在指导学生养蜜蜂时,还一语双关地说:"百炼能成钢,苦日子也能变得像蜂蜜一样甜!"

1941 年,全国举办专科以上学生学业竞赛。福建省立农学院能选派的选手最高只有二年级,仍信心十足地挑选了植物病虫害系学生邱瑞珍、贡谷绅,森林系学生薛承健,农经系学生梁振麟,农艺系学生章澧、万雄等人应赛。他们不辱使命,全部通过基础测试,进入复赛。出色的成绩令闽农人感受到了什么叫蜂蜜之甜!

这样的院长和教育家,深得"民心",受到师生们的尊崇,是受之无愧的。

因材施教,女生风景

仅一年后,福建省立农学院的正常办学又面临危机。此时抗日战争进入艰苦的相持阶段,在日军的各路封锁中,物资进入黄历日益艰难,某些专业已无法进行很好的教学。严家显审时度势之后,调整了院内的专业设置,将原来的七大专业,改设为农艺系、园艺系、病虫害系、森林系、农经系五门,不再开办畜牧兽医系与茶科。而后经教育部核准,原开设的农化土壤系并入农艺系。畜牧兽医系停办后,首届学生寄读于江西中正大学。

如此,1941 年 9 月,福建省立农学院第二届学生仅有 36 名。

不得不感慨,所谓"十年树木,百年树人",教育的回报期太长,不能解个人眼前之困,对啼饥号寒的人来说,还不如眼前的一碗饭来得踏实安心。是故,崇高的教育在战时、在偏远的地带,受到了冷遇。严家显心底清楚中国此类难题,难乎其难,思及此,心里就更沉重了。要改变它,没有别的办法,只有身体力行,刺激国家、社会和民众的神经,让他们明白教育的重要性。

严家显不是浮于表面的人,他真心实意地办教育,想要对国家和学生的未来负责。身为院长的他,不只是坐办公室处理公事,他喜欢担任部分课程的教师,也喜欢带着助手和学生流连在碧绿的田野,接人气和地气。课里课外都告诉学生,教育是真的可以让自己,也让国家走向发达的利器。他的气质儒雅,如春风般感染着听众。

他希望通过自己一点一滴的努力,把周边想读书的青年尽量召集过来,让他们沐浴在知识的春风里,再挖掘、激发他们对知识的热爱与渴望。所以,每年开学季,他必与新生座谈,介绍农学院创设的宗旨及表里,鼓励他们努力向学,立志成才,走在时代之先。

到第二年,几经改进,农学院与外界的交通设施渐趋通畅,有车站,也有渡口,方便师生节假日往返永安城区。但因为学校三面临水,师生进永安城,必经此渡。渡口靠近男生宿舍,水清而流慢,自东向西,溪底较深,平时还是男生们天然跳水之地,也因此留下许多惊险的往事。

黄劼回忆:"我和爱好游泳的同学一样,常常在此跳水和仰游以消酷暑。有一天,正在我们高兴戏水之时,突然有人叫喊'那边有人淹下去了',一看在离岸约三米地方,水面上有双高举的手正在做着不断往上爬的动作。说时迟,那时快,张玉麟'卟咚'一声跳入水里,很快地把那人托出水面,大家你拉我推地把水中人拉上沙地上,一看,原来是森林系的王世京。他还闭着眼睛,两手上下不停地乱舞。"

首届园艺系学生任清与李培基,曾大胆划船横渡,因不谙水性,船过水坝时,自高处滑下,惊恐万分,最后抓住水草,稳住船,才平安渡河上岸。

严家显为此叮嘱各位新生务必注意安全。

谁能想到呢,渡口撑船者竟是一位盲人。无论水流湍急还是平缓,他都可以沉着镇定地携客安全渡溪,众皆称奇,着实应了那句话:高手在民间。严家显坐过几回,细加观察,与之交流后,大加称赞:眼盲而心明,一支竹篙探路,识水声,辨人语,胆大心细,终能不辱使命。这摆渡人岂不是师生们学习的榜样!他以此为例,激励学生碰到困难险境也绝不要气馁,百折不挠,终能到达希望的彼岸。

民国时期,虽民风渐开,但男女同校现象出现较迟。严家显出任院长伊始,就注意招收女生。那时代的女学生原就不多,学农者更是寥若晨星,福建省立农学院首届还算招收到了几位女生(其中有五位顺利毕业)。她们在校惯常穿着天蓝色的阴丹士林旗袍、白袜、黑鞋,清新整洁,端庄大方,令人敬慕。女生宿舍位于校内接近村东的山边,一栋独户小房子,虽然只围着稀疏的竹篱,在男生们眼中却是不可轻狂的圣地,除后来少数几位幸运儿赢得芳心默许,可以应约造访外,其余一概自重,望篱止步。

黄劭年过古稀之后,犹能回忆:"校中有座小小女生宿舍,坐落在去教室路上的小山边,对我来说,那里是个禁区,其中住了不太多的小姐们,我从不敢贸然去闯。但是偶然的一个晚上,月明星稀,大家从教室自修回宿舍,路过此处,走在我前面的一位妙龄小姐,回头对我一笑,说:'到宿舍坐坐吧!'这一突然相邀,搞得我心里忐忑不安,我怕入那禁区,便推说我的作业尚未完成。可是后来躺在床上,久久不能入睡,那微笑的面容老在我脑中出现,后来警告自己,不要神经过敏,再想就要害单相思了。据说女生宿舍依然如旧,在我有生之年,还得去闯一闯,看看那里到底怎样!"

不管怎么说,男生能得允出入女生宿舍,这一点确实是比较开放的了。这当然和严家显"以人为本"的院规有关。

福建省立农学院的女学生

当年校园内常有情侣成双约会,或在大树底下席地而坐,谈天说地,或在操场牵手散步。不过,在偏远的乡下地区,男女生一起同行,还是十分惹人眼球的。

严家显并不反对自由恋爱,大学生已是成年人,凡事可以有自己的主张。所以,福建省立农学院日后也成就了许多佳偶。

在漫天的火光中,在轰隆隆的时代列车上,福建省立农学院的横空出世。一众不知疲倦的优秀师者,不知为多少学子的人生带去了无限的希望。

不因人废言，呼吁为农减赋税

第二学年刚开学，燕溪忽起波澜：福建省主席陈仪离职！

离职的原因很复杂，外界传闻主要是他在福建推行的统制经济等政策受到闽籍爱国侨领陈嘉庚等人的炮轰。

1940年11月下旬，南侨总会主席陈嘉庚率南洋华侨回国慰问团途经永安，陈仪在高飞坪召开欢迎大会，省政府全体人员几乎倾巢而出。陈嘉庚沿途所见，对陈仪施政深为不满，对陈仪试图将自己呕心沥血创办的厦门大学改名福建大学一事也心有芥蒂，一出福建之门，便猛烈批评闽政。此时蒋介石正倚仗陈嘉庚领导的全南洋八百万华侨抗日救亡及筹赈祖国运动，每年巨大的外汇，实为抗日战争的一大财政支柱，万万得罪不起个性鲜明的陈嘉庚。而且，国民政府主席林森也在这时批评福建已沦为浙江人的"殖民地"。这虽是一句气话，情形却有些类似。福建自蒋鼎文入闽带去一批浙江人后，陈仪治闽任用浙人更是多且滥，除了他这个福建政魁，党魁陈肇英、军魁陈琪，不但都是浙江同乡，还都姓陈，弄得海内外闽人对浙人在闽所成特殊势力十分反感。福建籍的国民政府主席林森，继陈嘉庚后再这样对浙江籍的委员长一说，蒋介石也只好免职陈仪为上策。

陈仪离闽前，严家淦带着严家显去春谷山房送别。

在信任的严氏兄弟面前，陈仪并未隐瞒去向，他虽离职，却将赴重庆担任国民政府行政院秘书长等要职。政治家都善于做表面文章，蒋介石不会亏待自己这位心腹爱将，至于九年后在台湾将其枪决，那是另一回事。

陈仪主闽数年，虽有种种的施政不当，但也提倡抗战、重视文教，还办了一些令人瞩目之事，如推行地方自治、建立人事制度、制定廉政措施，至于这些措施实施得如何，另当别论。严家显接触他以来，耳闻目睹之下，不免也怀有一份敬意。何况陈仪对他这位晚辈，也算礼遇有加，在战时财物困顿之时，对省立农学院一应所需，尚能尽量予以满足。

"刘恢先来，当不会有什么大变动，我已和他谈过。"陈仪说的"刘恢先"，即新接任的福建省主席刘建绪，此前为第十集团军总司令、第三战区副司令长官。陈仪交卸时给了他一个备忘录，介绍了他的一些主要施政情况，希望能竟其全功。在他的交代下,省里的重要人事多半依旧。严家淦不仅财政厅长一仍其旧,连刚兼任的福建省银行董事长暨总经理也照当,严家显的农学院院长也不变。陈仪有信心暗示他们,刘建绪继任,不说"萧规曹随",很多方面也会看他的面子。

此时的严家显无党无派,只想着教育救国、农业报国,对政治一向超脱,却也希望不要因人废言、因噎废食。

陈仪到底是因为"施政不当"罪名被挤走的,让他雄心勃勃振兴福建的计划落了空。但他也知道,即使不走再拖上几年,在这样一个混蛋的政权和体制下,也难有振兴之望。

临别匆匆,陈仪憧憬着有朝一日,他们还会相逢共事。留得青山在,不怕没柴烧。

1941年9月,陈仪在永安的初秋山色中,怅望着悠悠燕溪,犹抱宦海梦幻,告别了惨淡经营七年多的福建。

送走陈仪后,严家显在农学院还是没把陈仪的那四句名言换下,陈仪既非大奸大恶之徒,就更不能因人废言了!

当然,他也跟严家淦论及陈仪主闽得失、不当施政。

民以食为天,粮食自然是农学院院长亟为关注的重要话题。陈仪虑及战时情况,在福建设立公沽局,管制粮食,对居民实行计口售粮,不准多吃,不得自由流通,却由于公沽局收购粮食定价过低,导致农民多拒绝交售,永安下渡乡还为此发生过抗购事件。粮食收购不进来,公教人员特别是城区居民的口粮供应便成"画饼"。公沽统制实行不久,即弊端丛生,闽北有成批的粮食霉烂,福州却有人活活饿死。1941年春的永安,不少学校也行将断炊,公沽局的运粮船驶经曹远乡河边时,福建师范师生竟武装前往抢夺,引发"闽师师生抢米风潮"。公沽局局长气急败坏禀告陈仪,要求严办"土匪"。陈仪了解原委,倒是一笑置之,只说此事今后不可再发生。虽未再发生此类抢粮事件,但粮荒未决,城乡百姓怨声载道,官员徇私舞弊,公沽统制难以为继,迫使当局于是年6月撤销公沽机构,实行一年余的公沽制遂以失败告终。

从被万民炮轰而遭终止的"统制经济",再到言人人殊的"田赋征实",这些政策实施,严家淦自有其责。严家淦改任财政厅厅长后,其财政专长渐渐崭露头角。面对闽省"无财无政"的紊乱局面和艰困境况,他精心擘划解决之道,废除苛捐杂税600余种,减少冗员五千多人,使福建的战时财政由紊乱趋于稳定。

1940年严家淦以省财政厅厅长兼任福建省田赋管理处处长后,为解决粮食供应、法币通胀问题,首创田赋改征实物制度,简称"田赋征实"。后被国民政府通报表扬,在全国推行。东南各省还有派员来考察的。严家淦因设计推行田赋征实制度而名噪一时,其才干受到行政院政务处长蒋廷黻和财政部长孔祥熙的赏识。

严家淦虽也承认这只是个过渡办法,却也自许此法使政府掌握大量粮米实物,使粮价稳定,人心安定,是项德政,要不"晋江全体民众"就不会给他敬献金勋章了。严家显见过堂兄这枚犹如"万民伞"般的金勋章,上面刻着"粒效蒸民——静公厅长留念"数字,倒是扎眼。

勋章又能如实说明什么呢?作为农学院院长,严家显知道,战时粮食问题重要且复杂,处理不当,容易生乱。

永安山多地少,历来是个缺粮之地。省会内迁后,人口剧增,粮食更趋紧张,不独学校师生,许多机关职员也都种粮种菜,以补粮食不足。作为全省唯一的高等农业学府,研究如何解决粮食增产问题自是责无旁贷。因此,严家显创校之始,就重视这项工作,在1940—1941学年校务行政计划中,已有"与国内其他农业机关实行研究合作计划"等项目,以应对这一严峻挑战,解决社会尖锐矛盾,并尽力创造条件进行科学研究,每年都从学校有限的经费中安排一定的专款,开展增产粮食的研究工作。粮食供应紧张让当局大伤脑筋,为维持其统治秩序,除加强管理外,还设法从外地调粮,并对发展农业生产采取一些扶持措施。

就战时政策而言,严家显也知道,难免利弊相随,关键是孰重孰轻。他有感于时事,和堂兄谈起了历史上的农业,历史上统治者对田赋的态度。

他谈到古代的徭和赋。徭是徭役,古时百姓成年男子每过一段时间或在特殊情况下就要为国家无偿劳动。徭役又分为力役、军役和杂役。赋,是赋税,百姓要按田数或人头上交一定的税。历代赋税徭役都较苛严,不容反对。因赋役过重激起民变,史不绝书。

李绅"四海无闲田,农夫犹饿死"表现的悲怆,令人惊心。从这个层面可以看出,"轻徭薄赋"实际上是国家应该实行的惠民政策。

严家显不想只做一所高校的教育者,还想做一个社会的教育者。道义重了,肩膀上的责任跟着一并重了,对百姓的疾苦和委屈也就放不下心。

弗洛伊德说过一段很有意思的话:"人类心理活动的意识部分是漂浮在海

面上的冰山的小小山尖,而潜意识部分则是在水下看不见的巨大的山体。"严家淦知道堂弟的潜意识及其弦外之音,他也乐于交流:"制定这个政策,我们当然也是要认真倾听民意的。就如你不当糊涂教授,我也不能当糊涂官,任何一项政策,伸手向百姓要得多了,弄不好会激起民变。"

听堂兄这么交心,严家显心里宽慰了许多。入闽一年多,他看出了一个道道:在福建官场和金融界就职的江苏人,多由浙江人带进,江浙人在福建基本不分彼此,可以说是一家。所以,浙江人在福建干了坏事,也就连累了江苏人。严家淦之前的建设厅长,大权在握,飞扬跋扈,在多个系统都任用清一色的江浙人,省府一班厅处长也出其门下,他挥金如土,不知靡费了多少人民的血汗!直接税局局长离职回浙江时,不少福建人咬牙切齿地说福建天高了三尺,意思是说地皮给他刮掉了三尺之厚,天就显得高了。这些人蛇鼠一窝,特立独行的严家显,才不愿和他们为伍!

他也真心希望自己的堂兄能出淤泥而不染,于是少有地泼起了冷水:"但是统制经济、田赋征实,也并没有让百姓的生活过好,有的甚至更不好。黄历那边就有老百姓向我诉苦,'一餐三小两,仿佛老虎舔蚂蚁'。也难怪永安市面上频频发生抢米风潮,这怎么解释?"

严家淦沉吟道:"仲扬啊,这个你就算去问委员长,他也不可能给你满意的解释。排除一国一省施政能力高下不说,还得把内忧外患考虑进来,首先得怪日寇发动这场战争,不过,目前产生的许多病症,或许能在抗战建国实现后得以祛除……"

解释有些苍白。"革命尚未成功,同志仍须努力。"在沉浮不定的年月里,尤其对于地处永安山旮旯里的多数人而言,革命和治国都是辽远而神秘的东西,因为太过辽远,也只能听着号令,在各自努力中,把一干期望交给未来。

在福建省立农学院那些年,严家显不时把自己调查得来的有关农村、农业和民生的情况告知堂兄,有的还写出专题报告,呼吁为农民减租减息,为严家淦及省政府制定相关政策提供参考。可以说,严家兄弟对战时福建农业的发展是有功的。

只要多些真心付出,未来就不会是迷梦。严家显相信战争会结束,农学院会壮大,他对中国教育事业的信心不泯。

迎来带爱远行的"蜗牛"

陈仪治闽梦碎,怏怏赴任重庆。重庆正有自己的恋人呢,严家显不由自主地想到了! 夜已深了,他从书柜里翻出一叠来自重庆的信,借着红烛闪烁的光,饥渴地一字一句重读信上那娟秀的字迹。

突然就愣住了,他和王祖寿自武汉一别,不觉快四年了。这些年,他在奔波中对教育的喜爱与执着愈发的坚定,却总忽略自己的单身处境。他从来不爱欠债,却欠了情债。

他收过她的很多信,也给她写了很多信。信中介绍自己的近况和农学院的现状,趁机抒情。他一一描摹,哪边是青山,哪边是清溪,哪边是一片平展的农田,远远地还可望见摩天轮一样的大水车咿咿呀呀地转动。在他笔下,黄历就是一处世外桃源、人间天堂。他想让她通过文字先喜欢上这个她注定会奔赴的地方。

他也讲自然界特别是昆虫界的生死轮回,让她了解并尊重自然界的另类生命,加深彼此的共同语言。

相比于写信,他更喜欢读信,因为他更想了解她的一颦一笑,分担她的忧愁和苦恼。

当然,王祖寿从来就不是一个无聊、爱抱怨的女子。她关心他要注意身体,并告知在陪都重庆的所见所闻。两个人一个朝思暮想,一个芳心一片,只是天各一方,只能靠寄书信或是照片维系感情,一解相思愁,天涯如咫尺。

王祖寿大学毕业时,给他寄过一张头戴学士帽的照片。时年 24 岁的她,素颜朝天,朝气蓬勃。

有天夜里,她梦见远方的心上人。醒来,含几分羞涩和柔情,端详他的相片,挥笔成诗:

> 对此何须怨别离,
> 影中人亦解我痴。
> 闽岭风月清溪雨,
> 一样相思入梦时。

继而又写："十月十二日晨，因夜梦有感，赋打油诗一首，遥寄仲扬，以博一粲。芳寄自汪山清水溪。"

她最近一封信是告诉他，自己已离开中国银行，被调入位于重庆的一个叫中美平准基金委员会的单位，任统计组副研究员。

中美平准基金委员会怎么以前从未听过？严家显想，也许是自己在小山村里待久了，投身教育，又忘闻天下事了。恋人在这样的机构里做事，他肯定是要了解一下的。

严家显着人打听，才知道这个平准基金委员会是战时中国与美国外交的一个产物，主要为了维持法币的官方汇率。这个

王祖寿获得大学学位时的照片

基金也曾对维持法币的汇价起了一定的作用。但因为各方阻挠，平准基金委员会也难以应付战时中国复杂的局面，导致汇市不稳定，物价上涨。对此，亦官亦商的中央银行总裁孔祥熙归纳了四个原因："一因我国有租界关系，政治力量无法控制；二因有外商银行买卖外汇无法制止；三因金融中心在上海，投机牟利之风盛行；四因敌伪在沪多方捣乱。"

可想而知，王祖寿在中美平准基金委员会任统计组副研究员的工作有多么难。

1941年4月，根据蒋介石的意见，中英、中美两个平准基金会合并为统一的中英美平准基金会。但越来越多的城市在日军枪炮下沦陷，连香港都有战火之虞，这个合并的基金会以往通过售汇来平抑法币汇价的活动也相应停止，难以维持法币汇价的稳定，基金会名存实亡。

严家显从来信的字里行间，读出了恋人在职场的种种无奈与对未来的忧虑。看到她对未来的担心，他心里倒有了一个对未来的展望：既如此，何不共同投身教育？

他之所以喜欢教育，喜欢研究，除了报效祖国的热血，也因为它相对干净，少一些乱七八糟的烦恼。现在，他强烈地希望恋人也转入此行。四年来的交

往,让他鼓起了勇气,写了封求婚信,言辞切切,情意绵绵,热烈真诚地向年轻美丽的姑娘表白相伴一生的想法。

结婚这个想法,徘徊在心底已经许久,之所以迟迟才说出口,乃因为有诸多顾虑。第一刚恋爱那会,王祖寿还是个女学生,应该以学业为重。第二是他自己的事业也不稳定,先在武汉大学,一年后跑去了广西大学,一路漂泊,让一个女孩子跟着自己颠沛流离,受苦受累,他也不忍。现在好了,他决心要在福建省立农学院安定下来,暂时不必再刻意奔波。再有一个隐秘的原因,他担心两人分隔两地,感情基础尚不坚固,贸然求婚,会被对方拒绝。一想到此,他夜里睡不好觉,心情都要发霉变质,胸闷气短好几日。

而且,他来永安这段时间忙于创校,儿女情长之事提不上日程呢。再有,就是这里的境况着实不甚佳。1940 年 11 月,永安发生恶性疟疾;1941 年 1 月,鼠疫严重,入夏后连着三个月持续蔓延,同时有"回归热"流行。他绝不愿她有所不测。比疫病更可怕更可恨的,是日军丧心病狂的狂轰滥炸。1941 年 8 月 9日,30 架日机血洗永安城区,才过 3 天,又有 15 架日机闯入,无数房屋被炸毁,永安城居民在轰炸中死伤枕藉……

他不愿让她担惊受怕,想等情况好转些,才正式向她发去邀请。谁料,这些自然界的疫病、这场由恶魔导演的战争,一时竟无法终结;而重庆作为陪都,只怕危险系数比永安还高,让他更牵挂她的安危。

不再纠结,不再犹豫,就现在表白!

王祖寿虽是福建人,但在南京、武汉等城市生活工作了好些年,习惯了繁华都市的气息,让她放弃所拥有的一切,到连城市轮廓都没有的小山村工作,等于从零开始。不论是在大学校园还是出来工作,集美貌、才情于一身的她,都很受异性瞩目,追求者不少,他们中还有国民党大员朱家骅之侄。但她不愿找"官二代"或商人,而心仅于做学问有深度的男子。这些年,她见多了周围的男子,他们之中,有太多得过且过、顺其自然的柔弱花草,有太多趋炎附势、打着个人小算盘的攀援藤蔓,少有树冠高大、能遮风避雨的乔木。严家显才是在恶劣环境中仍能屹立不动的乔木,是她今生唯一的真命天子。与喜欢的人一起从事教育,她实在找不出任何理由拒绝,与其天涯思君,不如相伴左右。

再者,她本身对教育事业怀有一定的敬畏与热情,严家显身为明尼苏达大学博士,都可以为了祖国与人民放弃美国优越的条件,奔赴中国东南乡村,她又有什么舍弃不下的呢? 为了追随毕生所爱,同时为了两个人共同的奋斗理想,她决定辞别陪都重庆,前往永安黄历。

这个坚毅女子,也没有写信回复严家显自己的决定。在这样一个关键的时刻,写信显得太磨人,开头要琢磨,中途要考究几番措辞造句,最后还要思考如何完美地收尾。此时的王祖寿连一分一秒都不想浪费,她更愿意意气风发地收拾好行囊,奔赴千山万水,直抵终点。

生逢乱世,别说女子,就是一般男人要找一份体面的工作也不容易,更别说任性辞职了。王祖寿大学毕业后,在重庆就曾为求职而四处碰壁。愁云惨淡之际,有家机构给她带去了一丝希望的曙光,请其上门面试。这是投简历多日来的第一道阳光。王祖寿兴高采烈地赶过去,推门后,面试官一看性别,脸色瞬间拉下去,说不要女的。原来王祖寿因名字中性,被误以为是男性呢。尴尬的王祖寿,只能打道回府。被性别歧视的经历,让一向崇拜秋瑾、喜念木兰辞的她心头憋着一口气,一定要找到一份像样的工作,让大家刮目相看,虽说男儿当自强,女儿也当自立自强!终于,她到了中美平准基金委员会工作,不久就以出色的业绩担任了统计组的副研究员。她实在没理由不好好珍惜,如今却不惜为爱而另谋职业。

另一厢,严家显苦等不到恋人的回音,变得辗转难眠。不喜胡思乱想的他,也忍不住瞎想,寄出去的信是否遗失在奔波的路上,是否在航程中被风吹进了江河,被贪吃的鱼啄净了?又想,会不会是对方收到了信,只是不愿意嫁给自己,所以没有回信,从此以后两个人就互不相干了?他再也遇不见一个同王祖寿一模一样的女孩,没有她的日子,生活得多难过呀。月色皎皎,严家显暗自起誓,如若这辈子都等不到王祖寿的答复,那么他的情感和未来将无栖身之地,愿意终身不娶,以此祭奠他们之间纯真的爱情。

当一路奔波、历尽艰辛、风尘仆仆地来到山村黄历的王祖寿,突然出现在严家显面前时,这个大男人也忍不住流出微颤的泪花。原来,一切的一切并没自己想得那么难堪,现在是峰回路转、喜从天降了。这样执着又坚定的女子,正是他严家显在这个世界上最应该娶的女子!

自武汉一别,异地分离多年,思念从来难落个消停。待思念的人儿真切地出现在眼前,热恋中的男女自古不是"无语凝噎",便是"泪痕红浥鲛绡透"。他们也食着人间烟火。

她恍然觉得,他在自己的故乡福建待了两年,气息里都充满了故乡之味。他只觉得,自己梦里的她和眼前的她惊人地相似,那可人的气息,就像采集同一种花酿制出来的蜜浆。

"莎士比亚说了,'大海有崖岸,热烈的爱却没有边界'。只是你这只可爱的蜗牛,好像还不够热烈呢,爬来到我身边也太慢了!"他俏皮起来。

她爱他的俏皮,恋爱中的女人都爱男人的俏皮,她也不例外。她有话驳话,也能把莎翁名句信手拈来:"莎翁也说了,'要登上陡峭的山峰,开始时脚步要放得慢','爱是一朵生长在绝崖边缘的花,要想采摘它必须有勇气'。"

他紧追不放:"这么说,你是在积攒勇气?如莎士比亚所说,'起先的慢,起先的冷淡,将会使以后的爱更为热烈'。"

他们互诉多年的衷肠,说了这些日子以来见过的世道不安、人心不古。

他们有说不完的话,牵手走向了月夜。月华如水,云彩显得纤薄细致,远处是无尽稻田。路有深有浅,他们走得很慢。严家显长期紧绷的脑子,在这一刻终于放松了,他倒是有点儿得意:"现在我们可是一条船上的人,你可别跑了!"

"那就一辈子吧!"王祖寿低声呢喃。她从动身回闽那一刻,就是一只带家远行的蜗牛,愿意把全部家当,连同自己,都托付给眼前这个人。

"当爱说话时,众神的声音沉浸在和谐的静寂中。"四周鸦雀无声,两人沿着乡间小道,背影渐渐消融在朦胧的夜色里,一任山风嗖嗖而过。

有了女子的冯氏祠堂,立时多了一份生气。王祖寿对投身教育却有所顾虑,担心严家显因为对自己的爱恋而高估她。她只是大学本科生,跟一大批海归硕士博士一同共事,这倒还可以接受,但让她这个初出茅庐没几年的人,教育只比自己年龄小五六岁的学生,恐怕不行,万一误人子弟,耽误的可是别人一辈子的事,她担待不起。

严家显耐心地开导她,他相信自己的眼光,也相信王祖寿的能力。这个世间,没有能不能做,只有想不想做的问题。

王祖寿的心结解开了,两个人开始商量平生最重要的事:婚姻。

婚姻从来不是儿戏,总得让双方父母知情。王景仁对掌上明珠夫婿的选择非常慎重。1940 年王祖寿从私立金陵大学顺利毕业,获文学学士学位,成为王家四个兄弟姐妹中最早领取大学毕业证之人,直接把几位哥哥都比了下去。同年,她如愿进入中国银行工作,成为父亲的骄傲,女儿的终身大事也就成了他心头的牵挂。此前已从女儿信中知道,她心许的这个严家显是个高级知识分子,工作方面也相当有前途,但毕竟已是 35 岁的大龄青年了,自己的女儿却正值花样年华。作为一位爱女儿的父亲，他关心的不只是男方的学历与工作，也不只是年龄的差距，还有更重要的人品。生在乱世，人心险恶的道理，这位爱女心切的父亲比谁都清楚，表面的好话，他从来不爱听也不会轻信。遂私底下悄悄派人前往苏州吴县调查。

就这么一位掌上明珠，王景仁自然是查得十分仔细，细到几弄几号几楼这样的信息，都一清二楚。这一查，反倒是对严家显有了一定的认可。也不知他有无查出严家显高中时期悲剧的头婚史，总之，他最终还是同意了这一桩婚事。在女儿决意回闽和意中人携手时，身在重庆的他，无法远行，乃特意作诗相送，诗曰：

> 世乱难为别，临歧老泪挥。
> 方欣完学业，讵又遣于归。
> 喜偶从儿愿，精神嗟我颓。
> 如今千里隔，思念日萦回。

王祖寿哪怕知道严家显曾有过这段痛彻心扉的短暂婚史，作为知书达理的新时代女性，她也不可能硬揪着不放，她爱的是严家显这个人，不是他与其他女人曾经的历史。但凡是牵涉到过往的，实在犯不着刻意的纠结与斤斤计较，为人生带去成片的愁云惨雾。计较有什么用呢？有句话说得好，长的是磨难，短的是人生。

这一年，严家显的父亲严良灿生病了，苏州来信希望他能想办法回家一趟，老父亲担心来日无多，特别想念他。严家显也正想着如何亲口把婚姻大事向父亲禀报，他知道老人一直忧心此事。他也万分思念已有四年没见的父亲，虽然苏州早已沦陷，但父亲病重，无论如何也得冒险回木渎一趟。

馀里楼是回不去了，那里住满了日军。

严家显按信中地址，寻到了苏州十梓街徐宅，那是庶母徐夫人的娘家，父亲他们暂居于此。嘘寒问暖之中，才知父亲的病由：在拒绝参加维持会后，父亲挨了日本人的皮鞭，继而，严家老小在日本人的虎视眈眈下被扫地出门，老人惊恐愤怒，因此落病。

铁蹄蹂躏下的中国，眼下哪里去寻找安宁、没有血泪的家园？月光迷离，夜色深沉，父亲呼吸有些细弱，他的身上被日本人抽出了好几道血痕，尊严活生生地被撕裂，随着残月投影下缓缓流动的木渎河呜咽，隐隐的心碎。

实在教人气愤又伤心啊！这就是自己日思夜想的故乡？严家显对日本强

盗的愤怒又加一层,但有什么办法呢,眼下只能极尽所能宽慰父亲,祈祷抗战快些胜利,让老人能如愿搬回他倾注了一生心血的馀里楼,让四散的子孙团聚。

严家显的到来,尤其是他婚姻大事终于有了着落,让严良灿倍感高兴,疾病顿时好了一半。王祖寿虽未同行前来,但在严家老小这边,她得到了一致认可。尤其是严良灿,他周边围绕的儿媳都是包办婚姻娶进门的,受着"女子无才便是德"的传统影响,大多没读多少书,更别提什么大学学历了,都是中规中矩的传统女子。"女状元"王祖寿显得"鹤立鸡群",她与严家显也是唯一经过自由恋爱考验的一对。他们是一对进步青年,也是一对进步恋人。在王祖寿成为严家显的合法妻子后,严良灿一看二儿媳的照片,对其超然气质赞不绝口,特地在自己书桌的玻璃板下摆上了她的照片。那透明的玻璃板下,错落有致地摆着清一色男性照片,王祖寿却是唯一的例外,还摆在正中——她是老严家的骄傲。

从苏州回到黄历后,他们开始简单地筹备婚礼。

简陋、凑合而成的新房,与那些俗世女子追求的富丽堂皇的洞房自是不能相提并论,但斯是陋室,一经热爱生活、有艺术气息的女子巧手布置,也变得新奇可爱起来!

1942 年,严家显与王祖寿在永安举行婚礼。右后是王祖寿的好友昆珍(音),后来成为他们孩子的干妈

　　美好的日子终于到来。这一天，严家显穿上西装礼服，打起了领结，满面红光；王祖寿则披婚纱，戴花冠，手捧鲜花，和钟爱的这个男人手挽手步入婚姻的殿堂。这是他们相识以来最美丽、最幸福的一天。婚礼没有按照旧仪节，而采取西式，配有两名花童，还有着西装的伴郎、穿旗袍的伴娘，算是典型的"中西合璧"，体现了中西方文化交流时期的民国婚礼的特点。

　　"抗战期间一切从简"，他们也不例外。婚礼简单办了几桌酒席，款待亲朋，由严家淦主婚。新农剧团的几位演员还在冯家祠堂大厅合演了独白剧《男女》，增加了欢乐气氛。闹洞房时，在大家的起哄下，他们合唱了《春天里》。

　　有情人终成眷属！令人跌眼镜的是，他们当初各自的"红娘"——马宝志和袁艺兰之间的恋情却没能保住，各奔东西而去。

　　两人都倍加珍惜这场来之不易的婚姻，决心让爱情永恒燃烧，当成宝，当成经书，当成蜗牛沉甸甸的壳。

　　婚后，严家显开着省政府留给他使用的那辆旧轿车，带着新娘子到永安城，做客严家淦家。王祖寿初来永安，严家淦夫人刘期纯一见之下，就喜欢上了这位准弟妹，虽然还在哺乳期，却也热心张罗他们的婚礼，对仪式提供了一些参考意见，还送上了自己的礼物。

　　谈笑间，刘期纯得知王祖寿父亲给他们送了贺诗，便说："仲扬其实你也该送首诗给弟妹。"

　　严家显笑问："这么说，嫂子结婚当年静波哥有诗相送？"

　　刘期纯点头道："正是，不过是首词，还在报上发表了。"

　　王祖寿好奇地问："静波哥怎么写的啊？"刘期纯从卧室取出一张报纸，上面刊着严家淦的词作《蝶恋花》，填的是："底事东风吹不住，一寸柔情，随绿衣人去，且向春阴听杜宇，夕阳冉冉深无语。　　咫尺天涯愁万缕，隔院桃花，偏又红如许，细雨朦胧魂断处，垂杨半掩梵黄渡。"

　　王祖寿看罢，赞道："没想到静波哥这么有文才，这个礼物可真是特别了！"

　　严家显一旁认真地说："是啊，静波哥如果不从政，会是一位成功的企业家，一位杰出的科学家，一位浪漫的诗人，甚至可能是一位慧眼独具的艺术家。"严家淦在大学阶段曾想读文学，但最终还是选了化学。

　　严家淦开会回家，看到王祖寿抱着自己刚出生不过小半年的五子隽建，把小家伙哄得咿呀直乐，乃打趣道："好啊，弟妹开始实习怎么带孩子了，希望你们早生贵子。"

王祖寿含羞低首。

刘期纯一旁道："弟妹知书达理,一看就是位贤内助,今后仲扬有依靠了!"

王祖寿笑靥如花："他呀,不说我'夏虫不可以语冰'就好了。"

严家淦不觉莞尔："真是近朱者赤,弟妹随口一说,都带上仲扬的昆虫学了,如此夫唱妇随,携手并进,何愁家庭、事业不来个双兴旺?"

也是真的,自从内心相许后,王祖寿对生活中无处不在的虫子就少了些讨厌,而有了关注它们、了解它们的心理,久而久之,简直是不可一日无"虫语"了。

一天,屋后的地面铺了一层细碎的花儿,严家显带王祖寿来散步。泥土的气息,野花的芬芳,让她和他微微陶醉。他一旁笑道："一起陶醉的还有虫儿呢,你听不见它们的呼吸声,却看得见它们的身影。"

她就屏声静气,寻找它们在眼前的影子。他手指眼前形态不一的植物,又告:"这些植物随着季节自由自在地生长,你方唱罢我登场,四周都是瓜熟蒂落的声音,还有各种蝴蝶、蜜蜂等昆虫的叫喊和欢呼声,听起来像是乱七八糟,其实有让人惊讶的秩序。"

"是吗?"她微微一笑,感觉他像是一位老师给学生上课,教她俯首帖耳认真地倾听虫鸣。

有时观虫累了,或是踩了一脚泥,她就随他一起下到溪水濯足。赤脚站在宽广的溪流间,看着河水蜿蜒流动,几片落叶漂过,上面还紧紧吸附着绿色的虫子,在阳光下点点闪烁,载沉载浮,像是虫儿在撑船,她忍不住惊喜地叫一声。溪中大小不一的卵石被温婉的水流磨平了粗糙,光滑如玉,他们手牵着手小心翼翼地行走其上,好不惬意,教人忘乎所以。

蜜月是最快乐的二人世界。他们在黄历乡间走动,有清溪缓流,漫步其间,一阵清爽;也一同漫步月夜,听取蛙声一片、虫鸣悠扬,回头再是"红袖添香夜读书"。有客来访,则热情相待,大多是严家显负责招呼,王祖寿负责炒几个小菜,大家饮几杯小酒,不亦乐乎。

第六章 乐育之志

一片初心能对月

芳心一片许桃源

蜜月还没过完,王祖寿已开始了教学生涯,担任起了福建省立农学院的助教(后讲师),主要讲授会计学及经济发展史。

从他们愿意携手相伴的那一刻开始,严家显在钟情的教育领域就不再是单枪匹马了,夫妻俩双双投入到浩瀚无涯的教育事业里。她甚至认为,这样才是婚姻中理想的一致、意志的融合,才是真正的夫唱妇随,才是最匹配的比翼齐飞、最美的相依相伴。

纵观彼时国立、省立各大学的教师,留学归国者比比皆是。那时已渐渐地迷信起学历来,博士和硕士间的待遇差别很大。但走上课堂便知,很多人虽有高学历,但因为口才太差,有学问说不出来,像是茶壶里装汤圆——倒不出,自然就不太受欢迎了。

严家显却是个内外兼修的学问家。选修他课程的学生称:"我们创校的院长严家显是一位相当有名望的昆虫学博士,他的口才是一流的,在黑板上大笔一挥,画上蝗虫或其他昆虫的外形图,令人叫绝。"

王祖寿的口才也是人见人夸。25 岁的她,虽然比学生才年长几岁,但讲起课来,生动活泼,既能讲传统古典文化,也能道西方经济知识,深得学生的欢迎。她本身也有在中国银行与基金会工作的实践经历,再结合一定的理论,是能够让人受益匪浅的。许多学生在回忆文章里提到王祖寿时,均表示"念念不忘良师的谆谆教诲"。王祖寿也自称,"我与闽农同学谊属师生,情同姐弟妹"。

在大城市生活多年的王祖寿,沾有一点洋气,偶尔喷点香水,稍微打扮一番。这在她看来很平常,而在相对封闭的永安黄历,就显得格格不入。中国近百年来一直受西方的欺压凌辱,加之抗日战争兴起,当地百姓与部分学生对帝国主义怀有深深的愤恨,

王祖寿在福建省立农学院讲课照

连带着对有资本主义印迹的东西也一并排斥。人们无法接受化妆打扮,都国难当头了,怎能动这份闲心呢?年轻的她一经察觉,马上收拾爱美之心,把化妆品等束之高阁,只管恪尽职守,一心一意地当一位好老师,做一位贤内助。

有次,一位远方来拜会严家显的教授,情不自禁地说:"听说严院长新婚燕尔不久,没想到夫人穿得这么朴素。"

她拉拉身上有点皱巴的衣服,大大方方地说:"我听家父说过,清朝咸丰以前,福建是很富裕的,因此当时各地都建有祠堂。我们眼下住的这个祠堂,就是一个物证。那时福建人穿的衣服都可以自给自足,花样也多。后来五口通商,福建占其二,资本主义大举侵入,就把手工业给摧残了,现在又和日寇打仗,饱受战争摧残,福建人用的布匹大多得靠外地运进来。是得朴素一点,为国分忧。"

1942年的夏天,永安气候骤热,创下四年来最高纪录,加上敌机轰炸之后的狼藉,导致城乡蚊蝇肆虐,好不烦人。

一天夜里,他给她打着大蒲扇,讲蚊子对人的侵害,也讲到当年在明尼苏达大学以身饲蚊搞科研的往事。

"那真是钻心的痒,可也得咬着牙关承受呀!但你知道吗,我另一只涂了药的手臂,竟让这些凶猛的家伙退避三舍。我庆幸值了,因为知道了如何以毒攻毒。"

"真厉害!"

"不不,我的发小柳支英在这方面更厉害。"

"怎么个厉害法?"

他就讲起了柳支英。柳支英在广西大学农学院时,为了研制中国第一批能预防多种蚊虫叮咬的避蚊油,竟带着助手和学生先后进行了上百次"喂虫子"的人体试验。

"还真是发小,你们都有点傻……"

王祖寿说着,却见严家显朝她"嘘"了声,指了指前面的化妆镜。

原来,有只蚊子扒在镜子上"顾影自怜"呢。这家伙比平日里见到的蚊子大出许多,逆着镜子反射的灯光看,它有一对透明的薄翅,两只眼睛像是戴上了墨镜,再看其六足,均匀地对称分布,细细长长地伸向两边。

王祖寿举起拖鞋,悄悄起身,走近镜前,准备对蚊子执行死刑,却见蚊子微微挪动了一下。

严家显又"嘘"了下,道声"慢"后,也悄然起身,轻声说:"你看它头上的触角,像两片羽毛分散两边,像热带植物的花吧? 有时造物主的神奇,真要令人感叹。"

"你倒发个话,是拍死还是抓活的?"王祖寿的手都举酸了。

"你稍等等,让我看看,你可别动。"

王祖寿一动不动把这只大蚊子前后左右瞅个遍时,严家显已找来资料对照了这家伙的长相,道:"它应该叫摇蚊,不会叮人吸血。"说罢指着她高高举起的拖鞋,示意她放下,进而像是对她说,又像是自言自语,"还好,刚才没有对它莽撞下手,差点滥杀无辜。"

她听罢,忍不住哈哈大笑起来。

气流颤动中,这只蚊子抖动翅膀,"嗡嗡嗡"地绕了一个小圈,消失在眼前。

昆虫界有很多有趣之事呢,严家显的生动讲述,一次又一次地引起了王祖寿的兴趣和求知欲。

他常常顺着她的问题讲开,仿佛整个昆虫世界都在他的眼里,"胸有成虫"。那难以一见的报死窃蠹如何找对配偶、那每天都在上演"后宫争斗"的花朵如何充当蜂的保暖毯,还有纸胡蜂有哪一套适者生存的自保手腕、苍蝇的重要性等等。她透过这些精彩的昆虫故事,领略并分享他探索大自然的乐趣。

他说着说着,又变得严肃:"其实,绝不能只是单纯地认识这些昆虫的生活细节以满足人类的好奇心,而更要知道,它们在地球上与人类共存亡。人类的所作所为,已经让许多与我们共享美丽世界的迷人生物消亡,有的正在消亡,人类再不珍惜地球上形形色色的生物,悔之晚矣。一旦某个物种灭绝,不单是它们的生命密码也随之永远消失,还同时削弱了地球供养万物的能力。谁都没有权利剥夺子孙后代对大自然的继承权、没有理由削弱他们发现与探索昆虫界的乐趣。"

说这话时,仿佛她不是妻子,而是学生。

听他说话时,她耳边不时响起嗡嗡声,脑海里呈现鸟语花香、草长莺飞。

两个人生活在一起,哪里没有一些磕磕碰碰呢? 严家显与王祖寿恋爱时天各一方,结婚后才住在一起,偶起争执也是平常事。他们到底是读书人,以理服人,一点小吵后,大多归于平静,各自默默地做自己手头上的事。经过不断地磨合,自然而然如胶似漆。因家庭、教学或社会诸事而特别生气时,王祖寿会气呼呼地不吃饭,严家显到底是男人,见不得自己的女人受气,总是温和劝解。

很多师生都作证,自这对夫妻入住后,冯氏祠堂一片祥和,绝无吵闹之声。

这是严家显旧居,系黄历村开基始祖冯金六于明代中叶由上坪余荆南坑迁居黄历所建,位于黄历村澄湖头岭干,坐西朝东,面积达213平方米。

现今大门前有一幅楹联:"积善人家书香门第传薪火,桃李扬显人文竞秀源流长","家""显"二字蕴含于其中

当年灰暗的土木结构宿舍,经历抗战烽火和数十年的风雨,依然顽强而整齐地挺立着。虽然宿舍朴素简陋,却是当年学子们眼中学习与生活的宝地(钟兆云　摄)

严家显在黄历创办农学院,与王祖寿密不可分,当初有她的鼓励,后来又有她的携手并进。

那时候,逢年过节严家显夫妇总会邀请一些外地无法归家的学生,去家里吃饭。王祖寿总是热情洋溢地炒上许多拿手的福建菜,招待大家,菜肴美味可口,令人回味无穷。平时,他们夫妇也请学生来家里做客。有学生来请教问题,到了饭点,他们也一再挽留学生吃饭。席间,大家谈天说地,打成一片,师生间原来的距离早已消失殆尽。

女人在日常生活里,大多会比男人细腻一些,王祖寿也不例外。有段时间,严家显在外考察做研究,不着家。上了一天班的王祖寿回到家里,也是备两个人的饭菜,若丈夫较晚回来,可以再热给他吃。人终于回来了,一看他的样子,王祖寿总要让他站在门口先把一身脏外衣脱下,准备烫煮,杀菌消毒。有时她还担心衣服没煮干净,那些生物太过于顽强,所以还会煮得久一些。每一次科考回来,严家显都要受到这番"虐待",心里却是甜蜜的。

过这样的山间教育、昆虫研究生活,自然需要做妻子的理解、支持与信任。他知道自己择对了偶,王祖寿聪明解事,知书达理,也很能干,学校与家里的大事小事,一一包揽。这样的贤妻良妇,为他的工作与研究提供了充足的保障。

王祖寿因为严家显,也真心爱上了黄历这个普通得不能再普通的山村。她常向家人、朋友和同学深情地介绍:村前是清澈的燕江溪流,空气中有微弱的潺潺之声,站在河边眺望,眼前尽是随季节更换衣裳的不可名状的植物。春天,去吉峰头的小路上,是一片片轰轰烈烈的杜鹃,一路烧着,一眼看不到边;秋天,山凹里挂满金黄的小蜜桔,色泽艳丽,望之垂涎;冬天,山上的梅花凌寒怒放,阵阵清香,沁人心脾……

日本人的飞机终究没有放过偏僻贫穷的山村。炸弹虽离校园还有一些距离,但隔河、隔空可望见对岸和远处弥漫的硝烟。空袭警报声也不时打破黄历平日的宁静,尖锐刺耳。前几分钟大家还在课堂内安静地听讲,现在已经抱头如鼠窜。宿舍、操场对面就是一座山,警报一响疏散上山倒很方便。严家显和王祖寿都跟着师生做过"难民"。有的师生怕折腾,如果遇上大晴天又没有课,就干脆上山看书,很清静,也省得来回"跑飞机"。

每次有惊无险后,王祖寿就佩服农学院选址得当,也理解新校舍外侧墙面为何要用锅灰刷成黑色,为何要让附近民众拆除屋顶上的玻璃明瓦,警报响后为何不准在外晾晒衣服特别是白色的衣物,晚上为何要实行灯火管制,等等。原来是有讲究的,防止反光,防止敌机在侦察时轻易发现。自己的丈夫还真不是一个只会做学问的书呆子!

毕竟处于抗战年代,木质结构的校舍,夏不足抗暑,冬不足御寒。学生虽享受"全公费"待遇,但供给标准低,每生每月 17 公斤大米和少量菜金,只够勉强维持生活所需。多数学生出身寒门,又远在山区,家在沦陷区的父母也无法接济。

并非农学院,附近院校大都如此。

　　国立福建音专1941级学生汪培元回忆："福州沦陷一段时间,每天只发半斤米,一天两顿,实际能喝到的只有两碗米汤,外加一匙黄豆,饿得只能躺在床上,无法动弹。所以不久也就病倒了,最后不得不休学回家为止。"

　　迁入大湖乡的福建师范学校就更清苦了。福州沦陷后,学校教育经费由每月4 800元骤然下降为1 200元,口粮供应紧张,得靠师生自己到外地手提肩挑。每天最多只能吃四两米,用毛竹筒蒸饭,早餐多数吃自种的黄豆,多时两汤匙,少时只有几粒。伙食很差,几个月吃不到一丁点肉。严重时,学生八人一桌,三餐菜几乎都是一碗黄豆,或是当地产的咸笋干,再有就是学生自种的青菜。正处在长身体时期的学生,除了上课学习,还得建校、砍柴、挑米,劳动量非常大,个个饿得面黄肌瘦,所以,就发生了轰动一时的"闽师师生抢米风潮"。

　　抗战在持久中益发艰苦,学校经费愈发紧张,学生供给也愈发有限。严家显除了积极帮助贫困学生度过难关,还积极为教员申请奖助金,自己却主动放弃,把机会让给其他需要的教授。查知1942年度奖助金,副教授以上大致都有500元左右,等于多了一个多月工资。

　　但这些钱,怎么也跟不上物价飞涨,即使手头有钱的教授,也常常苦于无物可买。有段时间,师生们一日三餐经常是靠数十粒黄豆、几片青菜和一碗清汤下饭。所谓饭,早上是白开水一般的稀饭,中午与晚上两餐是掺杂有砂、石、谷子、稗子、糠、老鼠屎的干饭。师生们苦中作乐,戏称这是"八宝干饭",仿佛这倒成了天下最有独特风味的佳肴。

　　严家显苦中作乐回到现实中来,也不忘检讨似地对王祖寿说："对不起,骗了你,让你受苦了。"

　　"骗我什么了?"在昏黄的灯光下备课的王祖寿抬眼问。

　　他讷讷:"那些信,我差不多要把黄历描绘成世外桃源了,好把你从重庆骗来。"

　　原来是这事,她笑说："能有世外桃源吗?"继而又说,"不过,相比之下,黄历还是比重庆多点桃源味。平日里鸟语花香,虫鸣蛙叫,我可以把它想象成大后方的天堂。"

　　"你还在华西坝读书时,也说那里是大后方的天堂。"

　　"是啊……"王祖寿不由回忆起1938年,她随金陵大学迁往华西坝时的情景。那时,一同迁往的还有金陵女院、齐鲁大学、燕京大学一部分,而后又有中央大学医学院和农学院兽医系迁来,加上东道主华西大学,共有六所大学集聚于此。非常时期,六所大学师生济济一堂,熙熙攘攘,尽管条件艰苦,却十分融洽,称华西坝是"大后方的天堂"。

王祖寿看着丈夫,语气无比的温柔:"其实,我也骗了你,只为了让你少些担心和牵挂。华西坝这个'大后方的天堂'又哪里是世外桃源呢,生活艰苦不说,还得提防敌机轰炸呢。没有你的地方,再好也不是天堂;有你在,再不好也胜过天堂!"

王祖寿内心是纯净的,天性是活泼的。置身于一批教授、学者之间,内心也起过波澜,担心自己只是一介从未留过洋的本科生,才疏学浅,误人子弟。跟"书到用时方恨少"同一个理,学问到急用时根本不够用,由此驱使离开校园多年的她,不曾忘记学习,更加勤奋上进。她当然也知道自己身为人妻,担着一定责任,很难完全抛下一切去遂行美丽纯正的学习愿望,只好在严家显外出或夜深人静时,独自默默地苦研不辍,为的是今后更好地走上杏坛。

严家显原是担心她在这个远离"天堂"的地方待久了,会郁闷,会生厌,会想着逃离,没想他的她,心里头也滚动着教育救国的热情,认真教书和求学,无声支持他不说,还能悟出心安处即天堂的哲理。他深深地感动了,抓着她的手默默无语。

原就有一身文艺细胞的严家显,既非不食人间烟火的圣人,也非皓首穷经的老学究,更非四体不勤的懒人,他是个懂生活、有情趣的学者,静如处子动如脱兔,鼓励妻子多读书并加以指导之余,有时附在她耳边唱歌,为她弹上一曲吉他,有时带她去城里探亲、会友,或者看戏、踏青。

志存高远,"推重车上峻坡"

1942 年 3 月,燕溪两岸的老柳树刚垂下绿丝绦,悲伤随着乍暖还寒的山风向冯氏祠堂的小屋袭来:严家显的父亲严良灿病逝于苏州,享年六十有八。

父亲说走就走,连最后一面也没见上,这使严家显伤心欲绝,一时缓不过神来,呆若木鸡。严家显虽然悲伤难言,虽然愿意带着妻子冒险回到日伪政权下的苏州奔丧,却是有家难回。对他的请假奔丧,福建省政府传来消息:日军正沿浙赣路西侵,浙江战时省会金华岌岌可危,从永安向北,原路难通,风险系数太高。倒也是实情,上年暑期,福建省立农学院在部分学生放假回家后,便成了从浙江撤退的过境难民的接待站,到开学时最后一批尚未离开呢。严家显悲痛中,只能在冯氏祠堂为父亲设了个简单的灵堂。

严家显在灵堂前长跪不起,看着父亲的遗照,直觉恍然如梦。这些年来,他只顾低头求学、教学,忙得云里雾里,虽然时常想着回家看父亲,可只是在父亲生病那次回过一次。时间就这样过去了,一朝醒来,父子已然阴阳两隔。

王祖寿也跪,照着传统仪式祭奠。

丧父的悲痛还没消弭,新学期又已开学,严家显问王祖寿:"父亲给我们结婚的钱还有多少?"

不消说,他又要把私房钱用来补贴学校开支了。

不当家不知柴米贵,他这个院长当得可真不容易!

福建省立农学院从无到有,面对荒山僻壤,他得过问一瓦一椽之营建、一草一木之培植;他得多方物色人才,不问出身和派别,一律兼容并包,延聘学者名流来院任教,充实教学力量,同时还得招收到一定质量的学生;在对全校师生的食宿以及安全负总责之余,还得有条不紊地坚持研究、教学、推广工作三不误,重视教育功能的发挥。

如今,他是建成了一所固定地设有五大系的农业高等学院,但此后如何使学校在经济条件落后、物质匮乏、经费极度困难下继续存在和发展,如何突破各种重围,办出名堂办出水准也办出思想?他还得费一番心思。

北京大学校长蒋梦麟当年说过一句大实话:"在苦难时期,执掌一所大学是件令人头痛的事。"

再头痛,严家显也还得四处奔波,头顶云天、脚踏大地。他在显示卓越领导才能之时,也因夙夜在公,饮食和休息没规律,积劳成疾,而让胃病纠缠上了。

一天傍晚,他从省图书馆借了一堆书回来,还拿出一个抄写的书目给王祖寿看,说这是自个儿要买的,那是农学院图书馆必备的,对师生们的教学大有裨益。院图书馆已没有资金额度了,他只一句话:我们先垫吧!

他对图书馆的认识,最早该是来自金陵大学。在他就读时,不独金大图书馆蔚为大观,就连农学院也专门成立了自己的农业图书研究部,收集中国古今农业书籍及各种图册,编纂出《先农集成》《农业索引》,为搜集、整理中国农业文献不遗余力。如今,自己既然身为一校之长,就梦想着也建立一个像样的图书馆。

他闲时爱往省图书馆跑,曾不失敬重地告诉王祖寿,省图书馆负责人董秋芳是个书痴,他们有很多共同语言。

王祖寿就问:"什么共同语言啊?"

"董秋芳认为,永安的知识荒,超过了今天的粮食荒,所以他强调图书馆尤其是公共图书馆的作用,要比普通学校大,是再造智力的场所,也就是为一切知识再生产的工厂。"一向博闻强识的他,记住了董秋芳的一席谈论。他也知道这位左翼作家,是抗战前夕应时任福建省政府公报室主任的著名作家郁达夫之邀,才从浙江到福建从事编译兼图书馆管理工作的。

"讲得有些道理。什么时候带我去看看,也借几本回来。"

"好啊,但得董馆长批准,他可是把书当宝贝呢!当初省政府内迁永安时,他费了九牛二虎之力雇夫定船,把图书馆的全部书报装上,还亲自冒着酷暑押运。人们劝他大可不必亲力亲为,他却说:这万千册书报杂志,宛如我的子女,而我就是它们的保姆,无论如何要把它们从战云密布的福州安全带到大后方来……"

他说着,忽然捂着胃部,发出一声小小的呻吟。她知道,他的胃病又犯了,忙给他找药,一边怜惜地问:"为什么这么拼呢?"

他服下药后,强颜欢笑,给她讲起了他们共同的校长——金陵大学老校长陈裕光如何心系教育之事。当年,他曾听陈裕光说,教育是人类完满发展的工具,是民族振兴的第一大事,"假使我国民众不能承受完满发展的教育,即不免走入偏跛畸形的程度,在今日世界民族中,就不免人家不尊重,我也无以自重"。他后来矢志投身教育,多少都受此影响,听说陈裕光、王星拱等前辈教育家至今还在壮心不已地为这等大事呕心沥血,自己又岂能不发奋图强,为今后的抗战建国尽心尽力?这个国家太需要农业人才了!

她听懂了,丈夫要把农学院办成为一个真正高水准的教育、学术机构,不仅成为振兴福建,也成为振兴国家、民族的重要工具,为此无法停止奋斗。

严家显要求,每位助教正式走上讲坛前,事先应准备好一个讲课提纲,在以前传下来的提纲基础上做些改进,并请相关学科的系主任或教授帮助审稿,再交付印刷。他自己也亲自指导一些助教,仔细帮助修改教案。有时印刷处接活太多而忙不过来时,他还请王祖寿帮助刻钢板。王祖寿的字本来就好看,动手多了,也就成了刻钢板的能手,她刻印的东西人见人夸。

此外,严家显还指导年轻的助教们如何动手制作标本,使得他们上实验课的材料丰富了许多,教学效果自不待言。

看到教授们在艰苦的办学条件下不减教学质量,看到学子们从中受益良多,看到非常时期黄历校园依旧欢声笑语,他再是疲惫的脸上,都会露出笑容。

抗战时期,国内各省的日子都不好过。福建虽不是主战场,但也多处沦陷,战火不断。生活本身已不安定,民不聊生,偏偏天公不作美,自然灾害频仍。省政府囿于财力、人力、物力的困窘,应付军政庞大的开支后,只能是勉强对百姓施以救济,窘态尽现。

物价涨得也是离谱。严家显初来永安的 1940 年,据闻物价虽比两年前有所上涨,却不算厉害,没料 1941 年物价比抗战前夕高 30 倍,1942 年更是上涨了60 多倍,衣物类涨价竟高达 110 多倍。教师薪水的增加,哪里赶得上物价的飞涨? 要维持生活都异常困难。

学校只能日日靠政府拨的那点儿粮食维系生活。热爱钻研的学生便到食堂搜集同学三餐碗底剩余的黄豆,结合胡光烈老师所教农产制造学中的酱油制法,学以致用,竟然也成功研制出一罐豆酱。枯燥单调的食堂里,不期然间又多了道风味小菜。有段时间,米饭中有很多沙粒、谷子,实在难以下咽,因此餐餐都能见到桌面上有不少剩饭。畜牧系的学生便把剩饭收拾起来,好的拿去晒成饭干,差的就装桶,提去喂养畜牧系的马匹,废物利用,一举两得。

男生宿舍大院东侧有一列平屋,是农家铺子,吉山老酒、花生米、自制猪油米糕,常常引得饥饿的学生口水直流。课余饭后,总会有人在此流连忘返,来一两老酒,配上二两带壳的花生。人间没有绝对的至味,在最饥饿的时候能一饱辘辘饥肠、一解忧愁的便是世间最美的味道。

这显然不是长久之计。省立农学院的日子已经拧巴一段时间了,师生们营养跟不上,痢疾与疟疾连接发生,严家显不由得急火攻心,为此一次次进城找省政府相关人员化缘。

省主席刘建绪虽然对文教事业也有几分热心,但毕竟不是陈仪,农学院也不是他主张要办的,加之省财政左支右绌,支持力度又如何能及陈仪?

身为财政厅厅长的严家淦,在财政困难之下,还要兼顾其他各方开支,也没法多为堂弟执掌的农学院“开小灶”。实际上,由于法币贬值,通货膨胀,省财政已经岌岌可危。

有次,他自诉其苦:“我任建设厅厅长时,雄心万丈,事事想创造,件件想兴办,办建设当然要钱,拿不到钱时,就常常抱怨财政方面的不配合。后来自己做了财政厅厅长，从办事业的立场转到筹钱的立场，角度不同了，对事情就有了不同的看法，也就会体谅他人了，明白无论做什么事，都应从整个大局着想，而不是从片面打算。"

严家显一向不会强人所难，他有自己的进退。

这个时候，倒是教育厅厅长郑贞文出了个主意，说省里眼下急需兽医，如果农学院能开办个兽医专业，他就以此为由向省政府申请专项拨款。严家显考虑再三，默默点头。

艰苦的环境不可能瞬时改变，严家显一面化缘，一面号召全校师生自力更生开荒种粮种菜，生产救亡。他半认真半开玩笑似地说："在广阔的农村，学农学的还要被饿死，那可真要成天方夜谭了！"

这么一激将，各系各班的壁报纷纷贴出斗志昂扬的标语。脑筋活的学生纷纷利用宿舍周边地、实习地，广种蔬菜、瓜果。还互相比赛，看谁种的好，结的果多、有特色，劳动热情高涨。有的老师眼见生活清苦，改善伙食的那根弦也被激发了，在屋边地角种些瓜菜，或养猪养鸡鸭，自己用石碓舂米，自己到溪边挑水。到收获时，有的老师也带些菜下馆子，和学生们一起"加油"，豆腐汤、炒青菜再加上一些小荤味，就算是"会餐"了。

严家显还亲自带领一批师生，扛锄担畚，翻山越岭，寻找适耕之地。这也是现场教学，正好可以让师生们共同了解这一带的土壤和植被情况。一粒粒种子下土，既能生产自救，也是为抗战时期的一方土地播下希望。严家显还说，种子落下了，就为未来农业科学的发展奠定了良好的基础。

从事生态研究最大的困难之一，就是要有能够支撑长期实验的大片土地。在严家显的反复催促下，福建省政府终于批准农学院在院址附近征用土地305亩做试验农场，其中安排牧场30亩、苗圃40亩、茶园15亩、果园40亩，其他作物用地160亩。

农学院初创，严家显就提出要设立试验农场，指出"研究及推广之进行必须有适当之场所与对象"。农场没有建立时，他在课堂讲授之外，就经常带学生到附近农村或别的农场、果园，进行实地教学，以使理论教学更能符合生产实际，通过实验、实习帮助学生巩固所学知识，掌握实践技能。如今有了自己的农场，他自是高兴万分，特地在教授中聘请包敦朴兼任农场场长（继任场长李先才、杨名声），要求场部必须有专职技术人员和农工若干人。各级学生参加农场劳动并在农场进行教学实习，而后规定，二年级学生有一个月左右的农场实习，三年级以上学生每年有四个月左右的田间实习和毕业论文研究。

现场教学不够，还常常指派三年级以上学生到农村参加农技推广和社会服务工作。龚钧智曾回忆："当时我对果树的栽培技术很感兴趣，严院长说了，老师教授的只是理论知识，有的可能没办法真正地运用到生产实际当中，作为园艺系的学生，你要明白只有和农民打交道，走到田里才能将知识和实践相结合。因此，我常常和农民同吃同住同劳动，通过广泛、深入的实践来提高技能。"

这样苦中作乐，并不表明就可以不需要钱了。教师的工资不能少，少了，他们就有可能被挖墙脚，或另觅他处。福建师范学校校长王秀南辞职，接受中山大学副教授之聘，一大原因也是闽师财力吃紧。严家淦对此也是惋惜的，特饬其所属福建省银行专车，送了他们夫妻一程。

即使学生那为数不多的"公费"待遇，也不能再降了。食宿肯定不能收钱，每年都要设法添三套衣服——夏装、冬装和工装，这些条件是吸引寒门子弟报考的重要因素。要招进这些学生也真不容易啊，最困难时，一个系一年才招到一个学生，不容他不爱才如命，倍加珍惜。因此，有时"公费"没到，他就自己先垫上！为了适应战时办学，他还采取弹性学制，若学生求学时确有困难，可休学，待情况好转续念。他知道从沦陷区来的同学经济来源无着，除了尽可能地给予帮助，还鼓励他们勤工俭学。于是，有的学生周末便到永安城里，在饭店或茶馆当服务员，端盘子、送糕点或冲茶。

严家显体恤穷苦学生所立下的规矩，并没有因他后来的离职而被废除。有位首届考进来的学生，因家里实在太困难，断断续续读了七年才得以毕业。他后来感动地说，没有严院长就没有我。他毕业后怀着感恩之心，一直留在农学院工作，直至退休仍不忘强调：严院长倡导并身体力行着黄历精神，他培养的优良校风，给历届学生，也给后来的福建农学院、福建农林大学留下了宝贵的精神财富。

"黄历精神"当然是后来的提法，那些年的黄历学子们将之归纳为三句话：一是勤学苦练的基本功，二是艰苦创业的干劲，三是团结进取的精神。

那些年，不论是接触过他的师生，还是勤杂人员，莫不公认严家显是位能人。

一位参加福建大学筹建未果而留在农学院的总务人员，曾和严家显说："得知新来的严院长是财政厅厅长的弟弟，大家都认为你带了巨额支票来，没想到只是几箱书和衣物，几乎是赤手空拳，弄得我们期待已久的兴奋点没了，一度失落,一些人心里打着小九九,想见机行事、随时辞职。但渐渐地发现,你带来了对农学院的整体规划,带来了比金钱更实在的渊博学问、做事精神,便留下来跟着你干了。"

严家显笑道:"世界上能用钱解决的事,都不算难事,只有那些闪耀着光芒的知识,大家团结进取、艰苦创业的精神,才是无价之宝,也感谢你们的支持和信任。"这位从木渎古镇走来,操着一口吴侬软语的院长,对身边的师生都谦恭有礼。那时的农学院不管老师还是学生,都喜欢课余饭后三五成群在树荫下、山坡边和燕溪旁漫步谈笑,深深感受到一份融洽和悠闲自得,克服物质条件的艰苦同时,精神是愉快和充实的。

就这方面而言,严家显是值得敬重的。他们夫妇与学生同甘共苦,也像学生一样吃竹筒饭。米菜都焖在竹筒里,上面写上自己的名字,免得混淆。其实,他们也只能这样与学生同甘共苦,因为他们的生活早已开始捉襟见肘了。

他还是一次次向她伸手。

直到有一天,她默默地从里屋的箱子里摸出一枚金戒指,交到丈夫手中。

严家显眯着眼睛,看着戒指,一惊:"怎么了?"

王祖寿淡淡地说:"把它当了吧,换几个钱。"

严家显瞬间反应过来:"我们没钱了?"

她点点头,继而说:"当了它,学校又多笔经费,图书馆里的书可以多添几本,食堂的伙食也可以改善几天……"她知道,丈夫非常重视学校建设。

这枚金戒指,是他们热恋时严家显花了工作以来的大半积蓄,买给她的定情物,是在珞珈山临别之时戴在她纤纤玉指上的。当时他们多快乐呀,只是单纯的两个年轻人,没有经济上的压力。而现在他们的肩膀上,担着上百个学子正待放飞的梦想,如泰山压于身,气息难喘。

严家显回过神来,这也太委屈妻子了,她也曾是一位在陪都工作的职场女性,过着光鲜亮丽的日子。他看过一张王祖寿在重庆的照片,那是她专门上过色的,淡紫色的旗袍,点缀一道窄窄的白边,领口有几片祥云,胸前挂着一串珍珠项链,耳边钉着洁白的珍珠耳环。笑颜如花绽,带着莲的冰清玉洁,又带着梅的孤傲坚毅。这是他眼中最好看的王祖寿了,记忆始终犹新,闪耀心田。

而她自从追随他来到黄历,除了婚礼那天盛装出席,剩下的日子里都是素面朝天。她向来坚毅,他却明显察觉到她身上有一分微弱的落寞,那份爱穿紫衣的诗意美感怎么少了? 不知道是否自己平日里忙于公务疏于观察,眼力出了问题，还是她有意地回避和掩饰，他已经很久没见她着一袭紫衣了，常常都是椎髻布衣，装束朴素，浑身上下没有一丁点儿鲜艳的打扮，那副珍珠项链因为某些学生的学费问题早已经当掉了，那副金耳环也因为学校实验室器材经费不够当了……现在，连唯一像样的首饰都没有办法留在身边。

严家显坐立难安，眼眶湿润中，简直要细数自己的罪状了。身为一家之主、一院之长，日子再困难，也该由他来想办法解决。他本能地拒绝收下戒指，这是他们之间唯一的定情之物了，连这都当了，情何以堪？他拥抱着王祖寿，要她把东西留下来做一个念想。

王祖寿的倔强又一次爆发了。她坚持夫妻二人一起并肩作战，甘苦共尝。看着丈夫愁眉不展，悄然与黑夜相对，她心底苦涩难当。她千里迢迢地奔赴黄历，既是当他的贤内助，也是当他的左膀右臂，努力为他分担忧愁，而不是当一个阻碍对方事业的绊脚石，打破对方梦想的流俗之辈。

眼看盛情难却，严家显深情地对妻子许诺，待未来经济宽裕了，一定会亲自把它赎回。

真正相爱的人在一起，他们日常所看到的，就不只是四围不变的山峰、峰顶常年萦绕的白云；所听到的，也不只是潺潺的溪流和习习的林风；他们的心头和眉眼，涌动并布满琴瑟和鸣的韵律。

他和她一起面对困难，携手并进。应邀担任改进出版社社长、创办过诸多刊物的著名作家黎烈文，不是爱引用鲁迅对他说过的"创办刊物犹如推重车上峻坡"来勉励其同事和职员嘛。严家显觉得，办学校何尝不是"推重车上峻坡"呢，只要抱定信心，必然能突破难关，达到目的。

雪中送炭的"严子绚先生奖学金"

一天，苏州木渎来了位亲戚，费尽周折找到永安黄历，向严家显报告其父严良灿后事料理的情况，并带来了堂弟严家晋的亲笔函。

对这位堂弟，严家显是熟悉的，上年他回苏州探视病中的父亲时，知道父亲已将在木渎所经营的米、酱、油店等产业，交由堂侄严家晋接管。父亲当时还解释，严家显和亲兄弟，有教育家、病理学家、摄影家，就是没一个经商人才，在众多有血缘关系的人选中，只有堂侄严家晋让他称心。对父亲的决定，严家显并无异议,他原想父亲移交事业后,在庶母徐夫人等的照料下安心调养,该会康复,没想时好时坏中,那一面竟还是成了永诀。

得知父亲走时也还安详,后落葬于木渎尧峰山下邱巷柴场村,严家显安心不少。他记得清楚,生母居氏 42 岁去逝时,安葬地点也是尧峰山的邱巷,待抗战胜利,一定要按传统给他们举行个合葬仪式。

这位同房亲戚还说,根据严良灿遗嘱,其名下真金白银已分割多份,分给徐夫人和严家显几个兄弟。边说边呈上两份可以在当地银行通兑的支票,一份是属于严家显继承的遗产;再有一份,就是严家晋打理严家产业眼下的利润分成。

这个严家晋确实是严良灿看中的经商能手,他在受命接管后,迅速扩张,连着在木渎、光福、苏州、上海、天津等地开钱庄、米行、南货等二十九家店铺,拥有房屋上千间,正考虑如何把事业延伸到福建来。严家显想,如果情况属实,那么,父亲将事业传侄不传子,便更有理由了。看来,父亲是有深谋远虑的,不希望他费尽心思打造的商业王国因他的离去而塌掉,他需要一个强悍的掌舵者,将事业持续下去,代代相传。

亲戚结合一路所见,在叹息福建山这么多、路这么难走,永安这么荒凉偏僻、交通这么不便之后,问他是否想着离开,还说严家晋可以帮他联系更合适的院校。

严家显摇了摇头。他让他回去告诉严家晋,无论如何,不能和日本人合作,这点绝不能动摇。他一直以父亲拒绝出任日汪伪职、至死坚持民族气节而自豪。

一夜之间,两者相加,严家显手头忽然阔绰起来,名副其实又成了个"富二代"!

第一件事,他实行诺言,果断地赎回了前段时间为补贴农学院而当掉的金戒指,重新交到王祖寿手心。

剩下的钱怎么办?严家显联想到父亲生前的乐善好施,决定以另一种方式让父亲继续做善事。他用这笔钱在农学院内设立一个奖学金,以此吸引更多的适龄青年踊跃前来报考。

有年暑假,他去附近乡村走访适龄入学青年。山里人很少有书读,也没有那种浓烈的文化氛围。他们这些人,一辈子在无尽的大山里摸爬打滚,费尽心力,只有晒不完的烈日,吹不完的寒风。自然界的残酷嵌在血肉上,是生命里不能承受的痛。即使明白知识是无价之宝,蕴有无尽的力量,读书后可以多条路选择,但只恨自己没有经济力量。

整个暑假里，严家显走访着、听着、看着，心如石沉，闷闷的心里一直有着丝丝零碎的想法。受教育理应是每个人应该享有的权利，不能被贫穷剥夺。他要竭尽所能，让更多的人有书读。想到此，窗外的乡村美景也不像他平时感觉的那样纯净、秀丽。没有知识，没有教育，哪怕风景再美，也是一处充斥荒凉的空虚寂寞之地，沉闷乏味。严家显默默地做着打算，又为自己增了一道临时的任务。

可屡屡挪用"家产"补贴省立农学院的开支也不是长久之计。学校里没有钱、食堂里没有米、接待贫困学生的家属、买图书、买仪器、同事治病等，此前每一项开支不够用时，大都他们自己来掏。他们虽然乐善好施，到底不是开银行的，也有囊中羞涩的时候啊。只要学校还在一天，各种的开支总会如流水一般，是永远也流不完的。

严家显却认为，做教育，本身是个无底洞。他从美国明尼苏达大学毕业回国前，早已做好了心理准备。是的，他是没有多少钱，但能拿出多少是多少，再卖一些"宝贝"，是能为农学院的学子们做些服务的。不是每个人都有这样的奉献机会。再者，他父亲严良灿当了一辈子商人，做了一辈子慈善，竭尽所能地为父老乡亲做好事，自己既然继承了父亲的部分遗产，还有店铺分成，就更不应该计较、心疼钱花到哪去了。应该心疼的是面临难处的农学院和师生们，如果农学院不能正常运行，师生们生活难以为继，自己又怎么好意思坐拥财富？他希望大家一起有饭吃、有衣穿、有书读，最好的办法就是用从父亲那里继承的部分遗产继续做善事，延续他的善良。

况且，还有最重要的一点，父亲严良灿也是一位乐于教育、无私奉献的商人，曾于抗战前夕与他人发动社会各界募捐集资，在木渎镇山塘街保节局内创办了一所私立吴西中学，让更多的青春少年有书读。这件事，成为木渎镇的一件大喜事，可惜不久因苏州沦陷而停办，一直到他去世，也没能复办。

"父亲生前都在做慈善和教育事业，我们把这笔分到的遗产，设立一个以父亲名字命名的奖学金，想来他泉下有知，也会举双手赞成。"

严家显一番话，让王祖寿深深地动容了。显然作为一个家庭的女主人，她要顾虑柴米油盐酱醋茶，前段时间家里已经喝了好几个星期的西北风了，连远道而来的客人，也只能让他们喝稀如开水的粥；作为一名妻子，她不忍心看着自己的丈夫那么辛苦地创业，长宵不寐，一天一天地瘦弱下去，她希望家里有充足的食物滋补他的身子，作为一家之长、一院之长，他不能生病，更不能倒下；不久的将来，作为一位母亲，她希望孩子有足够的营养，不至于嗷嗷待哺。

但现在的她，身为一名老师，心应该在成百上千的学子身上，志也应该在无穷的教育事业上。

由是，夫妻俩贡献出了这一笔钱，在福建省立农学院设立了"严子绚先生奖学金"，以"纪念严子绚先生乐育英才、奖励清寒优秀学生"为宗旨。严良灿，号子绚，是故奖学金有此叫法。

"严子绚先生奖学金"的来源与设立均不容易，应该颁给真正家境贫寒、需要援助的学子。为了以示甄别，不闹出什么妖蛾子，严家显特意在"奖学金办法"中明确提出受奖学生资格有三大要求：

1. 专业学习要求：各科成绩及格并且平均成绩在 80 分以上；
2. 品德要求：操行成绩在 80 分或甲等以及；
3. 身份要求：原籍县政府证明家境确系贫寒。

奖学金的设立，给了贫困学生一个希望，获奖学生莫不感激。陈秋江适时地把这情况告知严家显，并说："获奖的同学要是知道严院长这么艰苦，竟也勒紧裤带过日子，可能就领不下这奖金了。"

严家显忙道："我不苦不苦，你可别添油加醋啊。"

看到陈秋江带来了一袋从老家安溪带回的铁观音，严家显婉拒："可别贿赂我啊，你学分不够，照样不给毕业。"

陈秋江笑道："我的笔名是菊友，自然有点气节吧，行贿的事做不来，只是想请老师品品家乡的茶，请笑纳，刚好可以请老师帮助推广呢。"

看到丈夫似在犹豫，一旁的王祖寿道："既是学生小小心意，就收下吧。安溪铁观音很出名的，受我父亲影响，我从小也喝点。"

"那就谢谢了，下不为例。"

"老师，除了铁观音，我们安溪还有另一个著名特产——土匪。"

"什么，土匪？"

"是啊。安溪地处深山，交通险阻，就盛产起了民间武力，慢慢演变为土匪。"

"这么说，你遇到土匪了吧？"

"遇到过呢。所幸土匪对读书人很少抢劫，但一般乡民的日子可就难过了，不是苟延残喘忍受欺压，就是自己也设法弄把刀枪，入伙参加劫掠勾当，此外无路可走。"

"政府不管?"

"也管。可政府一派兵进剿,土匪就逃匿深山,乡民一样受官兵骚扰,而且官兵一撤走,土匪又回来了。我这次回乡,正值县府保安队全面剿匪之后,村落一派凋零,很有感触,写了首七律。"

"哦,读来听听。"

陈秋江把诗稿呈给严家显,写的是:"蹉跎书剑两无成,回顾荒置愧不耕。异地为家归作客,同年多夭在沦氓。忍看里内炊烟淡,举望山隅野火明。村老欷歔伤底事,可怜遭匪又遭兵。"

"写得不错啊,可以在壁报上发表。"严家显递还诗稿,继而又说,"有同学说,你上学期老往永安城跑,怎么回事?"

"老师,我二哥、幺妹和女朋友都在永安。"

一向心直口快的陈秋江毫不保留地报告:他二哥参加抗日救亡工作后,任职于省教育厅;幺妹在永安读师范;女友原是他参加后方宣传工作队时认识的,他考上农学院后,她也离开了戏剧工作队,奔向永安,为的是可以时常见面。其实虽都在战时省会,但黄历离县城还有七公里远,假日里两人也得事先约定,才偶得晤叙。好在从黄历进城,有公路局的班车往返,即使徒步也不费事,每逢假日,总不虚度。

严家显是个风趣宽厚之人,看出了这位得意门生的此来目的,笑道:"你今天送茶叶来,是不是……"他拉长音调,故意没把话说满。

陈秋江搔搔头:"我们双方的家长都催促我们尽快结婚。"

严家显有意成全他们,道:"那你还躲躲闪闪干什么,抓紧时间把喜事办了吧,好让女方放心,也可以让自己安心学习。我先祝贺你们,你去找系主任请几天假吧。"

陈秋江如获大赦,他从严家显身上看到了学问之外的人性光芒,又何止于雪中送炭设立奖学金!

"夫学校犹家庭也"

1942年9月,福建省立农学院又招收了新一批学子,依旧承上一年的招生办法,开办五个系,共招有45名学生。

与往年不同,新同学长途跋涉到黄历村后,不仅有了个喝茶休息的地方,还可免费品尝到"酸梅汤"。学校发动几位热心的同学,从中药店买来盐梅煮开水再加食糖,自制而成,既解渴又开胃,很受欢迎,给远道之人先留下一个好印象。

三届学生合一起,黄历校园已有200多名学子。也是1942年,名声在外的福建省立农学院,根据教育部指令,接受苏皖联立技艺专科学校(省立江苏学院前身)的委托,代办一期茶业科。生员一多,自有万千气象。

植物病虫害学(后来改为植物保护学)是全校最冷门的一科,开办三届以来,每届仅三四名学生,生源虽少,严家显却坚持要高质量地办下去。该系毕业的陈锦文后来称:"(学生不多)我们的老师却是非常棒的,所教授的内容,以及对毕业论文的指导,都有很高的水平。在抗战期间能得到那么好的老师谆谆教导,实在是非常难能可贵。"

一脚踏进在外头已挣出名声来的福建省立农学院,新生许志超感到十分荣幸。晚年在台湾,他回忆道:"抗战时期,物资缺乏,衣食能得温饱,就是最大幸福。记得刚入学时,早餐的稀饭,难得找到一粒完整的饭粒,喝了两三大碗,到了第三节课就已经饥肠辘辘。据说伙食是包给商人办理,稀饭就是利用前一晚上的剩饭,加水再煮,并用大勺用力打烂,所以看来有如浆糊。过了几天,稀饭忽然变浓,也可看到饭粒了,大家心中既高兴也奇怪,后来才知道,原来是学生自治会向学校报告,学校向商人交涉所获得的改善。"

办起教育来可以倾囊而出、奉献所有的严家显,自然绝不允许食堂如此糊弄学生。

1943年1月,福建省政府一纸命令下达,省立高级农业职业学校归并省立农学院,改称福建省立农学院附属高级农业职业学校。该校设农艺、农经、畜牧兽医三科,归并时有师生员工250余人。

交接手续当月办妥,严家显亲自兼任校长,另聘牛瑞延副教授为校务主任,主持学校日常工作。

附属高级农业职业学校毕业生赠送的花瓶

严家显在省立农学院引领风气，一门心思为广大师生创造良好的教育环境。学生多了，等于帮助的对象也多了。每到颁奖季，严家显看到一位又一位确系生活困难的学子，奋发图强，坚持不懈地迎难而上，于无涯的学海中苦作舟，最终拿到了梦寐以求的奖学金，笑泪齐飞。他与妻子王祖寿在分享学子们的喜悦中感叹，父亲若泉下有知，也定会高兴，因为他留下的不只是有价的金钱，更是一份份无价的情意。

省立高级农业职业学校的并入，就更是形成了严家显所主张的普通农业高等教育和农业职业技术教育相结合，科研、教学、推广三者相互促进的办学模式。他对这个新并入的学校倾注了深深的期望，在这年的省立农职春级毕业同学录上，他欣然题序，刊载于《福建省立农学院院刊》第十六期：

> 省立农职，归并本院，为时虽暂，而今夏已有毕业出为世用者，今冬复继其毕业行将离校者。斯时也，师友间能无怅触于怀？虽然，人生不能有聚无散，畴时之聚，今日之散，自然趋势，非得而强之。迺者，编订民卅二年春级毕业同学录，殆为今后观物怀人，展览斯录，或可回溯影事以释怀。
>
> 夫学校犹家庭也，师友犹父兄子弟也；子弟远游，为其父兄者，必叮咛告诫；于此临歧时，而予兼长是校，其能已于言乎？学农之人，期成农器；农器者，耒耜锄犁其首要也。今诸生毕业，是器已成，或为耒耜，或为锄犁，可出以应生产之需。人群于产，平日犹不能或缺，何况抗建。
>
> 唯其器也者，以人为之也。人而为器，是有灵性，非无灵性者也。无灵性者，遑论己；果有灵性，当反求诸己。苟于用有未适，则再切磋精研，必底适用而后可。于是，不较览释怀为尤愈乎？

"夫学校犹家庭也"，把学校当成家庭来建设，能不注重质量？严家显总是力所能及地改善学校条件，让师生们能静下心来做学问。他常对妻子王祖寿说："我们福建农学院学生素质很好，学习又很勤奋，努力予以教导培养，必成大器，这是我们的责任。"

严家显心里一直牵挂着开办新专业事宜，他秉持着一个原则：有能力开办的专业一定要开办。学院创办之初，开有七大专业，翌年调整至五个。一些专业因为当时黄历村的办学条件所限，确实无法为继，有些课程又应省内当局所请而增。如今三年过去，社会对某些专业的需求逐渐凸显，虽然开设条件还不具备，但严家显也没放弃，他始终想着为国培育农学人才，而对某些明显不适合农学院宗旨、特色的课程则予以减裁。比如,兽医课程系福建省教育厅请求农学院增设,帮助培训专业人才,试办一年余,严家显综合各方意见,感到难以应付,专门提出"缓办"申请:"本院筹办之初,各系所需基本设备均曾详列清单在沪订购,不幸值福州沦陷……兽医方面教学实习必须之材料损失较大,欠缺尚多,不敷应用……提付院务会议审慎讨论决议……缓办畜牲兽医组。"这个申请,于 1943 年 3 月 22 日,得到批准。

严家显为此如释重负。

但另一种"重负",却悄悄地缠上了王祖寿。

1943 年春天,一心执着于杏坛的王祖寿,在上课时明显感觉肚子动了一下,这一动,连着这些天爱吃酸的反应,让她措手不及之余,也油然产生了所有婚后女子都会有的隐隐喜悦。

严家显得知,几乎是要热泪盈眶了。结婚一年多来,看到他们毫无动静,不仅学校里那些老师关心,就连堂兄严家淦、堂嫂刘期纯也不免问及。毕竟,他也老大不小了。

第一次婚姻中两个孩子先后夭折的阴影,盘桓在严家显脑海里长久不去,这使得他对于妻子的身孕格外重视。他特别调整了自己的日常生活模式:晚出早归。早上尽力照顾妻子,晚上回来分担些家务。看着妻子一天来回吐几次,他有时恨不得替她受罪。但他能做的,只有尽力照顾好她。二人世界甜蜜之后,接踵而来的便也是小家庭的苦涩,关键时刻只有两人相互扶持,如果是在大家族里,情况会好些,至少有长辈立在身边,能搭把手帮忙,或是有专门的佣人伺候,不必凡事亲力亲为。

好在,严家显是个颇有耐心的男人,是个对家庭负责的人。他没有只照顾个两三天走走形式了事,他决心要尽着一位丈夫的责任与义务,在公务繁忙之余不厌其烦地料理着比研究项目更要繁琐的家务,端茶倒水、做饭洗碗、洗衣晾晒……有时,夜里即将入睡,翻来覆去的妻子一个转身又开始了呕吐,他便要立即起身照顾。如此细心,硬是让快瘦脱相、精神有点儿恍惚的王祖寿恢复了以往红润的脸色。

妊娠期间的女人,心理也难免脆弱,他就变着花样逗她开心,一天煞有介事地说:"我其实没骗你,永安真有世外桃源。"

"真的?"

"不骗你!"

"不骗我才怪,你说的是世外桃源,就是上次带我去过的桃源洞吧?"

永安城北十公里处,有个名气不小以桃源洞闻名的景区,面积三十来平方公里,南宋名相李纲曾在此读书,赞其为"小武夷",明朝大旅行家徐霞客在游记中也对其大加称说,从此桃源洞名闻遐迩。明万历年间,永安名士陈源湛辞官回乡后为之题写"桃源洞口"四字,镌刻于入口百米高的峭壁中间,每字两米见方,其下则以小字书写《桃源洞》一诗,末句云"武陵人远桃空在,临眺踌躇意未休"。王祖寿那天跟丈夫进洞、上山一游之后,倒也觉得访桃源、饮清泉、涤尘俗、爽身心之说并非浪得虚名。

却不料,严家显说的此桃源非彼桃源。见他如此神秘兮兮,王祖寿便只有静待谜底的揭晓了。

不久,他们来到了下吉山河对岸的文昌阁,这是明末清初的建筑,内有七贤祠。阁外方圆数里尽为参天古树,永安与吉山文人不时在这里举行诗钟连环唱。如今一到空袭疏散时间,各色人等都扶老携幼来这一带。附近永安中学的师生带着课本,国立音专的师生带上乐器,也都不约而同到来,乃因这里地广树多,千人入内尽可隐避。师生们在这里或开课教学,或唱歌作曲,全无战争的紧张气氛。

这天,一位金发碧眼的外国人用小提琴奏响了一首婉转动听的曲子,把王祖寿的眼光吸引了过去。曲终,严家显告诉她,这位是国立音专聘请来的保加利亚小提琴家,他拉的是国立音专校长卢前所作《永安秋夜》。

王祖寿听罢,再抬头看眼前依溪傍岩构建、古色古香的文昌阁,道:"是有点世外桃源的味道。"

"当地人确确实实都称这是世外桃源呢!你可记住了,别说我没带你来过世外桃源。"严家显认真中带几分调皮。

"世外桃源"不远处,有省教育厅盖的一个礼堂,不时举行抗日宣传文艺演出,其中以音乐会为多,也演过《家》《雷雨》《日出》等话剧。严家显受省教育厅厅长郑贞文邀请,曾来观摩。后来,省立农学院学生自导自演宣传抗日的几出话剧,也在这里隆重登场,大受好评。

如无特殊情况,礼堂每个周末还放映一次电影,正片前放映抗日新闻。每次放映前都有专人讲抗日形势,以鼓舞民心。严家显带王祖寿来这里看过《流亡八百战士》等无声电影。

那次看完电影，大家还不愿散场，高喊抗日口号，继而大唱抗战歌曲，同仇敌忾的情绪十分高昂。王祖寿也跟着喊唱，弄得严家显担心她动了胎气。

那天回到黄历，她似乎意犹未尽，一边轻揉微微鼓起的小腹，一边哼唱歌曲，而后兴奋地说："相比于陪都，永安更让人看到了唤醒沉睡精神的曙光！"

严家显理解妻子的心情，不忘宽慰她："现在国共合作，合作好了，就能战胜日寇，中国就有希望建成真正的、不是我骗你的那个人间天堂！"

"你也没有骗我！"

确实，严家显没有骗她，在永安、在黄历那些年，他们的二人世界就是世外桃源。她强烈地感受到了他对自己的用心，她幸福地拥有；她也深知他的责任与担当，并愿意分担他的身心之累之苦。

家和学校，都是他们努力营造的天堂乐园，他们为此尽情地挥洒热情奔放的生命力，让每一个日子都显得无限美好。

1943年春夏之交，国民政府教育部在陪都重庆举行全国农业院校毕业班学生会考。要求参加者是大学应届毕业生，也就是大四学生。福建省立农学院才创办三年，还没有应届毕业生，可以选择不参加。但严家显不愿放弃这次难得的"练兵""促学"机会。他对学生的爱变为执着的信任，相信学院大三学生已有相当实力和潜力。

严家显与院里的老师们遂从三年级学生中遴选出三名成绩优秀的学子，派往重庆参加全国会考。即使名落孙山，也可一试福建省立农学院在国内的水平。

没有想到的是，三位选手竟出师大捷，考试成绩都名列前茅，受到瞩目，为福建省立农学院争得荣光。

人逢喜事精神爽，面对省政府和省内尤其是永安各学校的各式祝贺，严家显兴奋之情溢于言表。

那段时间，严家显无论在学校还是在家里，都干劲十足。这两个地方都给予了他无限的希望与力量。

为福建农业教育打开天地

1943年暑假将至，学院如期举行期末大考。严家显从没有如此期待过暑期。未来的两个月里，他可以全身心地陪在身怀六甲的妻子左右，体贴她，照顾她，不必日日两头受累，在家里的时候担忧着公事进展，在学校里的时候又要对妻子牵肠挂肚。

这个时候，严家显收到东南青年夏令营寄来的一封邀请函，要求福建省立农学院派出优秀学生前往参加。这个夏令营是抗战的产物，由第三战区政治部主任邓文仪主持举办，位于江西上饶信江师范学院。参加夏令营的学员大多来自东南各大学的学生和部分高级中学学生，大抵需经过为期六周的严格军事训练。

虽然严家显并没有照搬"笠剑学风"，但农学院的军训、军事管理一向抓得紧。早晨起床吹号、集合、排队点名、上操场升旗……有的学生自由散漫惯了，对此感到厌烦。学校就设法请来了一位既有涵养又有领导艺术的团职教官。此教官举止端正，态度和蔼，见到迟到的学生就先来个"敬礼"，见到谁的衣着不整，也先来个"敬礼"。这样左一个军礼右一个军礼，弄得那些散漫的学生倒有点不好意思了。他很有耐心，对学生们的实际困难很谅解，大家对他也很尊重，渐渐就都"上轨"了。教官不仅在操场上带学生操练，也在课堂上讲授步兵操典及战术、实战战例等，学生的精神面貌焕然一新。

关于福建省立农学院开展的军事化生活，首届农经系学生程钟平后来回忆：

> 在黄历，我们穿的像军人，吃的是国家的粮食，因此在生活上接受较严格的军事化管理，也就觉得是理所当然的了。有时却也感到无奈！
>
> 第一是起居作息听号声。清晨的起床号号兵就住在我们宿舍的门房里，吹起来似乎特别响。刚上学时还好，可一到冬天，天还没亮，人睡得正香，被硬从被窝中拉起来，就不大习惯了，早点名时人数就不那么齐了，于是焦教官就在起床号吹过后，又到宿舍来吹。
>
> 第二是点名报学号。学生注册，教务处便给你编上学号，以后早晚点名报学号，教室座位也按学号排……学号在后的，早晚点名时也稍占些便宜，1234报下来，有时稍晚赶到，还能报上号。
>
> 第三是清晨练长跑。在院子里点过名后，便由教官领着走到操场，开始每天的跑步。女同学来了，也跟在后面跑，跑累了齐步走一会儿再跑。冬天夜色朦胧、天还没亮就跑起，跑到天大亮，直到约半数同学跑不动离队

休息时,才停下。如果焦教官能在黄历呆四年,可能我们个个都成了"马家军"了。

第四是晚上自修聚食堂。第一年,我们的住房多安排在宿舍的西厢一列和后厢房。东厢在法学院搬走后,成为总务处的仓库,用来存放材料、办公用品及原来法学院留下的床架、床板、衣橱、桌椅等家具,因此我们每天晚上六点到八点半都集中在食堂上自修课。夜晚灯光明亮,里面整齐地排着近50张双人书桌,仍很宽敞。学生两个人共一张桌,当然仍是按学号排列。每个人都很安静,主要是在整理当天各科笔记,顺带复习,发现有遗漏的,便借同学的来补上。还有做练习题、写实验报告的等等。由于功课紧,星期天这里也常客满。一年级如无特殊情况,星期天很少离校进城的。自修完了回宿舍,熄灯号一吹,上床睡觉,随后灯也熄了,我们紧张的一天也就过去了。

1941年初夏,福建省教育厅为了检阅省会各高校战时军训的成果,特地在省府所在地吉山举行一次"阅兵"。永安的几所高校都在吉山,只有农学院的校址在黄历,因此学生要一早跑十多里路赶去参加。这天清晨,起床号还没吹响,众生已穿好黄制服、戴上无檐军帽、打绑腿、穿布鞋,全身披挂停当,到操场集合点名。早餐后,集队出发,人人都背着步枪,在焦教官的带领下,一路唱抗日歌曲、喊一二三,快速赶到检阅场。放下步枪,三支一组,等距离整齐地架好在场地里,才见医学院与音专的队伍姗姗到来。

上午9时,阅兵式开始,检阅官是省教育厅和省府秘书处的几位官员。首先进行分列式阅兵,接着由各校分别表演步兵操典上规定的步法变换、队形变换、卧倒、起立以及刺枪等。在近三个小时的检阅中,农学院出尽风头,不只因为驻校的焦教官成了此次三校阅兵的"总指挥",还因为学生兵们各项检阅都表现不俗。

对当局的一些做法,严家显虽不苟同,但也认为在外敌入侵时,应加强学生的军事训练,让学生掌握必要的军事技能。军事夏令营是个不错的集训机会,一来可培养抗日氛围,陶冶学生爱国情操,二来使学生开阔眼界,结识志同道合之人。因此,他与在校的各位负责老师层层考核选拔,最终敲定了两位优秀学子:钟其生、卢翔彩。

这个夏令营果然派头十足,国民党大佬、教育部长陈立夫专程由重庆前往上饶,为广大学员讲忠恕之道、奋发图强之义。

八月,严家显接到省政府通知,要求参加星期一纪念周,据说是教育部长陈立夫到福建了,要发表演讲,有关人员必须到场。

严家显履职后,参加过省里的几次纪念周,由此见识了省府的众生相。两大巨头——省主席陈仪(后刘建绪)、省国民党党部主任陈肇英,演讲都不带稿,不同的是:陈仪出口成章,速记官随行随记;陈肇英往往语无伦次,自嘲是担夫头出身,一心只在革命。其他到场演讲的省府厅处长中,除严家淦只用名片写些大纲外,大多数人几乎都依稿照读。那么,陈立夫这位如日中天的要员来闽作演讲,会有什么内容呢? 倒值得同在教育界的严家显期待了。

陈立夫的演讲果然学术味十足,内容关于"大刚中正"。整整一个上午,全场倒也聚精会神地听。散会后,严家显得通知留下,接受陈立夫的会见。不知是福建省立农学院已然名声在外,还是严家显这个博士院长非同寻常,抑或是二者兼有,陈立夫要亲自到永安黄历视察。

这样,福建省立农学院迎来了建校以来的又一件大事。

八月的天,炎热异常,一些因为路途遥远而没回家的学子,此时成了校内的最有生机的点缀。严家显陪同兴致勃勃的陈立夫,参观了校内的诸多办公室、教室、实验室。还视察了教职员工的宿舍、食堂。看得出,校舍的总体规划和各类用房,布局比较合理,符合战时条件下办学的需要。

办下这个农学院,也离不开陈立夫的批准。陈仪当初要办包括法学院、医学院、农学院在内的福建大学,陈立夫却主张应优先扩充自然科学学科,削减社会科学学科,对于文科、法科的增系及增校都不予批准,遂以"福建已有厦门大学,在战争期间不宜增加大学"为由驳回了福建省政府的申请,最后只同意创办福建省立农学院。

听了严家显的汇报,又作了实地视察,陈立夫边走边谈。抗战爆发后,国内高校主要往四川、云南、广西方向搬迁,考虑的是这几个被称为"大后方"的省份,有利于学校的稳定和发展,没想到,战争的进程却一再突破这份"考虑"。云南在日军占领缅甸后饱受战争的压力,广西部分沦陷,四川虽然相对安全一些,却也是饱受日军轰炸之苦;倒是没想到福建这个"后方",还能有如此兴学气象。陈立夫对福建省立农学院能在短短三年内,办成眼前这等规模,特别是后来居上的办学质量,给予了充分的肯定。

陈立夫接见了留校继续研究学问的部分教师,见识了福建省立农学院的教授阵容。看得出,这个院长很重视师资队伍建设,广泛选聘一批在国内外学术界均享有声誉的名家教授来校执教。二三百号学生竟配备二三十个教授,师资力量雄厚啊!这支实力雄厚的师资队伍,为学院的发展与建设,尤其在造就高素质农业专门人才和为战时经济服务中,将做出积极贡献。

此前,严家显在学校建设,在为教员晋升职称、奖助金申请等事上劳心竭力,陈立夫已有耳闻,如今当面听他的汇报,又增几分好感。

"黄历山村有如此学院,教风学风竟相守正,殊为不易,大有可为!"

陈立夫熟悉全国教育界情形,能对福建省立农学院做出肯定评价,含金量是较高的。

福建省立农学院院景

战时黄历的艰苦生活,让师生相处起来更有相依为命之感,仿佛如家人。师生们共同养成了不怕艰难的吃苦精神,在苦中学习,也在苦中作乐。

为了增强师生体质、磨炼意志,也为了丰富学生业余生活,农学院经常举行各种体育锻炼和比赛,如集体早操、跑步、游泳、武术等,还有各种文化活动,如话剧、诗歌朗诵等。

黄历学子林复晚年在台湾隔海回忆:"印象最深的就是话剧表演了。那时我负责后台灯光,在后台可以看到台上的精彩表演,也可以看到台后的辛酸和紧张。我时不时还要提醒表演人员动作和台词。现在想起来依然很美好。"

一位叫金明的学生,则对黄历的武术老师念念不忘:

体育场上龙腾虎跃,但仅以打篮球、排球为主,足球场是缺的。我也是球队中的班级后备队员,有一位安徽籍四十开外的体育教师,倒很有点别开生面、别有风趣哩,他在大礼堂讲台上,手舞足蹈地讲开了:"西式体操(近似今天的广播操)太文绉绉了!运动量太小,远远达不到刚强体魄的目的。所以我们中国人一与来华(重庆)访问的美国副总统华莱士握手,就被华莱士握到'阿唷喂'痛叫起来,闹出了笑话。所以,要真正去掉'东亚病夫'的恶名,就应大力提倡国术……"

他一边讲,一边真的在台上三脚两拳地打起拳术来了,并且还用女人的软动作比喻西洋操的软弱无力,引得全场哄笑。笑声一停,他两手一收,言归正传地说:"我并不是在卖狗皮膏药,而是在提倡国粹、国术。不过,现在要搞这套拳术,似乎也不大合时宜。所以,我提倡中西合璧,并编写了这本小本本,你们拿回去,按图示每天早晨去锻炼,一定能舒筋活络、强健体魄!"

那位体育教师的小册子,我早已丢失了!但他的音容笑貌,他的话,仍深深地印在我的脑子里;他的几路拳术,我至今仍掺和在每天必做的广播操里呢!

金明所说"那位体育教师",就是大名鼎鼎的武术教育家万籁声。但他并非安徽籍,而是湖北籍,1926年毕业于北平国立农林大学,自幼爱好武术,除了擅长少林六合门和自然门内功外,对其他各大门派拳法如如行意、八卦、太极、猴拳、劈卦、罗汉、南拳,以及枪器械、暗器等,无不涉猎。抗战期间,万籁声先后任重庆中央训练团武术总教官、湖南国术训练所所长、广西大学体育部主任。1942年入闽,任永安体育师范学校校长,应严家显之聘也担任省立农学院的教职。

黄历时期的学生,虽然享受"全公费"待遇,但供给标准仅能维持最低的生活需要,一日三餐经常只有数十粒黄豆、几片青菜和一碗清汤。为了改善伙食增加营养,男女生宿舍门口,便兴起了"小灶风"。第三届校友郭正学回忆,"午时三刻下课归来,每个房间都把小炉灶端出,摆在宿舍门口走廊的洗脸架上,炊烟四起,叽叽喳喳之间,两菜一汤早已齐备,人马一到立即开动,晚餐照样如此。"一般是午餐从简,晚餐较丰,一到两周打一次"牙祭",饭前饭后,有说有笑,气氛和谐。打的牙祭,虽然比平时强不了多少,不过是鲊肉、小鱼豆腐汤一类,但在学子们心中,也胜似山珍海味,回味无穷。

在老家海边或池塘里有过捕鱼捉虾经验的学生,自然对燕溪游戈的鱼儿感兴趣,上山找些竹篾编个箩筐,放些饵物,置于水中。一天之内,总有大大小小的鱼儿陆续游入"陷阱",手到擒来,略可对付口腹之欲。

假日里一批同学常来宿舍聊天打扑克,校医也是聊天的常客,聊罢或打完牌,有时就踏着夕阳在清澈见底的燕溪游泳嬉戏。

当然,也有约会的学生脱离群众,不太参加打扑克和集体"打牙祭"活动。他们的活动内容,不得而知。

对学校里出现的恋爱现象,严家显听听笑笑:"哪个少女不怀春,哪个少男不钟情?都是成年人了,相信能把握好、负责好。"

喜得明珠

王祖寿一天天大起来的肚子,透露了严家显即将临门的喜事。在众人的关切中,严家显也开始了美好的猜测。严家显没有重男轻女之念,只要孩子健康平安,怎样都是好的。

学院那边,只要按着现有的趋势发展,未来的道路,想必是一片光明。他甚至开始了灿烂的想象:省立农学院的面积越来越大,师资力量越来越雄厚,学生数量逐步提升,甚至是数以千计……

月明星稀的一个晚上,学生自治会在院操场举行迎新晚会,与会者纷纷表演节目,或唱歌,或演戏,说说笑话。公务繁忙的严家显也抽身前来,喜出望外的学子们连声起哄要院长即兴表演节目。幸好这位从海外回来的博士院长也是一位兴趣广泛之人,会唱歌,会弹吉他,还会打康乐球。

严家显十分乐意与学生们打成一片。听着远处的蛙鸣悠扬,他突然想到了一个游戏,出了"一只青蛙一张嘴,两个眼睛四条腿,噗咚一声跳下水"顺序推数的顺口溜,再点学生们接令。

这般出其不意,让被点的第一个学生只顾着冲上台,脑子还没有回路过来,便随口道"两只青蛙两张嘴,四个眼睛八条腿,噗咚一声跳下水",在"噗咚"上少报一下;后面接上来的,更是逗人,青蛙的数量没错,可不是嘴和眼睛少数了,就是腿给少安了。于是,"噗咚"一声声跳下水的青蛙,在他们嘴里,成了"变异"动物。整场晚会,笑声不断,大家在前仰后合中,一直到夜半才依依散会。

严家显回家,绘声绘色地和在月光下边乘凉边做女红的王祖寿形容,她也开心地笑了,笑完,摸着肚子,半认真半开玩笑地说:"你肯定是看我的肚子圆滚滚的,才会想到蛤蟆,你是在变相损我……"

严家显受此冤枉,急道:"我说的是青蛙不是蛤蟆。"

王祖寿一撇嘴，一副得理不饶人样："反正差不多。"

严家显知道妻子是和他斗嘴，不争不辩，指着彼此，道："你看我们是四只眼睛四条腿……"

"不，不，我们是六只眼睛四条腿。"她指着他的眼镜，把两个镜片也给算上了。

这么有意打岔，影响了严家显接下来的神算："今后我们当爸爸妈妈了，这个家就是八只眼睛六条腿了，再当一次爸爸妈妈，就是……"数到后头，他也数不清了。

在王祖寿咯咯地笑个不停中，几点萤火飘然而至，点亮了黑夜。不知是哪只虫子先起了个头，此起彼伏地，周围的虫子也跟着鸣唱起来，像是一场有预谋的合奏。

"一只，二只，三只……"

萤火虫的身影在他们的眼前闪烁，随着虫鸣而高低起伏，仿佛在和着虫鸣的节拍翩然起舞。

她看着，少不得又要问丈夫："你曾说过，纹翅蝇为了求偶能表演繁复曼妙的舞蹈，那萤火虫发光又有什么含意呢？"

严家显轻松地说："它呀，是要利用尾端的发光器来吸引伴侣。"

王祖寿俏皮地问："那你能为你的伴侣做什么呢？"

"我给你弹一首吉他曲吧，也弹给未来的小宝宝听。"

在美妙的吉他声中，四周的虫儿叫得更起劲了，那几只飘远的萤火虫似是在招呼同伴来分享呢。王祖寿听着看着，感觉置身于天堂乐园。

眼见妻子的肚子大如冬瓜，行动多有不便，严家显放了一百二十颗心在她身上，生怕有个什么闪失。

当了老师后的王祖寿，在丈夫的带领与影响下，一直暗中给自己加油、加压，直到肚子大到影响正常上课，才不得不停下工作，却还不闲着，在家中当村里几个孩子的业余老师。这与教大学生简直是两回事。学院里那批二十出头的学子，给她的感觉像是自己的弟弟妹妹，而这一批孩子，她倍觉亲切，像是自家的子侄。看着孩子们如饥似渴地汲取知识营养，王祖寿作为女性和未来母亲的同情心更是泛滥，在教育他们的过程中，不觉涤荡出宁静欣悦的心。

一天，严家显手持讲义从外头回来，便看到了这一幕温馨画面：王祖寿在厅堂中教一群农村娃娃读书识字，书声琅琅，笑语盈盈。孩子们也喜欢上了这个穿西装、戴眼镜的院长。严家显偶尔也会带着孩子们在冯氏祠堂屋后的老树下捉虫、在门口的花草和野菜丛里捕蝶,告诉他们一些昆虫知识,教他们分辨益虫和害虫。

孩子们经常乐不思蜀,到饭点了还依依不舍,眼里流露出渴望的神色,严家显王祖寿懂了,不时也给他们盛上一些。一来二去,她一到深夜便饥肠辘辘。这可不得了,她可是一人吃来两人饱呢!本已清汤寡水,再怎么也不能饿着她了,严家显只有偷偷地扒一些饭给她。

附近百姓看到夫妻俩辅导和关爱孩子的一幕,大受感动。除了训斥自家孩子不得再在严家分食,还你一碗芋粉他一篮地瓜地送来。

无边落木萧萧下,已是金秋十月,王祖寿已整整怀胎十个月,即将临产。严家显也是一副严阵以待的姿态。

1943年10月14日,他们的第一个女儿在黄历出生。初为人母,王祖寿看着小小婴儿安静地躺在襁褓中,睡得香甜,心里早已忘了痛与苦,只愿意时光能永远停驻在这一刻。但很快,她的喜悦消失了,她发现自己的奶水竟然供应不足,有时甚至连一滴奶也没有。

这个难题对于新手父母而言,是个极大的打击。王祖寿泪水涟涟,心力交瘁,实在不忍看到孩子因饥饿啼哭,自己却无能为力。从妻子阵痛到生产,始终没有离开半步的严家显已是疲惫不堪,看着嗷嗷待哺的婴儿哭闹不休,他着实慌了神。此时此刻,他能做的是尽快找到一只能产奶的奶牛。这样简单的要求,在黄历村一时居然也办不到。他只好退而求其次,把目光投向了其他哺乳动物。严家显在黄历一带人缘极好,消息传出,很快就有农夫牵来了一只奶水充足的羊,让可怜的孩子饱餐一顿。

饿极了的娃儿,一口一口地吮吸着鲜美的羊奶,终于安静下来。后来,这只羊成了严家的常驻宾客。每每等孩子吃饱喝足,静静睡去时,夫妻俩才算有闲情,真正地安下心来,享受着美满温馨的片刻。他们寻思着给孩子起个名字。

起名,也是相当有讲究的一门学问。首先不管男孩女孩,都得照严家的"隽"字辈,入一个"隽"。他还想着,生儿育女都有妻子的大半功劳,最好名字里还能体现这一点。妻子既姓王,就可以用她的姓氏作偏旁。这样想来,女儿的名字就有了:严隽珏。珏,本字为"二玉相并之形",有美玉之态,也有二玉相碰发出悦耳声响之义。夫妻俩为爱情的结晶取此名,寄托了他们心中的一种美好期望,希望女儿能像美玉一样闪亮出彩。

严院长、王老师添宝宝的喜讯，连同小公主嘹亮的哭声，像风一样迅速传开，惹得不少男女学生都忍不住过来凑热闹，这个抱抱孩子，那个帮助洗晒尿布，快乐得像是自家添上了个妹妹。

在和学生聊天时，严家显忽问黄劭为何要选读畜牧系。黄劭大大咧咧说："按卢润孚老师的讲授，畜牧业在国民经济中太重要了，牛奶和鸡蛋都是Complete Food，提供人类需要的 Profiew Fat 和 Vitamin 等营养物质，促进人们健康。我倒不在乎它们的营养丰富，只觉得奶味爽口，鸡蛋确实好吃，今后毕业了，如果能自己养条牛、喂几只鸡，有得玩又有得吃，岂不乐哉。所以我就决心进入畜牧系。"

严家显敛笑道："你倒是实用主义者啊！"

黄劭脸一红，倒也坦率："是有点，我原先对畜牧专业并无兴趣，但仍选读，是为现实考量，只求在乱世中能有一技傍身。"

"但我希望你今后毕业，也不能光想着自己啊。"

"这个一定请严院长放心，届时等我实现梦想，肯定负责供应院长的小宝宝，要牛奶有牛奶，要羊奶有羊奶，由小宝宝选就是。"

大家捧腹大笑。

师生亲密无间的氛围，深深感染着王祖寿。

如果还未怀孕生子，王祖寿会选择再去上课，甚或进修；有了孩子，她已然没有多余的精力。她打定了主意，现在要扮好妻子与母亲的角色，给予这个家所有的爱，牺牲自己，成全丈夫。

妻子坐月子，但严家显不能天天在家里陪伴，学院里繁忙的公务杂事离不开他。家里只有王祖寿一人他十分不放心，好在一些心地纯良的村妇时来帮助。

严家显教授月薪四百多元，加上分到了父亲所留部分遗产，按理说很富有，可他平时却把钱补贴给了农学院的建设，父亲那部分遗产也一股脑儿地用以创设"严子绚先生奖学金"，为此还当了家里的东西。现在有了孩子，多一张嘴不说，而且因条件艰难困苦、补养品匮乏，对妻子坐月子的身体保养，他也无可奈何。夫妻俩只好节衣缩食，尽力维系生活。王祖寿坐月子期间，严格的院长丈夫只同意发最低工资，她简直要为三口之家的柴米油盐操碎心。有着丰富育儿经验的堂嫂刘期纯，抱着两岁的儿子，时常来黄历看望，顺便带上一些紧俏的营养品，还传授她育儿经。如此多方关照，为严家显夫妻解了不少愁。

后来,王祖寿回忆他们两家在永安和睦相处的情景,字字句句都流露着对堂嫂刘期纯的由衷感激之情,"我们曾三度住在他们家,吃一锅饭,我深受他们的照顾和爱护,特别是期纯嫂嫂对我特别照顾,这是我此生不会忘却的。我在永安黄历生第一个孩子时,就是她照顾的,孩子的衣衫都是她帮我准备的,坐月子时,她经常来看我,待我像亲姐妹一样"。

刘期纯送衣送食,严家显回送的更多是《新农学刊》一类的读物,当然,是请堂嫂转交关心教育的堂兄指正,他们兄弟俩在这方面挺有共同语言。

福建省立农学院成立三周年之际,严家显洋洋洒洒地对学院历史来了一次回顾,打印出来后也请回城的堂嫂带给严家淦。其云:

> 西哲杜威博士云:"人类文明在创造。"又云:"教育意义与精神在生长。"执此可为教育文化向导,亦即本院创办之主旨与动机。前主席陈公公洽抱"经济建设,首重农业"之信念,以本省地带温和,物产丰富,宜广育人材,发展农业,务期地尽其利,适应抗建所需;乃于民二十九年六月决议创设省立农学院,家显奉召来闽,准备种切,勘定省会南郊之黄历村为院址,此处当永德公路要卫,环山带水,景色殊佳,为筹办省立福建大学原址。
>
> 七月奉命接收该大学房地,重加修建,完成总办公厅(室)、各学系办公厅(室)、研究室、教室、实验室、教职员工学生宿舍、膳厅等十余栋。爰秉惆诚之念,四处物色人才,故名宿干练,不惮跋涉之劳,先后莅止。九月呈府咨部,核准备案,乃就本省分区招收新生,十月朔正式开学,本院于焉以成。十二月组织福建省农业考察团,分头出发,省之县区及重要市镇墟集等处,无不有其足迹,历程三千余里,经时半载有强,实地考察,搜集农作物,不下四千余种,学科教材,良有赖焉。继而向港沪采购仪器,时适闽海沦胥,赶工抢运,幸得安全输院。今也,同学利此完善用具,朝夕试研,能不追念当日抢运之艰巨耶?
>
> 三十年春增辟附属农场,历行教学、研究、推广之三大任务。主席刘公恢先主闽后,肋勉"学以致用",不遗余力,且诸建筑物,亦逐渐扩充,计重要工程之完成者,又有种籽室、养足室、温室、大礼堂。其采取各项之虫鸟、病害、果蔬、木材、五谷标本,达数千件,收集图书杂志,约三千种。
>
> 本年春奉令接收前省立永安高级农业职业学校,改设本院附属高级农业职业学校后,规模拓大,人数增长,大、中两部学生总额在三百七十人。

本学期除一年级普通科外，计分农艺、园艺、森林、病虫害、农业经济五学系。兹值本院成立三周年纪念日，家显感过去缔造之艰辛与今日国难之严重，而喜本陆庶政，尚能按步推进，员生作业，有欣木向荣之概，爰书其略，以告诸关怀农学者。

严家淦显然是在意严家显在文中提及陈仪、刘建绪两任省主席的，一次见面时还特地强调："公洽主席不说，恢先主席若看到，定然也高兴，今后争取办学资金也就方便了些。"

话里话外，透露出了他和陈仪依然保持的紧密联系。及抗战胜利，陈仪出任台湾光复后的首任行政长官，严家淦先后出任台湾省行政长官公署交通处长、财政处长兼台湾银行董事长，其受陈仪和国民政府倚重可见一斑，也就有了数请严家显赴台襄理之举，此为后话不表。

穿梭抗战进步文化

1943 年的福建战时省会永安，天灾人祸频仍，深深牵动着省立农学院院长严家显的悯农之心：

4 月，严重旱灾，稻田萎靡不振；

6 月 4 日大雨，雨量属历史上罕见，农作物受淹严重；

8 月 28 日，遭受五年来所未有之风暴……

严家显带着农学院的师生四处救急，他倒是想救苦弭灾，可到底还是得看上天脸色，有劲使不出。

更大的风暴，在兵燹之后。日军接二连三地空袭永安，弄得这个寄寓了和平向往的地方一点也不平安。

11 月 4 日，那绝对是个"黑色星期四"，严家显忧心如焚，这已经不是一个农学院院长可以救急的了！

上午 11 时许，山城浓雾刚散，东门山头上的警报台突然响起凄厉的警报声，同时挂起一个红球。城里防空洞太少，躲避空袭的人群便一如既往地大多跑到郊外的树林和水圳。一小时后未见动静，人们乃三三两两回家吃饭。午后，警报声再起，同时挂起两个红球。16 架敌机在永安上空盘旋一周，却又迅速向西飞去。人们以为逃过一劫时,警报声突然再度尖鸣,随之而来的是飞机的嗡嗡声、机枪的哒哒声和炸弹的轰轰声。狡猾的敌机并未飞远,而是立马掉头返航,越过吉山北陵后,就迫不及待、灭绝人性地把所携烧夷弹和 500 磅以上的重磅炸弹全部倾泻在这座小山城,永安城顿成一片火海,呼喊号哭之声响彻天际。据次日《东南日报》记载"其间共毁房屋七百余栋,约一万余间。五日火场尚有余烬未熄,而被压死或烧死者为数更众。"

看着城里尸体遍地、血流成河,听着哭喊声、呻吟声不绝于耳,任谁都愤慨不已。

大空袭后,严家显牵挂着堂兄一家,奔出渡口停车处,可那部破得不能再破的旧车无论如何也发动不起来,好不容易弄来了部单车,急急前往永安。路上,不时看到三三两两无家可归的难民,不管是大人小孩,也不管是否受伤,莫不衣衫褴褛,目光或悲愤或呆滞,孩子眼神里流露着的无以言表的迷茫和忧伤更是让人心恸。

靠城近了才知,城内主要建筑差不多都在大轰炸中焚毁殆尽,有的房屋还在滋滋冒烟,看起来被炸面积不下三平方公里,沿途有人在扒瓦砾,呼天抢地的痛哭中,不断翻出衣箱和断手残腿。严家显经过一处废墟时,无数正在舐血的苍蝇,突然嗡嗡嗡飞起,令人作呕。

还好,堂兄一家及时躲进了防空洞,有惊无险。倒是严家淦看到他孤身一人前来,感动中颇为惊讶:"仲扬,你胆子这么大!"

严家显大致了解百姓疏于躲避防空后,就问:"为什么会这样疏忽呢?"

严家淦道:"可能是太平洋战争爆发后,敌机来得少,警报也少了,老百姓听了一些宣传,就以为日本人无法顾到这里了,就想让生活过得正常些,因此放松了。"

"会不会有汉奸通报?"

"也不排除这个可能。"

前段时间,省里公开枪毙过两个汉奸。

刘期纯则心有余悸地说起一个妇女在日机轰炸中,背着孩子仓促地往下吉山河对岸的文昌阁一带奔逃,钻进树林后不敢动弹,等到再听不到枪炮声,才发觉背上的孩子一动不动,起初以为是吓懵了,放下来一看,顿时昏厥过去,孩子已经死了,头上嵌着两块弹片!

严家显听罢,泪水在眼眶里直打转。下吉山河对岸的文昌阁、北陵殿一带,正是自己当时和王祖寿"吹嘘"过的世外桃源，可如今哪还是世外桃源呀？

严家显还关心着农学院几位经常住城的学生。陈秋江不久前刚当上父亲，带着妻子女儿赁居永安城；与陈秋江同班的马诚朴家也在永安。他们怎么样啊？

找到自称儿时就跟随父亲见识过刀光剑影的陈秋江，他告诉严家显自己也是心有余悸。那天日机一通狂轰滥炸，他在永安的住所瞬间毁于火海，幸好妻子带着女儿及时躲避，才幸免于难。

"空袭中，我看到不少百姓，先是不知道怕，转眼看到自家房屋倒塌、亲人血肉横飞，才开始惊恐万状，不是伏尸痛哭，便是嚎叫着四处奔逃，那情形真是太惨了！老师，日寇太可恶了，给我一杆枪，我要跟他们干上！"陈秋江说罢，眼眶红红的。

"血的教训，应该教会大家一些东西！我们要从血泊中奋力站起来！"严家显目睹永安百姓的悲惨现状，心如刀绞，胸臆间发出一阵阵怒吼。这种愤怒之下，是一片不安与失望。抗日这么多年，日军越来越猖狂，没有丝毫让步之势。如此局面下，抗战何时才能胜利？

"我们新农话剧周末可以在城内多开展几场演出，唤起民众同仇敌忾的决心！"

"这个好，文化活动就是要配合抗日需要！"

严家显马上赞同。他自己也撰写抗日文章，控诉日军罪状，号召军民积极行动起来，支援抗日战争。从《关系民族存亡之一大事》等文章里，完全可以感受到他对日本侵华的激愤。

一个人抗战犹如螳臂挡车，不能扭转乾坤，众人集合在一起便是千军万马了。严家显的号召，首先引起了农学院学子们的共鸣。

由陈秋江、王念烈、吴玉液等人发起创立的新农剧团，一直得到严家显的关心和支持，克服了经费、服装、道具、文武场等种种困难，每逢元旦、端午、中秋等节日总有演出，深受师生欢迎。这次力度就更大了，校内学生踊跃参与演员的招募。后来，光经典话剧《日出》《雷雨》，就为潘月亭、鲁侍萍、繁漪的扮演者储备了好几代演员，可谓人才辈出。

受条件所限，剧团只能配以简单的服装道具，但他们总能根据实际情况，充分利用身边事物作道具解决演出困难。比如《雷雨》剧中的雷电声，用铅球在台上滚动和铁皮抖动而发出，效果还不错。他们自导自演的每一出话剧，都得到校内外的一致好评。

那几年,每有外省话剧团来永安切磋、公开演出,新农剧团的成员们常常慕名步行前往观摩。这也是开眼界、取经的一种方式,严家显对此从未反对。

新农剧团名气越来越大,演出越来越专业,不时受邀到永安城公演《雷雨》《日出》《麒麟寨》《雾重庆》等进步话剧。落幕后,观众总依依不舍。是时,永安各学校各机构有剧团和演出队的并非农学院一家,而且还有专业的抗敌剧团,但许多观众就是热捧新农剧团,可以连看新农剧团数场演出也不厌倦,深深迷恋剧中人物与情节。

曹禺经典的《雷雨》大戏是新农剧团的保留节目,久演不衰。戏里一夜之间的矛盾冲突、情节爆发对演员的临场发挥,要求极高。但连着两三代学生演员的演出,新农剧团的《雷雨》剧组都轰动永安,观众每次反映都非常强烈。这部名剧的社会公演,像是一声惊雷,惊得国民党当局要禁演。

不独《雷雨》,新农剧团演出的《麒麟寨》也受到国民党当局的点名。这出四幕剧由潜伏于永安的中共东南分局文委书记邵荃麟(新中国成立后曾任中国作协党组书记)所写,描写的是爱国志士肖子青打入匪窟麒麟寨,动员寨主邓九爷抗日,邓的把弟胡二爷受汉奸蛊惑,从中阻挠,将肖子青拷打致死。

新农剧团带着这个剧目在永安公演时,不知是有人听出了剧中的弦外之音,还是嗅出了邵荃麟的"异己分子"味道,时而就有人来捣乱。每每这个时候,农学院的"四大金刚"便勇敢地挺身而出,驱除牛鬼蛇神。

陈秋江后来曾回忆:"吴玉液、王念烈、蒋明南和薛承健,我们班上有名的四大金刚,以他们的'吨位',如遇和外界交涉纠纷时,用不着吆喝或动手,只须出面一站,其架势就足可唬人。"

有这样的"四大金刚"护法,又听说严家显院长有"后台",那些特务一时也便不敢造次。

在新农剧团带动下,福建省立农学院不时举办诗歌朗诵会,抒发抗日爱国之志。在黄历的一次师生诗文朗诵会上,严家显还亲自朗诵了《古炮无恙》一诗:

　　四周的建筑都毁了

　　只有你巍然独存

　　在那苦难的日子里

　　你曾亲眼看见悲剧的诞生

> 你不曾屈服
>
> 你有钢铁的意志,钢铁的心
>
> 你是永安人民精神的象征
>
> 你记着啊
>
> 什么敌人给我们灾害
>
> 什么日子使我们不幸
>
> 把这些仇恨的语言
>
> 永远地刻记在你的身上
>
> 好告诉我们未来的子孙

这首诗来自一场抗日诗画展。

死伤数百人的永安大轰炸后,亲历这场惨剧的《战时木刻画报》主编萨一佛,带着画笔走遍灾区,实地写生了数十幅炸后永安的惨象,请曾留学日本的诗人覃子豪配诗,而后在永安等地巡回举办"永安劫后素描画展"。五六十幅画,五六十首诗,莫不饱含永安百姓的血泪,无不揭露日本帝国主义暴行,观者如潮。

严家显不仅自己观看,也组织师生参观,还带回油印诗作。在燕京大学时就踊跃投身抗日救亡宣传的他,依然有着如火的爱国热情,诵读起抗日诗文来,铿锵有力,掷地有声。他多愿自己就是一尊炮,弹无虚发地射向凶残如禽兽的日军,以其人之道还治其人之身。

王祖寿怀抱才几个月大的婴儿,也来到了现场。在学生们的怂恿下,她小心地将襁褓中的女儿递给身边的学生后,也选读了《今夜宿谁家》一诗:

> 这里是毒烟
>
> 那里是火
>
> 我们呀
>
> 今夜宿谁家
>
> 乌鸦已归巢了
>
> 天已晚了
>
> 我们呀
>
> 今夜宿谁家

　　母亲快要倒下

　　孩子们太倦了

　　我们呀

　　今夜宿谁家

　　她朗读起来声情并茂，如泣似诉，仿佛身临血流成河的悲惨之境，那些苦难仿佛已凝固在这些饱含血泪的字句里，直听得人满腔激愤。

　　这些抗战诗文，飘过田野、山梁，在天空中回响，揭露了日本帝国主义残杀中国平民的滔天罪行，也大大激发了师生们的抗敌情绪。

　　严家显少年时就读的桃坞中学，每逢西方一些重要节日，除举行宗教活动外，必然少不了文娱盛会，节目繁多，其中学生自编自导自演的话剧最是受到欢迎。严家显的文艺爱好，大部分就滥觞于斯。现在执掌一校，又逢抗战，更是大力主张，把话剧、漫画、诗文朗诵，都当作校园内外进行抗日宣传、鼓舞斗志的利器。差不多每个周末，都有形式活泼的文艺活动。

　　在严家显支持下，农学院图书馆虽然经费紧张，仍然连着几年都征订《现代文艺》等创办于永安的进步报刊。这些报刊，经常刊发一系列高质量、战斗性强的文艺作品，让师生阅读自然有益，唤起大家一起关心、营造永安的抗战进步文化氛围，并参与其中做出一份贡献。如是这般，严家显和当年活跃在永安的一批进步文化人士，如邵荃麟、董秋芳、王西彦、章靳以、黎烈文、卢前、陆华柏、汪德耀、黄震、林镕等都有来往。他隐约知道他们中有不少共产党人，却毫不排斥。省主席刘建绪的随从秘书、《建设导报》社长谌震，他也乐于交往，只因这位国民党干吏一直力主国共合作，还因为这份官报为进步人士所掌握。

　　皖南事变掀起第二次反共高潮后，国民党当局为进一步控制舆论，抑制进步文化，强行把宣传抗战的《福建民报》划归国民党中央宣传部直管，而后改名为《中央日报》(福建版)。刘建绪不甘心国民党CC系一统天下，试图推行"地方自治"，经谌震等人策动，拿出一笔私钱，另行创办福建省政府机关报《建设导报》，以便有自己的舆论阵地。为了不与CC的报纸争短长，办成三日刊，不用对开而用四开，并称"为帮助全省三十万乡村自治人员与小学老师致力地方建设而创办"，规定全省"各校各保"都需订阅。谌震当社长兼发行人，周左严(中共党员)任总编辑。

这份以省政府名义办的报纸，以通俗易懂的文字，向读者宣传抗日战争和世界反法西斯战争，向基层人员传授工作方法，介绍实用的农业技术。因而，这份报纸也受到福建省立农学院师生的看重，不少师生还为之撰稿。

1943 年夏秋，共产国际解散，国民党借机叫嚷"解散共产党""取消陕北特区"，并由此发动第三次反共高潮。《建设导报》适时刊载王石林一篇题为《国际一年》的评论，文中摘录了斯大林是年 5 月 19 日答路透社驻莫斯科首席记者金氏的复函，指出："共产国际的解散是应当的，因为：A. 它把希特勒分子硬说莫斯科有意干涉他国生活，要使各国'布尔什维克'化的谰言止住了；B. 它把劳工运动内部共产主义的敌手硬说各国共产党不是谋本国人的利益，而是遵照什么外来的命令行动的毁谤制止了！"该文同时列举国际上对共产国际自动解散后的积极反应，从而有力地回击了国民党的反共叫嚣，消除了民众的误解和忧虑。

是以，虽然有人提醒过有关谌震的亲共，严家显仍坚持图书馆要订阅该报，就连改进出版社的书籍，也在黄历大量出没。

改进出版社是经陈仪支持创办的，主持社务的黎烈文曾被国民党特务骂为"上海有名的左翼作家""共产党"。陈仪不顾政治风险加以抵制，甚至允许邵荃麟、葛琴这样身份明白无误的中共党员进社工作。陈仪去职后，改进出版社也就失去了从事进步出版活动的政治支持，在国民党顽固派的攻击下慢慢走向衰落。在刘建绪主闽之后，传播自然科学之声的福建省立农学院，还敢以改进出版社的社科进步书刊充实图书馆，可见严家显的胆量。

于是，原本匮乏的图书馆，各类图书渐渐地多了起来，琳琅满目地排列着。课余，学生们常常争先恐后地涌进图书馆，或手抄记录课本知识，或阅读那些传播进步思想的报刊。一层高的木质瓦房，总是坐满了学生。

校园内外，进步文化随风潜入，"润物细无声"，甚至产生了一定影响。

闽西山区原本名不见经传的小县城永安，在成为福建省战时省会后，慢慢地成了东南半壁的文化中心，抗战进步文化作为一个现象日益突显，庶几能与重庆、桂林这些国统区几大抗战文化中心齐名。严家显为此发挥了应有作用，在时空中散发出一份穿云破雾的光芒。

那些年，虽身在黄历，但对全国各地的重要抗日救亡活动，严家显和福建省立农学院都积极响应。在繁忙的教学之余，他来来回回地穿梭在这些活动中，身影显得高大、坚挺。

1944 年春，国民党军事委员会副委员长冯玉祥在重庆白沙发起"献金运动",发动民众自愿捐款,支援前线抗日将士。消息传出,永安和全国各地一样同声相应。国立音专教授陆华柏很快就创作了一首被称为"新闻清唱剧"的作品《白沙献金》,自己作词作曲,并指挥音专学生在永安街头公开演唱,宣传抗战到底的意义。

"一切在前线,一切在胜利,战争决定一切……"这激昂雄壮的歌声,在人们的心中久久回响。严家显听到后,很受启发。在他的号召下,偏远的福建省立农学院也不甘落后。有些同学甚至到城里卖花卖报、帮人擦皮鞋,将所得收入作为献金;也有人手捧竹筒,到戏院和街头热情宣传劝募。

几经捐纾之下,家里已没闲钱,也没啥像样宝贝了,可总得有所表示,王祖寿毅然再次脱下手上的金戒指。

严家显忙说:"你得想清楚,这回可不是典当,一旦捐献,就会统一卖了变成现金送往前线,以后即使有钱想赎,也无处赎了。"

"我知道这是我们的订婚纪念,很重要,但一想到前线将士抛头颅洒热血,甚至不惜生命,我们又何惜这戒指? 只要能为抗战奉献一份心意,为何还要赎回呢? 倒希望它能物尽其用,带上我们对国家打赢这场仗的愿望,化为实际的物质力量,助力前线将士杀敌致胜!"

就这样,这对夫妻把身上最后一粒本想留作永久纪念的纯金,捐给了国家,寄托去了浓浓的赤子情。

4 月上旬,国立福建音专在永安东门中山纪念堂连着举办两场音乐演奏会,严家显受音专代理校长、也就是福建农学院校歌曲作者萧而化之邀,观摩了其中一场。

演奏会上,除了音专创始人、首任校长蔡继琨谱曲的《保卫大福建》《悲壮的别离》《抗战的旗影在飘》等耳熟能详的作品,也有外国音乐家演奏的帕加尼小提琴协奏曲、巴赫大提琴《序曲与吉格》、李斯特钢琴曲等,堪称艺术盛宴。一首优美感人的歌曲,也在这个时候,深深扎根于夫妻的心田:

> 故乡,我生长的地方,
> 本来是一个天堂。
> 那儿有清澈的漂流,垂杨夹岸;
> 那儿有茂密的松林,在那小小的山岗。
> 春天新绿的草原,有牛羊来往;

秋天的丛林灿烂辉煌。

月底我们曾泛舟湖上，

在那庄严的古庙，几次凭吊过斜阳。

现在已变成野蛮的屠场！

故乡，故乡！

我的母亲，我的家呢？

哪一天再能回到你的怀里？

那一切是否能依然无恙？

一曲终罢，全场泣声一片。聆听的人们都不由自主地想到了各自的故乡，如梦似幻，遥不可及。

这个周末，一家三口就住在严家淦的家里。在遥远的地方，亲人们更愿意相聚在一起。

王祖寿后来回忆，期纯嫂子对她的孩子很宠爱，淘气的女儿把他们家珍贵的脱胎漆器拿来玩，摔破了，嫂子也从不抱怨。

严家淦家离省主席公馆所在地吉山不远。

省府内迁，吉山机构林立，福州沦陷后，在吉山有亲可认的人，也陆续逃来，小商小贩日益增多。如此，一个原本只有两千余人的小小吉山竟一跃成为万人村落。人满为患，一些空坪、山坡也陆续铲平建起了简易房屋，结构一律简单，有的用杉木制成人字形屋架，外加顶柱，外墙钉上鱼鳞板就算大功告成。更简易的则只用竹片、板皮，封上泥浆，外部涂上黑炭或烟灰以避空袭。

这些房屋虽简陋，里面却住着不少高级官员和公务人员，周围社会秩序尚称安定。严家淦的房子，虽因人多大一些，设备也是相当的简陋。

大轰炸过后，下吉山的生意又恢复了起来。京果、鱼货、布匹、文具、糕饼，样样俱全。百姓白天疏散，关门出外，躲避日机轰炸，下午四五点返城，傍晚开业，一些商店还通宵达旦，换班营业，倒也渐显轰炸后的商业繁荣。夏秋入夜，茶馆、茶园灯光明亮，供人聚会，解渴消闷。

上吉山也热闹。街道差不多要被小摊贩挤满了，连转弯抹角处也设了小店，或手提、或肩挑、或头顶，沿街叫卖，甚至敲竹筒、摇铜铃，边唱边喊兜生意，有的还送货上门，互争信誉。

参观回到严宅，严家显幽幽地对堂兄说："难得难得，一整天没听到警报了。"

"我现在可以肯定,今后警报该会越来越少,太平洋战争打了几年,日寇撑不了多久了!"

说的也是。福建本不是抗日主战场,加上永安天然的地理位置,山与山交错纵横,日军进来也难。在日军自顾不暇中,上吉山业已恢复《永安之夜》状态了,"燕溪水,缓缓流,永安城外十分秋。月如钩,勾起心头多少愁……吹南管,长夜何漫漫,有人正倚栏"。音专师生的歌声伴着琴声,如断如续、如隐如现,上吉山似乎要成为一个乐府了。

暮色未浓。他们说话间,演奏会上听过的那首《故乡》,随着雨天黄昏的微风而来,在耳畔悠扬飘荡:

> 故乡,我生长的地方,
>
> 本来是一个天堂……

大家沉默良久,刘期纯道:"真不知道何时能回故乡?"

有家难回,是他们共同的悲伤,写在脸上,更埋在心里。

思亲,念故乡,战时流亡的人谁不是如此?窗外明月,曾引发多少感慨。

有家回不去,大家都心有千千结,再听这首歌,情不自禁地,热泪就盈眶了。

严家显隐约记得,自己在桂林时曾听过这首歌,怎么就传到永安来了?

在问过国立音专校长后,才知此歌系音专新聘的年轻教授陆华柏谱曲。而这陆华柏,前几年正是在广西桂林工作,此歌是他在漓江之畔风景如画的象鼻山麓里谱出,很受推崇,多次在各种场合演唱,还传到香港,获过文艺金奖。1943年冬他受聘来永安担任音专教授后,将之改编为合唱谱,演唱效果甚佳。难怪严家显似曾相识。

两位江苏老乡有缘相识后,严家显的正义感,富有民主、爱国的思想,让陆华柏肃然起敬。而陆华柏为人重骨气,同情学生进步活动,连同他不重修饰的艺术家形象,也给严家显留下深刻印象。后来,他还请陆华柏来到黄历教歌、指挥合唱,参加有关活动。

农学院新农剧团连着几场话剧演出,以及陆华柏的《故乡》等歌,为献金运动出力不少。

谁也想不到,由冯玉祥号召发起的献金运动,竟遭到福建省、永安县国民党党部的出面干涉,不久就销声匿迹。

在《建设导报》举办的一个座谈会上，几位进步文化人士就此质问刘建绪秘书谌震，他却信誓旦旦地说："这绝不是恢先主席之意，全国都一个样，恢先主席今后仍将秉持既有政治清明政策。"

刘建绪接替陈仪担任福建省主席以来，以"清、慎、勤、实"为"省训"，公开提倡清廉、谨慎、勤劳、实在的政治风气。但严家显和一些进步人士私底下交流时，都认为这和当年陈仪所提"忙碌是幸福""懒惰是罪恶"那几句口号一样，不过都是从蒋介石的"新生活运动""党员守则"那一套中搬来。

一位知情人说："刘建绪表面说得好听，却对送上来的礼物几乎照单全收，不时还给人送钱。"

有人还说："陈仪在福建，部下瞒着他干过不少坏事，但他有自己的手腕和威信，比刘建绪高出一筹。刘建绪提倡这提倡那，连自己都不相信，能搞出什么名堂来呢？"

严家显回家，忍不住对妻子感叹："依国民党那一套体制，民生主义怕是难有实行之日。"

王祖寿虽然心知肚明，却还是婉转地说："还是少去议论政治，静波哥不是说上面打过招呼了嘛。"

是啊，国立福建音专演奏会的余音还在回旋，严家显为抗战歌声所感动的表情刚下眉头，却很快传出国民党当局在音专大规模逮捕学生事件，说是音专师生中有大量中共地下党员，"福建音专是共产党的大本营"。

无孔不入的中统特务组织和国民党福建省党部，都说福建省立农学院中也存有异己分子，还把第四届农经系学生真树华等人列入黑名单，严加控制。

作为国共合作的拥趸，严家显不仅支持进步力量，默许地下党组织存在，进步学生一旦出事，他还马上挺身保释。学生们都说，严院长是我们的好老师，不是国民党的走狗。国民党福建省党部为此打过招呼后，严家淦也少不得提醒他万勿卷入其中，严家显表面诺诺，心里却一片亮明，一遇情况依然故我。

历史揭开的真相是，真树华等人还真是共产党员，他在农学院同学中宣传革命思想，密切发动群众，为学校党组织建立做了思想和组织上的准备。学生林熙（吴毓桂）参加中共地下党后，还潜入了台湾，在20世纪50年代初台岛实施白色恐怖时英勇就义。（2017年，林熙的遗骨由台湾运回大陆，有关方面举行了隆重的安放仪式。）北京西山无名烈士纪念广场的碑石上，镌刻着福建省立农学院学生烈士的名字。此是后话不表。

来自陪都重庆的聘书

春来秋往,寒暑交替,四载岁月如箭穿梭,福建省立农学院第一届学生即将迎来毕业季。受苏皖联立技艺专科学校(省立江苏学院前身)委托代为培养的一期茶业科学员,也将同时毕业。严家显忙而不乱地找有关部门、各系主任,商量如何体面地把他们"嫁"出去。

世间的计划,永远赶不上变化,事情发生永远不如人预期。就在此时,一份大红聘书从陪都重庆飞来,诚聘严家显担任国立复旦大学农学院院长。

这如何是好? 如果一挥手去复旦大学,那又是一个新的开始了。这边福建省立农学院刚步上正轨,正如一个刚学会走路的孩子,还不能完全放手任其跌跌撞撞。不知为何,连那一天的天气也是阴雨连绵。

他不觉地喜欢上了这里。这些年一路走进黄历,所见所遇的人与景,与他从前在别处接触的,有着不同的风格。江南的木渎温婉细腻,点缀有小桥流水,庭院深深,大多宁静;广西的山水,连绵起伏中带着点空灵的姿态,四季温暖温润,偶尔耳中能飘入悠扬柔美的山歌,是个人杰地灵的地方。黄历虽说是乡村,山峦起伏,但这里的山更硬气,水流更加鲜活,昆虫种类更多、叫得更欢,这里的人也更加淳朴。记得在跟王祖寿通信时,他曾不惜笔墨介绍起当地民风来,说他们如何的敦厚而朴实,勤于农事,与人为善。更重要的是,这些年轻学子因了他的举旗召唤,从天南地北聚集而来,一个个风华正茂,志存高远,他们学业未成,他这个举旗人怎能轻言撤退?

严家显的苦恼,也是妻子王祖寿的苦恼。怀胎生子,虽然让她与闽农学子暂时分开了一段时间,但情谊是离不断的。女儿在她怀里天真地乐呵呵,却不知母亲的左右为难。丈夫自美国返国,就没有一刻歇息,不停地辗转奔波,武汉大学执教一年,再到广西大学农学院待了两年余,他们的爱也因此历经波折。终于在福建成了婚,好不容易安定几年,又何必大费周章跑回她当初决意离开的重庆,再重新开始? 那将又是一番无尽的折腾。做教育,无论在何时何地,该是没有三六九等之分的。

当然,想是这么想,在大事方面,王祖寿还是乐意追随丈夫,所以她当初不惜放弃重庆的事业投奔而来;这次只要丈夫意决,她也情愿放弃眼下相对的安逸,追随丈夫的步伐,东西南北都去。

严家显受聘国立复旦大学一事不胫而走。各位老师得知,反倒认为这是件大喜事。能够被国立复旦大学相中,担任一院之长,殊不容易,这说明严院长的实力已跻身国内同行塔尖,也说明福建省立农学院不容小觑。

严家显略为放心的是,自己呕心沥血创办的福建省立农学院,虽还在学走路阶段,却已渐能走得稳当。学校环境优美,人才济济,师资力量雄厚,而且急需设备、仪器相继到位。全院已有七个系,四百多学生,各类图书上年清点的是2 630册,各科教学所需仪器、标本,不说应有尽有,总也差强人意,尤其让他引以为傲的是,偏远山村竟有了四架最新式的手摇计算机、三座大型的温室!

可别小看了2 630册图书!以今天的眼光来看,这数字无论如何都是小的了,但对历史稍有了解的人,就会明白这数字背后的辛酸与不易。战时由北大、清华、南开组成的长沙临时大学图书馆,馆藏中外图书也只有六千余册,由于图书资料少得可怜,学校只好同意毕业生免做论文。复旦大学在重庆北碚的图书室,"仅能容纳师生二十多人的两间当街的小房子,成天嘈杂不堪,参考书籍、报刊杂志很少,用功的学生,也得赶早抢先"。西南联大在昆明的图书馆,一幢两层,书架上的图书大多空空,有人形容它"像一个巨大的仓库,有坚硬的泥地板,许多乌鸦嘎嘎叫着滑行而过,要么就挑衅地停在书架或书桌上"。福建省立农学院初创,全院图书总数仅两百余册,多为外文书刊,这些年为了购置必备图书,严家显派人四处购买,还以农学院名义委托上海中华图书馆服务社以高价购得中文版图书80册、外文版图书130册,分装数箱,在交通梗阻、运输艰难之下,分几批辗转运来。

那些年,海外图书的运输异常困难,但为了紧跟世界学术前沿,严家显仍要求想方设法从欧美国家购进一批图书。太平洋战争爆发前,海外图书多以香港为中介,由香港中央信托局代购,再辗转运入。日军占领香港后,个别重要的图书和仪器,严家显仍设法委托美国方面订购,运至缅甸,经滇缅公路运达境内。每一本书、每一架仪器都来之不易,他都视若拱璧。后来太平洋战争爆发,美国船只在太平洋航行危机重重,对远东邮包一律停发,严家显也束手无策。

国民党中枢要人、教育部长陈立夫当年到黄历参观后,对学院建设称赞有加。复旦大学是在他手中晋为"国立"的,彼时与他有着密切关系的复旦大学,会不会曾向他征求过包括农学院院长在内的重要人选,他会不会也想到了精明强干、教育救国的严家显?

275

是的，1944年的严家显，已成为海归博士中的翘楚、农学教授中的领军、大学校（院）长中的新星，他农业救国、教育报国的事迹，完全可以作为海归学者赤心报国的榜样，被教育界、被这个苦难深沉的国家旌表。他的学生林复晚年谈起他，谈及福建省立农学院，仍语带骄傲："严院长投入大量的时间和精力，来为学生创造更好的学习环境。为了顺利开展教学工作，他从美国购买了很多先进的仪器设备，途经香港中转运回学校……做实验也都是用崭新的仪器，这也是令我们感到骄傲的事情。当时从内陆地区来我们学校参观或是教学的老师都频频称赞我们先进的仪器。"

1944年，让严家显和闽农人骄傲的是，不仅学校呈现喜人的精神面貌，而且福建农作物产量达到有史以来最高，这离不开闽农人的奉献，离不开农学院培育的良种在发挥重要作用；还有，虽然就业形势严峻，但农学院即将毕业的学子们，好多部门还是抢着要呢！

看严家显仍面露犹豫之态，教授们连番劝说，大家一起走过了四年，大都有了较丰富的办学经验，省立农学院还有他们留守看护，不可能出什么意外。他们请严家显安心赴任，能去中国最好的大学之一担任农学院院长，对中国教育的贡献可能会更多，也能让更多的学子承受阳光雨露的滋润。身为教育家，应该心怀天下，有"俯首甘为孺子牛"的精神，做教育的孺子牛，做千千万万学子的孺子牛。这才是一个真心实意的教育家应该做的大事。另一方面来说，这不仅是对严家显个人的认可，也是对福建省立农学院四年来办学质量的一种肯定，是属于学校的光荣与骄傲。

严家淦得知，也是极力赞同，重庆毕竟是陪都，复旦大学毕竟是全国性的大学，过了这一村可能就没这一店了。担任国字号著名学府的农学院院长，置身教育前沿大舞台，更能把教育做大做强，产生一定影响，才更有可能实现教育救国、农业报国的愿望，并将之辐射到全国各地。

"永安这边的情况可能不容乐观……"严家淦压低的音调，透出这位试图躲避党同伐异却又无法置身事外的技术官员，对未来政治的忧心。

这年春节刚过，由省主席刘建绪赞助第一笔私款创办的《建设导报》，在发行量逾万份的当头，忽然停刊。《告别词》讲到停办原因时倒也无关政治，即使归咎财政也还是温温道来，波澜不惊："这样的报纸，本来应该由省政府有计划的免费配发，而在省库支绌之际是无法办的，于是只好酌情收费，收费月仅数元，在永安不过于二两猪肉、半斤老酒，想来不成问题。又因乡村尚无读报习惯,零收则分文无着,扣缴则近于强派,处理殊费周章,且今岁财政益限,政府支持本报颇不容易,故为顾全事实起见,决定停刊。"

其实,在一些场合,特别是和谌震、董秋芳等进步文化人士接触后,严家显已知其背后缘由:国民党顽固派对该报横加攻击,说其无异于共产党喉舌,社长和总编等人有共党嫌疑,刘建绪因此想及时抽身;有些县长也不愿看到它深入全省各个角落,更不希望它进一步宣传进步思想、教育广大民众,纷纷不愿代收报费,发行因而受阻⋯⋯

就这样,一份发行量相当大、在永安抗战进步文化史上留下印迹的报纸,历时仅九个月,骤然停刊。

进出永安城和一些文化人士来往,严家显有时不经意间能了解到一些机密。

战时省会的情况都不容乐观,陪都重庆就更是了。不说天下乌鸦一般黑,只要国民党这样的统治在,哪里不是党同伐异?严家显秉承学术独立的精神,拒绝加入国民党,在这非凡年代抱持不管政治的态度,只想做个与时俱进,能为国家教育、农业发展尽一份心力的学者。

再说了,永安至今也并非毫无可取之处,即使在反共声音渐趋喧哗之下,这个地方也还是有光明的。《民主报》在永安出现,成为黑夜中闪亮的一颗星。

该报副刊就由董秋芳兼主持,他将副刊命名为"新语",寓意明确,还在创刊词里开宗明义地宣布:一要求民主,二培养青年,并就此指出,"青年精神的主要特征是新鲜、活泼和真实⋯⋯新鲜是陈腐的反面,活泼是呆滞的对立,真实是虚伪的否定。世界上只有新鲜、活泼和真实,才能使存在生生不息"。

这样的文字,加上私底下的交流,让严家显感受到了新鲜、活泼和振奋。正如同他希望是真实的一样,他从副刊里,读到了一批针砭时弊、呼唤进步的好文章。

严家显还听说《民主报》之所以能在《建设导报》遭攻击而停刊时,从闽北建瓯县迁到永安,一路摆脱种种束缚而单独出版,和同在永安的《中央日报》(福建版)、在南平出版的《东南日报》(国民党 CC 系掌握)、《南方日报》平起平坐,俨然成为福建另一家大报,盖其幕后有个推手,那就是省政府秘书长程星龄,这位进步民主人士对其主闽的湖南老乡刘建绪的影响力度,要比谌震来得大,而且他认为,在进步宣传上,每日对开出版的《民主报》,要比三日四开出报的《建设导报》,能发挥更大的作用。

　　1944 年愚人节这天正式出版的《民主报》，是一群进步人士想打开国民党顽固派倒行逆施统治局面的努力成果。

　　他也据此初步了解到刘建绪的另一面。刘建绪本非蒋介石的嫡系，身边又有思想倾向进步的秘书长程星龄、秘书谌震，对抗战进步文化事业自然心存宽容，有限度地实行开明政治。是故，政治环境虽然险象环生，永安进步文化活动虽有过沉寂，但积蓄的力量仍可能再度爆发。

　　也正因为《民主报》的办刊思想，严家显一见之下，就让它进了农学院图书馆，他希望他培养的青年学生也都有"新鲜、活泼和真实"的青年精神，生生不息。

　　严家显更多考虑的却非政治因素，而是教育和学术，那是他生命里最大份量的存在，是他人生的主要意义所在。他权衡再三，进退两难中，也就拿定主意了：待亲自送第一届学生毕业，亲眼看到四年的坚守开花结果，他才离去。

　　让严家显能够放心离去的，还因为在各方张罗、物色下，福建省立农学院的合适掌门浮出了水面。

　　业已选定的继任者周桢，比他大 9 岁，浙江人，自北京农业专门学校毕业后，曾留学德国，回国后历任北京大学、浙江大学、西北农学院、中正大学及广西大学教授。把院长之席移交给这样正牌的农学家，还有什么不放心的呢？

严家显任职福建省立农学院时的有关信函和签发的毕业证书

他梳理了一下这些年各系主任的名单，他们有的走了，有的还留在黄历继续着神圣的教育事业。这些年主持全院的行政工作，除了院长直辖的院长室、会计室、农林场，也离不开教务处、训导处和总务处的协助。教务处下设注册组、出版组、图书馆、仪器药品管理室，总务处下设文书组、庶务组、出纳组、医务室，他们分工细致，工作勤勉。三处主任尤其值得称赞，他们都是他在教授队伍中聘任的。至于那些一个比一个有个性、有才华、有抱负，看起来却一个比一个还青涩的学生，他脑海里就储存了更多的名字和形象。

要离开朝夕相处了四年的福建省立农学院，他有万般的不舍，想着在离开时多看几眼，把每个角落都看个遍。

一天傍晚，他从城里回校，信步来到靠近渡口的小店，两个熟悉的人影映入眼帘：陈秋江、马诚朴。他们一边喝酒一边哭，陈秋江还一字一顿地吟诵诗句呢！

他静静地听着，待他诵完，上前轻轻拍他们的肩："哭什么呢？"

原来，他们是为毕业在即，今后天各一方而感伤。他不觉默然，感人心者莫先乎情，同窗之情是真挚的。只能就坐，和他们碰杯对酌，祝他们顺利毕业。

陈秋江在毕业临别前夕，填了一首《浪淘沙》，专门送给这位同学好友。词是这样写的：

> 相对默无声，举盏频倾，愁容醉态两凄清，惜别偏逢风雨夜，万种心情。
> 四载梦魂惊，学业何成？我今南去你东行，得失人生难逆料，珍重前程！

严家显读罢，动容道："好啊，这样的馈赠比金子还珍贵呢！"

擦干眼泪的陈秋江又大大咧咧地起身敬酒："严院长，我敬您一杯，恳请您能为我题个词，此生一定如金子般珍藏！"

马诚朴马上也端起酒杯跟着起身："我也敬严院长一杯，斗胆请您也送我一块'金子'！"

两天后，陈秋江便收到了严家显用毛笔题写的毕业赠言，写的是：

> 士人第一要有志，第二要有识，第三要有恒。有志则不甘下流；有识则知学问无尽，不敢以一得自足；有恒则断无不成之事。三者缺一不可。
> 秋江仁棣属。
>
> 严家显

完全是平等的语气,把学生视如年轻朋友——"仁棣"。他喜欢曾国藩的励志名言,并将之赠予学生。手捧老师赠送的条幅,陈秋江久久不能平静。

毕业后,陈秋江的人生几经辗转,从大陆客居台湾宝岛,半个世纪中历经十多次搬家,只要有家有客厅,墙壁上总少不了他裱好的这幅字,用以警醒自己。

学生眼中的严家显,以身作则之外,也教育众学生如何为人处世,如何爱国敬业,他常告诉学生:"做人要忠诚爱国,要立志干出一番事业。"

处于混乱的抗战时期,社会上又流行着"毕业即失业"的说法,临近毕业的少数学生迷惘之中,内心不无惆怅。来自太湖之滨的茶科毕业生朱龙文,因故乡处在沦陷区,有家难归,心境更糟。严家显获悉,赠言鼓励:

> 登天难,求人更难;黄连苦,贫穷更苦;江湖险,人心更险;春冰薄,人心更薄。知其难,耐其苦,测其险,履其薄,可以处世矣,可以为人矣!

谆谆教导,语重心长,用心可谓良苦,让朱龙文黯淡的心顿时明亮起来。

从严家显的临别赠言,也能读出他当年的心情与期望。一个人如果能说出刻骨铭心的道理,很大程度上源于他的切身体会。走的路多了,经历的人事多了,在过眼烟云中自然能够感悟出人生更本质的道理。而这朴素深刻的寥寥几句,放至当下来读,依然让人深有感触。大道至简,古今一也,千变万化的是人心世道罢了。

之后,恳请严家显题词相送的学生越来越多!要送什么临别赠言给亲爱的同学们?严家显的心中有千言万语,却不知从何说起。不过他始终认为一个人的成长,环境是其次,最重要的还是心态与毅力,于是想来想去,最终凝练出四个字:自反自强。

言简意赅,却显得语重心长。他殷切地期望各位同学们离开母校走向社会后,先懂得做人,再做一名合格的农业工作者,在各自的岗位上,保持谦虚谨慎,努力学习向上,切忌骄傲自满的心态。人生的意义从来是"给予",而非"索取",人生在世,要懂得在艰难困苦中进取,为国家、为社会、为大众服务。这也应是"黄历精神"的延续和光大。

一晃数十载,毕业五十周年庆典上,许多学生仍表示"自反自强"四个字,足以显现严院长的用心良苦,他们备受教益,铭记在心,毕生不敢忘记。

并非严家显在唱独角戏,学生也有作品回赠。学生也爱他们的老师,爱他时时处处的为人师表,爱他经常和同学们一道做操、种菜,并深入课堂听课,了解学生学习情况;爱他无论寒冬酷暑,在夜深人静时,常常提上马灯巡视学生宿舍,看是否有安全隐患,有时轻轻为学生盖好踢掉的被子,吹灭床头的蜡烛或灯火;爱他对学生既严又爱,对一些家境清贫的学生,常常暗中掏腰包为他们代交学费。好几位原想中途辍学的学生,是在严家显、王祖寿夫妻的精神鼓励和经济资助下,才得以读完,顺利毕业的。农经系学生李致祥为此特作七律一首,《赠别仲扬院长、祖寿吾师伉俪》,诗云:

> 最难百事是开端,岂仅规模实壮观。
> 学府崔巍多美荫,贤师诱掖敢偷安。
> 从风马帐今犹暖,立寻程门久不寒。
> 为听临歧留别话,天涯地角总心酸。

1944年6月,福建省立农学院农艺学会欢送严家显夫妇(前排右第七、第八)暨首届毕业会员合影

如此深长的情意,教严家显、王祖寿感动莫名。严家显吟哦之中,给自己待了四年的福建,给自己创建的这所学校留言:"八闽子弟多隽秀,弦歌不辍慰古今。"自然地流露出他对闽农学子真切的赞美与厚望。

黯然销魂者,唯别而已矣

炎炎七月,漫漫送别。首届学生毕业之日,也是严家显离开之期。四年时光,一千四百个日夜,有缘相聚,不是家人胜似家人,正如严家显所说"夫学校犹家庭也"。严家显心中的万般不舍,在为别具风格的毕业纪念册作序时流露笔端:

> 第一届毕业诸生,谋刊纪念册,请序于余,所以重师谊、志爪痕也。而余方图远行,离绪热情,百感交煎,几不知语从何起,然欲无言,又乌乎可。
>
> 溯余来主院务,四更寒暑,受命于战时肇创之秋,着手维艰,用心良苦,谬以先觉自期,窃抱乐育之志,敢辞劳怨,但矢精诚,幸得斩除荆棘,渐具规模。间虽限于环境,事与愿违,然每念当年荒僻村墟,顿成此日巍峨学府,举凡一瓦一椽之营建,一事一物之安排,则何莫非心血之结晶。况眼前桃李,初熟有收,能不沾沾自喜,以为快慰耶。
>
> 四载师弟,一旦分襟,人孰无情,安能遣此。虽然诸生学成问世,必有以为母院声誉之光,余力瘁让贤,亦无非为母院前途之计,形迹虽分,精神犹契。惟珍重临歧,各自努力而已。倚装布臆,未尽所怀,倘能喻此苦衷乎。

严家显在毕业典礼上的讲话,更是激励着学生:"诸位同学毕业后,有的到国内外高等院校继续深造,有的在全国各地从事相关工作,有的任教,有的可能另行择业谋生,有的也许一踏出校门,就直奔抗日疆场、杀敌报国……不管从事什么工作,我都希望你们年轻气盛时,任谁都不要平凡度过,忠诚爱国,立志干出一番事业!"

这段话,对即将走出校门的毕业生寄予了厚望。而他们是有信心的,因为他们经过了四年严格煅炼。

全体师生一同唱响了校歌:"农为邦本,训自前贤……"

送别第一届毕业生后,一曲离歌也升起在严家显的心中。

他默默地走回来,看着这个布置了四年的家,干净整洁,每一个房间,每一张桌子,每一把椅子,甚至每一支笔,都充满着记忆的芳香,散发着熟悉的味道。再看一看熟睡中的女儿,小嘴不时做吮吸状,似乎梦里还在喝着可口的羊奶。

黄历村里有他的家,有亲如家人的友人与村民,他真心舍不得走!他叹了口气,说不出话来,愁肠百结。

时光如飞鸟,真正离别的日子很快到来。严家显和妻子王祖寿收拾了一整夜,将行李打包好,将屋子打扫干净,带着还未满一周岁的女儿,大清早便悄悄地迈出了冯氏祠堂,走出了农学院,离开了黄历村,正如当年一般悄悄地来。

放眼四望,他已经开始回顾这里的一切了,初来乍到的情景仿佛还在昨日。1940年初夏,他走进这个叫黄历的小山村,点燃了抗战后方兴农救国的梦想之灯,春风化雨般催发了莘莘学子心底强农报国的种子。这些年,围绕"研究、教学、推广"这三大任务,他的身影一次次叠加在灯火摇曳的实验室、传道解惑的教室、远近高低的田间地头,不惜为此落下隐疾。

还没远去,他已经开始怀念这里的一切了。暖暖的山风,低平的稻田,柔软的竹枝,山涧中常闻虫鸟奏鸣,炊烟处有温驯如故的黄牛,昼夜还能拂着晚风探一弯月牙……

南北朝时福建籍文学家江淹曾作《别赋》,开篇就说:"黯然销魂者,唯别而已矣!"末句又说:"与子之别,思心徘徊。"此情恰是严家显内心的抒写。

附近村民和留校师生赶来送别时,却发现他们早已不见踪影,冯氏祠堂已被打扫得干干净净,整整齐齐。除了带走基本的生活用品,屋内的一切如初来之时完好。大家的眼眶瞬间湿润了,心下感慨,这才是他们的院长,朴实无华,临别之际还为他们上了生动的一堂课,不要费力气做不必要的形式。

那个年代里,落后的通讯手段无以一补离别之叙。可是他连目送的机会也没有留给他们。白云无边,马蹄声远。

这一边,看着黄历村愈来愈小,成了一张照片的大小,慢慢地又小成瓶盖之形,最后终成一个小黑点。正是太阳初升之时,那一个小黑点渐渐地被金色的纱幕笼罩。背后崎岖的山路愈伸愈长,已经看不见模糊的小黑点了,只见几朵云盘桓在天地相连之处,清晨的风微凉地拂过脸庞,拂去严家显与王祖寿已然盈眶的泪水。

"当!当!当!……""当!当!当!……"

忽然,耳边响起一串沉沉钟声,发自身后黄历的青山绿水间,深远悠长,追上了他们,让小女儿都跟着他们情不自禁地转回头去。抗战中的轰炸声、枪炮声、军号声、警报声,已让他们听厌、听怕、听得怨苦,而此刻这份清音,包含了多少百折不挠、愉悦向上的精气神啊！

　　肯定是师生和村民们用钟声为他们送行！严家显与王祖寿这样想罢，再也忍不住万千离愁，泪水夺眶而出，在灿烂的阳光里晶莹地闪烁着，眼前只有尘埃纷扬而落，随着越来越远的钟声归于寂静。

1944 年初夏，严家显携妻女，在堂兄严家淦家门口合影留念。后排左二为严家淦，左三是其子严隽泰，左四是其夫人刘期纯。左五王祖寿，左六严家显

　　风尘仆仆来到永安城后，他们一家三口，和严家淦一家七口，在严家淦家门口合影留念。70 年后，严隽泰在台湾如是告诉我们："抗战胜利前一年，仲扬叔叔全家先我们离开福建，两家人特地合照，这是我们两家保存至今的唯一一张合影。"

　　严家淦私底下和他说的是："你们先去，也许随后不久，我们两家人可以在重庆团聚。"似乎严家显能先去国立复旦大学，正省了他的一块心病；若他先去，则还需求人帮助堂弟一家调动，他感觉在永安这个地方，没自己庇护，心志高洁、不问政治的堂弟或许会有所不测。

　　严家淦何时去重庆，履新何处？他没说。但严家显知道，他是有深厚关系的，行政院秘书长陈仪一如既往地和他有联系，也一如既往地赏识他。堂兄一

家届时能来陪都,自是好事一桩。

最让王祖寿感动的是,在物资供应困难之时,为了筹备他们一家三口此行漫漫长路的干粮,堂嫂刘期纯竟通宵达旦,为他们烤制干粮。堂嫂已然知道,王祖寿又有两个来月的身孕了,一人吃了两人饱,可不能让她饿肚子!

临别那晚,王祖寿在哄睡女儿后,便来给为他们烤制干粮的堂嫂打下手,并闲聊了起来。她真是没想到,自己当年是为了和严家显结婚,才回到久别的故乡福建,但永安的生活状况和她少女时代生活的闽侯是那样的不同。她也随同丈夫投入了这个小山村,心甘情愿地从事起了教育。此后的将来,她都难免不以咀嚼和缅怀的心情,纪念在这里结成正果的爱情,还有和堂兄堂嫂亲如一家的种种往事。

翌日上了事先联系好的联运车,挥手和熟悉的人和地方道别时,夫妻俩的眼睛又都有些湿润了,"再见永安! 何时我们还能再重来?"

第七章　诗与远方

一片初心能对月

旦复旦兮，日月光华

夏日的阳光浮在江面上，折射出无数细碎的光，有点晃眼。小木船一路欸乃，载着从北碚上船的严家显一家三口，摇摇晃晃过了蜿蜒美丽的嘉陵江，来到对岸夏坝（今北碚东阳镇）的码头。下了船，他们沿石阶而上，国立复旦大学的校门便映入眼帘。

那一年，有位叫徐国霖的新生，差不多和他们同时步入这所名声在外的高等学府，他后来回忆："1944年我由沦陷区去大后方，辗转流徙，由西北而西南，入川后先沿涪江南行，到合川后，涪江汇入嘉陵江，继续南下。'蜀江水碧蜀山青'，沿途江山如画。过北碚时，只见江岸齐整，岸上笔直的一排行道树长约数百米，中间有牌坊式大门，上写'国立复旦大学'六字（按：繁体字）。大门前有石阶直下江边沙滩，通向渡口。江水悠悠，远山如黛。这样一个高等学府的环境，真令人心神向往！想不到数月之后，愿望实现，我成了这所学校的一年级新生，才知这一片平川，名为夏坝。"

初到夏坝的严家显夫妻，彼时是否也有这位新生的种种感受，不得而知，但由闽入川，道阻且长，辗转之艰自不待言，夫妻俩或许感到，命运之神和他们开了个玩笑。当年严家显没有跟随武汉大学西迁，时隔7年还是补上了这一课，虽然他这些年也曾到重庆公干；而王祖寿西迁到重庆后又东返故乡，而后一个轮回，不成想又回到原点。重庆的街道、环境虽然有所变化，却依然还是那个味道。他们谁都不知道今后是否会给困住在这，住上漫长的一个时期。

他们这是第一次去西迁落户到重庆北碚夏坝镇的复旦大学。

未见其校，先闻其声。远方飘来了复旦大学校歌："复旦复旦旦复旦，巍巍学府文章焕，学术独立思想自由，政罗教网无羁绊……"这大概是中国最早且最具风骨的大学校歌，鲜有可与之媲美者。那时经过五四运动的洗礼，开始张扬科学民主精神，倡导思想和学术的自由。复旦校歌正是由五四时代新诗人、后来曾出任国民政府教育部常任次长的刘大白作词，著名漫画家丰子恺为之作曲。

由重庆江边通往岸上滨江大道的台阶共有136级，面对临江的新校门。拾级而上，直达校内，那份感觉，犹如步入一座神圣的殿堂。

　　三个月前，从西南联大转任复旦大学史地系教授的著名历史学家邓广铭之女邓可蕴，也第一次去重庆北碚夏坝看父亲。后来她如是追忆："进了校门，满眼都是盛开的鲜花和草坪，在阳光下甚是温馨可人。中间大花坛的后面，是二层楼房登辉堂和礼堂、教室、行政办公区；花坛左右是花圃绿地、篮球场；再往右是相伯图书馆，往左是大操场。每条路的两侧都是绿篱，或是红、黄、白、蓝各色花草。爸爸说，复旦的校园这么漂亮，得归功于复旦农学院，校园是他们设计、布置和管理的。"

　　半个世纪后的追忆，庶几可以复原成严家显夫妇当年对复旦的第一印象。字里行间，农学院的作用显而易见。

　　严家显向一眼可以望见的相伯图书馆、登辉堂致敬。介绍人说，这里是学校的中心，总务、教务等办公处所分立两侧。

　　相伯图书馆是为纪念复旦大学创始人兼首任校长、中国近代著名教育家马相伯而建，登辉堂则为是纪念 1913 年至 1936 年任复旦校长的李登辉而建。他们一个是江苏人，一个是福建人，籍贯上的关联，无形中也让严家显夫妇多了份亲近。

　　马相伯 1903 年创设震旦学院，为中国人自主创办的第一所私立大学。"震旦"乃梵文中的"中国"之谓，含"东方日出，前途无量"之意。梁启超为此特地著文庆贺："今乃始见我祖国得一完备有条理之私立学校，吾欲狂喜。"为避开教会的干预，马相伯于 1905 年在吴淞另立复旦公学，校名撷取《尚书大传·虞夏传》"卿云烂兮，纠缦缦兮；日月光华，旦复旦兮"两句中的"复旦"二字，本义是追求光明，寓含"恢复我震旦，复兴我中华"之意，马相伯、严复先后出任校长。1917年，复旦公学改为复旦大学，孙中山首任校董。复旦承载着"复兴我中华"的使命走过不平凡的四十年后，已成为闻名全国的综合性大学。1938 年 2 月，上海复旦大学师生在日军迫近的铁甲战车声中，和其他高校一道加入了西迁队伍，辗转五千里，来到陪都重庆，择址于北碚东阳镇夏坝，继续办学。尽管条件艰苦，校园内依然设有 5 个学院、22 个系，以及两个专修科。没有固定的校区，师生们便边上课边建设，短时间内建成了一所规模像样的校园。复旦校史记载，"夏坝沿江铺有通衢大道，夹道梧桐成荫。独立牌坊式校门之内，以登辉堂为基准，相伯图书馆、寒冰馆、新闻馆、青年馆等一字排开，皆坐东朝西，面向嘉陵江，四幢教室、四幢女生宿舍、六幢男生宿舍、一座食堂、六幢教授宿舍"。

　　国家兴亡，匹夫有责。师生们并没有仅是教学，也积极开展各项救亡运动，使复旦大学成为一个坚固的民主堡垒。

严家显一家正是在这样一种积极热闹的氛围下，来到流亡异乡的复旦大学，落户教授新村。

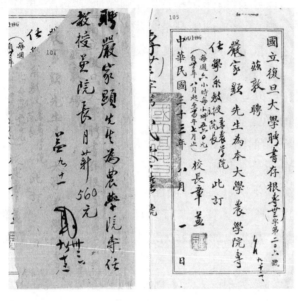

严家显受聘担任复旦大学农学院教授兼院长的聘书，注明每周上课六小时，月薪五佰陆拾元，时间自民国三十三年(1944)八月起至民国三十四年七月止。由此可见，院长之职该是每年一聘

复旦农学院正式创办短短五年间，已三易院长，李亮恭教授干了一年，唐启宇教授干了两年余，毛宗良教授代理院长也是两年余。在左挑右选中，接力棒落到了严家显手上。

年长严家显五岁的校长章益，字友三，出生于安徽滁州。他像那个时代大多数出类拔萃的知识分子一样，也是海归博士，自复旦大学一毕业，便赴美国西雅图华盛顿州立大学硕博连读，这个自费留学生成为该校建校以来获得研究生奖学金的第二个外国人，很是为中国人争了光。回国后任复旦文科教授、教育系主任。还在国民政府教育部担任过五年的总务司司长、中等教育司司长。1943 年接任复旦大学校长后，遵循蔡元培主张的"兼容并蓄，学术自由"治校原则，为复旦营造了更宽容、更民主也更自由的空气。

还在来的路上，严家显夫妇就得到一个所谓好心的提醒，不能和章益走得太近。主要是说，章益掌校之初，不仅热衷支持复旦师生呼吁停止内战、团结抗日的活动，还组织重庆大学教师联合会，开展各项抗日救亡运动，业已引起国民党政府的不满。

严家显当时就想，这有什么不好呢？抗日战争正处在紧要关头，全国军民本应如此啊！更何况，日军不仅血洗了上海的复旦，也没放过西迁到重庆的复旦，接二连三的轰炸中，著名学者孙寒冰教授和一批无辜师生倒在血泊之中，再也没能站起来。国恨家仇，岂能不向制造罪恶的刽子手声讨？

所以，他和章益很谈得来，在教育问题上，大有共鸣。

章益坦言，他一向不赞成美国教育家杜威的"学校即社会"之说，而主张面对现实，不让社会的邪恶影响侵入学校，学校教育应起变革社会的作用。他秉持教育与生产相结合的思想，认为教育不止有培养学生升学的任务，还应面对现实社会造就各类建设人才。

严家显大都赞同，思考中也坦率表达自己的观点。思想火花的碰撞，是为了相互促进。两位教授注重理论联系实际、学以致用，尤其言行中表现的创新精神，让他们越谈越兴奋。

那天，章益问计，严家显也谈了"新官"上任的一些设想，得到了章益的连连赞赏和支持。

从章益那里知道，著名剧作家曹禺也在复旦大学文学院，讲授"莎士比亚"，他对莎翁的全部著作了如指掌，各剧台词能倒背如流。直听得严家显啧啧有声。想到在福建省立农学院时支持新农剧社多次演出曹禺的《日出》《雷雨》等剧作，也算是未见其人先闻其声了。复旦大学藏龙卧虎确非一般！

章益之后前来看望的，是另一"章"——章靳以。这是一个更能写文章的作家教授，却常常把"章"姓给省掉，一向以靳以的笔名行世。从上海复旦大学毕业的靳以，曾和郑振铎合编《文学季刊》，和巴金合编《文季月刊》，而后从重庆到福建接替王西彦主编《现代文艺》，同时兼任福建师专中文系主任。成为著名作家后，又回头执教于内迁重庆的母校。

无巧不成书，靳以也是不久前由福建到重庆的。这位一生热爱而倾心文学的作家教授，曾任教于福建师专，一度也在福建战时省会永安，部分人生轨迹与严家显多有重合。

靳以继王西彦主编的《现代文艺》月刊，不仅是黎烈文主持的改进出版社，也是战时福建省会永安艺术性较高、战斗性最强的文艺刊物。该刊许多作品出自名家之手，表现了抗战时期的现实生活，还勇于抨击国民政府的文艺政策，踊跃参与国民党关于文艺的"民族形式""大众化""暴露与讽刺"等思想的论争，发行量逾万。严家显看过几期，心底连着侃侃而谈的靳以也一并欣赏着，便也让它光明正大出现在学院图书馆。只可惜，这家在东南各省乃至全国都有较大影响、彼时发行量最大的刊物之一，在 1942 年 12 月便被腰斩。靳以后来也跟着福建师专离开永安，迁往另一个山城闽北南平，彼此见面虽少了，却仍有通信联系，了解和关心着对方。

时隔数年，两人竟不约而同执教于复旦大学，自是一种缘分，见面后分外亲切。

由永安的工作和生活切入，再谈及《现代文艺》的夭折，严家显才知，当年在永安所听不虚：《现代文艺》不仅受左翼的黎烈文、王西彦等人影响，更受当时在浙江、福建等地担任中共文化方面领导工作的邵荃麟指导，可以说，是中共在永安开辟的一个文艺阵地，创刊号和不少稿子系由邵荃麟亲自组稿。靳以在严家显面前，毫不隐瞒自己那些"通共"的思想。其实，这位以前较多书写小市民和知识分子生活、反映青年男女生活和爱情的教授作家，在目睹国民党破坏抗战以及种种反动后，思想感情已然发生变化，作品中明显呈现了更为革命的倾向。

难得知己，靳以益发慷慨激昂起来："马相伯校长年近百岁时，曾沉痛地对胡愈之先生说，我是一只狗，只会叫，叫了一百年，还没有把中国叫醒。老校长说得沉痛，晚生后辈听得沉痛，我们做教育的人，得继续叫，领着学生和民众叫，直到把中国叫醒，直到'日月光华，旦复旦兮'！"

前几天章益来看望时，就满怀敬重地提到 5 年前去世的复旦创始人马相伯一则轶事。全民抗战爆发后，已近百岁的马相伯多次发表国难广播演说，还卖字筹款，人称"呼号抗日老青年"。他写一个"寿"字可卖 30 元，写副对联可卖 50 元，可那时他的一只脚坏了，就由两个人扶着，一只脚站着写字，30 元、50 元地写，直到为抗日筹够 10 万元。严家显当时听罢，就闪出了泪花，如今又听靳以如此郑重一说，更让他神情肃然，道："是啊，我们但凡还有一腔热血在，就得叫，'恢复我震旦，复兴我中华'！"

"我由衷地赞同相伯老校长所言，'救国不忘读书，读书不忘救国'。"

临走，靳以不忘抱一抱严家显两岁的女儿，笑着对王祖寿说："我和仲扬兄是患难之交呢！下次我带丫头再来做客，让她们从小便做朋友。"

王祖寿连说欢迎。夫妻俩望着靳以远去的背影，回味着他带来的友谊、点燃的激情，不期然地又想到莎士比亚的话："患难之中的友谊，能够使患难舒缓。"

"日月光华同灿烂"，复旦校歌给了他们一个满满的信心。

院长"炎（严）帝"

在复旦，一切从新开始。

这所高等学府，与福建省立农学院有着不同的风景。蜀江水碧蜀山青。江边铺有一条平直的林荫道，遍植法国梧桐，真是令人恍惚又回到了南京，那里有一大片的法国梧桐。

校园里到处是鲜花和草坪，严家显看在眼里，自是神清气爽，这些不仅可以观赏，今后也大可用于教学呢。事实上，农学院不少老师就是这样做的。

那天他简单整理了一下办公室，散步来此，就听到有师生在蜂飞蝶舞的花坛前现场教学。他不远不近地驻足一旁，认真地听。

担任复旦大学农学院院长时的严家显

"人有人话，花有花语，每朵花不管楚楚动人还是张牙舞爪，都有一项超能力，那就是招蜂引蝶。它存在的意义就在于'色诱'，想方设法吸引传粉者——对了，正如你们所知，它们通常是昆虫，并诱使它们携带花粉粒到同类而不同株的另一朵花，以交换回报。这真不是一件容易办到的事，因为还有其他许多不同的花朵，都在各显神通，以期引起大小传粉者的注意。要让你们来扮演蜜蜂蝴蝶这些传粉者——我说的是比喻，你们会有怎样的选择呢？"

老师显然认出了新来的院长，打住话，恭敬地招呼。

严家显忙说："不打扰你们，你们继续，请回答老师的问题。"

学生回答不出，但一位学生大胆地把球扔给院长："能否请院长赐教？"

严家显微微一笑，道："从传粉者的角度来看，自然界特别是有些地方的花儿实在太多了，可以说是繁花似锦，多到过剩。那么，它会接下哪朵花，换言之如何选择要造访的花朵呢，按照什么顺序，是挑选最常见、最高大的花还是最芬芳最美丽的花？还有，选择时是不顾一切还是文明礼让？要知道，它的前后左右还有无数的传粉者呢，它们会有何打算？如果每个昆虫都作相同的单一的选择，必然会发生争夺以至大打出手，你死我活，谁也不受益。"说罢，面对老师，问:"我的解释对吗,不妥之处还请赐教。"如此平易近人、博学善对,严家显倒给了农学院师生一个良好的初印象。

严家显就职期间的复旦农学院,学生人数不多,院长又连番更换,所幸各系科主任比较稳定,教师得以不断增加。复旦农学院的各门基础课,由文、理学院的老师教授,专业课则由农学院聘请专业教师。

复旦大学此时实行学分制,并无固定的某系某年级班级教室,教务处只根据选课人数多寡来排定大小不等的教室。大教室能容四五十人,小的仅十几平方米,用来应付选修者不足十人的课。如果选修者超百人,就要在最大的教室上课了。那时没有扩音器,教授们全都是扯着喉咙上课。

彼时,地理上把夏坝包括进去的北碚,已是相对繁华的文化市镇,不少研究机关如中央研究院动物研究所、植物研究所、地理研究所、中央农业试验所等,都设于此。这些研究所的许多著名研究人员都到复旦理学院、农学院兼课,大大提升了农学院的教学质量。

虽然北碚与黄历风格不同,风采各异,但学生并无太大的差异。在复旦,严家显主持农学院日常工作的同时,也担任教授,讲昆虫学,讲与农学相关的专业。他的博学多才、风趣幽默,很快吸引了众多学子。

是时,复旦大学有文、理、法、商、农五个学院,五位院长分别是:

文学院长伍蠡甫,理学院院长李仲珩,法学院院长张志让,商学院院长李炳焕,农学院院长严家显。

行政上有教务、总务、训导三处,设有三位处长:教务长林一民;总务长何恭彦;训导长多次换人,据说前任刚被抓,后期是芮宝公。

每有校务大事,校长章益便召集五院院长与三处之长开会研究。虽然学校摒弃了官府衙门称官衔的陋习,学生们对校长、院长、"处长"、教授都一律称"先生",却把五位院长和三位"处长"戏称为"三皇五帝"。严家显到任后,也便得到了这个玩笑似的"尊崇"。每每看到他远远地朝教室走来,前方探风的学生转头便向全班打小报告,"炎(严)帝来了!"刚才还有说有笑的众生于是赶紧坐好,仪态如一。

新学期开始,学生的首要之事就是选好本学期所修之课,并交系主任审批签字。选修课之外,还须选组。据复旦学子徐国霖回忆,"大一国文、英文都有约八九位老师分别开八九个组,任各系学生自由选择。也有些课如中国通史等有两三个组供选。这样各组的学生人数便多少不一。名教授的组自然选的人多,有的组则人数很少,据说有过一师一生的纪录。"

五大学院之下,计有 20 来个系,系主任大多名重一时。如中文系陈子展、外文系全增嘏、新闻系陈望道、历史系方豪、政治系胡继纯、经济系樊弘、社会系言心哲、法律系张定夫、会计系张光禹、统计系李蕃、生物系薛芬、土木系俞征……

除了"三皇五帝"、系主任以及前面提及的曹禺、靳以,教授队伍里还有一份星光璀璨的名单:周谷城、顾颉刚、吕振羽、任美锷、马宗融、梁宗岱、方令孺、洪深、张明养、潘震亚、韦悫、卫挺生、赵敏恒、邓静华、钱崇澍、秉志、童第周、张孟闻、卢于道、陈维稷、吴觉农、毛宗良、陈恩凤……此时复旦,真可谓群贤毕至,名师荟萃,照亮了北碚的天空。

严家显此前与复旦一些教授就有过交往。比如曾任复旦农学院代院长的毛宗良,1941 年暑假,他在国立中央大学农学院农艺系主任的任上,受命从重庆到福建担任"农林部特派福建省粮食增产总督导",到永安后就找严家显商量,请他派出一些得力学生利用暑期下乡当两个月的粮食增产督导员。得到严家显的大力支持后,毛宗良专门在农学院办了两天班,讲抗战形势、增产粮食的重要性及方法等。严家显和毛宗良本就惺惺相惜,如今又在复旦携手,自是喜悦。

当年的学生韦石泉、戴宗廉都称严家显讲课生动,注重理论联系实际,深受学生喜欢和爱戴。从他们的文字中,可以领略严家显的名师风采:

> 严先生的板书和绘图,真是快速而又流利,他在课堂上仅几笔即可画出活生生的飞蝗,而且边画边写上拉丁名词,学生们起初有点应接不暇,但是逐渐就习以为常了。明白了这样学习才会打下扎实的功底,以后循序渐进,基础就稳固了。因此在上实习课时,解剖蝗虫、观察作图注字……都非常认真,兴趣十足,学得很愉快。每节课快要结束时,严先生会做一简明小结。交代得条理分明,启发思考,学有方向。特别是植物病虫害组的学子们,更喜欢听严先生讲课,为了听好严先生的课,有些人还早早地就来到教室里等候。

国破山河在,民族的危亡、政治的诡异、生活的艰苦、命运的无常、思想的各种苦闷,不同程度地影响着抗战时期的每个中国人。复旦教授也不例外,身上自有不同表现方式,但总归能以乐观向上的精神教学。

这个时候的复旦大学,早已有中共地下组织,推动民主之风,时相批评国民党。哪怕是游离于政治之外的严家显，对此也有不同寻常的感受。在一来二往中，他知道教授中有不少民主进步人士，农学院教授、后来有"茶科泰斗"之誉的吴觉农，已参加王昆仑、王炳南、阳翰笙、屈武等发起的"中国民主革命同盟"（简称"小民革"）。

1944年秋，中日河南战事中，国军一败涂地，丧地千里，军事和政治上的腐败无能暴露无遗。复旦大学专此召开座谈会，包括他在内的教授，大多慷慨陈词。张孟闻、郭任远等教授，以及在对岸北碚国立编译馆工作的兼职老师梁实秋、老舍等人，也都猛烈抨击当局的无能。严家显和这些社会名人一样激愤。

12月初，日军前锋逼近贵州独山，重庆震动。一场由爱国学生发起的"国是讨论会"在复旦举行。严家显等教授也被邀请到场。会上，学子们纷纷表示："如果日寇打到重庆，我们决不当逃兵，就地打游击，和日寇拼个你死我活！"到会的洪深教授提醒："打游击不仅要准备草鞋，还得多带盐巴。"

"除了洪先生说的草鞋、盐巴，还得请严先生的农学院多教我们一些新法制作干粮，届时可以在打游击时携带，解决肚子问题。"说话的是经济系大四学生张薰华。

不久前，不知为何，张薰华找到了严家显，自称曾就读农学院茶叶专业，大学二年级时转到了经济系。严家显就问起转院系之因，这样也好让他对农学院今后的教学工作加以改进，更能调动学生的学习热情和兴趣。

张薰华的回答是："抗日救亡，我深感国无宁日，学习自然科学，虽薄技随身，亦复何用？苦闷之中听了张志让先生的课和演讲，无比仰慕，觉得还是社会科学来得有战斗力，能够经世济国。"

所提张志让，复旦法学院院长，进步教授，严家显曾多次听他公开揭露、抨击国民党的种种行径。他听罢微微一笑，道："所以，你就将目光从农学收回，而转向社会科学，试图从书本中寻求救国真理。这些年应该很有心得吧？"

"要不是国民党言行不一，中国也不会有今天的乱世，小日本能逞凶几时？"

"哦，如何言行不一？"

"有位同学，只因为携带了邹韬奋先生的著作，就遭到国民党扣押。国民党在抗日，共产党也在抗日。国民党为什么老搞亲痛仇快那一套，为什么连左派都这样敌视？"

严家显对国民党所作所为产生反感，不是初次，却还是第一回接触这么一位敢当着他的面痛斥国民党的学生。看来，国民党的昏庸、腐败已病入膏肓，显然已让包括张薰华在内的许多年轻学生失去了拥戴的理由。但他眼下不想在这个问题上展开交流，只是说："人各有志，你们有机会就去经世济国吧。我呢，还是负责灭虫护农，让大家有口饭吃。"

张薰华看到有人往这里过来，低声道："有一天，我们会走在一起！"边说边塞给他一张《新华日报》。

严家显回家看罢共产党在重庆办的《新华日报》，对妻子说："今后真要打游击，我看最好的办法，还是请共产党来教，打游击是他们的强项。其实，国共两党如果真正合作，一致对外，又怎会沦落到打游击这一步呢？"

王祖寿要他少谈政治，一面却又轻声问："我在茶馆听说复旦有不少共产党，农学院学生中也有，如果他们要拉你入伙怎么办？"

严家显不假思索地说："我目前什么党也不入，就守着农学，守着你和孩子们。"

从上海到重庆后，复旦依然保持着学术自由、作风民主和追求真理的风尚，校内政治空气浓厚，图书馆里可以看到国共两党的主要报刊杂志，师生们教学之余，也关心国家大事、民族前途。严家显怎么想得到呢，被推选为复旦大学毕业生同学会主席的张薰华，早早就与学生中的一批中共地下党员走得很近，他毕业留校任教，更是积极参加解放运动。严家显是他的统战对象。后来也才知道，严家显进复旦之际，中共中央南方局根据周恩来部署，不仅在复旦有秘而不宣的"根据地"，不时发动全校师生讨论形势，还布置复旦学生就近深入农村，建立起一些"根据地"。其中有不少农学院的学生呢！

有次他带几位学生坐船到对岸北碚的某研究机构参观交流，见一位学生付过江摆渡钱时犹犹豫豫的，于是他掏了钱垫付。他知道，抗战时期，由沦陷区流亡而来的学生许多人连衣食都成问题。好心的他，回来也受到这位因而走近的学生的"好心提醒"，说同船中的××可能是共党分子，少和他接触为好。而后有人告知，"好心提醒"他的学生是三青团分子，北碚那边有个特务站，他趁机去接洽，装着没钱，是为了套严家显，他可是有活动经费的。

校内党派复杂着呢，国共两党和民主进步势力都大有人在。严家显通过接触，了解到农学院学生潜藏的另一面：一些家境贫寒的学生虽也感到天下兴亡匹夫有责，但又觉得前途渺茫、走投无路，经常唉声叹气；一些人仅是为了获得文凭，以便将来谋个如意工作，对抗日救国、民族危机等并不上心；学生中也有个别"少爷""小姐"，过去在上海、南京过惯了优越生活，对重庆艰苦的学习环境啧有烦言,仍追逐时髦,有的还花天酒地、放浪形骸,不掩香水胭脂气息;极少数的学生则成了学生三青团骨干分子,有的疑似被特务组织收买,走上歧途,对校园每个角落施行侦探、告密,以各种手段引诱同学进圈套,这对意志薄弱的青年学生影响甚大。

一天,几位教授和严家显聚在一起,谈论起学校出现的怪力乱神不无忧心,却也有人说:"我看犯不着杞人忧天,社会从来都是在思想交锋中前进的。听说有的老师和学生都利用躲空袭、跑警报的时机,宣传共产主义,你们接触到了没?"

便有一些教授在猜测谁是谁非,有人却大声朗诵起了狄更斯《双城记》里的开篇语:"这是最好的时代,这是最坏的时代;这是智慧的年代,这是愚蠢的年代;这是信仰的时期,这是怀疑的时期;这是光明的季节,这是黑暗的季节;这是希望的春天,这是绝望的冬天;我们面前万物俱全,我们面前一无所有。"

很快,严家显的家门口留下了一封信,里面夹着一张神秘的纸条,给他某个提醒,更像是给他某个警告,还特别提到,农学院"谷风"政治倾向明显,大有情况。"谷风"是严家显支持下的农学院最著名的社团,仿佛是福建省立农学院的"谷风"复制。他看后笑笑,脑海里萦绕的却是复旦校歌里那句:"学术独立思想自由,政罗教网无羁绊。"

让严家显心绪难平的还有学校公告栏上五花八门的"大字报"。除了学校正儿八经的公告外,广大师生对校事、国事、天下事自由发表意见的各类启事和陈情无所不有。他坚持认为,大多数教师能在不愿做亡国奴的爱国热情支撑下,甘心忍受困苦,教学报国。他不时在这堵张贴得密密麻麻的墙壁前驻足观看,感受政治斗争的尖锐、左右两派壁垒分明之外,自持己见者更甚,倒也充分反映了那个时代的政治风云与师生们的思想风貌,对严家显的思想有一定的影响。

校事家事碎影

复旦大学由私立改为国立之后,经费较前充裕,但在抗战风暴中心的陪都,日子同样不好过。

教室破烂,桌凳数量有限,不敷应用,迟到的学生常常得在门外站着听讲。当地尚无电灯,晚上除了宿舍可领到两人共一盏的煤油灯外,全校大多数地方一片漆黑,学生们只好在拥挤不堪的宿舍内自学。1944级学生徐国霖对艰苦的学习生活环境记得清楚:"至于伙食,当时都有二斗三升米的公费待遇。粮食够吃但菜金很少,吃得较苦。每月有一届学生们选出的伙食委员会管理伙食(不记得是怎样选出来的)。四川人把吃一顿特别丰盛的饭菜叫'打牙祭',我们平时吃得苦些,月底就用结余下的菜金打一天或两天'牙祭'。各届伙委会为了显示本届'业绩',就宁肯平时马虎一些,月底的牙祭却不能比前届差。于是平时吃得苦而最后一两天或一两顿就大鱼大肉,有的同学还自备了酒。结果是平时苦惯了的肚子这时不胜负担,那几天厕所里总能听到泻肚子的声音。"

抗战时期的教授待遇普遍不高,今不胜昔,加上物价飞涨,拖家带口人一多则衣食住行都难以为继。然而多数教授不计个人得失,书生报国,辛勤工作,不仅为国家培养了一代人才,还在推动教育文化发展上做出了卓越贡献。

严家显在永安黄历创办福建省立农学院,已基本掏空了自己的口袋,连妻子王祖寿的首饰盒都空空如也,夫妻俩所有值钱的东西基本变现为图书馆里的外文书、实验室里的仪器、食堂里的饭菜、穷苦学生的生活费,还有光耀黄历的"严子绚奖学金"。除了带着最宝贝的女儿,夫妇俩是真的两手空空地来到重庆复旦大学,继续维系艰苦朴素的日子。一家三口,靠着严家显一个人的工资硬撑,只能节衣缩食。

国立复旦大学位于重庆北碚的校址

生活的困顿总能挺过去,思想的禁锢,精神的堕落,对教育和知识的鄙薄,却让人匪夷所思。堂堂大学教授们,在政治、社会、经济等方面都没能得到国民政府应有的尊重与认可。他们中许多人是在国外镀了真金后,自愿放弃国外的优渥待遇,奔向祖国母亲的怀抱。然而这些真正的博士、名副其实的高级知识分子,竟动辄被大小庙堂的党棍政客冷眼相待、大声呵斥,走在路上竟被没有多少文化、从未想过奉献国家的人嘲讽为穷教授,不知是这个国家、政体和环境病了,还是人病了。

这样的情形,倒是更激励了严家显教育报国的心志。他真是打心眼里赞同马相伯早就有过的沉痛之语:中国屡受列强侵略,并非因军事上的落后,而是因教育和文化上的落后。作为教育界的晚辈、复旦的一名教授,他愿意竭尽全力振兴中国教育和文化。国家不能富强起来,自己再有如宝藏似的知识文化库,能有多大用处?如果身边的每一个人都能够接受教育,哪怕只是一丁点儿,视野也可能不一样,甚至生活的状况都可能发生改变。

不计个人得失的严家显,在"前方吃紧,后方紧吃"、灯红酒绿的陪都埋头教学,不厌其烦地一遍遍讲解在常人看来枯燥无味的专业知识。每一天,在教室与家里来回穿梭奔波,他的脑海中只有一个想法:把有限的知识,传播给无限的人。只要知识的火种不熄,国家的未来就有希望。

王祖寿更多的感慨,似乎源自命运微妙有趣的安排。她去黄历之前在重庆工作,离开黄历之后,不成想又回到这个熟悉的地方。从前,她是小姑独处,现在有了丈夫,有了女儿,心里有了依靠与牵挂,不再是一个人。一晃离别近三年,街道陈设、环境氛围有了变化,战时陪都的身份更吸引了数百万人蜂拥而入,人口数量一直在攀升,这点从车水马龙的街道、熙熙攘攘的人群可看出。大大小小的商铺林立,现代感十足,似乎比从前更加繁荣。

山城重庆到底与沿海城市不一样,它有着山城别样的姿态。云山绰约中,奇异的交通是一大特色,因为地形崎岖,道路蜿蜒曲折,部分地区坡度大、道路窄,路十分不好走,交通工具除了汽车,没有更便捷的了。当然,这属于有钱人的出行方式。对普通老百姓而言,穿梭不息、价格实惠的人力车是首选,其次便是稀奇的公交。可全城公交不到 50 辆,每天载客 20 万人左右,意味着每一辆公交,一天载客四千余人。一天若来回 20 趟,每趟也得约二百人次。这样拥挤的场景,光凭想像,已然觉得可怖。以至文学家朱自清留有作证文字:"至于公共汽车,常常挤得水泄不通,半路要上下,得费出九牛二虎之力,所以那时我总是起点上终点下的多。"

所幸,在挤过几次有点可怖的公交车,看望父母、兄弟和城里城外那些重要的朋友后，王祖寿因妊娠的原因，加上丈夫的怜爱和婉劝，多数时间待在校园一带，相夫教女。偶尔，就是约人去附近茶馆见面。

茶馆是当年复旦师生，也是严家显夫妇爱去的地方之一。物美价廉，每人一杯沱茶，边喝茶边读书，抬头可欣赏巍峨的青山，暮色沉沉时还有气势磅礴的晚霞。阴雨或多雾天，云山绰约，烟笼雾罩、天朗气清时则"澄江似练，翠峰如簇"。置身如斯美景之中，直教人忘却所有世俗烦扰。

复旦老校友蔡可读曾回忆："太阳刚刚上升，沿嘉陵江的斜坡上，就已散坐着三两成群的同学在学习了，有的则坐在沿江的茶馆内备课，或争辩着国内外大事。不少学术报告会是在沿江某个茶馆内举行，听众可以自由参加。座位上一杯茶，一支蜡烛。有时很静，有时则笑声不断。"

重庆作为陪都，虽然处于抗战的大后方，又如何"繁花似锦觅安宁"？日军时常冷不丁地投下几枚炸弹，试图瓦解中国军民的抗战意志。这激起复旦师生们的愤慨，便有诸如读书会、讨论会、调查会等各种抗日活动，时常三五成群地坐在一起讨论国事战事；还有歌咏队、复旦剧社积极地宣传抗日，通过思想意识影响人们的行为，从而对全民族抗日起到推波助澜的作用。严家显常常也是这些活动的积极参与者。看着身负国仇家难的学子们一边刻苦学习，一边热血沸腾地宣扬抗战，他更加坚信，这才是祖国的未来。

那些年的嘉陵江畔，天刚擦亮，便有一群复旦学子聚在一起练唱抗战歌曲，悲壮的歌声与嘉陵江上船夫的吆喝相呼应。有时，严家显夫妇和一些进步教授，也情不自禁地加入到演唱队来，用集体的歌声呼唤起嘉陵江边六万居民的爱国热情。

来重庆不久，王祖寿的妊娠反应越来越严重。家里还有一个婴儿需要照顾，所以，她只能辛苦硬撑。每天早起穿梭于宿舍旁的菜市场，回到家后做饭、洗衣，料理一堆繁琐的家务事。幸运的是，这次孕期的不适症状，不像上一次那么强烈。偶尔，即使身体有所不适，也能自我照顾。如此，便有多余的精力照顾好这个家。

周末或傍晚时分，她总怀着热烈的期盼，希望丈夫能早点回来，然后陪着她沿江边那条平直的林荫道散步。那是她心目中最好的享受。

严家显忙碌起来，不可能天天准点下班，她也不会生闷气，男人应以事业为重。她不仅支持严家显做事业的决心，也支持他的教育梦想，如今虽不能共同奋斗，但起码能让疲惫的丈夫一回家，就能吃上可口的饭菜。在她的悉心照料下,丈夫干瘦的面庞日渐丰腴,有了血色;幼小的婴儿,咿咿呀呀地说着童言童语,手臂、腿脚处也开始如一节节藕似地生长,煞是可爱。

他们在重庆苦中作乐,携手并进,日子过得忙而不乱、有条不紊。然而,日历翻过1945年后,一开头就有点乱了。

王祖寿的父亲在这个冬天落下了隐疾,身子骨时好时坏。1月底,王祖寿接信得知父亲病重,心急如焚,也不及告知正在上课的丈夫,留了张纸条,便背着不及两岁的女儿,挺着个高高隆起的大肚子,坐了三四十公里的车前往重庆城区探望。归途中,公交车出了故障,回到北碚家里,已是夜幕四合。

王祖寿(左)和友人合影

严家显迎进母女,一块石头落了地,嘘寒问暖,递茶送水之后,道:"你们这么迟还不回来,可把我急成了热锅上的蚂蚁!"

王祖寿喝下一口热茶,不忘挤眉弄眼地和孩子逗乐:"你爸爸今天当了回热锅上的蚂蚁,今后就能更好地研究蚂蚁了呢。"

孩子咿咿呀呀,一双小手乱扑腾。

严家显可没心思和她开玩笑。此时复旦周围,虽已无敌机轰炸,但毕竟时局不稳,治安混乱,王祖寿一个女人夜行犹不让人放心,何况还带一个小的,肚里又怀了一个,行动如此不方便,万一有个三长两短,该如何是好?他可不愿看到这样的万一,哪怕万万之一都不行!

严家显如此为自己担忧,王祖寿心里也越发的暖洋洋,深深地感受到了他发自内心的那份爱,脑海里油然冒出莎士比亚的一句名言:"爱不是用眼睛看,而是用心去感受。"

柔情蜜意中,她告诉他,父亲病况有所好转,看到思念的女儿和外孙女后,病便好了一半。父亲担心自己生这一胎后母乳又不够,还提前让家里养了头奶羊,以备不时之需。她们回家途中,还听到满山猴子在叫呢,乐得女儿呵呵直笑。

"满山猴子在叫？会不会是我们家也要出个'猴子'，这次该是头'公猴'吧?"他开着玩笑，似乎有点深沉，连猜测预兆也像是在做学问。

她听懂了，冲着他笑。

谁能想到呢，过不了几天，1945年2月初，王祖寿真是腹痛了，他们的爱情果提前落地，赶了个"猴尾巴"，腊月二十四，农历还是猴年，却没能如夫妻所愿，还是女孩。二女儿取名隽玲。玲，从玉，令声，原为玉碰击的声音，也可形容人的灵活敏捷。夫妻俩都希望这个女孩将来是精巧秀气、灵活敏捷的。

多出一个女儿多出一张嘴后，严家显便多了一份的劳心和劳力。妻子在月子里，他得帮衬着做事。王祖寿第二次做母亲，仍像上回那样，母乳不够，她父亲未雨绸缪养的奶羊还真派上了用场，羊乳有时王家送来，也时也得劳严家显前往城里取，顺便也探望一下病中的老岳父。而农学院的行政和教学，那是不可能应付，更不可能马虎的。积着主持福建省立农学院的那一份辛劳，渐渐地，他的身体确实有点被掏空了。

却就在这个时候，4月中旬，传来岳父病故的消息！

王祖寿在得知消息的那一刻失声痛哭，那可是最疼爱她的父亲啊！

这一声声痛哭，也给严家显带来了无尽的悲恸。妻子的伤心难过，甚至每一滴的泪水，都流入了他的心底。悲伤之中，夫妻彼此间的感情更加牢固了。

王祖寿无法赶到重庆城奔丧，孩子还不满百日，而且那几天严家显也病倒了，经不起长途奔波。夫妻俩只能在自家摆起简易的香炉，烧香祭拜，祈祷老人一路好走。直到孩子百日之后，夫妻俩才抱着两个孩子前去奔丧。而后严家显回到学校，王祖寿母女三人留在父亲家里，帮助料理相应后事。却不料，小女儿不知是受了惊吓还是风寒，连日高烧不退，住进了医院，被告知患了肺炎。

那些天，严家显带病坚持教学，处理院务，状如平日，旁人不知。

在复旦校长章益和英国科学巨子李约瑟之间

严家显抱病坚持工作，校长章益浑然不知，一如既往地下达各种指令。在他眼里，这位新任农学院院长不仅学问、人品一流，行政能力也出众。直到1945年6月初，身在市区的他收到了严家显的信，才知他的超负荷。

后来被收藏于中国国家档案馆的这封信，是这样写的：

友三校长先生大鉴：

项接重庆来信，云小孩在渝忽患肺炎，经医诊治已见稍好，仍未全癒。而先岳父已届断七之期，故拟本星期功课上毕以后去渝一行，约一星期返校。敬乞。鉴谅。

兹将经办各事择要专告如左：

一、承嘱代表去北碚洽请中英科学合作馆李约瑟先生来校参观演讲，因天雨而病体不堪劳顿之故，未能过江为歉，当即面请薛芬兄转达此意。岳父开吊亦因体力不支未去。

二、关于农学院图书添置，曾函商李约瑟先生请予协助，当即接其回信，云中英科学合作馆适有茶业方面之图书及研究报告一批，原定送赠另一机关，因去年日军侵陷湘桂，无法运出，兹经决定如数借给本校，以供参考，已装箱待运。至于其他农业图书杂志等，承允按英国"Lend-Lease"方法代为购赠本校。前日已将书单开明寄去，并代致谢。此次去渝，拟亲往探访，作进一步之洽商。

三、中央农业实验所沈所长宗瀚于月之十九日如约来校讲演，取材丰富，师生情绪咸感兴奋。今后在可能范围内，拟继续邀请外界人士莅校讲演。

四、美使馆新到一位蔬菜园艺专家，系自美政府派来解决中国战区士兵蔬菜供应问题。前两星期使馆方面特于北碚兼善食堂设宴招待，弟亦在座。本拟请其来校讲演，适逢星期而该氏即日须返重庆，未能办到，席间与中国方面负责计划之管家骥兄谈话，得知经费方面业经核定，将来种子繁殖可与本校合作，毕业同学或可酌予录用。

关于院中其他事项，俟返校时当再面陈。

种切此上，敬颂

日祺。

弟严家显顿首

五月三十一日

一位知识分子的家国情怀，跃然纸上！一干重要公务之外，尚有零星的家事，这便是严家显岳父的"开吊"和"断七"。

所谓"开吊",是指办丧事的人家在出殡前选定日期接受亲友前来吊唁,这也是一种民间丧葬礼俗。岳父最后的"开吊",严家显因"体力不支",而无从尽孝。对章益校长嘱托他过江去北碚洽请英国科学家李约瑟来复旦参观演讲一事,他亦只能请人代劳。

1942年,赫赫有名的世界科学巨子、英国皇家科学学会会员、剑桥大学生物化学系教授李约瑟博士(Joseph Needham)受英国文化委员会和英国皇家科学院之命,出任英国驻华科学参赞,负责筹建中英科学合作馆,以期能为受日军封锁的中国科学家提供援助及科学文献资料,传递信息,沟通中国与国际间的科学交流。三年间,李约瑟踏遍中国十省,参观了解中国战时的科学与教育机构状况。

那天一场豪雨落下嘉陵江,江水暴涨,船只罕见,出行更见困难。病体难撑的严家显目睹此状,只好委托生物系主任薛芬教授代他过江,前往北碚会见李约瑟,转达请他来复旦大学参观演讲之意。

克服种种困难增设于1940年的复旦大学农学院,设置有垦殖专修科、农艺系、园艺系,而后又成立茶业专修科。数易农学院院长,严家显前任还只是代理,办学情况应该不甚理想。严家显到任后,除了提心振气、凝心聚力,大力办好实验农场,为学生创造有利条件,使垦殖学识与农业实践相结合,还一直想着添置图书,以供教学参考。如同主持福建省立农学院时那般,他举眸向洋,以贴近世界科学前沿。受太平洋战争影响,已无法从美国购书,于是他另辟蹊径,特"函商"英国科学家李约瑟请予协助。

函未见,却可知李约瑟马上回了信,鉴于日军侵陷湘桂,中英科学合作馆原定送赠地处湘桂某机构的"茶业方面之图书及研究报告一批"无法运出,乃转为"如数借给"复旦。还欣然表示,严家显所需其他农业图书杂志等,按英国"Lend-Lease"方式(租借政策),代为购赠复旦。

5月29日,严家显接到李约瑟的信后,马上开出书单,给他寄去,并代替复旦大学致谢。

严家显给章益信中所提薛芬,是年长严家显一岁的苏南老乡,英国利物浦大学海洋学博士,1941年起到复旦大学农学院生物系任教,而后担任生物系主任。

信中所提沈宗瀚,则是农学家、作物遗传育种学家、农业行政管理专家。1927年戴着美国康奈尔大学的博士帽回国后,执教金陵大学农学院,讲授遗传学和作物育种学。1931年参与筹建中央农业实验所，并先后出任中农所总技师、所长，主持多项育种工作，对抗战期间大后方的粮食生产、支援军糈民食贡献殊多。因为是母校金陵大学的教授，严家显后来与之过从甚密，对其秉持的"教书可训练人才，改进农业；研究可以改良品种，增加产量"之说极表赞同，对其尽心竭力推动农业科学发展、造福农民的情操也深为敬佩。不久前沈宗瀚赴美出席联合国战后世界粮农会议时，新成立的联合国粮农组织（FAO）欲高薪挽留他留美工作，他认为自己是中国人，应致力祖国之农业建设，乃婉言辞谢，却从那时起便开始酝酿中美农业技术合作问题。

至于管家骥，也是一位年轻有为的农学家，此际正从事"我国马铃薯之改进"工作，引进英、美薯种进行评比鉴定，以便在广大地区推广、增加产量提供重要技术支持。

信中所提三位农学家，都是致力科学报国的知识分子，除年长的沈宗瀚外，薛芬、管家骥与严家显年龄都相差无几，让人惋惜的是，因为积劳成疾，在严家显前，两位年轻英才就"已乘黄鹤去"。此是后话不表。

按民间习俗，人死后，每隔七天要做一次佛事，至七七四十九天为止，是为"断七"。严家显既未参与岳父的"开吊"，这次"断七"若再缺席，就说不过去了。此时又逢女儿生病，眼见王祖寿在市里左支右绌，写信告急，他无论如何也不能置之不理。

这段时间，也正是严家显劳心劳力之时。岳父新丧，妻子带着大女儿和襁褓中的小女儿前往三十多公里外的市区，参与操办丧事，身体欠佳的他一个人孤零零留在夏坝的学校里，操心教学。面对中农所所长沈宗瀚应邀来复旦所作"取材丰富，师生情绪咸感兴奋"的讲演，严家显马上虑及如何创造条件，在可能范围内继续邀请外界人士莅校讲演。他既要陪同美国使馆派来帮助解决中国战区士兵蔬菜供应问题的专家，还得考虑六月间即将毕业的农学院诸生录用分配问题。如此夙夜在公，废寝忘食，身边没个知冷知热的人，病情难免加重了。

那年头，北碚和重庆之间百余里，舟车皆可行。如从北碚去重庆，乘船比乘车来得舒服些，顺流而下，一路还可饱览山水。如由重庆朝天门上溯，逆水行舟，到北碚就要耗上些时间了，所以不如乘汽车。反正他此行也是"课程"满满：既要出席岳父的"断七"，又要照料住院的女儿，还得亲自拜访李约瑟，进一步洽商相关事宜。一周内要连轴转办妥这些事，可见他的超负荷、高效率。

他与李约瑟谈了什么，不得而知。历史所知道的是，不久后，李约瑟博士访问复旦大学,而后撰写 Science in Chungking(《重庆的科学》)一文,在国际权威刊物 NATURE(《自然》)上刊发,赞扬复旦大学有很高的学术声誉。这声誉是由一批教授、学者呕心沥血营造的,严家显、薛芬等人显然在他的眼里。

李约瑟和他们交谈起来,从语言到学术都毫无障碍,感觉他们身上具有一种豁达开放、努力探索知识前沿的精神。深入交流之后,李约瑟敬佩之余,也为西方学界过于自大、藐视中国学界而惭愧。正是这些年广泛接触中国科教界,深深影响了李约瑟毕生对中国科学技术的研究和评价。

给李约瑟留下美好印象的,还有复旦校歌体现的复旦人向上的精神:

> 复旦复旦旦复旦,日月光华同灿烂。
>
> 复旦复旦旦复旦,师生一德精神贯……

陪都的平台果然非战时福建省会可比,严家显的国际知名度与日俱增,水涨船高。美国一些学校和学术机构先后向他发出了邀请。他在明尼苏达大学的博士生导师芮莱看到学校聘任中国农学家胡经甫为客座教授后,油然想到自己得意的学生,写信邀请他回去。

严家显一个个婉言谢绝。不只因为章益诚恳挽留,也不只因为五年数易院长的复旦农学院需要有个才堪大任的掌门,更因为他不愿离开还是灾难深重的祖国。但他向王祖寿保证,一定找机会带她到美国走一走,带她去明尼苏达大学看雪景。

1945 年四五月间,日军气势汹汹地攻占独山后,却突然被迫停止进攻而后撤退,抗战胜利的曙光安抚了重庆不久前还波涛起伏的形势。不需要上山打游击了,可农学院学生袁永宝、顾金德等人明里暗里来向严家显道别,说要出去,要老师多保重,以后定能再相见。

去哪?他们不说。他也就不问。

后来才知,新四军五师李先念部队开辟中原解放区缺乏干部,中共南方局决定输送一批知识分子,包括农学院在内的复旦大学,有不少学生离校从戎,开始人生新的选择。

顾金德他们走前,提醒严家显注意安全。严家显感谢他们的好意,却平静地说:"我就是一个教书匠,今后的国家总还是需要教书匠、需要农业吧,校歌有一句叫'师生一德贯精神',大家都做正义的事业吧。"

相比于政治,严家显更愿意沉浸于教育和学术,做一个单纯的"教书匠"。

抗战建国之后，大小舞台，各方领域，能不需要工匠精神，能不希望工匠培育的毕业生更好地服务社会，发挥所学，流光溢彩？

农学院有志向学的新老学生，有几个不庆幸能遇见"炎（严）帝"呢！他从来不会高高在上，他们一入复旦农门，他便不分亲疏远近，眼里只有传道授业解惑。那些从没见过显微镜的学生，不仅很快就接触到了显微镜，领略了非肉眼凡胎可窥见的世界，还倾听了"炎帝"不厌其烦的谆谆教诲："你们看啊，在日常生活中被我们忽略的一些昆虫或生物，有的虽然渺小到仅能勉强用肉眼来辨识，但它们却在自然界的生态平衡中，扮演着不可或缺的角色。它们再小，也都具备准确对称的精美构造，它们的生命密码需要通过周而复始的观察、触类旁通的研究来破译。它们和大型生物一样，都要求偶、觅食、产卵、成长，还要在险恶的江湖躲避捕食者。每个物种，在生命的各个阶段，都免不了要克服种种挑战和障碍，并由此演化出百花齐放、各有千秋的生存手段，若非如此，即使恐龙，也只能老早灭绝。"

讲的是学问，讲的也是人生。

复旦返沪前后

1945 年 8 月 15 日，日本无条件投降的消息传来，重庆顿时变成欢乐的海洋。整座复旦大学也沸腾了！校长章益一遍遍地在校园广播中播送着抗战胜利的消息，语气一次比一次激动，激荡人们的心。

严家显、王祖寿听到大喇叭的声音后，缓过神来，先是激动地紧紧拥抱，继而一边一个地对着女儿亲起来，眼里含着泪花说："日本鬼子投降了！咱们胜利了！"说话间，嘉陵江两边锣鼓声、鞭炮声不绝，大学生们潮水般的欢呼声此起彼伏。

翌日下午五时许，学校一改昔日的艰苦朴素，在广阔的操场上大方地摆起了"百鸡宴"，足足摆有一百桌，为每一位参宴的师生发上一碗特制的土豆焖鸡块，米饭无限供应，不少人还自备酒水，即兴举办了抗战胜利大会。大操场上摆的长条凳根本不够坐，许多人便站在四周，人们争着上台发言、唱歌、唱京戏、朗诵诗歌，没有乐队没有胡琴，可台上台下，不管是老师还是学生，不管是西装革履，还是衣履不周，大家情绪莫不高昂热烈，人人都沉浸在抗战胜利的无限快慰之中，其乐融融！

严家显带着两岁的大女儿参加，嚼着美味的鸡块，喝着一杯小酒，越过长长的饭桌，看着狂欢中的师生，心里有一种难以言喻的快乐。

跟着胜利和秋意一同来到校园的，是一群"美军"，却一律黄皮肤，朝气蓬勃。原来，他们是带了学籍参加青年军或给美军当译员穿上美式军服的复旦学生，抗战胜利后复员回校。

卢沟桥事变后，复旦学生投笔从戎者不下数百人，不少人还为国捐躯。严家显得知，不禁肃然起敬。在不久前的通信中，他得知福建省立农学院也有17名学生投笔从戎，参加"青年军"奔赴抗日前线，受到广泛赞许，他也为之自豪。

复员回校的学子们，不仅穿戴着美式军服，还带回了不少军用品，甚至武器。学校贴出布告，要求一律上交武器。外文系学生蒋嘉曾任美军伞兵部队译员，空降广东敌后作战，九死一生，带回了一颗式样别致的绿色美式手榴弹，作为纪念品在宿舍里"展陈"，学校安民告示贴出后仍置若罔闻拒不上交。一位舍友早就被这个绿家伙吓得寝食不安，乃向校方报告。

一次周会上，章益校长说："参加抗战回来，带点纪念品是应该，也是光荣的。可这位同学却别出心裁带回了一颗要命的手榴弹。你不害怕，别人还要命哩……"一席含蓄幽默的话语，引起哄堂大笑。

在校方的劝说下，这枚手榴弹到底还是上交了。

欢腾之后，复旦大学从重庆搬回上海的事宜逐渐提上日程。"三皇五帝"们为此开过好几场会。

严家显挂念着的福建省立农学院，抗战胜利不久便从永安黄历迁往省会福州。但复旦大学渝校却只能按兵不动，就地照常开展教学。为何？国民政府教育部虽令复旦大学渝校回上海江湾原址与沪校合并，倘若渝校全体学生一窝蜂迁回，校舍根本不敷应用，如何上课？章益特地为此返沪，召集专门会议，商量两校合并事项，决定设法接收江湾附近之日军军营及其他房屋以作校舍之用，避免数地教学，并为此设立江湾校舍修理组、校舍扩充组、无锡临时校舍组、永久校舍设计组、充实设备组和财务组，力争投入半年时间修葺，恢复江湾校舍旧观。

农学院的坛坛罐罐不少，农场里的东西横七竖八地堆了一地，该如何打包，该如何顺利迁往千里之外的江湾，又如何妥善安置，都得从长计议。严家显得有自己的主意。

他和此时的大多数知识分子一样,对重庆谈判抱有希望。国共双方历时 43 天谈判达成的《政府与中共代表会谈纪要》(即《双十协定》),释放了和平、民主、团结的信号,极大地振奋了全国军民。严家显虽然也听到了谈判中出现的一些不和谐声音,却没往更多的坏处想,从中看到的是民族复兴的希望和曙光,他也决心奔着这个曙光而去,这也正是他当年回归国门、这些年教育报国的初心。

重庆谈判结束不久,10 月中旬的一天,在年前已举家从福建迁到重庆、调任战时生产局采办处长的严家淦,和严家显相约在缙云寺见面。

这地方严家显去过,他与之还有过交集。当初寺里派出了几名和尚来农学院旁听,一来二去严家显与他们交上了朋友,从中了解到,寺里百名和尚真正信奉佛教者并不多,多数系因家庭贫寒、父母无力养活而打小送来。他同情他们的遭遇,对他们的知识需求也就特别地予以满足,用心指导。

严家显轻车熟路,从复旦农学院步行到码头,坐船到嘉陵江西岸,上了公路沿嘉陵江往上游走,很快就到北温泉,向西径直走再爬南坡,直抵山顶的缙云寺。此时秋色渐深,山上一树树摇曳的红叶和盛放的桂花,恍若仙境。

严家淦已在寺内茶室等候他了,面前摆着主持送上的绿茶,清香四溢。但今天,严家淦不是请他来喝茶的,而是询问严家显是否愿意跟随他一同去接收光复后的台湾,还说这是刚被任命为台湾省行政长官的陈仪之请。陈仪主闽时就颇为赏识严家显,又曾率福建考察团去过台湾,知道台湾农业很需要人才。永安当初的一些精英人物,也都跟着陈仪渡台,他本人也接受了老上司的召唤,继而水到渠成,以交通部特派员身份赴台主持台湾战区交通事业的接管事项,并拟任首任台湾省行政长官公署交通处长(厅长)。

刚回到祖国怀抱的台湾,百废待兴,亟需各方人才,那边也肯定大有用武之地。但严家显有自己的考虑,上半年那场病似乎并未断根,两个女儿还太小,举家过去困难重重,只能婉言谢绝。

堂兄在抗战胜利后代表经济部随何应钦到南京处理全国性接收事宜,这倒让严家显想及一桩公事,请他帮忙出力。原来,他得知联合国华东善后救济总署有一批农业机械和仪器设备,如果能为复旦大学农学院所用,岂不妙哉?

严家淦听罢,欣然同意。已是国民政府红人的严家淦,果然"不辱使命",不久便让这批农业机械和食品设备,落户复旦大学江湾老校区,使复旦农学院的教学设备得到充实。兄弟协助此事，记在了复旦校史上。

告别缙云寺时，兄弟俩不约而同地在寺门口的对联前驻足。一个念上联"你可知此身不能久在，何必急急忙忙干些歹事"，一个紧接着念下联"我却晓前生早已注定，只有清清白白做个好人"，念毕相顾大笑，仿佛这就是他们身在乱世的人生信条。

适才缙云寺主持加入谈话时，就曾坐而论道，仿佛着意要为他们指点迷津。道的是，人生为何？答曰：为一大事来，做一大事去，人生百年长短有其定数，但人生大事无疑是个人品性、毅力、机缘和行为表现及各项成就的综合体，成之我幸，不成我命。

严家淦就此前往台湾，10 月 25 日出现在于台北举行的日本投降签字仪式上。

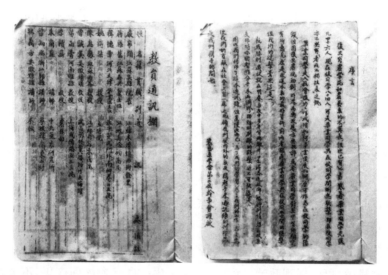

重庆北碚时期复旦农学院的教员通讯录，以及 1945 届农艺系学生通讯录之序言

这段时间，严家显参与制定了复旦大学战后回沪复校的发展规划，对既有系科都作了大规模扩充，其中农学院增设水产学系、蚕桑学系、农业化学系。继而又组织教授们准备这些新增学系的教学方案。

结束繁忙的工作回到家，严家显总要带两个孩子玩耍。从王祖寿怀里接过小女儿亲了又亲，又牵着大女儿到阳台或家门口呼吸空气，观花赏虫。仿佛召之即来似的，一只形似豆娘的蚁蛉翩然降落在他们面前的花骨朵上。

"它不是蝴蝶，它叫蚁蛉，典雅文气得像个小公主。你见过有比它还透明的翅膀吗？你看翅膀上的那个痣，像不像被爸爸随意点上了几滴墨？你再看翅膀边缘那个淡淡的赭色，像不像妈妈涂的水彩？"

一连几个有趣的问题，把女儿问得咯咯笑。

小丫头奶声奶气发起问来，也有自己的连珠炮："公主吃什么？它跑到很远来了吗？它的爸爸妈妈放心吗，爱不爱它？它的家在哪？"

他含笑解答，但孩子看似幼稚的问题，却着实千奇百怪，有时还真把他给问住了。王祖寿看到这一幕，哈哈大笑："宝贝女儿考倒爸爸，以后要成为教授的导师。"

原本就不失童心的严家显，和孩子在一起，更是天真烂漫。

复旦回沪复校计划既定，有些师生却还愿意留在北碚。大家分别在即，各学院各学系纷纷印制通讯录。此情此景，正如严家显心有同感的农学院农艺系通讯录序言所说："为了我们的学习，为了我们的工作，为了要我们的贡献在社会上有一席之地，愿我们校内外的系友，携起手来，通讯录的刊印只是我们携手的开始。"

他也由衷地希望国共合作继续生效，休养生息，和平建国，但不好的消息如"秋风秋雨愁煞人"。国民党果真悍然撕毁了重庆谈判达成的"双十协定"，与人民的意愿背道而驰，越走越远，战争风暴愈加临近。

1946年2月，复旦农学院进步社团谷风社因为在壁报上揭露了国民党的反动阴谋，经特务学生告密，谷风社负责人、农艺系学生庄明三被特务抓到校门前旗杆下，罚跪并"公审"。农学院教授陈恩凤和戏剧学家、复旦大学文学院教授洪琛挺身而出保护学生，遭到攻击。一群进步学生愤怒抗议，把反动学生和国民党特务团团围住。是为复旦大学有名的"谷风事件"。

严家显曾自称，遇到政治，自己习惯像蜗牛一样迅速缩回壳里，不去触碰政治的任何部分。但在这次尖锐的较量中，他却没有收紧自己，而是昂头表明了自己的态度。

最后，在广大师生罢课、罢教、呼吁保障人身自由的斗争下，校方开除了特务学生，打击了国民党特务的反动气焰。

5月8日，校务委员会（渝校）举行会议，决定校舍使用计划，同时确定全校修缮计划及教员住宅分配原则。会后，严家显带着农学院办公室秘书程服静，东行上海，联系迁院事宜。此际，农学院在校生计125人，园艺系、农艺系各59人（两系女生各30人、4人），茶业组7人。

6月，复旦大学渝校最后一届毕业典礼在夏坝复旦礼堂举行。严家显看到头戴方帽身穿学士服的农学院毕业生，一个个意气风发地从眼前走过，心里头有说不出的喜悦。他们是他放飞的雄鹰，走出校门不只是寻觅个人的谋生之所，更将在战后的国家农业建设中大放异彩。

7月，复旦首批师生四百余人，分乘23辆汽车，沿川陕公路东行回上海。其余师生分四批乘轮船陆续东下。9月，渝校师生绝大多数回到江湾原址，与抗战中坚持在上海租界办学的沪校会师合并。

严家显带着妻子和两个女儿，是从重庆坐飞机奔赴上海的。

值得一提的是，复旦大学西迁后，为延续复旦火种，老校长李登辉率部分师生还坚持在租界办学（称复旦大学沪校或"上海补习部"），并对敌伪实行"三不"方针，即不与敌伪往来、不接受敌伪津贴、不得已时宁可停办，学校大事辗转向国民政府教育部汇报。抗战胜利后，教育部对沦陷区的大学生一律进行甄审，看在敌占区读书时有无附敌言行，却唯一对复旦大学沪校免检，且规定1941年以前的毕业生只要修满学分，一律换发私立复旦大学毕业证书，1942年以后的毕业生一律换发国立复旦大学毕业证书。

另需提及，复旦大学虽然随着抗战胜利回迁阔别九年的上海江湾，但它在重庆的历史并未终结。留在重庆的教授许逢熙等在北碚原址发起成立"相辉学院"，1946年9月便开始招生，至1952年办学6年，培养出了一大批人才，其中有世界"杂交水稻之父"袁隆平、"玉米大王"林季周等著名科学家，由此可见复旦农学院奠定的基础非同一般。

1946年10月，复旦大学沪、渝两校合并完成，开学上课时仍是文、理、法、商、农五个学院、20多个系，另有经济研究所等附属单位。该年秋，投考学生逾万人，录取400余人，使得复旦拥有注册学生3 692人，教员310人（专任268人，教授162人，副教授39人）。

初来乍到，严家显主持召集的第一次院务会议，首先议决了办公室、办公用品的分配。全院大小办公室仅有九间，可谓僧多粥少，他以身作则，提出自己和茶专教授合一间办公。院长尚如此，其他教授无话可说了，如是，棘手的难题在将就中得以妥处：全院公用实验室一大间，农艺实验室一间，园艺实验室一间，加工室一间，茶专实验兼阅览室一间，贮藏室一间，农艺园艺两学系教授预备室各一小间。战后物资紧缺，严家显发动大家变废为宝，利用复员东迁的旧木箱板料，自制成白底黑字的横形小木牌，分别装订各室门上，以资识别。

农学院以旧校园北端隔一条小河、原为日本人贮粮养马的房舍为院址,条件很差,但严家显斗志昂扬,马上召集农艺学系主任陈恩凤、园艺学系主任毛宗良等开会,研究开学事宜,加强师资队伍建设,农艺系聘任赵仁镕教授等,园艺系聘任周士礼、章守玉教授等,茶专聘任陈椽副教授等。同时决定因故停办、本属国内大学中最早开设的茶叶专修科恢复招生,由王泽农担任茶科主任。还设置了实习农场、花卉温室和农产品加工组等,把经严家淦出面、由善后救济总署拨来的少量美国战后剩余物资(拖拉机等机械),作为实习农场和农产品加工场的设备。

鉴于江湾校区在日军的占领"改造"下,变化很大,教职工的住宿都成问题,校方乃将日军在校区内建造的一批军官宿舍分配给各院教授们住。这批宿舍不似今天景象,一栋楼里有许多单元房。它们说是宿舍,却是别墅造型,风格西洋化。教授们集思广益,给这些宿舍分别取名庐山村、嘉陵村等,用以纪念复旦大学在抗日战争西迁过程中,师生们曾于江西庐山作短暂休整,最终安顿于嘉陵江边。可谓寓意深远。继而又以复旦建校以来迁徙走过的足迹,为其余宿舍分别取名:徐汇村、德庄、筑庄、淞庄、渝庄。加上庐山村、嘉陵村,统称"三村四庄",简称"村庄"。

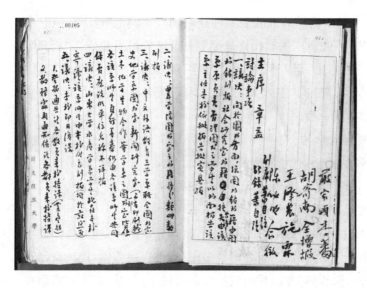

严家显出席校长会议的一次签字,议决内容包含农学院的图书馆建设

最先入住庐山村的基本上是著名教授,他们是"三村四庄"最早的一批"村民",名字如雷贯耳:陈望道、伍蠡甫、全增嘏、靳以、张明养、洪深、俞征、陈传璋、卢于道、张孟闻……严家显一家被分配在庐山村 12 号(位于今天的上海国年路10 号复旦第一宿舍内)。著名土壤学家、1943 年受严家显之邀来复旦农学院任

教授、后任农艺系主任的陈恩凤也是他的近邻,住 16 号。

与其他各"村"相比,庐山村是成排楼房,房屋比较考究,是日本人留下的宿舍中条件最好的。

王祖寿与其他教师家属个个带着扫帚、水桶和抹布,里里外外上上下下将各自的小洋楼清扫干净,令之焕然一新。

庐山村的环境风格不像斜对面相隔一条国年路的徐汇村那么像花园,人文风格也不像徐汇村那么接地气、老少同乐,但它透露的有些严肃的学术气氛,连同人们仰之弥高的众多身影,便叫人多了一份敬畏之心。

正是在这个最好的"村"里,严家显与王祖寿,带着孩子们,与许多名重一时的教授学者亲密交往,度过了人生中一段难忘的时光。

故园情难忘

"近乡情更怯,不敢问来人。"严家显跟着复旦大学回迁上海后,稍稍安顿,便怀着一颗急切的心,自己开车带着妻女踏上了回苏州木渎老家之路。就在不久前的五月边,严家淦从台湾回南京汇报继而再次赴台担任台湾行政长官长署财政处长途中,专门取道上海,向他和亲友们道别,还特地问起羡园(严家花园)的情况。

把全家从重庆迁到上海后,严家显任性了一把,买了辆小轿车。有了自己的车,可以随心所欲载着家人在上海的大街小巷里兜风。彼时的上海,中西交汇,处于中国流行风的前沿,车水马龙早已成为街头一景。但也并非如今天一般,几乎人人家中都有一辆代步车。所以,轿车轰隆轰隆一溜烟地开出,也是一道抢人眼球的风景线。严家显成为复旦最早的有车一族,并开着自家车"衣锦还乡",带妻子孩子认祖归宗,也算风光。

1937 年夏,他自美国回来,在久别的故乡并没停留多久,许多话也还来不及和父亲及家人说,就匆匆前往国立武汉大学报到。而后往广西大后方,辗转福建,一刻不停地从事教育报国、农业报国,九年间也只在父亲病重时,穿过膏药旗下的枪刺和搜查式的阴毒目光,冒险回去过一次,也还是匆匆。

这么多年长期漂泊在外,但他从未把故园轻抛。许多日子里,他无比贪婪地咀嚼和思念故乡的一切,甚至不要他刻意去想,故乡都会时时轻灵而鲜明地浮上心头。故乡是他生命的源头，是他童年玩耍的地方，也是他长大后灵魂一直生活着的地方。故乡的生活情调和自然美，跟别的地方是那样的不同。与其思念故乡，不如回到她的怀抱，亲近她、贴紧她。这也是他第一次带着小家认祖归宗。

盘踞中国、盘踞苏州的日本人被赶跑了，馀里楼和严家花园又重新回到了主人手上。因其精美、典雅，它一度被日本宪兵队垂涎、霸占。这幢小洋楼本是严良灿当年用在江阴办纱厂的盈利而建，取名"馀里"意即"馀利"，没想到被日本人侵占。日本人霸占后也一度珍视过，却在仓皇撤出前予以破坏。既然是中国人的好东西，那么盗用之后当然不用完璧归赵了。愤懑之中，严氏家族只好花钱重新修复。事实证明严良灿遗命让侄儿严家晋打理家业的眼光是对的，严家这才能在战后仍有余财来大力修缮旧宅。但并非所有的疮痍都能平复，总有斑斑劣迹无法消除，在诉说被损害被凌辱的过往，也激起人们对侵略者的愤慨，唤起对和平、对国泰民安的向往。

祭奠过父母和祖宗之后，严家显在馀里楼可以从容地打量劫后余生的家园了，和远远近近赶回的亲人们叙旧，并给妻子女儿作介绍。

严家显几个同胞兄弟中，大哥严家书前文提及过，也曾就读于苏州桃坞中学，尤在数理方面见长，与同班的堂兄弟严家淦不相上下，毕业于东吴大学，曾任苏州数学学会会长。此时在当地电厂当工程师。父亲过世后，大家族里的许多事情，几乎都由他出面处理。

前面也略有道及，严家显三弟严家起，不知是不是父亲严良灿希望他"子随父业"，很早就被送去上海经商。但他也许骨子里不太喜欢尔虞我诈的商场，加上性格有些懦弱，没个性情去厮杀。在弄得家里被迫出售"恒源祥"后，更是自觉不是经商的料，转而热衷起了摄影，以此为稻粱谋。后来在银行谋得一份差事，妻子在上海开了个缝纫教学班，日子遂有起色。他的一生，也是颠沛坎坷。

老四严家贵，同二哥严家显一样，也是个善于读书、喜爱读书之人。自上海医学院（现上海医科大学）毕业后，留校任教一段时间，1942年参加国际红十字会救护总队，担任一个医疗救护队的队长，跟随中国远征军进入缅甸北部，甘冒矢雨，救死扶伤。当上教授后的他，一辈子献身医疗和教育事业。

还有一位老五严家虎，系严家显同父异母所生，疏于交往，与众兄弟过往不算亲密。

在女儿"嬢嬢"长"嬢嬢"短地亲热叫唤中，严家显的姐妹们，也都带着各自的丈夫和孩子们回来了。堂哥堂妹，表姐表弟，凑在一起，好不热闹。严家显带着他们一同重温"毋强凌旨,毋知诈愚,毋以忿废亲,毋因财富而失礼害人"的严氏家训,也一同交流对族规的见解:"支派虽各有远近亲疏,而世系固明,同宗共祖,皆族人也。既皆族人,当思身为祖宗之所出,宗族为祖宗一人之身所分。一人之身,由脉无弗贯,疾苦无弗知,优然远慕,心祖宗之心。有无相赒,患难相急,吉凶相庆。疾病出入相扶持,岁时伏腊饮食燕飨相敦睦。"严氏家风家训,深深影响严氏子孙。

已然亭亭玉立的外甥女沈家芬对二舅严家显敬佩得不得了,常说小时回外公外婆家的印象之最,那就是馀里楼东侧洋花厅内严家显专用的两间实验室,常常教她心生好奇。大家便笑她今后也找个像二舅这样的读书人嫁了,就不好奇了。只当是儿戏,后来沈家芬找的夫婿,果然是位杰出的科技专家。二舅严家显对他们潜移默化的影响由此可见。

1946年,严家兄弟姐妹为父亲严良灿做阴寿时,他们的下一代在木渎馀里楼前合影。其中右上角是严家显大女儿隽珏,因大哭不愿照相,故王祖寿背对镜头地抱着她;左下角是一位表姐抱着隽玲,其右侧另一表姐抱着的婴儿是这年8月出生的隽琪

严家女儿们的婚姻虽然多数奉的是"父母之命,媒妁之言",但培育的下一代却大多优秀。

稍加检索和浏览一下严氏家族木渎支系外姓名人,你当惊叹其群星璀璨,光严良灿这一门,就有如是济济人才:

● 美国国家工程科学院首批华裔院士——戴振铎。戴振铎系严家显胞姐严华云之长女婿，生于江苏省吴县甪直镇，其妻沈家明。1937年毕业于清华大学物理系，1943年至1947年在哈佛大学攻读研究生。留在美国密歇根大学工作后，曾获全校卓越教授奖、工学院最佳教授奖、美国电子工程学会百年杰出成就奖等大奖。1972年任美籍华裔教授回国访问团副团长，随团回国访问，先后被聘为国内多所著名高校的名誉教授、兼职教授、校级顾问教授。当选美国电子电气工程师协会无线和传播学会主席。

● 中国第一台计算机创建专家——黄玉珩。黄玉珩系严华云之三女婿，生于南京，娶妻沈家芬。黄玉珩1944年毕业于重庆中央大学电机系，抗战胜利后曾赴台湾接收日军雷达设施，完成任务后回到南京中央大学任教，编写了国内最早的雷达教材之一。后来参与了新中国早期一系列计算机的研制，曾主持中国第一台大型通用计算机磁芯存储器的研制，参加了中国第一台自行设计的晶体计算机的研制工作，是国内自行设计电流重合法磁芯存储器的先驱。历任国防部五院二分院室主任、航天部某所副所长等职，将毕生精力献给了中国的雷达、计算机和航天事业，享受国务院特殊津贴。

● 中国首批百名工程设计大师——钱孝虹。钱孝虹系严家显四姐严志英之长子，1949年7月自上海复旦大学毕业后，参加了新中国第一批骨干工厂的结构设计，以及包括人民大会堂、航天工业基建工程在内的国家重点建设项目的设计审查工作。在任七机部第七设计院副总工程师和航天部第七设计研究院副院长、总工程师、研究员期间，组织完成多项国家重点工程及大量内部重点工程设计。1983年至1993年任全国政协委员。1990年被评为全国百名工程设计大师，并享受政府特殊津贴，还获得过优秀共产党员等称号。

······

严家显的女儿们说："父亲从重庆回到上海后，多次叮嘱大伯和叔叔的孩子，一定要念书。有段时间，堂哥堂弟、表哥表弟都住在我们家，后来相继考上了大学，有的留了学，有的还很有成就。"

无疑的，严家显的留学和治学经历，深深影响了这个显赫的家族。受严家显影响最大的,还是他的五个女儿,成年后陆续走出国门深造。

一个家族的财富积累,可能需要几代人的努力;一个家族的破产,往往在旦夕之间。所幸的是,严氏家族没有在朝代更替、民族危难中沉沦,总能在乱世当头挺住,像凤凰涅槃般重新开始。

说严氏一族是现实版的"家春秋",这不太准确,但却有相似,有人的地方,便有江湖,哪一个大家族不复杂、没有自己的故事?

好在数百年来,这个大家族一直遵守着家训,在一路不平静走来中,特别是在严良灿和严家显两代人的表率下,总还是"忠厚传家久,诗书继世长"。

严家显王祖寿夫妇回馀里楼这次,严隽琪刚出生不久,大姐严隽珏依稀记得当时的热闹场面。吃饭时摆了许多桌子,人声鼎沸。

严家五兄弟借着父亲的阴寿,从四方赶回木渎祭奠。

兄弟聚首时,严家贵透露了想致力研究深奥的病理学,并希望出国深造之念。严家显表示支持,并提供了有关留学的方向和申请手续,却也强调:"即使有机会出去进修,也要回来!"

两年后,严家贵争取到了宝贵的机会,受派赴美国田纳西州立大学医学院进修。得知上海解放的消息,他立即回国,担任上海医学院病理教研室副主任,此是后话不表。

1946 年,严家五兄弟合影于馀里楼前。自右起,依次是:严家显、严家虎、严家书、严家贵、严家起。

1947年,馀里楼前妯娌照。自右起:家起夫人万彦琴(洞庭东山人)、家显夫人王祖寿、家贵夫人洪懿华、家书夫人郑於瑢(洞庭东山人)、家虎夫人席裕莹(洞庭东山人)。

在故乡住上一段日子,也不感到厌倦,但故乡再好,严家显却没法久留。复旦农学院刚迁回上海,很多事情需要他来擘划,主帅岂可脱阵?

对国民党当局失望中仍坚持教育报国

校园秩序尚待重建,复旦大学就和国民党当局打了一场官司。

复旦校园外的马路,受战火蹂躏严重,"无风三尺土,有雨一街泥",如果连着几天下雨,宽阔的马路竟无落脚通行之处。趁着修路,学校把路口日军遗留的防御工事——一座高大的堡垒拆除,开辟成学校运动场。不料这一拆招来了麻烦,军事当局说学校擅自拆毁国防工事,犯了罪,一纸诉状告到法院。

学校与军队打官司,正如"秀才遇丘八(兵),有理讲不清"。军事当局以为复旦大学会乖乖妥协,哪知打错了算盘,复旦大学竟慨然接招!

这帮丘八,哪知复旦大学法律系拥有一批全国知名的资深法学权威,本身既是教授,又是大律师,上海的法官、律师,不是他们门下的嫡传,也是徒子徒孙、晚生后辈。复旦大学法学院院长、法律系主任张志让教授更是不好惹！在他力主下，潘震亚等四位教授上庭应诉，引经据典，一番法理上的雄辩，直打得对方铩羽而归。

这场官司虽然以复旦告胜，大树了高等学府的权威地位，却让明眼人看出了隐患，复旦大学不受当局的信任！

据说，抗战胜利后复旦大学准备"复员"时，国民政府鉴于对复旦参与反内战活动的戒备和敌视，有意使其远离上海，迁往苏北贫瘠地区。而且，复旦原江湾校园被敌伪占领后，另办伪上海大学，校舍破坏严重，体育馆等已荡然无存，其余房屋也多处损毁。因校舍之故，复旦迁往何处，颇起争议。幸有复旦沪校立派土木、化学两系回江湾上课，就近加以照料，以达成促使渝校回原校址之行，不料中间又遭宵小之辈趁火打劫，有人怀疑乃当局指使。

而后，6月23日，以马叙伦教授为团长的上海人民和平请愿团，为反对内战，赴南京向国民政府请愿，在南京下关遭受国民党特务的围攻殴打，是为"下关惨案"。案发后，以沪校为主的一大批爱国学生走在赴南京请愿声援的学生前列，由此引起国民党当局的不满，试图采取制裁手段封闭复旦大学。由于复旦校友遍布各阶层，国民党内又有于右任、邵力子等开明人士出面斡旋，才始得保存，却被打入另册。要不然，也不会闹到1947年，才拨款在校园北侧新建一幢面积较大的二层楼房，让复旦始有较大的阅览室和礼堂。

当局不信任复旦人，复旦人也可以不信任当局。

这个新建的二层楼房命名"登辉堂"，顾名思义，是为纪念不久前逝世的复旦大学老校长李登辉而建。其礼堂兼作考场、大教室，还可演戏。落成时特举行了一场纪念盛会，国民政府财政部长孔祥熙以早年复旦校董身份，到场祝贺。

严家显对堂兄的这位顶头上司毫无印象，除了那一口山西口音，只记得两句让所有在场者面面相觑的话："抗战八年，糊里糊涂地胜利了。"

艰苦卓绝、无数人为之肝脑涂地的抗日战争，竟被党国要员说是糊里糊涂取胜的，情何以堪？

这个党国还真是病了，竟不顾举国上下的反对浪潮，又要挑起一场把民族命运、国家前途拖进黑暗深渊的内战。于是，校园内外，师生们除了谈学问，也谈民主、自由和政治。

能有如此气氛,与校长章益有很大关系。章益早年留学美国,出长复旦后大量聘任有欧美留学背景的教授,不仅令其教学,还委以学校行政领导和管理工作,以便把教学、科研和行政工作融为一体。教学管理上也多向美国借鉴,如采取"学年制"与"学分制"相结合的学制,转院转系限制不太严,学校的行政领导和管理工作由教授担任。而且,身兼国大代表的他,也经常抨击国民党现行政策,让人摸不准他的站队。

严家显倒喜欢章益的直率和魄力,也敬重他的学问,两人常有来往。章益对严家显和农学院的各项工作也是大力支持。拿农学院的复员经费来说,1946年春呈校长核准的是六千五百万元,奉令迁回上海江湾后,农学院提出要加建牛舍与室内装修等,需要增拨四千万元(均为旧币),章益马上同意。农学院与校本部有一溪之隔,出入须经学校后门,管理不便。严家显为此提出由学校为农学院添建一座木桥,并在周围设置竹篱,以便农学院和校本部连成一体。学校也马上批准,并很快完成这项工程。面对学校信任和各方厚望,严家显自称"眷怀责任之重,弥感副望之难"。

复旦大学"复员"期间,农学院有蒋涤旧、韩德章两位教授及若干讲师先后离校他就,严家显适时考察并加聘赵仁镕、龚几道、陈俊瑜等教授和讲师,并商议由陈恩凤教授接充蒋涤旧的农艺学系主任遗缺,保证教学顺利进行。此时,杨衔晋教授、马世均讲师留美实习期满,返院任教,加之新成立的茶业专修科所聘教授王泽农等人到任。一时间,农学院师资阵容较以前更为壮大、整齐。

人事之外,因沪校旧址没有农学院的任何设置,一切设施都须从头做起。而江湾一带地价昂贵,农学院必不可少的农场建设,自然更非易事,需要严家显多方筹划,组织规程、勘定场址、设置围篱、分区编号等,少不得躬亲。他提议将农场技士朱长志调回园艺学系担任助教职务,讲师严宙耕教学之外,协办农场事务。发挥了人的主观能动性,农场建设渐有起色,又适度对外经营,尽可能实现经费自给。为适应农学院教学需要,严家显集思广益,决定将农场分设农艺、园艺、茶业、畜牧、校景与管理六组,各组主管概由学系科主任兼任,凡不设学系之组如畜牧、校景及管理组,其主管人员从教员中择优遴聘,这样也就加强了学院与农场的联系。

在《农学院复员期间工作报告》(1946年6月至12月)中,严家显对农场着墨甚多,甚至连扦插苗木成活率、树种播种栽培都有具体数字:"本场在三月间扦插美国白杨一万四千株,最近核查成活率高达99%,几无损失可言。法国梧桐原插一万八千株,因插条过细,生根不易,加以地势低洼积水,不易排除,成活仅占10%。至于上海市园林赠送本场之天目山树木种四十五种,播种后适值天旱少雨,致未全部发芽,五月初本院观赏树木学班学生由天目山采集带回之树苗800株,经定植后成活者约有半数……"

报告中,严家显称:"(农场)筹备,棼丝猬集,幸赖学校当局之掖导,本院师生之勖勉,上下一心,共赴事功,得以规模粗具。"

严家显所撰《农场筹备经过概述》一文,在《复旦》报连载

1947年前三个月,照严家显所作农学院工作报告的说法是,"三个月来之中心工作,布置农院,加强教学,此其一也。整理校景,美化环境,此其二也。整地作畦,以利农时,此其三也。搜购种苗,充实教材,此其四也"。

鉴于战后京沪各地树木缺乏,复旦农学院为布置全校环境及推广植树起见,特地商请上海市园林管理处,拨给美国白杨、法国梧桐的剪枝共计二十担,再由他们切成插条五万根,扦插于庐山村与徐汇村之边旁隙地,占地约计四亩。严家显实地验看后,信心满满地说:"前人种树,后人乘凉,十年树木,这里必将绿树成荫!"

美化环境、搜购各种农作种子之余,严家显最重视加强教学,提出要广为搜集教材,并在大会小会和各个场合广而告之:"本院教材至感缺乏。复员后即商请各系科同仁切实注意,尽量搜集。经三个月之努力,虽不能尽如人意,结果尚称圆满。倘能持续进行,二三年后必大有可观。"

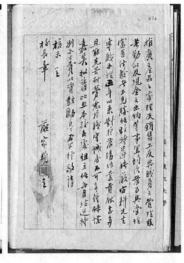

严家显呈送复旦大学校长章益的有关报告及文件清单

　　此时的农学院"兵强马壮"，一批优秀的老师跟着回到了上海。他相信能为这个国家培养出合格的农业专家和业务骨干。

　　陈恩凤教授受邀来复旦农学院任职以来，兢兢业业，为人师表。兼任附属农场场长的谭其猛教授，教学也是相当负责，他讲授园艺通论、果品加工学等课程，深受学生欢迎，他发表的《岁岁花相似》《草莓》《嫁接和育种》等文章，也深受社会欢迎，这位蔬菜学家、园艺教育家，在悉心培育学生时，也必将为发展中国蔬菜遗传育种理论做出贡献。

　　农学院教师新秀还有龚儿道。抗战胜利不久，严家显同意曹诚英教授的举荐，聘任从国立西昌技艺专科学校来的龚儿道为农艺学系副教授，而后一起来到江湾五角场原址继续教学，他对执教的遗传学、生物统计、实验设计、麦作学等课程，莫不认真负责。

　　曹诚英教授也是个让严家显都肃然起敬的女中豪杰。她是中国农学界首位女教授、著名植物遗传学家，也是当年复旦为数不多的女教授之一、才华横溢的诗人。

　　教学之外，她主攻马铃薯品种改良工程，鉴于农学院当时还不具备科研条件，她就把嘉陵村寓所前的院子改造成试验田精心种植。因体弱多病，经不起长期蹲地，每做实验便都带着一张小凳子。多年后，她培育的马铃薯新品种高产抗病，在东北地区普遍推广，她也被称为"马铃薯之母"。

复旦大学农学院师生合影(二排左三为龚几道,左七为曹诚英)

复旦康复楼住着不少患肺结核的学生,严家显常去探望,有次发现曹诚英拖着病体在那教学,大受感动。

重新回到上海的复旦大学,经短暂喘息,继续奋进,其学术民主风格吸引着当时中国的学界精英,一时名师云集,声誉日隆。复旦农学院成为南方农学重镇,甚至受到国立武汉大学农学院院长叶雅各的高看,武大西迁没了农学院,直至抗战胜利才得以恢复,仍由叶雅各任院长。

身为一院之长,严家显恪敬勤谨,擘划有方,夙夜匪懈,以不负各方厚望。

动荡时仍不愿离开祖国

1948年后,复旦校园内的政治斗争日趋尖锐。

一天,庐山村严家来了位不速之客,却原来是王祖寿金陵大学时的同窗挚友、国民党元老居正的小女儿居瀛棣。居瀛棣在金陵大学还没毕业就突然消失,不知其踪,一晃十余年才与王祖寿在上海再度重逢。原来她悄悄跟随一位亲共的知识分子一起投奔了延安,后来结为夫妻,因为她身份特殊,所以再被秘密派回上海做地下工作——这些,王祖寿和严家显当时并不知道。居瀛棣只是发表了一些进步言论,还叮嘱他们夫妇凡去她家,不要轻易进门,必须先在外看看窗台上是否有花盆(后来才知,这是安全与否的暗号)。一个国民党高层人物的女儿,竟也反对国民党,可见这个政权有多不堪,这是严家显王祖寿夫妇的共同认识。

2月,复旦大学部分学生参加同济大学抗议校方大批开除同学而进京请愿的活动,遭到镇压。参与了该活动的复旦大学历史系学生、后来著名的中国近代史和中共党史研究专家金冲及回忆:

> 我亲眼看到,国民党军警的马队冲进四平路上密集的学生群内,用马刀乱砍。同学们退回同济大学礼堂举行抗议晚会时,淞沪警备司令宣铁吾突然登台厉声讲话,军警们冲入会场强行搜捕。同学们被驱出会场后,在严冬寒冷的广场上被分成一堆一堆坐着,面对周围国民党军警一圈雪亮的刺刀。深夜,我们被军警武装押送回校,我听到前后行列中同学们悲愤地低声哼着《跌倒算什么》……

6月4日,上海交通大学"反美扶日"大游行,国民党当局出动千余军警封锁、弹压,马队和装甲车也冲进了复旦大学。

一天晚上,严家显正在家里和来访的复旦文学系教授靳以谈事,忽地来了位不速之客,到了也不避人耳目,愤然有声:"真是无法无天,校园里已经容不下一张安静的书桌,这世道太黑暗了!"

来人是校长章益。严家显和靳以都知道章益所指,时局确是风雨飘摇,学校已非政治自由之地。

严家显微叹一口气后,对莎士比亚的这位译者说:"莎翁不是说过了嘛,'黑夜无论怎样悠长,白昼总会到来'。"

章益摇了摇头,道:"理论上是这样,可这段时间军警老来滋事生非,局势陷入这样恶劣的地步,莎翁看了也许会叹息,'外面的天亮了,我们的心暗了'。"

靳以一旁不冷不热道:"政府不是连着让章校长当了国大代表、中央监察委员……"

章益不假思索地说:"那还不是拉拢、腐蚀,只要我们愿意,他们还会采取一切封官许愿的手段,你们可得小心了!"

严家显关切地问:"真有这一天,我们怎么办?"

不待章益回答,靳以已抢了个先:"有力的理由造成有力的行动!"

"有力的理由造成有力的行动!"严家显不自觉复述一遍,这个政府还真是让人失望啊。他是比较支持学生的作为,因为他们是国家的未来,是未来的希望。

战事胶着，明里暗里的消息都在说国军连吃败仗，国民政府差不多到了山穷水尽的地步。上海这个经济和金融中心，戒严、逃亡、破产等事不断发生。各大学校园内的政治斗争更加尖锐剧烈，罢课、游行、搜查、逮捕、封锁，隔三差五上演。

一晚，严家显的家门被急促地叩响，来者是中途又回到农学院就读正待毕业的顾金德，气喘吁吁地告诉他：宪兵来农学院要抓人！

这年元旦，农学院在顾金德牵头下，筹备成立了中国农业科学研究社复旦分社，下设农经、花卉、蔬菜等专业研究组，聘请有关教授当顾问，不定期举办座谈会、文娱会等活动，颇为活跃。严家显也不时与他们互动，对他们活动之外的"工夫"心知肚明，却不道破。

严家显一听这么大一个动静，二话不说，出门开着自己的车就直奔学生宿舍。只见一群荷枪实弹的国民党宪兵正叫嚷着要把两位学生带上卡车，其他学生围着他们不让走，双方发生冲突。

严家显下车后立马质问宪兵："他们犯了什么罪？"

为首的宪兵打量着他，这人开着车，戴着眼镜，看起来有些来头，遂也不敢轻易造次，道："他们有共党嫌疑，你是什么人？"

"我是他们的院长！你们凭什么说他们有嫌疑，能拿出证据吗？"

宪兵头子一听只是个院长，口气又硬了起来："我们奉命抓人，有情况你可与我们上司交涉，今晚我们必须把人带走。"

"不许带走！"学生们怒吼着，想竭力阻拦，有人还推搡起来。

宪兵头子见势不妙，朝天开了一枪，刺耳的枪声划过寂静的校园。

严家显镇静下来，肯定不能让学生们与宪兵来一场火拼，这样也解救不了人质，于是说："你们听好了，不得打我的学生，明天我会找你们上司的！"

两位学生被宪兵推上卡车带走，学生还追着跑了数百米，严家显眼睁睁看着车子呜呜地渐行渐远。

翌日，严家显果真去了宪兵司令部，据理力争，还说，这些学生我了解，平时只是爱出一些风头，也不过是朗诵个诗歌，胡乱喊几声，发泄一番个人内心的苦闷而已。在学校和外界的声援下，很快，两名被捕学生毫发无损地回到复旦。

"那天看到严先生深夜救学生，我就知道严先生是人民教授，是不会跑到台湾去的！"上海解放后，那位向严家显通风报信的学生顾金德旧事重提。

这才知道，顾金德那段时间悄悄出去参加了新四军，上海解放前夕又奉命回复旦大学搞学生运动和地下交通联络。他和复旦的地下党组织观察严家显为时已久，掌握到了他的政治倾向和学术动态，知道他对国民党镇压学生运动极为不满，因此在进步学生遭受迫害时，及时向严家显报告，通过他的影响力解救学生。

有妻子料理所有家务，严家显从不操心家里，反倒是有精力成天为校内不断发生的状况，为血气方刚、"爱惹祸"的年轻学子操碎了心。

所谓去台湾一事，那时，国民党诱迫一些知名教授迁往台湾，严家显也在其中，只是他像大多数教授那样予以拒绝。甚至，面对严家淦的动员，也不为所动，他畅谈了自己理想中的社会和对现实的一番看法。还说，仲扬只是一介书生，热爱自己的祖国，素来醉心于农学，渴望一个不再动荡的时代，安顿自己的身心，把这些年来的治学心得、教学经验、治校方略，整理出一个头绪来，了却一生心愿。

严家淦参加台湾接管后，偶回大陆，只要得空，总会约严家显见面。比如，1946年他受派回南京晋见蒋介石，报告接收台湾交通情况；还有就是1948年春这次，他为了批准台湾银行增印钞票事，回大陆面见行政院长张群。

严家淦到复旦庐山村与严家显道别，兄弟俩关起门来长谈，连王祖寿也被拒在门外，后来才知他们所谈内容。哥哥劝说去台湾，说共产党不会善待知识分子；弟弟说台湾与大陆相比，不过是弹丸之地，国民党太腐败，长不了。双方都没被对方说服。

这次，在台湾扎下根的严家淦，已知战争情势，乃决定举家迁台。此后，堂兄弟还有过多封通信。

严家淦了解堂弟的道义和情怀，值此乱世，暗中叮嘱上海方面对他多加关照，保护他的生命财产安全。

也正因为如此，严家显不仅受到上海方面的特别"保护"，而且能施展一定的影响力，出面保释被捕的进步师生。

还有一次，复旦学子们不满国民政府的作为，上街请愿，严家显为了表示对学生的支持，也兴冲冲地跑去，在街上来回地转了几圈，跟着喊口号。回来给在家带孩子的王祖寿一说，她脑补着警戒森严中充满正义的游行，担心地说："你又去凑什么热闹呢？"

严家显肃容道："我可不是凑热闹，而是表达和学生一样的心声：反饥饿、反内战、反迫害……"

话未说完,耳边响起了"笃笃笃"的敲门声。出门,却空无一人,门缝里塞进来一张纸条,上面写道:"别参加学生游行,别给严家淦添乱!"

他一看就火了,原来他受到跟踪、被"罩着"!

却哪能想到,那段时间,复旦大学的共产党组织也暗中保护着他!不仅顾金德这些活跃的学生,竟连美国哥伦比亚大学毕业的法学院院长张志让等教授也已是共产党联络的爱国民主人士。

动荡日益加剧。一天,严家显陪身怀六甲的妻子乘公交车到医院体检,半途上来一人,蛮横地要挺着大肚子的王祖寿让座。严家显与之理论,他竟挥手就是一记耳光,接着把衣襟撩开,亮出里面的特务徽章。王祖寿怕丈夫吃亏,赶紧让座,拉丈夫提前下了车。公共场合受辱,对严家显刺激颇大,他对腐败透顶的政权更加失望。

渡江战役前,国民党军队在上海市郊修筑碉堡,复旦附近的五角场的空军和国防医学院都迁台了,谣传复旦大学也要迁台湾。一时间,师生有的去港台,有的投奔解放区,更有的不知去向,学校上课也不正常了。

眼看上海战役即将打响,一封来自台湾的信,再次急急地向严家显飞来。显然,严家淦情知国军吹嘘的"固若金汤"的上海势必难保,遂叮嘱严家显率家小尽早渡海赴台,确保生命财产无虞,而且有合适之职虚位以待。为了打动堂弟,他还列举了永安时期的好些熟人。比如福建音专校长蔡继琨,渡台后创立了台湾交响乐团,自任团长兼指挥;比如改进出版社社长黎烈文,渡台后担任台湾大学教授。

难得堂兄如此关心,还特地买好了几张机票,但对国民党政权已然失望的严家显觉得,堂兄在那边多时,已"不知有汉,无论魏晋"了。他已经决定全家留在上海等候新生的政权,迎接中国的黎明。

除了台湾那头,国外也有邀请严家显前往交流和工作的,毕竟他在农学界和教育界声望很高,是当时中国屈指可数的大学者,又有过美国留学背景。二战之后欧美也亟需农学人才。

严家显还是毫不犹豫地谢绝了,他愿意留在即将"变色"的中国。他曾对靳以等教授说:"我虽然不是共产党,但对共产党救国救民的主张还是认同的。"

这个时候,居正女儿居瀛棣又秘密来见严家显王祖寿夫妇了,亮明了身份,力劝他们留下来迎接解放。

2005年，严家显中学师弟钱钟书夫人杨绛96岁时，在其散文集《走到人生边上》里，回忆当年战乱动荡中他们夫妻始终留在大陆的原因时，这样写道：

> 抗日战争胜利不久，解放战争又起。许多人惶惶然只想往国外逃跑。……
>
> 我们考虑再三，还是舍不得离开父母之邦，料想安安分分，坐坐冷板凳，粗茶淡饭过日子，终归是可以的。这是我们自己的选择，不是不得已。

留在父母之邦，是钱钟书杨绛夫妇忠于内心的选择，也是那时许多知识分子对正义事业的追随，于严家显王祖寿夫妇何尝不是如此！

黎明前夕，国民党反动统治对进步力量的迫害加剧。有天晚上，国民党军警突然包围农学院的德庄学生宿舍。特务强令学生从宿舍出来，逐个走过走廊，经当场指认，一共抓走八十余人。严家显听后，始料不及特务会这样丧心病狂地大肆逮捕，而平时成绩不差、表现不错的园艺系学生陈禔，会戴着墨镜，指点军警逮捕自己的同学；农艺系学生袁冬林，平时活动不多，看起来像逍遥派，竟是农院共产党党小组组长、复旦党支书！

现实的血，告诉严家显，这个不得人心的政权必将覆灭，他要走出象牙之塔，去营救学生，去斗争。

但学生自治会送来消息，请他保重自己，平时待在家里，注意自己和家人的安全，需要他出面或需要应变撤离时会有专人通知。

"那我们关押的那些同学怎么办？"

"请放心，我们会组织营救！"

对方语声坚定，一口一句"我们"，让严家显心头一热。

随着时局的发展，包括校长章益在内，复旦大学一批进步教授们的处境都很微妙，陷在危险中。由于广大师生保护，章益得以多次脱险，逃避了国民党特务劫持他去台湾的阴谋。国民党当局曾密令章益率复旦迁校华南，并催促他本人迅速离沪，但他非但不迁校、不离沪，还组织"护校委员会"，要在战火中将复旦大学完好地保存下来，交给新生的政权。

学生自治会宣布复旦进入紧急状态后，参加护校应变、迎接解放等活动的师生越来越多。

国民党军队要强行进驻复旦大学，严家显提醒一位前来联系的学生："千万要妥善转移保管好图书、仪器，那可是宝贝啊！"他一口气说了许多宝贝，连土壤测试仪、pH值电测仪等都没落下。

学生让他放心，说已归拢、捆绑装箱，等待转移。

得知钱崇澍教授和他的女儿抬了一摞珍贵的原版书，交给学生自治会保管，严家显告诉联系人："钱老师是开创我国植物学的第一代学者，一定得把他的心血保管好了！"

上海围城之初，一块银元尚可买到十来条小咸鱼，后来几块银元也买不到一条了，街上也买不到其他吃的东西了。眼看就要断炊，严家显却不慌不忙，叫女儿和他一起，把一把黄豆分别放入钵盆中，再倒入一些温水。

大女儿隽珏不解："这是干吗呀？"

严家显语态温和地解释："你得懂种子发芽的道理，你看过不了几天，这些盆呀钵呀准会发黄豆芽，就有你吃的了。"

"学农真好，以后我也跟着爸爸学农，就不饿肚子了。"

还没等到盆钵里的黄豆发芽，解放军已攻入上海市区了。那天夜里，国民党装甲车隆隆开过，枪声弹雨正急，但突然就归于沉寂，说是向解放军投降了。

天亮时，女儿忽然摇醒父母："爸爸妈妈你们快来看，路上躺了很多人……"

深夜才睡的严家显吓了一跳，急忙起身，透过窗帘看到：国年路上躺着许多军人，显然，他们一个晚上都睡在路边！他喃喃地对闻声起来的妻子说："他们宁愿露宿街头，也不进老百姓的家里住，这样的军队才是人民的解放军！"

6月20日，上海军管会宣布接管复旦大学。严家显没想到，农学院的袁识先还是军代表的联络员！他也不再吃惊了，这时，复旦师生纷纷亮出"真身"。原来很多人何止进步，本身就是共产党员。就拿那个从农学院转系的张薰华来说，那时就已加入共产党，上海天亮前夕，还被地下党委以重任，参与接管复旦。复旦大学新生后，他除了任校务委员会常委，还兼任主任秘书。

严家显看到，学校有上千名学生响应共产党的号召，踊跃报名参加南下服务团（往福建）和西南服务团（往四川）等工作。继而，1949年7月29日，复旦大学校务委员会成立，张志让为主任委员，陈望道为副主任委员，周谷城为教务长，胡曲园为秘书长。原校长章益留校担任校务委员、外文系教授，协助复旦大学的恢复与管理。

政权的更新使旧时代戛然止步。

1949年9月,复旦大学校务委员会宣布,钱崇澍教授任农学院院长。复旦部分院系调整后,严家显仍担任农学院教授。

"严先生,我回来做助教,今后请多指导!"

一天,一个熟悉的声音传来,让严家显欣喜不已。

来人是他的学生韦石泉。他从复旦一毕业,便投身解放事业,5月余杭解放时积极参加军管期间区政府的农业工作,受到好评,继而分配到复旦农学院工作。复旦农学院史称,韦石泉回校执教后,"在业务上得到严家显、陈恩凤、曹诚英、马世均诸师的指导"。

复旦农学院师资力量在调整中逐渐壮大。让严家显欣喜的是,同在明尼苏达留学的徐天锡,也来农艺系当教授了。广西大学农学院一别之后,他曾邀徐天锡到福建省立农学院任教,惜因他身体等原因未能成行。后来听说他回到母校金陵大学,筹备成立农学院,并曾代过一段时间的院长。两人久别重逢,都有说不出的高兴,回想当年在美国密西西比河畔发出的农业报国誓言,不觉激情满怀。

农学院名师渐多,每人都有各自的招牌。严家显讲的"昆虫学",钱崇澍讲的"植物学",陈恩凤讲的"土壤学""水土保持学",都是复旦农学院的"名牌课",不少学生慕名选修。这些名教授的渊博学识和炽热报国之志,总能在课堂内外吸引学生们敬重的目光。

留校任教的严家显,与许多对未来怀有美好希望的知识分子一样,想着努力把复旦大学办成一所与国家建设、社会需求有密切联系的学校。此情,正如其女儿严隽琪在《与祖国同命运》一文中所说:"新旧中国交替之际,父亲怀着对共产党的信任和期待,拒绝了各种赴台劝说,坚决地留在复旦大学的教学岗位上迎接祖国的新生,他为新生的人民政权对知识分子的重视而感动,为新的社会风貌、新的建设愿景所激励,以空前的热忱投身于新中国的科学教育事业……"

1949年10月,复旦大学农学院在猎猎红旗下,迎来了第一批新生,他们不少人成长为红旗下的一代农业科学精英,其中有后来担任过农业部副部长的著名农业科学家洪绂曾。严家显的学生中,还有茶业界首位中国工程院院士陈宗懋。

庐山村照进新阳光

　　庐山村由五幢连体别墅组成，每幢别墅有四个门洞，皆为独门独户。除了其中一幢外，其余皆为南北朝向。每幢别墅有两层楼，外加一个阁楼。每家每户门前，种有半高的冬青树，枝叶茂密，树形整齐；屋前还有石柱子做成的门廊，入了门廊是一个小园子。夏天的时候，每家每户的楼面，攀满了爬山虎，远远瞧着，一片葱绿，宛如梦境。

上海复旦庐山村 12 号旧址，这里是别墅的前门

　　严家显住在庐山村 12 号，他的隔壁邻居是靳以。满腔热情参加新社会文化建设工作和各项政治运动的靳以，决心"跟着党跑"，教学之余还主编文学刊物，殚精竭虑地为新中国培养文学新军。这位著名作家的别墅里经常高朋满座，常有文坛名人出没，萧乾格温夫妇、陈西滢凌叔华夫妇，还有巴金、刘白羽等人，来来回回，门庭若市。他还把"不为一己求安乐，但愿众生得离苦"作为立身

新社会的座右铭，与众友共勉。与作家同事为邻，严家显夫妇的日常生活，倒无形中多了几丝漫漫的文学气，罩上了一层浪漫的人文色彩。

在复旦大学任教期间，严家显与王祖寿又连续喜迎三位千金，分别取名隽琪、隽瑂、隽珂。老三是在上海的医院里出生的，夫妻合计着为她取名隽琪，本意是希望从她开始，可以换个"其他"，生一个男孩，没想到孩子呱呱坠地之后，还是个女娃。琪，从玉，其声，本义也是美玉的一种，亦有花草繁盛之意。这个字比喻珍贵之物，虽又是女孩，夫妇俩并无嫌弃之意，依然视为珍宝。

连着老四隽瑂，也是女娃。瑂，意为似玉的美石。王祖寿第五次怀孕时，狠心说如果再生一个女儿，就拿去送人。她的大学同窗居瀛棣和丈夫都在上海工作，连生几个儿子后，看到王祖寿怀上了老五，便提议，如果生下来还是个女孩，就拿自己的小儿子来换。但孩子生下，居瀛棣闻讯赶来"落实"时，严家显王祖寿眼见新生的五丫头特别可爱，就舍不得了。不过，连生五个囡，夫妻俩也有点心灰意冷了，既然上天让他们没有儿子，那就到此为止吧，遂为她取名隽珂。"珂"意为像玉的石头，谐音可，意思是可以了，不生了。

顶着半边天的王祖寿，投身于柴米油盐，在婴儿稚嫩的啼哭声中成为全职家庭主妇，相夫教女。好在，这一回她不再是一个人"战斗"，而是有了可靠的助手。

各位读者，是否还记得王祖寿在家乡闽侯那位聪明伶俐的姐姐，也就是后来嫁给了她父亲王景仁，成为她庶母的蓝瑶玉？

自1945年王景仁去世后，蓝瑶玉成了寡妇，跟着儿子王祖福一起生活。严家显王祖寿夫妇在上海落脚不久，蓝瑶玉带着新婚不久的儿子儿媳找上了门。在重庆工作的王祖福遭裁员失业，于是想来求当院长的姐夫帮忙在复旦大学找份可以养家糊口的工作。严家显认为这位内弟学历过低，不适合高等学府，表示无法帮这个忙。王祖福无奈中，打算带着母亲蓝瑶玉跟着新婚妻子一起去四川投奔岳父，寻找工作之机。王祖寿心疼这位同父异母的弟弟，考虑到他失业求职不稳定，辗转奔波辛苦，多出一张吃饭的嘴来殊为不易，就盛情挽留庶母蓝瑶玉先暂住自家，等候消息，待弟弟安顿好了再来接不迟。为了双方都放得下脸面，她说得很委婉，说自己又有身孕了，也正希望有合适的人来作伴。既然对彼此都是个好，王祖福也就接受了这个建议。

任谁也没想到，生活再次欺骗了蓝瑶玉，原来只打算在严家暂时停留，待儿子安顿好再团聚，没想，暂时竟成永久。

原来，王祖福夫妇离开上海后，新娘在路上忽得疟疾，不得已改变计划，就近去台湾投奔在那里银行工作的王祖寿二哥。而后时局剧变，两岸被战火阻隔，海峡成天堑，蓝瑶玉与唯一的孩子就此永别。真可谓同病相怜，王祖寿的母亲李含英前往台湾探望儿子，也是有去无回。

久未接到儿子音信的蓝瑶玉不觉心灰意冷起来，只道儿子娶了媳妇忘了娘。这辈子该受的罪、该受的苦无从诉说，被亲生父母抛弃成为孤儿，丈夫先她而去成为寡妇，儿子远走高飞又让她成了个无依无靠的母亲……这些，她统统受够了，如果总是抓着悲伤不放，那么这辈子她将永远不会快乐起来。先夫和算命先生都说了，你靠不了儿子，得靠小姐。她知道，这"小姐"就是王祖寿。当时还不信，如今看来，还真是一语成谶。只是人家愿意接纳吗？

内心起了波澜的蓝瑶玉，尝试着向王祖寿道出了心中忧虑。王祖寿恍惚想起了小时候和她一起玩耍的愉快情景，此刻更为她眼下的困境难受。同在一片天空下，人与人的命运竟会如此截然不同。王祖寿很同情蓝瑶玉的遭遇，斩钉截铁地说，如不嫌弃，这辈子你就把这个家当成自己的家吧，谁也不见外！

蓝瑶玉的心就这样安定下来了。她是带孩子的能手，家里成堆吵闹的娃儿在她的怀里，一一地乖巧起来。王祖寿深知持家带娃的辛酸，买菜、做饭，给娃洗澡、换尿布、喂饭……一个娃尚可，几个娃一起带在身边，纵有三头六臂，也是手忙脚乱了。如果没有足够的耐心，日常生活很容易变成一堆无尽的唠叨，使人心烦意乱。蓝瑶玉的到来，正使她有了一个可靠的帮手。她们很快就把户外那个小小的院落给利用起来了，种下了番茄、豆苗等蔬菜。既可自己食用，也可招待亲朋。至于防病除害，那就是严家显的用武之地了。

蓝瑶玉有一手烹调手艺，得益于从小被卖入王家，连训带学，得了王家大厨的真传。从前受的罪，在今天成了生存的法宝，连蓝瑶玉自个儿也没料到自己有这么大的作用。除了家常菜，她还能做一桌色香味俱全的大席，那些外头买不到、富有福建特色的菜肴点心，让有幸吃到的人无不称说。她做的酱鸭、红焖笋、酸辣鱿鱼羹、福建鱼丸、芋头糕、油炸蛎黄、虾油鸡、鲜刀鱼……每每让人食欲大振。到了严家后，她整个人似乎焕然一新了，不再痛苦，不再在夜里顾影自怜默默流泪，因为她把重心与感情全部倾注于整个严家，着落于孩子们身上。

刚开始时，孩子们不知如何称呼这个并非亲外婆的蓝瑶玉，叫她姨婆。蓝瑶玉不喜欢这样的称呼，她有强烈的自尊心，仍然对过去自己嫁给王家做小一事耿耿于怀。她也从来都深度厌恶并强烈排斥姨太太这个身份，那是被强加的低下身份和受过伤害的记忆。后来,大家统一改口喊她"婆婆",皆大欢喜。婆婆的手工极好,能做出漂亮的洋娃娃,几个女孩子总是喜欢围绕在她的身边。

爱孩子的严家显,悲悯情怀总是无限泛滥着。在复旦大学校门口,他时常看到一位中年农民卖水果,每一种类都能摆放得齐齐整整的,但再美的造型也难以吸引顾客的青睐,只好苦着一张脸,心思沉重地站在那里。严家显的一个长处就是"多事",纵使案牍劳形,家庭负担沉重,也会被好奇心驱动着,上前打听对方的情况。后来得知这个农民因为孩子生病,家里又一穷二白,只能把田里的水果全部采摘出来,卖多少钱是多少钱。严家显身为父亲,对此感同身受,二话不说,请农民跟他走。在庐山村的家里,他高价买下了对方一担子"家当",根本不管能不能全部吃完。后来,这个农民每年都会做些手工光饼,送到严家,感谢他们当时的鼎力相助。

当然,严家显首先是位教授、学者、家长,然后才是个宅心仁厚的"施主"。他对学生和孩子的教育,形式活泼多样。

除了章益、靳以等接触较多的教授同事,严家显还向孩子们讲著名教育家陈望道如何做学问、如何投身翻译工作的轶事。陈望道曾赴日本早稻田大学留学,在文学、哲学、法律之外,较早接触马克思主义,最早汉译《共产党宣言》向中国人介绍。长期担任复旦大学新闻系主任的陈望道,在严家显到校执教翌年,创办了中国高校第一座新闻馆——复旦大学新闻馆。复旦进步师生在夏坝的新闻馆或收听延安广播,或出版各种壁报,还专门组织了面向校内外的"和平、奋斗、救中国"讨论会,众多教授和名人在发言中,莫不抨击国民党打内战的政策。夏坝这座新闻馆,因而被认为是"夏坝的延安"。

时至今日,几个女儿还记得严家显当年对陈望道的敬重,讲故事时飞扬的神采。陈望道当年躲在浙江义乌家旁破陋不堪的柴屋中从事译著,里面的一块铺板和两条长凳,既当书桌又当床,一日三餐和茶水等常由母亲送来。一天,母亲弄来糯米包了粽子,还加上一碟当地盛产的红糖,送去给他补身子。过了一会儿,母亲在屋外问他还要不要再添些红糖,他回答够甜够甜了。待母亲进来收拾碗碟时,却见他满嘴墨汁,不由得哈哈大笑。原来,专心译书的他,竟把墨汁当作红糖蘸着吃粽子,却全然不觉。就这样,陈望道忘我地翻译,一盏昏暗的煤油灯,伴随着他走过无数个夜晚,在1920年完成了《共产党宣言》的汉译工作。

严家显讲完故事,一脸认真地俯看女儿:"那时爸爸才十四岁呢,还在老家木渎'游学',陈伯伯已经是个大学问家了。"

女儿仰头看着父亲,奶声奶气地说:"长大后,我也要做学问。"

严家显哈哈大笑:"好啊,希望你们从小就能在庐山村'游学',你们可是近水楼台,包括我们的庐山村在内,复旦的徐汇村、嘉陵村这些'村庄',都住着一批大学问家。"

严家显和他说的这些学问家们一样,无人自恃清高,几乎个个都喜爱孩子,不管是自己的还是别人的,只要肯学,只要问到他们,他们便立即进行"现场教学"。孩子们只觉得他们生动有趣,一肚子故事吸引人,却不需要仰视他们。

严家显与王祖寿在复旦
庐山村 12 号门前的院子

服务和"应急"

在焕然一新的复旦大学,严家显心情舒畅,重视理论联系实际的他,在讲课时总要结合生产情况,提些问题让学生思考和讨论,而后由他做概括性的小结。他讲课生动,话语精练,能极大增加学生对课程的兴趣。

对有些重要课程,他还要不厌其烦地实地教学。比如,讲稻螟课之后,他少不得要分期带领学生刨稻根、查越冬螟蛹、拔枯心苗、拔白穗。从学生们的反应来看,这比单讲或光看绘图来得直观且生动。在讲普通昆虫学中细微形态学部分时,如蝗虫雌雄两性生殖器的构造、在发生分化上有哪些异同等等,他善于抓住特点,使学生们易学易懂。

为了让学生们能够多一些机会实地参观学习,他上下联络,疏通关系。华东军政委员会农林部的老朋友、昆虫学家吴福桢,上海动植物检疫所负责人顾玄,华东农业科学研究所的药械专家程暄生,在上海工作的昆虫分类学家周尧等人,哪个没被他找过?通过这些活动,让学生们尽可能全面地了解全国的农业病虫情况、植物检疫以及药械等领域现状。

震旦博物馆也是严家显常带学生和年轻教师们去的地方。那里有一批珍稀昆虫标本。因为他熟悉里面的工作人员,整个博物馆便都对他的队伍开放,特别是昆虫标本室。昆虫标本之外,震旦博物馆里还收藏有哺乳动物、鸟类、鱼类的标本。严家显带队参观和了解这些珍稀昆虫和其他动物标本的制作和鉴定过程,让大家明白如何鉴定新种,明白一个生物标本的制作需要付出何等劳动。

他还带学生参观了一处专门放置昆虫学图书的专业性图书馆,请工作人员详细介绍各类图书和期刊的内容、意义。他语重心长地告诉学生,昆虫学领域的学问是那么的浩瀚,要研究昆虫,这些图书资料必不可少,能帮助大家更好地扩展视野。

当然,实地教学最方便也能常去的地方,还是复旦农学院的附属农场。复旦大学由重庆迁回上海江湾原校址后,农学院的附属农场设于江湾校址对面的德庄和嘉陵村前,占地二百余亩,严家显亲自兼任场长,主持规划,克服种种困难,日有发展。

为了促进农学院的学科建设,1949年冬,经学校同意,农学院农艺系新设"植物病虫害组",严家显兼任组主任。他对成立这个学科组寄予厚望,举贤荐能,先后聘请蒋震同、吴友三、秉志(秉农山)、王鸣岐、张景欧、忻介六、张孟闻等教授和专家,并悉心培养本系出身的韦石泉、戴宗廉等年轻助教。

戴宗廉在《怀念几位昆虫学老师》中,如是为自己的启蒙老师严家显着墨:

> 1950年我从复旦农学院毕业,被母校留作助教,担任昆虫学的助教工作。我的第一位昆虫(学)老师就是严家显教授,在学生时期我就对严教授的昆虫课发生兴趣,他讲课生动有趣,特别是在黑板上画昆虫,几笔就能在黑板上勾画出一只蝗虫来,以后我也学了他的方法进行过教学。严家显曾担任农学院院长,因为复旦农学院农艺系正在筹建"病虫害组",将部分学生改学病虫害专业,他除教昆虫学、农业害虫学外,还要为刚筹建的"病虫害组"制订各项计划,我跟随他在筹建中学了不少知识。例如制订教学计划、建立标本室、画挂图、采集和浸制标本等。现在昆虫标本室的第一个标本柜,就是他设计的。他常带领我和学生外出采集标本。

有时,年轻助教正上着实验课,严家显会悄悄地出现在课堂上,听他们的讲课有哪些不足,检查实验材料是否标准和完备。他掌握一个原则,从不当众轻易下结论,而是在课外和助教叙谈时再表扬或批评。即使批评,也是语气温和婉转,并不是笼统言之,而是一一指出哪些方面需要改进,之后对症下药。或鼓励他们应该多深入农村地头,或建议读专业书刊,或耐心地指导他们深入钻研并写出专业文章。年轻助教莫不感谢他的良苦用心。

严家显课堂内外都是个温文尔雅的谦谦君子,丝毫不会让人产生生疏的感觉,师生间关系融洽。

严家显吃苦在前,却很能体贴年轻人好玩爱动的习性。一年暑假,他带队到杭州考察昆虫并进行标本采集,连着一段时间的工作后,他说大家辛苦了,明天就休息一下吧,来杭州不去龙井看看,喝一口龙井茶,是会遗憾的。第二天,他亲自带路,领着几位年轻助教前往龙井。从山间小路走来,一条潺潺小涧清澈见底,引得走出了一身汗的大伙纷纷驻足。严家显见四下没有外人,便说要不干脆下去洗个澡吧。话音刚落,大家已"扑通扑通"跳下了小溪,好不开心。严家显没多久便先上岸穿衣,说要给大伙望风。很快,他就望见有几个妇女说笑着朝这里远远走来,连忙朝大伙"嘘"了一声,催促快上来穿衣,接着又前往拦截她们,故意问三问四拖延时间,以使年轻助教们有充足时间更衣。他未泯的童心,诙谐的言行,给年轻的助教们留下深刻的印象。

"为生产服务,急农民所急",这是严家显和复旦农学院许多教授共勉的座右铭。

一天,一位上海江湾地区的农民急急来到农学院,说是十几亩地的卷心菜不知何故突然生病,请老师们帮助诊断。严家显和几位教授二话不说,拔腿就走。经实地调查,确定是附近化工厂所排毒气侵害了蔬菜的叶脉和周围的细胞,造成"黑脉病"。

又有一次,严家显带几位助教到松江、昆山一带农村调查作物病害。发现这一带小麦赤霉病、油菜花龙头病等农作物病害十分严重。

于是严家显他们就站在田间地头,向农民宣传科普知识、防虫要领。农民们正求之不得呢。

事后,当地负责人由衷地对严家显说:"复旦大学的先生们能来我们这里,真是我们的荣幸,真心希望你们多来,走一走,看一看,会发现不少情况,农村建设真的很需要你们这些专家啊!"

严家显诚恳地表示今后一定常来，回校路上还对助教们说："从事农学研究，就是要经常下农村考察，实地了解生产，百闻不如一见，不下农村是不可能知道真实情况的。"

但那时候下农村并非易事。年轻助教戴宗廉带几位学生到浦东、崇明岛考察农业和采集标本时，每人背着简单的行囊，到浦东才下午五点光景，可陆家嘴冷清得找不到一家饭馆，晚上住在一个破陋的小学校舍里，蚊子多如牛毛，吵得人整夜睡不着。

不管是农业生产，还是除虫、灭蚊，严家显都感到农业科技急需大力传播，农业知识切盼普及，他和教授们为此挖空心思，夙夜匪懈，恨不得使出浑身解数。

于是，复旦农学院很快就创办了《复旦农学院通讯》，每期都刊发一些解决农业生产问题的短文。虽说是内刊，却颇受农民朋友和有关农业生产部门的欢迎。

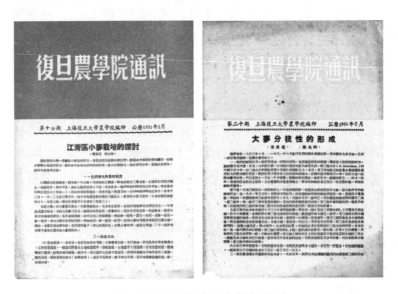

当年备受欢迎的《复旦农学院通讯》

继而，由严家显领衔，通过"大众农业社"的成立，创办了《大众农学》月刊。这是国内第一本通俗农业科普性期刊，办刊宗旨是提高群众对于农业的认识，努力搞好农业，推动中国农业的改造。杂志内容丰富多彩，包括农学知识的介绍、农业技术的推广，同时报道各地农村的情况等。

严家显和王天一联袂担任《大众农学》总编辑，钟俊麟、陈恩凤两位教授任常务编辑，另有编辑委员 13 名。撰稿人大都是复旦农学院的教师们。严家显以"介轩"为笔名，常在期刊上发表相关文章，宣传害虫的识别和防治技术。该刊与《科学大众》《大众医学》同系当时上海及周边地区的热门读物。1950 年 2 月出版的《大众农学》第三卷，第一期的"华东区农业展览会专号"加印了许多份数，发往各地。

1950 年，华北农业技术会议召开，农业部长李书诚到会致开幕词，指出："过去在反动派统治之下，农业技术是不可能发展的，由于解放区实行了土地改革，农民解除了封建的束缚，生产情绪普遍提高了，迫切的要求是技术的改进。农业技术工作者也获得了发挥能力与为人民服务的机会。"

该年度定下全国的农业生产计划，其中增产粮食一百亿斤、棉花四百七十万市担，害虫防治被列为中心任务之一。为了完成这个任务，农业部一方面认真贯彻奖励生产的政策，一方面推进农业技术工作，如深耕细作和防治病虫等。

严家显作为一名"获得了发挥能力与为人民服务的机会"的农业技术工作者，在改造思想中，积极建言献策，认为在"防治害虫方面，除运用比较进步的药械之外，主要的是依靠农民组织起来用各种土法捕杀害虫"，为此埋头编写《棉作害虫防治手册》。

他在小序中说："我听了(华北农业技术会议开幕词)大为兴奋，极愿意尽最大的努力，站在自己的岗位上，为广大人民服务，为完成 1950 年农业生产计划而奋斗。"他还深情款款地向妻子鸣谢："写此书的时候，我妻王祖寿代为校对，在这里向她顺致谢意。"

这本由中国科学图书仪器公司印行的小册子，详细介绍了小地老虎、大地老虎、蜗牛、红蜘蛛、棉牙虫、叶跳虫、盲椿象、大卷叶虫、大造桥虫、金刚钻、红铃虫、棉铃虫等十二种棉虫，外附"认识棉虫，增加棉产"，以及"怎样很快地在田野认识棉虫""重要棉虫田野检索表""防治棉虫月历"等，目的是普及治虫的科学常识，而且希望读者尤其是农村干部、学生和农民能做到理论与实际相结合。

不能只讲棉作害虫，这年 10 月，严家显又完成了一小本《粮食作物害虫防治手册》的编写，讲述十八种重要粮食作物害虫：三化螟、二化螟、大螟、稻苞虫、黑尾浮尘子、飞蝗、稻蚱蜢、黑椿象、铁甲虫、负泥虫、稻瘿蝇、行军虫、金针虫、华北蝼蛄、非洲蝼蛄、吸浆虫、麦叶蜂、玉米螟。外附"认识作物害虫，增加粮食生产""三种稻螟的鉴别法"，以及十八种害虫的防治方法。

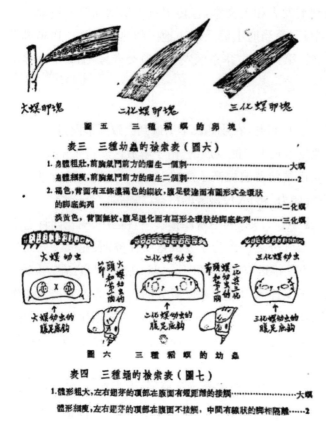

《粮食作物害虫防治手册》中的一页。书里大大小小的昆虫插图，多是严家显手绘

　　因为意在将此书写成一本比较实用的参考资料，普及治虫的科学常识，而且希望能做到理论与实际相结合，所以严家显在编写中，如其10月20日的自序中说，"选择其重要粮食作物害虫十八种与其防治方法，叙述得比较详细，而于害虫的形态酌量减少，对于防治关系很少的生活习性，亦大都从略"。

　　序中还说："现在全国已有一亿六千万人口的地区实行了土地改革，其余新区也将在二三年内逐步完成土改工作。农民已经解除了封建的束缚，生产情绪因此普遍提高，迫切的要求是技术的改进，这说明了农业生产的单纯行政领导已经不能满足农民群众的要求。"从这段序文可见严家显对现实和政治的关注。

　　严家显废寝忘食编写这两本小册子时，带着五位女儿的王祖寿还能腾出手来帮他校阅，乃因有蓝瑶玉以及赵嫂帮着料理家务。

　　继而，本着对国情的关心和立志为农林服务、为农民解难的初心，严家显又忙里偷闲撰写并出版了《稻蝗》和《稻螟》等书。这些著作,莫不附有他精工细画的图。图文并茂中,明确交代这些昆虫的危害性,以及如何鉴别、怎么防治等。

写稻蝗时,他把飞蝗、稻蝗和竹蝗的体色、胸部形态、翅色、习性等,都做了个深入浅出的比较,以使读者一目了然。他还有针对性地指出,如果水稻田里精耕细作不够,也会生发田间蝗虫。

写稻螟时,他特意把三化螟、二化螟和大螟的成虫体躯、翅形、翅色,幼虫的体躯、斑纹作简明扼要的比较,使读者在脑海里能立马生成清楚印象。

在教学和编书之余,1950 年 8 月 18 日,严家显作为复旦大学农学院的杰出代表,赴京参加中华全国自然科学工作者代表会议。

这是严家显 1950 年 8 月参加中华全国自然科学工作者代表会议时的纪念章。刻有天安门、华表望柱,顶端镶刻有一面迎风飘扬的五星红旗

会议于清华大学礼堂开幕。当天出席会议的有中央政府有关科研机构、军队所属科研机构、各地区各民族代表共 469 人。

为期一周的会议盛况空前,不仅代表众多,出席的领导也是重中之重。他们中有:中央人民政府副主席朱德、李济深,政务院总理周恩来、副总理黄炎培,政务院文化教育委员会副主任马叙伦,交通部长章伯钧,农业部长李书诚,卫生部副部长贺诚,重工业部副部长刘鼎,北京市副市长吴晗以及中国科学院副院长李四光,等等。

会上,严家显见到了多年失去音信的老朋友,认识了知其名不知其人的新朋友，大家满面春风地一起受到周恩来的亲切接见。

1951年盛夏六月，上海市土产展览交流大会隆重开幕。严家显作为复旦大学农学院的著名教授，也受邀参加了此会。现场看到林林总总的新鲜物品，严家显大开眼界之余，建议主办方今后可以多举行各种形式的土产交流会和物资交流展览会，推动全国物资大交流。如果一些土特产能在市面上流动起来，会是多大的商机啊，既可为解决各地农村日益恢复和发展农副土特产品的销路问题走出一条新路，也可以对国民经济的发展起到良好推动作用。

严家显参加上海市土产展览交流大会时的纪念章

严家显研究的领域涉及医学昆虫学、农业病虫害、生物学等，他是新中国早期的著名科学家之一。他的海外求学、归来报国的经历，教研相长的优势，以及拒绝赴台高就的心志，显然为这个新生共和国的政权所掌握、了解和信任。因此，他虽不再兼任复旦大学农学院院长之职，却很快就兼任了数个在很多人眼里可望不可及的要职：第二军医大学生物系病虫害教授、上海第一医学院医学昆虫教授。

光阴深处有绚烂

新社会新气象，严家显一心忙教学，推掉了许多不必要的行政工作和社交，待在庐山村的时间较之以前多了。五个宝贝女儿接二连三出世，让这个家日渐热闹起来。他是一个热爱工作的教授，是一个家庭的男主人，更是一位慈祥的父亲。他舍不得家人，每每出门总会千叮咛万嘱咐妻子王祖寿，好好照顾家里。王祖寿也总是让他放心，有"婆婆"蓝瑶玉一起协助呢。

五个女孩合着四位大人的悉心照顾，在嘻嘻哈哈、叽叽喳喳中成长。庐山村别墅的前院有颗桑树，成了小姐妹们玩耍的好去处。遗传是件挺微妙的事。严家显对昆虫的喜欢，似乎与生俱来地也融入到了孩子们的血液里。

阳光和煦,一株芭蕉肥硕嫩绿的叶片上,五只小瓢虫悠闲地散步,美美地享受着日光浴。微风摇曳,叶片儿轻摆,它们或摔倒了,或碰头了,也不怒目,相互礼让,照旧保持着舒适的距离。

怀抱小女儿的严家显,一见之下,像是发现了新大陆,招呼王祖寿带叽叽喳喳的众女儿过来,比划着说:"瞧,它们也是五姐妹呢……"

王祖寿嗔道:"有你这样比的吗?孩子比成了虫子?"

严家显呵呵直笑:"她们就是我可爱的'瓢虫队'。"

"瓢虫队"一拥而上,大眼瞪小眼,五只真正的虫子像是惊呆了,一动不动地趴着,担心来个地震。

眼见女儿要伸手去摇芭蕉,严家显赶快制止:"别别,别惊扰了它们的美梦。"

淘气的女儿笑问:"小虫虫也会做梦吗?"

"怎么不会呢?"严家显一脸的认真,"你瞧,绿叶上没有挥舞大刀的螳螂,没有布网的蜘蛛,也没有嗡嗡捣乱的苍蝇,阳光是这么的惬意,世界是这么的宁静,只有五只心平气和的虫子,不争,不抢,不哭,不闹,这里就是它们幸福的天下、梦想的港湾,只怕比做梦还好,为什么要扰乱和伤害它们呢? 你们五姐妹今后也要向它们五姐妹学习,不争,不抢,不哭,不闹,要加个不撒谎。"

看着原先淘气的公主们一个个懂事起来,迎着父亲的目光认真地点头,像是都认可了自己也是虫子,王祖寿终于忍俊不禁起来。

笑声中,两只恋爱中的蝴蝶,翩然闯进他们眼前那片"领空",有点肆无忌惮,有点忘乎所以。

眼看一只蝴蝶飞在两米开外,老大伸手欲扑,受惊的蝴蝶赶紧双双飞高,往不远处的草丛间飞去。老大"嗨"一声,不由分说地亮出随身携带的一面捕蝶网,急步直追,边追边兴奋地叫着。二妹三妹跟在后头,努力地追赶姐姐的脚步。她们的碎花裙子和乌黑的马尾辫,穿越草丛,在阳光下欢快地跳跃,左摇右摆。

严家显在后面叫着:"小心,别摔了。"

王祖寿看在眼里,笑道:"这些小妖精还真是'瓢虫队',刚说不争不抢、不吵不闹,就……你失望了吧?"

"不,虫子也有多种习性,地上爬,水中游,空中飞,要是一成不变,墨守成规,岂能进化?"严家显边说边把怀中的女儿轻轻地交给身边的蓝瑶玉,也跟在后面加入了追蝶队伍。

老大抖着一无所获的捕蝶网，不免气恼："它们飞得太高太快了！"

严家显微喘着气，道："追不着了，刚才你过早打草惊蛇了。告诉你们啊，有的蝴蝶和鸟儿一样，乐于飞越种植谷物的农田，到达另一片农田、草地或树林，它们成群结队起来，还会造成空中交通繁忙。当然，也有许多蝴蝶不喜欢热闹，喜欢呆在一个地方过日子。今天你们就做个文静的蝴蝶吧。"

老大闷闷不乐，狠狠地跺脚，连跺脚下几朵野花。严家显上前给她刮了个鼻子，温和地说："别恼，别恼，就别踩了，有这些花在草地上安身立命，准会有蝴蝶飞来。"

老二说："爸爸，要是我们有翅膀就好了。"

"那好，我现在就给宝宝安上一对翅膀。"严家显说着，张开双手抄在二女儿的胳肢窝下，抱起她旋转起来。惹得二女儿咯咯笑，惹得三女儿在旁撒娇："爸爸我也要我也要……"

孩子们欢乐得就差点在草丛中打滚。忽然，严家显"嘘"了声，原来又有几只蝴蝶飞来。他使个眼色做个示范，老大熟练地挥舞手中的捕蝶网，一下子就把目标给网上了，高兴得直跳，像要一洗前耻。

眼看王祖寿和蓝瑶玉各抱一个孩子，慢行如虫跟了上来，严家显忽然目光定定地看着眼前三个女儿："考你们一个问题，如果说你们都是虫子，那跟在你们后面的妈妈她们，又是什么呢？"

老大脱口而出："跟屁虫。"

严家显哈哈大笑，冲着妻子大声说："听到没有，你女儿叫你'跟屁虫'呢，也让你做回虫子。"

天地间回荡着欢快的笑声。这一家人追逐蝴蝶的举动，引来了过往人群羡慕的目光。在严家显乐呵呵介绍中，"瓢虫队"在庐山村有了特指。

孩子们喜欢和父亲待一块儿，她们那时还不知道何为文采，只觉得父亲说话有趣，从他嘴里说出的话，跟别人就是不一样。

转移"战场"时，看到蜻蜓坠落在地上，严家显带点启发性地跟孩子们说："你们看，像不像日本鬼子一架失事的飞机？"

"哼，日本鬼子的飞机！"女儿们叫嚷中，抬脚欲踩。

严家显及时制止了，道："别踩，我想会有人帮我们处理的。"

"谁？"

严家显左顾右盼一会儿，一脸神秘地说："你们看好了，等下就知道会发生什么了。"

一会儿工夫，成群的蚂蚁从四面八方靠拢过来，经验丰富地朝蜻蜓的尾巴和胸部聚集。好像有谁发布了一道命令，蜻蜓的身体忽然间猛地被抬起，一点一点地被拖向路边的蚁巢。

剧终时，严家显不忘对这只已成"日本鬼子飞机"的倒霉蜻蜓来个揶揄："飞行高手落了地，就逃脱不了被蚂蚁肢解的命运。"

话里有话，只有王祖寿能听得懂。

因为父亲的关系，孩子们几乎都有一两种自己喜欢的昆虫，养蚕则是共同的爱好。

严家显给女儿带回了蚕宝宝，它们蠕动着肥硕的身体，唧唧地吃着嫩绿的桑叶，晃头晃脑，憨态可掬。过不了多久，它们就吐丝结茧，等待收获了。孩子们把蚕丝装在了一个专门的罐子里，梦想着有朝一日积少成多，能好好利用呢。

庐山村前有一片荒地，数棵桑树拔地而起，为孩子饲养蚕宝宝提供了无尽的桑叶。

王祖寿陪着女儿看蚕宝宝们吐丝、结茧、化蛾、产卵，短暂的一生即过完，不禁感慨，生命当真如此简单？在此后的生活里，她发现那只是属于蚕的纯粹，人生五味杂陈，无比复杂。

五个小女孩一起嬉戏成长，难免有状况。老大严隽珏有一次背着老四严隽珺去庐山村的后山爬山，一路走得急，不小心从山坡上摔了下来。老大还好，受了点轻伤，背上的老四却是滚着下山，腿上的皮肉被刮破，似有白骨露出，惨不忍睹。王祖寿满目看到的只有殷红的血，只想着男孩子捣蛋，不想女孩子也这般调皮，没个轻重，十分生气，情急之下，遂罚老大一边站着，面壁思过。可怜的小姑娘只能一面看着白墙抽泣，一面担心着四妹的伤情。

严隽珏是老大，身边虽然围绕着诸多妹妹，但她也有同龄的小伙伴。从家里的前门到客厅，左手边是厨房，从厨房拐过去，穿过两边种有紫罗兰的长廊，便是隔壁大作家章靳以的家。章家女儿章洁思，与严家老大年龄相仿。两人在重庆时就常玩在一起，到上海庐山村后又学在一起，早上一起背着书包告别父母去学校，傍晚结伴回家，关系很是要好。两个丫头疯起来总说，两家打个洞就好了，连成一家，抬头不见低头见。

老二隽玲自打娘胎里出来，便体弱多病，患有小儿哮喘，反反复复地咳个不停，小脸惨白，发病厉害时连路都没法走，躺也躺不下去，只能坐着受累。她也因此受到父母更多的呵护与关怀，母亲夜里常常是陪她同睡。

严家显看着孩子受苦，心里也一并跟着难受，所以总是变着法子带她们出门玩耍。当然，主要是去捉昆虫。

这时他都要肩扛一个扑虫网袋，在校园内外乐此不疲地捕捉昆虫，逗孩子们开心，这也成为复旦大学的一道风景线。

远远近近看热闹的大人小孩少不得会问："一年四季都有这么多虫，如何捕得完？"

他们哪里知道，他并非是在捕杀昆虫，而是在带孩子玩耍，顺便捕捉昆虫制标本以供教学和研究使用。

孩子们倒希望自己的父亲有超能量，能扫除天下害虫，这样世上再也没有蚊蝇叮扰这类烦恼事。有时也问："爸爸，既然很多昆虫都是害虫，为什么不一个个彻底地消灭它们，让它们当不了'妖蛾子'？"

"不不，如果昆虫都死光了，生态环境将会发生混乱，甚至崩溃，那样不是为民除害，还会出现真正可怕的'妖蛾子'呢。"他顺着孩子的话解释。

看着"瓢虫队"的成员们个个睁大眼睛，交织着既怀疑更惊异的表情，严家显决定不放过这次难得的教学良机，乃循循善诱起来："你们想想啊，我们的大自然有成千上万种花草，农田里有油菜花、向日葵、西红柿，还有桃子、李子、苹果，哪个不需要蜜蜂、蝴蝶和甲虫来替它们授粉？你们看那些漂亮的鲜花、好吃的蔬菜水果，它们的根系需要优质、健康、肥沃的土壤来滋养，这也离不开蚯蚓帮助土壤透气，还有其他一些昆虫来运输营养物。再说了，如果没有瓢虫、草蛉这类捕食者，没有蝇类等拟寄生虫，那些草食性昆虫就将横行霸道，肆无忌惮地吃光它们偏爱的寄主植物，最终就把草地上的生态平衡给摧毁了……"

说话间，有鸟鸣啁啾着从头上掠过，严家显抬手一指，又娓娓道来："就说这些可爱的小鸟吧，如果有一天世界上没了苍蝇、蟋蟀、蚱蜢和蛾子，它们吃什么呢，要跟人类抢谷物吗，可这么坚硬的颗粒，它们的孩子也咽不下、消化不了，就只能饿死。大自然总是一物降一物，少了谁都不可以，这就像我们家，少了谁也不可以哦。"

在孩子们七嘴八舌议论之后，严家显又做了补充："不过，也可别小看这些看起来毫不起眼的小生物，它们有一套生存和斗争本领呢。你们看，森林中那些发育不良的灌木,一个个也得拼命求生,告诉我们'物竞天择,适者生存'的道理。"

通过一些类比和归类,使之产生与其他生物的联系,这是严家显的教学法。往往,周围那些怀着兴趣或凑热闹旁听的大人小孩也似懂非懂了。他们倒也喜欢接近复旦大学这支以家庭为单位的"瓢虫队"。

呼吸完大自然的新鲜空气回来,孩子们一个个兴奋活泼得不得了,老二隽玲一时也觉得缓解了病痛,隐隐明白了父亲讲的小灌木发育不良也得拼命求生的言外之意。

庐山村别墅的三楼,实为阁楼,把头伸出小窗外,可看到围墙外复旦农学院的马场。高大的马,对小女孩们的吸引力不大,还不如村后花园里的松树来得有趣。每当雪花纷纷扬扬地从天上落下,松树就穿上了一层洁白的衣服。这时,严家显会带着孩子们奔赴晶莹的雪地里,托着一个盘子,一点一点地采集松树叶子上的雪水,说是用此水沏茶,堪比人间美味,喝之能祛哮喘。

严家显做起学问来可以废寝忘食,通宵达旦,却不是个书呆子,天性还喜欢玩,动静分明。喜欢摄影的他,得空时总是乐于拉着一家人到处走走。出门后,严家显负责抱小一点的孩子,王祖寿负责牵着大一点的孩子,有时蓝瑶玉也陪同左右。到了山顶,严家显最喜欢的便是摆弄着由国外带回的照相机,为一家人拍照留影。他所拍的照片里,女儿永远活泼可爱,妻子总是那么地温婉动人。这些照片,放到今天看来,构图、人物捕捉等细节犹不过时。

庐山村院门旁有座小山丘,下面挖有防空洞——日军当年为防中国和盟军飞机轰炸而建。为入住庐山村的孩子们所最爱,常去那里捉迷藏、捉蚂蚱,或爬上土堡"登高望远",许多乐趣在此中。小山丘就在严家楼房前面,近水楼台,严家显和孩子们更常在此流连忘返。

那也是孩子们最幸福的童年时光,却不知道,一家十口人(包括帮佣)平日里的吃穿用度,都在等着严家显支付。这还不包括自家汽车的耗费。刚开始时,咬咬牙尚吃得消,越到后面,越体验到生活的艰难,加上大环境下的艰苦朴素和"三反"运动(反贪污、反浪费、反官僚主义)开展,钱财和精神的负担愈重。不知他是否如其他知识分子那样,"思想上受到极大的震撼和深刻的教育",是否认识到"贪污、浪费、官僚主义"是动摇新中国政治基础的三大毒害,反正他在一狠心中,将轿车甩手卖了,改换成一辆时髦的摩托车。

严家显在复旦"庐山村"门前的小土包上为妻女拍的家庭合照,自右向左依次是严隽珏、严隽珂、王祖寿、严隽瑂、严隽玲、严隽琪。下图后排左一为蓝瑶玉

严家显为五个女儿拍下照片。最小的女儿坐着童车无法推上山坡,就在山麓拍了照片。她们轮流抱着精巧可爱的洋娃娃留影

骑着摩托，载上妻子女儿，那简直更加拉风了，也更吸引路人的眼球。走在大街小巷，一阵风呼啸而过，他们谁也想不到猜不出，这位身手不凡骑摩托上路的人，竟然会是平日里斯斯文文地站在复旦大学讲台上，为广大学生传授高深知识的大教授。

复旦大学的昆虫课不说，严家显在上海第一医学院、第二军医大学讲医学昆虫课，常常也座无虚席，有时连整个走廊都站满了人。因为这个关系，他又受命参与筹建中国人民解放军军事医学科学院，为军事医学昆虫学方面的班子和研究机构设置献计献策。

1951年暑期，解放军陆军医院微生物和寄生虫科的军医和复旦大学农学院的几位助教，跟随严家显，前往杭州及天目山区考察及采集标本。

路上，遇到一大片盛开的向日葵，不说一望无际、绵延不绝，却也壮观得让人赏心悦目。它们顶着巨大的金黄色花头，在耀眼的阳光下频频迎风点头，周围聚了许多蜂蝶在载歌载舞。

他们都知道，向日葵盛产花蜜，相当受蜂类和其他昆虫的喜爱。司空见惯的事，严家显却很抒情："鲜艳的花朵、可口的花蜜，蜂飞蝶舞莫不快乐，眼前这一切该有多么美好！"他说话时的神情，充满喜悦，强烈感染着同行。

当年曾一路相随的年轻助教韦石泉、戴宗廉，回忆道：

> 有一次从天目山回到临安城郊时，天色很晚，大家又累又饿，找不到一家饭铺小店。幸亏得到一家农民的帮助，才在他家茅屋的土灶边，每人吃到一碗热面条。严先生很高兴地说："这碗面真是来之不易，好吃呀！"
>
> 他在考察中随时传授学问，抓到几只蚊虫立即告诉说："库蚊大约有七八十种之多，它们是疟疾病原体的传媒，到现在疟疾病还常流行，这是一个很重要的研究课题。"他还指出，"有一些白蛉子也是传染某些疾病的媒介，要能记住它们区分的特征才是……"。他说："苍蝇的属、种也很复杂，如家蝇属就有30多种；还有腐蝇属也不少。许多苍蝇是传染霍乱菌的媒介昆虫！"
>
> 天目山麓的老树林里，还有一种吸血蟕象，它突然猛冲到你身上，刺痛皮肤，马上生一个肿包，很痛，久不能消。严先生告诉我们这是猎蟕科的蟕象，它是个另类，可不是吃素食的！（我们）至今对这一个"科"名没有忘怀！

去天目山之前,他特别关照大家一定要把脖子包紧,裤脚口扎紧,最好戴上手套,因为山路很窄又崎岖,两边小树枝繁叶茂,会有很多山蚂蟥从树上、从草丛里跳到人身上吸血,必须事先做好防护的准备!果然不出严先生所料,即便大家很注意,不觉之中都已被叮了不少血包。

山路崎岖,严先生和大家一起走了3个多小时,才到达山顶一个破庙去找昆虫标本。后来随便吃点干粮,喝点水,挂上蚊帐,就在破庙里睡了一夜。

……还见到一个从东北千里迢迢来此的游方小和尚,蓬头垢面出现,把大家吓了一跳!严先生暗地里对大家说,大家心态要平静,可是要提高警惕性,谁知他是不是逃亡的人?晚上睡觉时要注意安全。

可见当年考察的艰苦。据韦石泉称:"那时他的身体已很瘦弱,但一路上他能吃苦且很随便。"

"士不可以不弘毅,任重而道远。"身体已很瘦弱的严家显照常上课不说,还坚持领队外出,翻山越岭实地考察、采集昆虫标本,令人敬重。

后来韦石泉、戴宗濂深情追忆:后来"严先生为复旦农学院、农艺学系植物病虫害组,及解放军军事医学科学院,做了很多教学、科研工作,培养了一批专业人才。他忘我地工作,也不计较任何地位和待遇。他工作热情很高,钻研精神过人,一旦研究工作开展起来,就夜以继日地操劳不止,不知疲惫地工作。"

严家显一身兼任复旦大学、第一医学院、军事医学科学院的教授和研究员多职,时不时还参加九三学社的活动。他是1951年8月加入九三学社上海分社的。当时九三学社社员极少,入社门槛也高,1950年全国才117人,大都为重量级精英,这从1955年的1195名社员中竟有43名学部委员可见一斑。

严家显工作再繁忙,也不忘抽出时间陪伴孩子,常在榻榻米上教大些的女儿翻筋斗、竖蜻蜓。每每女儿倒立,他就紧紧扶住免得摔下,一面还鼓励她勇敢,掌握要领。面对孩子们天真烂漫的笑脸,他顿觉一天的劳累烟消云散。

家里五朵金花,大女儿最是喜欢在父亲身后跟来跟去,当一个"跟屁虫",和父亲一起出外捉昆虫,回来再与妹妹们乐一乐。有一天,严家显从外面带一个小瓶子回来,神秘地招手叫来两个大一点的女儿过来欣赏"战利品",里面装着几只跳蚤呢。抓跳蚤何用?原来是看哪只跳蚤在瓶里跳得高。这估计也只有童心未泯的人才想得出来了。

在摇动瓶子让跳蚤们赛出跳高的冠亚季军后,严家显看着两个女儿起哄道:"你们也比比,看谁跳得高。"

两个女儿受到怂恿,只管一起在床上蹦来蹦去,像孙猴子那样大闹天宫,笑声充溢着整间小屋。却不料,一个不小心,装有跳蚤的瓶子滚落在地。

王祖寿听到房间里的动静,推门进来,气氛立刻是"山雨欲来风满楼"。她向来是个爱干净的女子,不喜欢家里乱成一锅粥,有了孩子后更不喜欢严家显把一些奇怪的生物往家带,谁知道它们身上携带有什么莫名其妙的病菌或是寄生虫,万一沾染到女儿们身上,后果不堪设想。

王祖寿走入房间内,得知情况,生气地说:"这下可好,你们都给我找,看跳蚤都跳到哪里去了!"有时她也难免烦心,几乎所有人都讨厌的虫,如跳蚤,他怎么也觉得可爱呢?

房内顿时鸦雀无声。做姐姐的知趣地牵着妹妹的手赶忙溜出去。屋里仅剩下他们夫妻二人。王祖寿气鼓鼓地坐在乱成一团的床沿边,严家显则满屋子寻找跳蚤。好半天,谁也不搭理谁。过不了多久,男人就乖乖地妥协了。他喜爱昆虫,更爱自己的妻子。表示马上实施药品除害法,对失踪的跳蚤就地正法,保证不会让它们成为漏网之鱼,也保证今后再不把这类人人都讨厌的虫子往家带,如有再犯,定责不饶。说得庄严肃穆,一脸正经,任谁看了都会忍俊不禁。

严家显这个时候"爱"上跳蚤有其原因。后来,戴宗廉回忆:"严先生不仅在农学院教农业害虫等课程,他还兼职军事(医学)科学院的工作,他经常和我探讨一些医用昆虫的问题,如何饲养蚊蝇、跳蚤等。"

严家显没必要把饲养跳蚤的初衷一五一十告诉妻子,妻子能这样的容忍已经很不容易了。说实话,他也着实依赖她,这么一大家子,有妻在,万事宁。整个家里洋溢着一种温馨、宽和的气氛。

谁能想到呢,一件突如其来的事,王祖寿终究没能将之摆平,在夫妻俩携手合力的节节抵抗中,依旧化作一股罡风、一串阴影长驱直入,直抵生命的闸门。

壮志未酬,让挚友和胞弟代行出征

1951 年 8 月 27 日,严家显受邀前往北京出席昆虫学会代表大会时,向复旦大学校务委员会副主任委员陈望道提交了辞呈,并得到核准。信曰:"窃家显奉调去卫生部医学科学研究院工作，自九月份起薪给已由该院支拨，并为工作方便计，拟于此次去京出席科联昆虫学会代表大会，返沪以后约在九月十号前后将家庭亦搬至该院宿舍居住。"

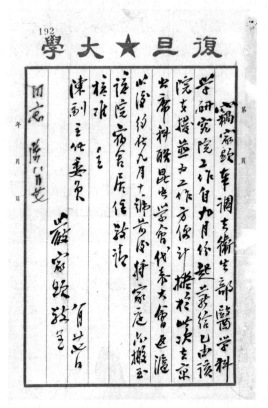

严家显向复旦大学校务委员会副主任委员陈望道提交的辞呈

不久前的 6 月 11 日，中共中央、中央军委正式下达了"关于迅速成立军事医学科学院"的命令，此前已从各地各单位遴选一批德才兼备的教授参与筹建，严家显名列其中。8 月 1 日，中国人民解放军军事医学科学院在上海成立。严家显信中所说"卫生部医学科学研究院"即为此。

严家显受命调往军事医学科学院，担任该院的病虫室主任。从北京开会回来后，他带着一家人搬出了复旦大学庐山村，入住军事医学科学院分给的教授宿舍——上海徐汇区襄阳南路 533 弄 3 号 3 层。

多年之后，严家长女给我们如是忆述："新房共有两个很大的向阳的房间（估计 30 平方米以上），一个向东的小房间（大约 12 平方米），一个卫生间向西。然后下楼梯是一个很大的厨房，有向北向西两个窗户，一个向北的亭子间。"

那年头，知识分子要转到军事单位，尤其是全职调到军事医学科学院，除要求学识超群、工作突出外，还要经过严格的政审。

熟悉他的人，都知道他是谁了。这个人虽出自富家，却有着难得的平民情怀、报国之志，富有创造力，是优秀的昆虫学家、杰出的教育学家，是真纯的爱国者，是学生们的良师益友，是工作上的好同事，是田野里的漫步者，是滴答雨声的聆听者，是轻软微风的体验者，是用显微镜观世界的探索者，是小生物的守护者，是心肠慈悲之人，是精神旷达之辈，是好丈夫，是好父亲，是民族的赤子，是这个新生政权的拥护者，是国家需要的高级人才。

一个文弱博士，就这样身不由己地与军队沾上了边。而这个军队，是冠有"人民"两字的，值得他为之奉献才学，甚至赴汤蹈火。

1952 年 2 月，身在上海的严家显收到了来自中南海的一份特别命令：参加防疫检验队，携带检验药品、器材等，赶赴抗美援朝战场。

命令的背后有故事。

1950 年 10 月，中国人民志愿军跨过鸭绿江，拉开抗美援朝战争的序幕后，不时有蹊跷之事发生。1952 年 1 月，美军飞机多批次盘旋在驻扎于朝鲜铁原郡的中国人民志愿军四十二军阵地，却没有像往常一样俯冲投弹。四十二军随即发现，铁原郡多处出现大量苍蝇、跳蚤、蜘蛛，以及形似虱子、黑蝇等不知名的昆虫，并作出初步判断："此虫发生可疑，数地同时发生，较集中密集，可能是敌人散布的细菌虫。"在此前后，朝鲜前线和后方也多处发现疑似美军投掷的苍蝇、跳蚤、蜘蛛等昆虫。防疫专家认为这些昆虫身上带有霍乱、伤寒、鼠疫、回归热等病菌。

一向标榜文明的美军，居然冒天下之大不韪，发动了细菌战！中国必须要有专门的生物学家进行研究和破解，进行一场反细菌战！

严家显有着丰富的医学昆虫知识，对医学上能传染疾病的昆虫大都熟悉，遂受命奔赴朝鲜与中国丹东交界的鸭绿江边境，调查并收集美军投下的这些昆虫标本。

紧急之下，严家显不辞辛苦，马上积极筹备。为此还从复旦大学农学院借调了薛景珉和吴能两位学生和他一起工作，他俩都是农艺系 1949 级的。在这里顺便提上一笔，这两个助手后来都不简单：薛景珉毕业后一直在军事院校从事国防医学虫媒病等研究，曾获国家级科技一等奖等奖项；吴能则长期从事医学昆虫学研究，曾任世界卫生组织顾问和美国加州大学河崖分校客座教授。

严家显把收集到的昆虫标本带回上海,作进一步的严格研究和鉴定,以确定美国是否用了细菌武器。

1952 年 2 月 19 日晚,根据中共中央主席毛泽东的指示,政务院总理、兼任反细菌战总指挥的周恩来确定了六项大事:

一、加紧对前方送回的昆虫标本进行检验,作出结论;

二、立即向朝鲜派出防疫队和运送各种疫苗及各类防疫器材;

三、电告朝鲜方面,商请朝鲜政府先发表声明,中国政府随后也发表声明,向全世界控诉美国罪行;

四、通过民间组织中国人民世界和平大会向世界保卫和平大会理事会建议,发动世界人民谴责美国进行细菌战罪行的运动;

五、指示志愿军进行防疫动员;

六、向苏联政府通报情况,请求予以帮助。

随后,中国东北的抚顺、安东、凤城、临江等地区,陆续发现美军飞机入侵的迹象,同时发现各种带菌昆虫。这些情况表明,美军很可能已经将细菌战的范围扩大到了中国东北。形式一再严峻,逼得中国不得不拿出行动。

2 月 22 日,《人民日报》在头版头条醒目地发表以中国人民志愿军和朝鲜政府的名义,控诉美国军队违反国际公约,悍然在朝鲜和中国东北地区对中朝军民投放细菌武器,实施大规模惨无人道的细菌战,不仅通过空军撒布投放毒物、病毒、细菌,还在中国人民志愿军和朝鲜军队战俘身上注射化学药剂,其中包括 LSD、海洛因和大麻等,致使相关人员发生霍乱、斑疹、大脑炎等病症,犯下了新罪行。文章随附有投撒物及相关图片。

在各方证据来源中,有严家显他们的初步调查研究成果。

也有其他报告指出,美国此次细菌战得到了日本细菌战战犯石井四郎、若松次郎和北野政藏等人的帮助。一石激起千层浪,世界为之震惊,美国政府却矢口否认。

据专家估计,"以霍乱、伤寒、鼠疫、回归热四种病菌之可能性较大,如化验证实,防疫与灭疫工作,即须火速以大力进行"。果然,很快,在朝早已绝迹的鼠疫、霍乱等烈性传染病卷土重来,回归热、天花、斑疹伤寒等疾病,也在逐步蔓延。不少居民因感染斑疹伤寒、鼠疫,相继死亡。朝鲜安州郡一个六百人的村子,有 50 人被细菌传染患了鼠疫,其中 36 人死亡。志愿军指战员患鼠疫、脑炎与脑膜炎及其他急性病症者不计其数。这些难道还不能判定美军在对中朝军队进行细菌战吗？

中共中央和中央军委果断决策：立即在志愿军部队展开反细菌战斗争！

这是一场没有硝烟的战争，更需要的是专业人才，光靠志愿军检验和防疫技术力量肯定不够。中国一方面在外交和国际政治舞台上与美国展开激烈交锋，一方面决定向朝鲜派出检验防疫专家。2月底，国家卫生部牵头，从北京、天津有关大学和军事医学科学院紧急抽调专家，组成检验队赴朝。

严家显正是此时接到抽调令的。

防疫急如火。一旦疫情爆发，将在志愿军部队中引发恐慌，直接影响部队士气和作战能力，而且将对抗美援朝战争进程和结局产生重大影响，新生的共和国是绝不能允许这种情况发生的。国家的事，就是自己的事。国家的难，就是自己的难。严家显是个头脑清醒、内心执着的人，1937年全面抗战爆发后毅然决然地由美返国，正是因为满腔爱国热血让他没有办法置身事外。回到祖国后，看着满目疮痍的土地、无辜受到伤害的百姓，他更坚定了自己的信念，一片碧血丹心奉献给教育事业、黎民百姓、祖国母亲。现在，得知美帝在朝鲜做着伤天害理的事，他愤怒到极点，一个处处标榜文明的国家却连最基本的道义、操守都没有，将别国人民珍贵的生命视同儿戏，他实在看不起。而当初他又是那般费了心思花了大笔银子去这个国家研究学问，攻读博士。思前想后，世事有时真是令人哑然无语。

接到盖有鲜红大印戳的命令后，严家显当即表示，愿意放下手头上的一切，马上跟随队伍赴朝援助。

王祖寿得知这项使命，无比关切地说："朝鲜那边天寒地冻，就你这身体，能吃得消吗？"这个时候，严家显的健康已经亮起了红灯，他不时捂着胃部，豆大的汗从额头上直掉。她看着心疼，催了好几次去体检，可他都不当一回事，埋头教研工作。

严家显若无其事地说："没事没事，备足一些药就可以了。国家这么信任我，我总要为新中国做些贡献吧。"

谁能想到呢，临行前的体检，严家显却被查出罹患胃癌。

胃癌！还是最令人担心的晚期！这犹如晴天霹雳，一下子就把王祖寿震得肝胆俱裂，泪水纵横。丈夫这么大意，自己怎么也这么麻痹啊！她太知道自己的丈夫，为了农业报国、教育报国，可以废寝忘食，不辞劳苦。他每日夜半鸡鸣即起，先来个冷水浴打精神，然后端坐读书，或伏案写作，直至天明进早餐，再去学校上课，十多年如一日，少有松懈。她知道丈夫的胃病有一段时间了，也叮嘱他适当接受医治，但他觉得党和政府信任自己，提供了这么难得的工作机会和氛围，感到浑身是劲，时间总是不够用，哪舍得花在看病上。偶有的几次，他拗不过妻子，也总是她到医院把一切看病的手续办好后，他再到医院看诊，随后又赶回去工作，让妻子留在医院"善后"——听医嘱，配药。除了胃病，他总认为自己体健神旺，精力充沛，哪料想……

这场病来得突然而迅猛，气势汹汹，严重到不得不住院疗养。在党和政府的关心下，严家显住进了上海有名的中山医院。潜伏多年的病魔似乎一经发现，便干脆撕下伪装，正面袭击，遭遇药物阻击后，更是歇斯底里，像朝鲜战场的"联合国军"一样，连连发起非正义的攻击。癌细胞迅速裂变、扩散、蔓延，入院不过一周，严家显连下床都觉困难。

报纸上印着世界和平理事会主席约里奥·居里的话，说这场细菌战是"继用原子弹在几秒钟内毁灭广岛和长崎的几十万人民那种同样穷凶极恶的罪行之后的又一罪行"，严家显在只能抱憾放弃抗美援朝这个神圣使命时，依然责任萦怀。既然自己没办法去完成这项报国使命，也该找到一个人替他出征。国家正是用人之际，耽误不得，而这方面的人才却屈指可数。

他首先想到了浙江大学农学院教授、同乡好友柳支英。柳支英回国后，一直致力于农业昆虫学以及医学昆虫学的教育和研究，是中国蚤类研究的奠基人，在编写中国第一部蚤类简志时，命名了 5 个新属、两个新亚属和 600 个新种及亚种。严家显在广西农事实验场、广西大学农学院与他共事时，知道他边教学边做研究工作，后来日军战火烧到广西时，他在颠沛流离中两度遇险，差点葬身于柳江激流之中。他呢，竟不自怜，而是痛惜包括 2 000 多片珍贵标本在内的科研资料丧失殆尽！

柳支英来医院探望，说着最新新闻，特别是志愿军和朝鲜军民正遭受的苦难，心痛之情溢于言表。严家显认定柳支英是替自己出征的极好人选，认定这位富有正义的同乡挚友不会拒绝他的请求。

果然，两人交流一番后，柳支英慨然表示，虽然前年的肺病尚未痊愈，仍愿为国奉献，替他出征远行，也算完成他的心愿。其实，柳支英的儿子业已被批准参加抗美援朝，届时将是父子先后奔赴战地。

严家显郑重地向组织作了推荐，也谈了自己的愿望。面对他的赤诚，代表组织谈话的领导们莫不感动。

柳支英赴朝前,严家显郑重地交给他一篇手稿。他知道自己的病,这篇研究论文看来此生是没法完成了,他请柳支英帮助续篇。柳支英在专业方面的才华与功力,他是信得过的。

柳支英接过老友一字一句倾注了无限心血撰写的手稿,感受到了一种无以复加的信任,两双手紧紧握在了一起。

抗美援朝志愿军防疫检查队由卫生部副部长贺诚、解放军军事医学科学院院长宫乃泉组织,队员有三十余人。2013 年,《炎黄春秋》第 11 期所载吴之理《1952 年的细菌战是一场虚惊》一文中,提供了一份名单:

> 昆虫学家何琦
>
> 跳蚤专家柳支英
>
> 寄生虫专家吴光、包鼎丞
>
> 细菌学家魏曦、陈文贵(鼠疫菌专家,抗战时证明过日军投撒鼠疫)、方亮(朝鲜族)、谢知母、郭时钦、程知义
>
> 病毒学家郭成周
>
> 流行病学专家何观清、俞焕文
>
> 立克兹小体专家刘维通(也是流行病学专家)
>
> 青年科学家 10 余人
>
> 摄影师和技术员 10 余人

暂不论是否"虚惊"、如何"虚惊",这次反细菌战,是新中国成立后第一次集合医学、昆虫学、细菌学、流行病学等专家进行多学科的联合研究攻关。他们是当时国内这些学科中最杰出的专家,不是毕业于西方著名大学,就是有过在西方著名研究机构工作的经历,具有丰富的研究经验。

不知为什么,不少人提供的抗美援朝志愿军防疫检查队名单,都漏掉了一个人:病理学家严家贵。严家贵是严家显的胞弟,也是由经严家显推荐应征,随队入朝参加反细菌战侦检工作的。

严家贵 1948 年获得公费赴美国田纳西州立大学进修的机会,翌年得知上海解放,立即启程回国,此时担任上海医学院病理教研室副主任。

严家显给弟弟交心:"我不仅想参加反细菌战,还打算……可这个病不给我时间了……"

严家贵欲哭无泪。哥哥治学严谨,操守过人,精忠报国之志此生不渝,这深深地影响着他。既受哥哥重托,当年参加过中国远征军、出生入死的他,又焉能不代兄出征呢?

严家贵毫不含糊地答应之后,严家显喘着气又说:"我走后,最放心不下的是五个孩子,担心你嫂子一个人力不从心。老四啊,你现在还没个孩子,如不嫌弃,老四就交给你抚养吧,以后她也就是你的女儿……"

泪流满面的严家贵,一个劲地请哥哥放心。

这里之所以花些笔墨补上严家贵,乃因为他也是严家显兄弟、严氏家族中有成就者,著名的病理学家。他虽是读书人,却不是贪生怕死之徒,面对强敌勇敢无畏,救死扶伤。

周恩来提出反细菌战的基本任务有二:一是拿出科学证据,揭露敌人罪行,并找出敌人进行细菌战的规律,这就需要进行严格的科学研究工作;二是粉碎敌人的细菌战争,并改善我们的卫生环境,以杜绝传染病的流行,这就需要开展群众性的卫生运动。

肩负周恩来的嘱托,柳支英、严家贵同五十余名专家一起,会同苏联派出的9名高级专家一道,赴朝鲜和东北进行现场考察,并设立专门的试验室,大量搜集毒虫标本进行鉴定并指导防治,为国际调查委员会调查美帝发动细菌战提供确凿的证据。

柳西玲回忆父亲柳支英的朝鲜之行:"1952年2月,浙大校长来电话告诉父亲,国务院来紧急命令,要父亲去朝鲜参加反细菌战,下午通知当晚就出发。入朝之夜,父亲一行不幸遭翻车,他颈椎受伤,三颗牙齿松动,眼镜也丢失了,在山洞中修养了一个月后才能工作。在朝鲜的山洞中工作了半年,每天都有美国飞机来干扰。在联合国国际科学委员会代表团公开宣布赴朝那天,美国飞机对父亲工作的那座楼进行大轰炸,用的是凝固汽油炸弹。志愿军对付的方法是挖了一条水渠,遇到汽油燃烧就跳入水中灭火。父亲也经历了这样紧张的考验。幸运的是联合国国际科学委员会代表团提前来了一天,将父亲他们对美国在朝鲜所进行的细菌战的许多证据,都录制认可。他们发表了报告书,证明美国确实发动了细菌战。由于当时正是严冬,飞机扔下的带细菌昆虫很快就死了,也没有起到什么作用。"

学术经验丰富的柳支英,在朝鲜总结出了反细菌战的经验,提出判别敌投昆虫（动物）的"三联系、七反常、一对照"的原则，在朝鲜战场上发挥了作用，也为部队多次的虫情判断助了一臂之力。他因成绩突出，被朝鲜民主主义人民共和国授予"三级国旗勋章"，受到金日成的接见。是年 9 月，柳支英回国后，奉调上海解放军医学科学院工作，并成为国务院专家局的特殊专家成员。

史海钩沉中，我们意外发现《疟疾学家何琦教授生平——一个女儿对父亲的回忆》里，有严家贵抗美援朝的相关记载：

> 1952 年 9 月 15 日朝鲜政府宣布对 6 位科学家颁发朝鲜共和国二级国旗勋章，对 10 位科学家颁发朝鲜共和国三级国旗勋章，还有 38 位科学研究人员获朝鲜共和国功劳章。这 6 位荣获二级国旗勋章的科学家是"细菌学教授陈文贵、魏曦和谢知母，昆虫学教授何琦，公共卫生学专家何观清和病理学专家严家贵"。

严家贵代兄从戎，凯旋回国后，全国政协和中央卫生部为他们颁发了"爱国卫生模范"奖章和奖状，毛泽东和周恩来还接见并宴请了他们。

临阵查出癌症没能奔赴抗美援朝前线，是严家显一生所憾。而胞弟严家贵、挚友柳支英能双双获得两个国家的隆重表彰，也算是对他的一些告慰。

最是离别伤心时

柳支英、严家贵赴朝出征后，了却一桩心愿的严家显迅速地倒下去了。

病来如山倒，这次，不似从前的发烧感冒，吃点西药，或者来点中西合璧，总归会慢慢地好转。这一回，他始终没有好转的迹象。癌症，还真是绝症啊！

严家显患上胃癌，可以说是积劳成疾，冰冻三尺非一日之寒。首先与长期野外工作、经常性接触对身体有害的农药有关，再有就是工作忙，饮食不正常。在广西大学农学院，在福建省立农学院前期，他孑然一身，无人照顾，三餐有一顿没一顿，如果长时间在野外考察、采集标本，饮食就更不正常了。如此这般，他便爱上了吃花生米，常备于案前，或带在身边，饿时吃几口，倒也省事。古人说，花生健脾和胃，但不等于养胃。尤其对于胃溃疡、胃胀、胃痉挛以及胃酸太多的胃病病人而言，花生米弊大于利。严家显本身胃就不好，这般来来去去中，便患上了严重的胃病。

结婚后，王祖寿知道了丈夫有此一病，屡次请他更改。严家显刚开始还能做到，日子久了，又恢复往常，哪里会注重到这样的生活细节，去保养自己的身体？平日里胃痛一痛，忍一忍就过去了。他还是照吃花生米不误，有时胃疼得没办法，遂忌了口。待吃了药，过几天后，身体愈见好转，往往便又好了伤疤忘了疼，拿起花生米就吃。这个瘾缠上了，便难戒掉。到复旦大学后，这个瘾是越来越重，竟变得欲罢不能，在外考察、在家做学问时，手痒、嘴痒、心痒了，就是一口花生米。有时眼见妻子管得严，还让女儿帮他瞒天过海。他对之，已是十分依赖了，困苦时也不管花生米是否发霉。

王祖寿面临突变，硬是没有倒下，顽强地撑起这个"无主"之家。此刻她的心里更是万般懊悔。如果丈夫能早早地克服坏习惯，维系身体的健康，哪里会遭遇这般不幸？人生之痛，在于本无"如果"，只有"结果"，任何人力与物力皆难改之，她唯有寄希望出现医学奇迹。

她在家人面前，表现得镇定自若，跟个没事人似的。那段时间，她基本待在医院陪伴、护理丈夫，偶尔回家换洗衣物或准备食物，面对五个尚不懂事的女儿，也是面带笑容，时不时还抽出时间给孩子们做饭、喂食，该上学的就送她们上学。一切忙完时，再急急前去医院，换下陪护，陪侍在被病痛折磨得形销骨立的丈夫床前。待他醒来，便告诉孩子们的情况，让他不要担心，现在医学这么发达，什么病会治不好呢。只有当丈夫昏昏睡去或夜幕降临房间一片漆黑时，她才可以一个人默默地尽情流泪，排泄心中无尽的苦楚。她不明白，上天为什么让从前的自己如此幸福，如今却一把将之没收了回去。她只能日日夜夜地祈祷自己的丈夫能恢复健康，再一次容光焕发，神采奕奕。丈夫是作物卫士、植物医生，这些年医治好多少病虫害，为什么自己就不能被治愈？

虽然患的是绝症，严家显呈现在妻子和孩子们面前也还是一脸的乐观，从未流露出过分绝望、悲伤的神色。度日如年，疾病给人带去的痛苦越来越难以承受。严家显的病情再度恶化，头发愈见稀少，渐渐就瘦成了皮包骨。再坚强如王祖寿，也看不下去，她毕竟只是一个有血有肉的女人，不是万能的无情的机器。

一天，小护士来给严家显打针，他还精精神神地问人家多大了。小护士如实回答后，对王祖寿说，阿姨你看，严教授这状态多好啊，肯定会好起来的。王祖寿虽知是安慰之语，却也相信，并且格外认真地照顾丈夫，生怕出了意外。她忘记了，自己不是神仙，这种病就算是扁鹊华佗再世，也难有良药治愈。

严家显却看得开,无所顾忌地谈论生死。同事和学生前来探病时,他还叮嘱他们择日到他的书房,看哪本书有用尽可拿去,让它们发挥更大的作用。他总是语重心长地说:"今后中国的昆虫学教学和研究能否走进世界,就拜托你们了!"

即使自知来日无多,在同事和学生面前,他还是一如既往的阳光、热情、慷慨。

他还专门交代妻子,可以毫无保留地将自己的珍藏全部送给学校或者学生,这是他对昆虫学事业的最后一点贡献。届时还可以把遗体献给医院,作病理解剖使用。

他握着妻子的手,情真意切地说:"志芳你还年轻,我对不起你,这么快就撇下了你,还没带你出过一次国。我死后,你找个合适的人改嫁,千万不能苦了自己……"

他一直记着自己的许诺。他曾跟王祖寿说起明尼苏达大学的学习使他受益匪浅,看到自己的留学经历和异国见闻让未走出过国门的妻子听得一脸羡慕,就郑重其事地许诺以后一定带她去美国。没想到,自己最终没能守诺,为此深表歉意。

王祖寿哽咽难语:"仲扬你别这样说……"

"志芳,我真放心不下你和孩子们。"

她伸手抹去他眼角溢出的泪滴,道:"仲扬你就放心吧,我会照顾好家里的,你知道的,我喜欢秋瑾和花木兰,'身不在,男儿列;心却比,男儿烈'……"

他点点头,眼里依然泪花闪烁:"我们的'瓢虫队',老大九岁了,懂事些,今后可以帮你做些事,老二也是……我知道你最疼老二,也难怪,她从小身体不好,再苦再累也不能撇下她。老三老四老五也是,一定要培养好。老四我已和家贵说了,可以交给他抚养。老三不一定要上大学,上个中专就可,这样可以减轻压力。届时老大老二出来工作了,也可以帮助照顾老四老五,你就轻松一些了,相信会苦尽甘来的。"

王祖寿知道他在交代有关后事了,心知肚明的她,却一个劲地希望出现奇迹,祈祷上苍,把丈夫健健康康地还给她!

严家显曾于1950年参加过全国科学大会,与其他代表一起受到周恩来总理的接见。也许正是这一见,向来关注人才的周恩来对严家显有了印象。于是,闻悉严家显得了绝症、病中还推荐专家赴朝反细菌战,周恩来感动中,专门指示上海方面全力抢救。卫生部一位副部长专程赶来上海探望,鉴于当时中山医院能力有限,研究了送严家显到苏联治疗的可能性。为此,周恩来亲自出面与苏联方面联系,指示先把严家显的病理资料寄给苏联。

还没接到苏联方面的回音,严家显已不能久站或是久坐。心知肚明的王祖寿不再是一个人去,她会带上孩子们轮流前往探望。严家显也一直在念叨着他的五朵金花、他的"瓢虫队"呢。

孩子们即使去医院看望父亲,都有时间限制,匆匆望上几眼,就会匆匆地被医院"赶"走。看到父亲双眼紧闭不开,她们就一直喊爸爸,却不知父亲在病魔的肆虐下,听力直线下降。也许骨肉血亲之间真的存有心灵感应,严家显的眼泪还是慢慢地从眼角顺流下来。

3月上旬,医生悄声告知王祖寿,快不行了,得准备后事。王祖寿回家急急忙忙地带着大女儿隽珏,去医院见父亲最后一面。

未到探视时间,任凭王祖寿说得口干舌燥,严格守着医院规则的门卫就是死活不让母女俩进去。平日里从不与人大声争执的王祖寿,认为医院太过分,连门卫都在欺负人,心力交瘁中,气鼓鼓地爆发出来:"人都成这样了,还硬守着这规定,是人重要还是规定重要?"她一股脑儿地将胸中的火气和久憋的委屈一并抛出。门卫招架不住,遂开了口,放她们进去。

小小的隽珏从未见过如此脆弱可怜的父亲,他无力地躺在病床上,头发也没有了,双眼凹了下去,整个人瘦如纸片,似乎风一吹就会飘走,手臂上依旧还是一串串密集的小针眼,比前段日子更多。从前的父亲是多英俊、多好看的人啊,是她心目中的英雄,现在竟然成了这般模样。她伤心地痛哭流涕,一句话也说不出来,只顾着双手握紧父亲的手,生怕一松手父亲就像他平时讲的有翅昆虫那样飞走了,可惜父亲连回握的力气也没有了。临别之际,她只记得父亲对她说的最后一句话:"痛啊……"

1952年3月12日凌晨,王祖寿一夜未归。人生如果是一列火车,已经爬过了绵绵的高山,跨过了汪洋的大海,穿过了无边无尽的田野,那么势必也需要开往地势险恶的山谷,迎接黑暗的末日。王祖寿明白这个日子就在眼前,她要陪着心爱的丈夫走完人生最后一程。

自1937年在武汉大学相遇之后,他们已经相识相知相爱整整十五年了。分隔异地时,经历了无尽的相思,只能互寄信件诉衷肠。后来,她听说严家显离开广西大学农学院,孤身入闽创办福建省立农学院,不觉心中也燃起一团火,毅然决然地追随他，离开繁华的陪都重庆，去了永安这座偏僻的山城，有情人终成眷属。

在那里，他们有了爱的结晶，孕育出了大女儿严隽珏。四个春花秋月后，福建省立农学院已雏形渐具，他已然可以放手，他需要去一个更能展示才华的地方。已有身孕的王祖寿没有一句怨言，随同丈夫一路颠沛流离，在重庆一切从新开始，迎来了第二个孩子严隽玲。

仅一年多后，抗日战争结束，他们一家子又跟随浩浩荡荡的复旦师生队伍去了上海，在别具一格的庐山村扎根生活。在这座美丽的别墅里，他们接连迎来了三个可爱的女儿。那真是一段美好的日子，家庭和睦，其乐融融，日子有如神仙。

快乐的日子总是短暂，美好的瞬间总是刹那。十五年，就这样弹指一挥间，王祖寿甚至认为这些都还是昨日之事。

现在，丈夫就这么躺在雪白的病床上，被病魔无情地折磨着。她多想替他分担痛苦，哪怕只是一点点。可是，她一点忙也帮不上，不能流泪，不能大喊大叫，只能心情沉重地、静静地抚摸着丈夫苍白无尽的脸，唤醒再度昏迷的他。

不知过了多久，严家显缓缓地睁开了双眼。他有许多话想说，挣扎着动了动嘴唇，声音发不出来。王祖寿的声音似乎从遥远的地方飘到了他的耳畔，让他不要急，慢慢讲。

这一天的夜，窗外月色迷离，星光黯淡，似乎也在暗自沉默抽泣。严家显艰难地看着面容憔悴的妻子，交待了几件事，诉说了对五个女儿将来的打算。王祖寿认真地听着，生怕漏掉一个字。

归去来兮，吾归何处？严家显已经没有力气想那些有的无的，轻的重的，人生的事，来往如梭，把一生的经历叠加在一起，他已很满足。在大洋彼岸镀了层金，一路读到了博士学位，在学历方面，严家显是相当满意的了。在工作方面，自抗战回国，从事的是心中向往的教育工作，因为他明白要医好中国的病，教育必不可少，要让大众受到知识的洗礼，改变认知，从而改变人生，改变国家的未来。严家显对此，可以自豪地表示，他从未放弃过一个学生。在专业方面，他对昆虫学始终抱以真诚的热爱，数年辛勤研究、做学问，没有弃之于一旦，写了许多论文，出了一些专著，依然不够，还有好些领域的难题没有涉足或是研究透彻。在爱国方面，他也问心无愧……

现在，他实在太累了，连手都无力抬起。但对自己的一生了无遗憾，能做的,该做的,都已亲身经历了。想着这些,他的呼吸已觉气短,吃力地喊着妻子的闺名"志芳",想多吐几个字出来,但是一言未成功地发出,手便重重地垂于白色的被单之上。

王祖寿在忍了一夜的酸楚之后,终于号啕大哭,不能自己。从丈夫被查出患病,至住院,再到离世,只有短短的三个多月,情何以堪!

3月12日这天清晨,天阴得很,冷风嗖嗖,完全不知情的孩子们,依旧像往常一般,起床后边玩闹边挨着刷牙洗脸。吃早餐时,老二与老三吵着抢椅子,互不相让,婆婆蓝瑶玉怎么也劝和不了,眼看要耽误老大老二的上学时间,情急之下说:"你们的爸爸很快就要走了,你们还这样不懂事!"孩子们立刻停止了吵闹,惊恐地睁着眼睛,思索这句话背后的深意。蓝瑶玉倒是自己背过身子擦起了眼泪,严家显的善良和同情心、这些年对她有增无减的尊重,真是让她没齿难忘啊。他比亲生儿子对她还亲,这样菩萨心肠的好人,菩萨为何就不能眷顾点呢,若可以替换,她情愿替他去受罪!别说她,就是保姆赵嫂,也早就在诅咒苍天之薄情,说老天爷眼红嫉妒严家幸福的日子,恶意降灾。赵嫂是严家离开复旦庐山村搬住襄阳路专家楼时来家的。能干的她,命运却十分不济,四十多岁时,她的丈夫——一个游手好闲的纨绔子弟,抽鸦片败家早早亡故,唯一的女儿也被叔伯逼走离家,不知去向,她在山东老家无法生存,只好出来帮佣维生。乐善好施的严家显夫妇也就欣然接纳了她。她在严家一待多年,总说寻到了世界上最好的人家,也和蓝瑶玉一样,从不把自己当外人。谁能料到呢,有着菩萨心肠的男主人会遭此厄运!

这个时候,家门口有了很大动静,在医院待了一整夜的王祖寿被一干亲戚扶着回了家,她一面嘤嘤地低泣,一面被大家搀着上了楼梯,进了卧室。孩子们不解地看着这样的场景,大家你看我我看你,不知道该怎么办,最后还是婆婆哄着把几个大些的孩子送到了学校。

年纪轻轻丧夫,带着五个孩子,王祖寿悲痛难忍,谁的安慰都无济于事,她只顾一个劲地哭泣,边哭边请大家各自回家,让她一个人在屋里静一静,缓一缓情绪。

当晚,孩子们放学回来后,王祖寿又恢复了往日的状态,至少不在孩子们面前表现出悲伤的神态,她声音低沉地告诉孩子们,爸爸走了。

除了年纪稍长些的老大,天真的小女孩们,对"死"尚无明确的概念。她们不太明白其间的真意,以为父亲去了很远的地方,要过好长一段时日才会回家。

王祖寿觉得自己一个人难过已够了，也没有特别解释人"走"了与人"死"之间的差别。

严家显生前有医学报国的志愿，后来又改学昆虫学，对此他内心有所抱憾，死前特别留下遗愿，要把遗体捐给医院。王祖寿带着他的愿望，找到了上海第一医学院。严家显生前曾在上海第一医学院兼任教职，此时已受命赴朝参加反细菌战的胞弟严家贵也在这里工作。医学院上上下下的专家们都熟悉严家显，对他的思想解放虽然深表钦佩，却谁也下不了手去将他的遗体解剖。最后，为了满足严家显的遗愿，大家仅在他的胃部位置开了一个小口子，做了个切片。

剩下的事，便是火化了。设置灵堂，照严家显的本意，只简单一摆，但各方人士纷纷前来吊唁。丧事虽然直接交给了上海殡仪馆负责，但王祖寿仍里里外外地操持着。她不放心将丈夫的事，完全交给旁人来做。因为他们只有五个女儿，没有儿子，按照风俗，便该由长女严隽珏先穿孝服，再脱下来给父亲穿。王祖寿看到丈夫苍白的遗体时，情不自禁地再次泪流满面，哭到不省人事。殡仪馆工作人员看她始终没办法直起身子，便抱着隽珏到火化楼的屋子前，隔着玻璃窗口确认：这是你父亲？小小的隽珏起初不敢看，被工作人员催着不得不看了几眼，确认屋子里躺着的是父亲，遗体便被推入了火炉。一代教育家、农学家严家显，化为一缕青烟，最后烟灭成灰。

王祖寿定制了一个白瓷做的骨灰盒，挑选了严家显最好看的相片贴上，亲手将丈夫的骨灰装入，并于两旁题词，其中一句是"从此只以泪洗面"。真是写者落泪，看者伤心。

直到火化、落葬，孩子们才真真切切地知道父亲一去不回了。哭声经久未消，昔日幸福的家庭像是蒙上了一层阴影。

新旧单位的同事都知道严家显的不幸，在事业如日中天的盛年竟得了不治之症。所有的不治之症，死亡一定是最后的结果，却不料他走得会如此之快、如此之早，这让旧雨新知们莫不悲伤。尤其在知道他病时仍决意赴朝参战之英雄壮举后，只能用杜甫的"出师未捷身先死，长使英雄泪满襟"这句名言为之一哭！真是天妒英才啊！

当年参加了送葬的复旦大学农学院助教韦石泉、戴宗廉，多年后仍感痛惜，撰文以纪："（严先生）在 20 世纪 50 年代初，不幸因胃癌去世，令人深为痛惜！直到今日一些弟子回忆起来仍然嘘欷不已。云山苍苍，江水泱泱。先生之风，山高水长！"

伤痛太近,未来太远,只剩下无尽的忧伤。王祖寿极度悲痛中,终日流泪。丈夫头七之时,她迷迷糊糊中做了一梦,挚爱的丈夫再次来到她身边,安慰她以后不要再以泪洗面了,应该坚强地活下去,为了五个女儿的幸福,无论如何要开心地过日子,争取把孩子们都培养成对社会有用的栋梁之才,为国家做贡献。

写至此,严家显的一生是真真实实、确确切切地终结了。人们在感慨一个杰出教育家、昆虫学家的人生轨迹与灵魂时,却相对地忽视了他也是一个平凡而普通的人,一个有血有肉有故事的人。在今天的社会,许多人不知道严家显是谁,更遑论他一生的教育事业以及在昆虫领域的成就。然而他却给后世留下了一笔珍贵的精神财富,他的为人处世,他的爱国情怀,他的教育思想,他的无私奉献,他的为人师表、专一爱情,连同他的朴素纯真、慈悲善良,高山景行。

他身后的中国,日新月异,如他所愿,渐渐矗立于世界民族之林。

1958年,由一批国内外著名医学专家、学者组成的"特种部队"——军事医学科学院,奉命由上海迁至首都北京。鉴于它肩负着中国的"ABC"(原子武器、生物武器、化学武器)医学防护研究的重大任务,在毛泽东、周恩来的亲自关心下,全国各地一批科学家受调来此工作,其中有严家显就读燕京大学时的老师胡经甫、美国明尼苏达大学的同乡学友柳支英等熟人。1955年,胡经甫作为军事医学科学院的三位德高望重著名科学家之一,被选聘为中国科学院学部委员(院士)。而柳支英,自此再也没有离开过军事医学科学院,加入了中国共产党,担任过专家组副组长等职,并以出色成绩当选为中国昆虫学会副理事长。

活着的人总有许多变数,倘若严家显不曾英年早逝,当有个更不平凡的变数。

1988年11月,柳支英在北京驾鹤西去,新华社电文中评价他是著名医学昆虫家、中国蚤类学奠基人。曾获国防科技先进工作者标兵等荣誉称号的柳支英一生低调如水,却始终没忘记老友严家显。让他至为痛心,也觉得对不起严家显的是,其遗稿先是在新中国百废待兴的事业中耽搁续篇,而后在接二连三的政治运动中不知下落。不过,他也不无真诚地对老友家人说,自己在医学昆虫研究方面的水平跟不上严家显,岂可狗尾续貂。他和严家显一样,留给后世的,是那执着奉献的精神,一颗不变的初心。

第八章 余音缭绕

一片初心能对月

长夜漫漫，不思量，自难忘

没有了严家显的复旦大学，依旧生机勃发，新中国就是以蓬勃朝气立于世界东方的，复旦大学及麾下的农学院，配合着这个形势，做着各种调整和适应。半年后，全国高校院系调整，农学院从复旦大学调出，除茶叶专业去安徽农学院后，其余学系前往东北，组成沈阳农学院（后改为沈阳农业大学）。农学院新旧院长毛宗良、钟俊麟（时任农学院院系调整大队长），以及老同事陈恩凤、赵仁镕、曹诚英等教授，还有洪绂曾等学生，走时都不约而同来到刚迁出庐山村不久的严家，握一握王祖寿的手，摸一摸个头似阶梯排列的严家五朵金花，千言万语，归为珍重。

严家显生前十分敬重的农学院第一个女教授曹诚英，那时身体已经很不好了，完全可以找理由留在熟悉的上海，却还是选择向北。她和许多教授都异口同声地说，要向严先生学习，继承并帮助他完成农业报国、教育报国的遗志。戴宗廉还说，这些年严教授带我们采集到很多珍贵的昆虫，如大型凤蝶、竹节虫、独角犀等，制成了标本，这次也都要带到沈阳农学院，永久保存下来，要让严教授的精神发扬光大。

他们说得诚挚。严家显在这些教授们的心目中，一直是有地位的。王祖寿再三感谢，互道珍重。

没了严家显的家，虽然还是家，却给绊住了似的留在上海一角，到底少了一份让王祖寿和孩子们熟悉的味道，显得几许空落，少了一份生气。她爱这里，又恨这里，爱它留给她几多欢欣、几多快慰，恨它无情地压给她巨大的悲愁，带给她一片岑寂岁月。她无法把一切苦恼与悲愁连同秋天的落叶，埋进庐山村小山坡那个防空洞，无法不让它再从心海里浮上来。

自从嫁给这个热爱蜗牛的人，她多希望他们的爱也能像蜗牛一样陪着她慢慢走，怎料这"蜗牛"竟是"天牛"，倏忽飞得无影无踪。她时不时便会梦见挚爱的丈夫，不可抑制地思念对方。常常地，却又无处可倾诉，只能对着照片傻看，泪湿衣衫。

十月中旬，听说复旦大学农学院已然人去楼空，无形中更增添了王祖寿痛失丈夫之后的寂寞和怅惘，晚上又梦见丈夫。起身端详夫妻合影，右下角还印着"千秋"的钢印呢,没料却是短短几个秋,无限哀恸中,想及当年在重庆所作之诗,忍不住就抄在了相片背面:"对此何须怨别离,影中人亦解我痴。闽岭风月清溪雨,一样相思入梦时。"

　　写这首诗时也是十月。字字锥心,情深意切,她恍惚觉得丈夫只是去远方旅行,等着她寄信呢。"仲扬"和"志芳",千里姻缘一线牵,奈何缘分太浅,天公着实不作美,从来拆散的是有情人,让他们分隔两处,各自磨难。而天底下那些无情人生活在一起,又日日相看碍眼,各自为难,一样地痛苦。人生在世,真当是受着苦楚走一遭。谁也无法幸免。

王祖寿有时会梦见丈夫,浓烈地思念无处可倾诉,只能对着照片,泪落如珠

　　一夜之间,事业如日中天、风流倜傥的严家显教授,化作一颗流星远去,留下五个年幼的女儿,让年轻的妻子成为众人同情的遗孀。

　　谁道人生艰且苦,平安喜乐又何求?一个女人带着五个孩子,艰辛可想而知。算上蓝瑶玉、赵嫂,严家是真正成为了一个"女儿国"。在那个相对保守的年代,人前人后被议论也是常事。王祖寿只当那些话是耳旁风,吹过即是。她带孩子们到朋友亲戚家拜访,乐观地对人笑称"瓢虫队"来了。熟悉的人,目光和言语里却透着一股关怀,看看这五个没爹的孩子像楼梯一样排开,今后可怎么办哟?

听着这熟悉的叫法,孩子们却受不了了,"队长"爸爸"阵亡",再叫"瓢虫队",只能加剧"队员们"内心的痛楚。再也没有"爸爸回来了"的那些期待,看到别的小朋友都有爸爸的呵护,她们只能徒增落寞,回家捧着爸爸的遗照伤心痛哭。

能怎么办?只有硬扛。虽然不少亲朋好友曾好心建议王祖寿,实在扛不住了,就送一两个孩子给别人领养,生活可能不会这样辛苦,略可恢复自由之身,做点喜欢的事,轻松一些过日子。她听了,无法同意,铁了心道,可怜的孩子们已经失去了父亲,不能再没母亲了。她在严家显的遗像前默默立誓,自愿选择一条最困难、最无助、最曲折的路。

多年后,五个女儿茁壮成长,隽玲执笔,代表姐妹联合撰文,追忆心爱的母亲:

> 面对着生活中如此重大的转折,面对着五个幼苗似的女儿们,亲友们都在叹息:"孩子们都那么小,排在一起像阶梯似的,这可怎么办!"可是母亲挺直了腰杆。父亲丧事一周后,她就重新开始工作,挑起一家七口的生活重担。
>
> 大一些的女儿仍然清楚记得那个阴冷早晨,妈妈悲痛欲绝的情景和叔伯们沉重的神情。我们最刻骨铭心的是那一刻:叔伯们考虑到姐妹众多而年幼,母亲依然年轻,没有工作,询问是否要将我们姐妹分交叔伯抚养,这样妈妈可以又有了自由之身。可妈妈只回答了一句:"孩子们已没了父亲,不能再没有母亲。"就这样,妈妈毫不犹豫地选择了一条辛苦奋斗,自立自强的路——这是一条难走的路。妈妈用她全部的心血和精力为五个女儿的成长铺下了基石。

养家糊口的重担,着着实实地全部落到了王祖寿柔弱的肩上。母亲也就是父亲了!丈夫的"头七"刚过,她抑制悲伤,已然奔走在工作的路上。

1953 年,阳春三月,王祖寿在解放军军事医学科学院的关心下,进入丈夫生前最后一个单位,被安排在材料科统计组工作。在这里,她似乎能感受到丈夫的气息。

　　上班后,家里大大小小的事,完全交给了蓝瑶玉和赵嫂。此时严家经济状况发生变化,需要辞去一个保姆,赵嫂仍舍不得和这家人的情谊,坚决自愿留下,言明只要保留原先八元的月工资。即便后来有邻居富户高薪来挖,她也不曾动心,继蓝瑶玉之后,实实在在地成了严家又一个家人。发誓绝不抛下严家的蓝瑶玉,还开始学做账,帮着王祖寿撑起这个支离破碎的家。她还喜欢养花,在阳台上种满了各色菊花,一到秋天,就会飘来阵阵清香。

　　王祖寿每天都忙碌着,天还蒙蒙亮,即起床穿衣洗漱,顺手帮着蓝瑶玉、赵嫂做点家务,忙乎一阵,吃完饭,到点了,就要离家。孩子们意识到又要与妈妈分开,极其不舍,有的以哭向母亲示威,有的直接抱大腿,说不想让妈妈离开。她们不明白母亲最近为什么总是天天早出晚归,在家陪伴她们的时间越来越少。以前她时常耐心地教她们读书、写毛笔字、喂她们吃饭,洗衣做饭时也会带着她们辨认蔬菜的种类、动物的名称;偶有闲情,带着大家一同出门游玩、走街串巷。现在一天到晚,基本见不上面,有时晚上已入梦乡了,母亲还未归来。

　　上班快要来不及的王祖寿,知道孩子们的依恋与不舍,只能一个接一个地安慰着。但是孩子们依旧不松手,蓝姐赵嫂只能上前硬拉开她们,先让王祖寿脱身,再回头对付孩子们。大门"吱呀"开了,又迅速地合上。孩子们嘹亮的哭声透过铁门萦绕耳畔,王祖寿抬头望着连续下了好几天雨的灰蒙蒙的天空,叹息一声,撑起雨伞,奔进连绵的雨帘里……

　　王祖寿因为长时间当家庭主妇,与社会脱节了好一段,刚开始工作时,有点不适应,整日地焦头烂额,跟不上大家的步伐。她不想拖单位的后腿,遂必须加倍地付出努力,通宵达旦、席不暇暖是常有的事。早晨,她总是最先一个到岗,她不愿意迟到,落人话柄。每天的工作一大堆,责任心强、事业心强的她总是坚持做完才安心回家。有时,单位晚上开会,个别同事变着法儿请假或中途借故离场,可王祖寿哪怕对家里的五个孩子有无数牵挂,也要本着敬业精神坚持到最后。因为工作成绩突出,她一路从组员升至统计组组长。

　　工作期间,从美国回来了一位单身女科学家周德勤,王祖寿愉快地服从组织安排,马上退出一间西头的向南大间给她居住,两家共用卫生间和厨房,相处和谐。

　　严家显在军事医学科学院任职时,以渊博的学识、和善的处世,获得大家的敬重,这些新老同事们对王祖寿的遭遇非常同情,从不直呼其大名,总是唤她王大姐。闲时,王祖寿带孩子们来学校玩儿,见到同事们,也是让孩子们喊"舅舅"

"姨姨"。

二女儿隽玲的小儿哮喘,让王祖寿最是揪心,为此多番寻医,一心想为她根治此病。古方说猪肺是治疗哮喘的法宝,她便叮嘱赵嫂天天上街买一块猪肺,婆婆蓝瑶玉负责白煮,炖一碗纯正不掺杂一丝佐料的汤。这汤冒着一股原始的浓烈的动物野味,小隽玲光闻着便起腻,每每都要含泪一饮而尽。喝下去之后,那股味道始终环绕心间嘴中,滋味难忍。她实在喝不下去时,王祖寿便命令家中其他女儿,陪着一起喝。因为,她们是五姐妹,有着最为紧密的血缘关系,要懂得"有福同享,有难同当"这个道理。所以,每到一大碗白花花的猪肺汤滚烫地从锅里盛出来之际,便是家里几朵金花嗷嗷叫苦不迭之时。

一个女人,五个孩子,家庭生活的辛酸可想而知。在学校某一年的联欢会上,女儿唱了首苏联歌曲《光荣妈妈》,送给王祖寿。她听了,竟是潸然泪下。

母爱胜于万千。眼见孩子们一个接一个到了长身体的阶段,营养是不能落下的,家里开销便日益增大。王祖寿咬着牙,同时又兼任了上海科教电影厂的俄文翻译。她要顶起一片辽阔无边的天,成为名副其实的"光荣妈妈"!

临阵磨枪学俄语,可不似学英语那般在学生时代积有一定功底,俄语于她是一个崭新而陌生的语言世界。她从零开始,报了一所夜校,起早贪黑地啃书,从单词和语法开始学习。因患严重哮喘得到格外呵护而与母亲同享一张床待遇的二女儿隽玲,一睡醒来,总能看见伏案工作的母亲那瘦弱的背影,或是掉落于床边的俄语课本。

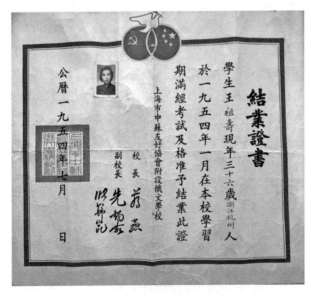

1954 年 7 月,王祖寿经过半年左右的努力,获取了俄文学校结业证书

王祖寿有了一点阅读能力时,就买了一册俄文日历,强迫自己每天译上一小段日历上的材料,从不中断,并大胆地和周围那些会俄语的人交流。有着语言天赋的她,逐步试着翻译影视作品,曾参加《团的儿子》《敌与友》《外科医生》的翻译。也曾任《大众农业》的翻译,因为是新手,怕出岔子,经常拉着长女隽珏,一起去严家显的同乡好友兼同事、那位参加抗美援朝反细菌战回来的柳支英教授家中,请他帮助校改。

柳支英是个心地善良的学者,对严家显的英年早逝比谁都惋惜。严家显是难得的一位优秀昆虫学家,他的意外离世,对中国昆虫学领域造成的损失不言而喻;他的离世也让复旦大学和军事医学科学院失去了一位敬业的教授、研究员,让学生和同事失去了一位亦师亦友的好人。就家庭来讲,一个年轻的寡妇带着五个年幼的孩子,捉襟见肘的日子何时能到头?柳支英每每看着王祖寿带着孩子远道前来请教,总要不由自主地想起这些,想起往日的情谊。

莎士比亚曾叹息过:"软弱啊,你的名字是女人!"可柳支英面对王祖寿,感到的却是:这个女人啊,有如镶嵌在礁岩上的蛤蜊,在无比坚硬之上,赋予孩子无比的柔软!

敬重之中,他再忙再累,也总要竭尽所能地帮助挚友的遗孀,希望能尽上自己的绵薄之力。若严家显泉下有知,也能抒怀安心。

为了减轻家里的负担,王祖寿还尝试写些小文章。在她涂鸦的文字里,常见山水、月光、果蔬、花瓣、飞鸟的影子。某个残篇,这样信手写来:

> 这座山高耸入云,时常云雾深漫,彩霞萦绕。茂密的森林,成山岭,为岗峦,有峻峭挺拔的,有危悬耸峙的,有突兀峥嵘的,有斑驳嶙峋的,或黛,或褐,或青,或白。
>
> ……森林中往来飞鸣的鸟群,更使人心旷神怡。
>
> ……山峰蜿蜒如龙,峰顶紫气生光,一派葱郁莽莽气象。

字里行间,似乎总见严家显的影子。他们在大自然的鸟语花香、虫鸣蠡跃中携手漫步、流连忘返。

王祖寿这些小文章有的登过报,领取过微薄稿酬。然而,家里几个孩子,外加蓝瑶玉、赵嫂,开销实在如滚雪球一般。虽然严家显葬礼之后,严家书主动表示资助大侄女学费(一直资助到上大学),严家显四弟、还没自己孩子的严家贵决定领养老四,但其他几个孩子接二连三要上学,各种费用也是一大问题。王祖寿一个人已经超负荷做事了,却依然入不敷出。她的几个亲兄弟与母亲早在大陆解放前便去了台湾。

自从梦到严家显告诉她不可以泪洗面,这么多年来,王祖寿一直小心翼翼地回收着对丈夫的思念,只有这样她才能够忘却曾经的伤痛,努力向前看,不断地进取。

王祖寿很少在孩子面前表现脆弱的一面,因为她要当一名严厉合格的母亲。如果成天在孩子们面前哭哭啼啼,那如何教育她们自立自强呢。唯有自己坚强,树立起好榜样,才有信服力。她的伤心难过,从来都只在夜深人静之时。

偶尔,她也会在好友面前发泄一番。她与复旦大学校长陈望道的夫人蔡慕晖是好朋友。蔡慕晖常来探访,王祖寿压抑的心情只有在她面前才敢痛痛快快地释放出来,大哭一场。

还有一位好朋友是吴光的夫人。吴光是著名寄生虫专家,在防治血吸虫病方面有着卓越贡献,曾受到毛泽东的接见。20世纪30年代,吴光曾与严家显一同在上海雷士德医学研究院里共事,即使成家后也常有来往。严家显去世后,严家老五隽珂因没钱上幼儿园,一直在家里待着。有次王祖寿却接到了老五上学的通知,说几年的学费都有人缴过了。王祖寿觉得奇怪,谁缴的呢?学校却保密得很。她后来一直推测,可能就是吴光教授知道后帮着交的,内心感到特别的温暖。同样生为女人,吴光夫人对王祖寿的遭遇特别同情,每年中秋都会亲自上门,送上可口美味的月饼,还特意给每个孩子一人一盒。王祖寿一方面对此十分感激,一方面又担心小孩吃太多甜食,影响身体正常发育,每每便让五个姐妹比赛,谁最后吃完就有奖励。孩子们也是难得调皮捣蛋,老大喜吃甜食,总是最先把盒子里的饼吃光,"狡猾"如她,唯独留下最后一块不吃。等到众不知情的姐妹全部解决后,她再取出盒子来给母亲看,彰显自己是冠军,向母亲讨要奖励。

严家老五上小学时,赵嫂的女儿不知如何竟找上门来了。原来,她当初离家投奔了解放军,接着参加了抗美援朝,和一个团级军官结婚成了家,再三动员母亲与他们同住。赵嫂的女婿也来严家做工作,赵嫂仍不愿意走,她想多尽自己一份心力让生活的艰辛远离严家这群失父的雏燕。直到有了外孙需要照顾,她才依依离去,走时抱着王祖寿、蓝瑶玉和孩子们大哭一场。多年后,赵嫂还不时从河南等地给严家来信寄照片,像贴心的朋友。

赵嫂离开后,不是姐妹却情同姐妹的"婆婆"蓝瑶玉,依旧与王祖寿相依为命。

婆婆蓝瑶玉是个知恩图报的典型旧式女子,她从心底感念严家显生前的一再礼遇,又明知王祖寿心里的伤痛,遂私底下瞒着王祖寿设了严家显的灵位,重要年节都要祭上几炷香,也让孩子们一同磕头祭拜,告诉她们不忘父恩。拜完之后,再将灵位收拾干净,悄悄藏起来,不让王祖寿知道,免得她伤心。有一次,王祖寿意外地提前下班回家,见到一切,不禁悲从心来,无法抑制地放声大哭,久久不复平静。为避免再引王祖寿伤心,这样的年节祭拜仪式才告停止,但婆婆自己每天早晨的上香祝祷仍未中断,直到"文革"。偶尔她也还会对孩子们说,要是你们的爸爸还在就好了,我们就不会受那么多苦了。

有婆婆的日子,孩子们也少受了许多苦,起码也是苦中有乐。

2014 年,从小牵着婆婆衣角长大的严隽珂,在美国忽然念及已然过世 30 年的婆婆,动情地写下《我的婆婆》一文,特别写到婆婆带给她们的童年乐趣:

> ……婆婆的手可巧了,她能把几件废旧的家具拆了重新组装,上了漆就成了一件新柜子。人人称她是名副其实的能工巧匠。元宵节她自己给我们扎兔子灯玩。姐姐们跳采茶扑蝶舞,她做了纸蝴蝶,找一根长竹竿扎上,给姐姐们当道具。每逢过年,婆婆是最忙碌的,她要给我们大大小小翻新棉袄,做新棉鞋,盘各种中式盘扣,把我们打扮得漂漂亮亮的。我至今都记得婆婆亲手给我做的芭蕾舞软底鞋的色彩和模样,尽管最后我也没跳成。从小我就喜欢婆婆给我梳头,我又少又细又软的头发被婆婆扎成各种花式的小辫子,再扎上蝴蝶结,把我美得在人前甩来甩去。
>
> 婆婆特别爱清洁,总见她拿着抹布把家里到处都擦拭得干干净净,亮铮铮的,一尘不染,连家里老古董的雕花六角台的每个嵌儿都不放过。从那时候起,我就听她老叨念着一句话:"我的故事可以写成书。"

带给孩子们无尽乐趣的蓝瑶玉,却有着自己的凄苦:少年被卖与父母失去联系,青年丧夫,中年后又与独子生离。任谁都要为她扼腕叹息!每年请灶神爷占卜时,她都是问同一个卦:什么时候台湾回归?

看到她非常思念台湾的儿子王祖福,引日成岁,却又苦于无法通联,王祖寿不惜冒风险,委托香港的大学好友帮助打听消息。费尽周章终于得知,王祖福已是四个孩子的父亲。

基于当时的政治环境,王祖福也不敢写信,只在一张普通画片上挖去一部分垫板,填入他四个孩子小小的合影,托人从香港秘密送来。那照片实在太小了,却给了蓝瑶玉莫大的慰藉!她小心翼翼地收藏,时不时就细细地瞧,还骄傲地给严家孩子们看——我当四遍奶奶了!这张照片一直陪伴着她。

1958 年,军事医学科学院迁往北京,王祖寿考虑孩子们的情况以及拖家带口搬迁的困难,没有跟随北上。经组织关心,她调入上海人民出版社,担任第三编辑室(历史编辑室)编辑。家也搬到上海复兴中路 1295 弄桃源村 48 号 2 楼和 3 楼。

王祖寿大学期间攻读过历史,国文基础好,又能写一手硬气漂亮的字,对编辑工作喜爱之中,很快就能驾轻就熟。经她之手编辑出版的彭信威《中国货币史》等书籍,颇获好评。

这个时候,一封来自重庆的信,让她看了泪流满面。

信是四女儿隽珥写来的。1957 年,小叔子严家贵因为参加筹建重庆医学院与病理解剖教研室,从上海搬到了重庆,小隽珥也被带着去了山城。初来乍到,陌生的环境,陌生的家庭,令她十分想念远方的母亲与姐妹。有时,趁四叔四婶不在家,她会偷偷地写信到上海,诉说深深的思念之情。

1957 年,得知四女儿隽珥要跟随工作调动的四叔从上海到重庆,王祖寿万分不舍,特地将她接回,接着她照了一张全家福。前排右二是被孩子们称作"婆婆"的蓝瑶玉

严家贵发现她们之间的通信后,有些气恼,他害怕失去这个一向听话又乖巧的孩子,为此专程写信责备王祖寿,说既然把孩子给我了,为什么还要通信?

王祖寿知道寄人篱下的苦楚,明白老四的处境,女儿能写信回来,已让她感动万分。看到小叔子大有兴师问罪之态,她回起信来也直言不讳道:第一我不是卖女儿,是你哥哥走时有过托付;第二我确实遵守诺言没有主动写信,但不能割断孩子姊妹间的联系,谁也没有理由也没有法子去刻意阻拦骨肉亲情。

看着四个女儿围绕在身边苗壮地成长,仅老四隽瑂远在外地,王祖寿总感过意不去。待到三四年后四弟妹因病早逝,严家贵自个儿的身体也不大好,无力照顾好隽瑂时,她便把老四要了回来,再苦再难,也要亲自抚养她成长。隽瑂的户口当时已落在重庆,要迁回上海,入严家户口簿,真如"蜀道之难,难于上天"。王祖寿为此东奔西跑,想尽办法,才得以让女儿重新入户。

一个女人带着五个孩子难免引人注目。王祖寿性格温婉大方,为人真诚善良,而且重要的一点是还年轻、与众不同,因此

中年时的王祖寿

也有男人因她坠入情网,表达爱慕之情。一位有情有义的正派君子每周都会找点借口、带点东西来严家接济。后爸、后妈的角色,史有鉴定,刚开始大多是好的,可很少有一直好的。王祖寿心里始终有着严家显的位置,也怕孩子们跟着受委屈,不愿意再婚,也从不考虑这方面,决心押上自己的一生,完成丈夫的心愿,培养好五朵金花。

36岁那年守寡的王祖寿,就这么一个人,迎着岁月的风雨,默默地带着五个女儿,硬走出了一条阳光大道。在她身后,五个女儿怀着感恩之心忆念:

> 母亲的榜样,使我们姐妹从小树立了自觉努力学习,认真工作的态度,从未让她操心。妈妈所给予的不仅仅是物质的支持,更重要的是精神的教育,使我们姐妹在以后的岁月里能立足在社会上,自立自强。

王祖寿培育孩子的方式别出心裁,也近乎苛刻。她给女儿们念过《木兰辞》,讲过唐诗宋词,解读过一生崇拜的秋瑾,在精神上树立风骨。她总说,女孩子读书一定要念理工科,否则就不必上大学读书。在她的调教下,五个女儿各自绽放出璀璨夺目的光彩。

也许是期望老大为妹妹们起榜样作用,王祖寿对大女儿隽珏的要求,在所有孩子中最为严厉。隽珏喜欢数理化,偏偏不喜欢背诵语文。王祖寿自然不允

许，少时读书应该门门精通，不可偏科。

有一年六一儿童节，宋庆龄在报上发表了一篇短文，王祖寿觉得文笔极好，便让五个女儿一起背诵。老大不以为然，也不喜欢"背"这件事，结果一测验，只有她没背下来。王祖寿便狠狠地罚她"关禁闭"，直到她能流利背出为止。一直到中学，严隽珏的成绩都很好。然而当时，家里困难到差点揭不开锅了，王祖寿曾硬着心肠问大女儿愿不愿意去读技校不读高中，好早点毕业出来养家糊口，供其余四个妹妹读书。一直对大学充满向往的严隽珏，心底如有石头挡着，说不出话来。王祖寿看出了女儿的委屈和为难，也不再逼迫，任其考上了上海第二女中读书。

严隽珏高考填报志愿时，照母亲的希望，在第一志愿栏里填报了复旦大学生物系，因为那是父亲严家显曾经工作的地方，离家也较近，有个照应。继而，她又填了其他五所大学，在第七个志愿栏里再郑重地写下北京大学物理系。指导老师看后，差点没晕过去，竟然还有如此填写志愿的，北京大学明明是全中国最好的大学，怎么反倒排到最后一个志愿栏里了？

严隽珏遂又悄悄地把第一和第七两个志愿对换。揭榜之际，大街小巷都轰动了，她的数学考了满分，其他科的成绩也非常理想，是真的考上了北京大学物理系，光荣地成为姐妹中最先走出家门上大学的一个，父亲当年可是在燕园读过硕士呢。为了少给家里添麻烦，大学前两年的寒暑假，她都没回上海，一个人在校学习和锻炼。她还参加过新中国第一部大型歌舞剧《东方红》的演出，特别记得其中一件事：1964年在人民大会堂排演时，周恩来总理忽然来到现场，说告诉大家一个最新的好消息，大家听了再高兴也不要跳，大家都跳，只怕地板塌呢。周恩来告知的，是原子弹爆炸成功的消息，大家激动得又笑又跳，真是为"东方红"助力啊！隽珏想着父亲也曾受过总理接见，更是泪流满面。她在北大毕业时，赶上"文化大革命"，先到部队农场劳动锻炼三年，又到师范和高中分别执教三年，再调回北大物理系任教，一路成为副教授。

因为各种原因，用严隽珏自己的话说是"做了物理的逃兵"。1994年，北大方正公司于香港联合交易所挂牌上市前一年，低工资的她为了更好地培养两个孩子，选择下海经商，去了方正。刚开始也是从事教学。后来转到中软公司，开始做软件外包，在职场中杀出一条"血路"，在出口方面为国家做点贡献。一直到我们决定写这本书时，她还担任着武汉佰钧成技术有限责任公司高级副总裁（中国中西部地区领先的服务外包供应商），现在常年定居美国。

老大不愿意读技校,王祖寿便把一部分心思放到了老二与老三身上,因为她们也即将临近中考。她同样试探性地问她们要不要去读中专,少不经事的两个人你看我我看你,不言不语。王祖寿也看明白了,她的女儿个个都有志气,遂狠下心,自己就是砸锅卖钱啃石头也要供她们上大学。

老二严隽玲原先有哮喘病,从初三到高中毕业,按她的体格,体检是通不过的,但王祖寿记着丈夫要治好老二的病这个嘱托,不断寻医。那些年,老二吃了西药喝中药,吃得舌苔都黄了,睡又睡不了,只能坐不能躺,一度自叹活得没意思。王祖寿听后直掉眼泪,说,你不要这样想,我答应过你父亲,一定要治好你的病!那些年,王祖寿四处托人,六块钱看一次也不在乎,把女儿的药方全保留着,订成一本书。天可怜见,后来寻到了一位中老医,连吃一年他开给的祖传药方,弱不禁风的老二在高二那年体质发生了明显变化,再也不怕风吹雨淋,也可以出去玩了,经透视检查,气管炎也消了,由此顺利地通过了大学体检。她记着老中医"带成药北上,到干燥地方读书"的建议,填报了远在北京的中国科技大学化学物理系,刚好与老大隽珏作伴。

在中科大上学期间,严隽玲第一年的助学金每个月 7 元。上大二时,王祖寿涨了工资,特意写信说以后每个月可以给她寄 12 元,让她不要再领奖学金了,把机会留给更需要钱、更贫困的同学。一个月 12 元,不上不下,算是当时大学生的中等消费水平。严隽玲往往没有全将之花在伙食上,而是省吃俭用,买书读。知识,才是最无价的宝贝。

那年头,国家也不富裕,却对经济困难的学生减免学费,统战部门还不时来家慰问,犹如雪中送炭一般,温暖着王祖寿和孩子们的心。感恩之情渗进了她们的血液里,孩子们也因此以优异的学习成绩和努力工作来报答母亲和祖国。

大学毕业后,严隽玲分配到中国兰州化学研究所工作了一段时间,"文革"结束后一鼓作气考上母校的研究生,重返校园。积极工作、报效祖国成为她的人生座右铭。1980 年已 35 岁"高龄"的严隽玲,义无反顾地跑到美国加利福尼亚大学洛杉矶分校(UCLA)读博士。美国教授狐疑地看了她半天,问,你觉得你还能念吗?有点尴尬的时候,她脑海里油然响起父亲当年所说"你不争取就没前途",她坚定地回答:我能。别人纳闷她为什么一直选择读书,只有她心里清楚,加倍努力才有未来,才能走到世界的中央,否则一辈子也就平凡无奇了。博士毕业后,严隽玲到美国硅谷工作,从事芯片制造行业,一干就是将近三十年,在资深工程师高管职位上退休。

老三严隽琪的人生，以其54岁以后的从政经历，有别于其他姐妹们。她"拒绝"了母亲要她读中专的意见，在上海第二女中初中毕业后考上了该校教育改革试点"高中理工班"，两年学完高中课程，1962年与二姐同年参加高考，考入"家门口"的上海交通大学，毕业后分配至江苏徐州矿务局当工人、技术员。"文革"结束后，她又考取了母校在"文革"后的首届硕士研究生，继而留校任教，其间曾远赴丹麦技术大学海洋工程系攻读博士研究生。回国后从事科研和教学，从助教到教授、博士生导师，从研究室主任到机械动力学院院长、校长助理，既主持过国家和上海市数十项高技术研究项目和重点实验室建设，也参与了国家和上海市有关先进制造技术发展规划的制定。新世纪后，由于多党合作的需要，隽琪先后担任过上海市信息办副主任、上海市副市长，直到民进中央主席、全国人大常委会副委员长。

三位孩子相继考入重点大学，一时在邻居朋友间传为美谈，不时有人要王祖寿介绍"育儿经"。

老大在北京大学读的是六年制；老二在中科大读的是五年制；老三高中上的是二年制理工班，与老二同年考大学，就读的上海交大与中科大都是五年制。这样一来，三姐妹同在1967年毕业，这于家门还是教育界都是难得的一景。王祖寿在告慰丈夫后，却不轻松，因为"文革"风暴正席卷而来，原来曾受关照的严家，因为严家淦在台湾的关系而遭牵连。她担心不幸会罩了自家头上，于是未雨绸缪地给"五朵金花"都打了预防针。为了这个家，她把家谱给烧了，把严家显和严家淦的所有通信都付之一炬，也忍痛将夫妻俩的情书烧了。严家显的工作日记和留下的显微镜、三枚金钥匙，她怎么都舍不得销毁，一心想保留做个念想，就把日记和显微镜藏起来，金钥匙则交给大女儿随身带着（直到春回大地后才重回手中）。

"文化大革命"中，王祖寿被靠边，被陪斗，情绪几近崩溃，几次觉得生不如死。婆婆蓝瑶玉守着她，安慰她：为了这个家，为了五个女儿，你必须挺住！婆婆担心那张来自台湾让她心爱无比的亲人照片可能会连累到严家，不惜忍痛付之一炬。1970年初，王祖寿被下放到奉贤干校后，就剩下隽珂和蓝瑶玉守着空荡荡的家。隽珂当时在徐家汇一家纺织厂当工人，每当上中班，回家都得近午夜，婆婆就一直趴在窗台上等她，一直要看到她的身影进入弄堂。

老四严隽瑂在音乐方面有着天赋才华，她在新疆军区文工团待了四年，不想"文革"中受到批斗，遭清理出阶级队伍，回到上海当工人。这个时候，母亲王祖寿给了她极大的鼓励。好在女儿从不萎靡,又想报考上海歌剧院,当地文化部门并未批准。"文革"结束后,她报名参加高考,成绩位列某大学第一,仍因政审通不过,找到有关部门,说是档案里有海外关系,不予录取。

那个年代,以家庭出身和社会关系等为主要内容的政治审查,曾经断送了很多人的读书之路。1977 年,邓小平制定了高考招生办法,"自愿报考,统一考试,择优录取",让大部分青年获得了平等竞争的机会。严隽瑁这才成功考入上海师范大学,攻读音乐系。20 世纪 80 年代,她也追随二姐严隽玲的脚步,来到美国,先学艺术一段时间,感觉花销太大,遂改学计算机。毕业后,和二姐同样到了闻名世界的硅谷,在大名鼎鼎的惠普公司工作,做的是云端领域。

老五严隽珂的经历,相较于几位姐姐,显得十分坎坷。她在应该读大学的最美年华,正巧遇上"文革",没有机会去高校学习,只能进一家纺织工厂做女工。不甘寂寞的她,积极进取,为了圆大学梦,先就读成人教育电大,38 岁时考上美国内华达大学计算机系,攻读硕士。毕业后,一度也进入惠普公司从事网络管理软件开发,后来参加了加州立法院的公务员考试,从事与立法有关的 IT工作。

严家五朵金花的成长,透出家族教育土壤的厚实、书香门第的风骨、知识分子的情怀。如同她们所说,"这种自强不息、从不服输的精神,我们姐妹从小就从父亲、从母亲身上传承来了"。

那些年,不管是在中国还是在美国,每到清明、中秋或是严家显的忌日,王祖寿总要和照片中的丈夫对话:"仲扬啊,你看到了吧,我可是把你交给我的最艰巨任务——把家里的五朵金花都给培育出来了,你还满意吧?"

那些年,有严家显在,这个家就有稳稳的幸福,他一去不还,重重的失落和负荷便不由分说地压上了王祖寿柔弱的肩膀。幸好,她扛住了! 照片中的严家显微笑着,含情脉脉地看着她,"心照神交,惟我与子"。

王祖寿把悠悠情思倾注在盛满酒的杯中:"仲扬啊,我没骗你吧,这些年我的爱就像一只蜗牛,陪着你慢慢走……"

感慨中,不期而然地,王祖寿又想到了往事的甜与涩,"十年生死两茫茫,不思量,自难忘!"

"仲扬啊,你当年保证会带我去美国,骗了我吧……都说女儿是父亲的前世情人,还好,是她们帮你还了债……"

说着这些话儿的晚上，严家显也还常常飞越千山万水入梦来，"执手相看泪眼，竟无语凝噎"。叹的是，当时说带她出国，只道是寻常，怎知风云突变，"谁念西风独自凉？"

那些年，自幼失怙的五朵金花在风雨中顽强成长，她们走到哪里都莫不自豪，她们是严家显的女儿！

严家显，不是富翁，不是权贵，他只是一个单纯的科学家、教育家、爱国者！

桃李有熟红两岸

何止是至亲，那些学生走到哪里也都莫不自豪，我们是严家显的学生！

一群二十左右的大孩子，从各地汇集到黄历村，共处四载，在战时艰困境况中，接受良师的推心传授，又得到山川灵气的培养，然后再分期至海内外各地，回馈社会。几十年来，不论各自的际会和成就如何，大家几乎都具有共同的特质：'外表士气，内涵扎实'，这点特质，正是我们一向珍视而互勉保存的黄历精神，也是我们校园风气的概括写照。

陈秋江这段文字，王祖寿在古稀之年一见之下，忍不住就念给照片中的严家显听。她知道，海峡那头的台湾有丈夫当年的许多学生。

1944 年夏，他们夫妻亲自送首届学生毕业后，才前往重庆的复旦大学。这些毕业生一部分选择继续在白色的象牙塔里做学问，一部分闯进如大染缸的社会做实实在在的工作。随着抗战胜利、台湾光复，那一湾海峡竟成了福建省立农学院众多师生一生的分水岭。有一部分学生，比如第一届病虫害系的贡谷绅，农经系的陈秋江、张乃旦、马诚梁、李致祥，园艺系的黄葆祥、蒋明南，农艺系的王念烈、万雄，病虫害系的邱瑞淑；第二届园艺系的林复，第五届植物病虫害系的邱人璋等，冒着风险浮海渡台，为回到祖国怀抱的台湾尽心尽力。

当时福建省立农学院 427 名毕业生中，竟有 180 多人渡过海峡，在彼岸起到垒石奠基作用，在台湾的各个角落留下了辛勤耕耘、埋头建设的身影。

他们是严家显教育报国的成果，也是他农业报国的延续，值得在此一说。

多才多艺的全能型才子陈秋江，福建安溪人。1946 年 5 月去台，担任台湾行政长官公署农林处及台湾省政府农林厅技士、股长、视察等职务。后转任台湾糖业公司技师及旗尾糖厂农场课长,后任台湾地区杂粮发展基金会执行长。

首届森林系学子薛承健,福建屏南人。1946年应邀赴台湾从事林业研究,曾任台湾省林业试验所森林生物系主任,主持木材工艺、制浆方法和森林调查等工作。著有《台湾木材之研究》《马尾松木浆制造研究》等,撰写过《台湾主要林型调查计划》,影响极大,受到林业界同仁推崇。他曾追随严家显的足迹,跨越千山万水,也到了美国明尼苏达大学攻读森林学博士学位,毕业后一路从教授升至美国林务署大湖区试验场顾问,其姓名和成就被列入《美国科学名人录》《美国中西部名人录》。1961年,因食道癌病逝于美国,年仅四十岁,却也是一段励志有骨气的传奇人生。

首届农艺系学子万雄,江苏常州人。当年他去福建省立农学院读书纯属机缘巧合,高中毕业的他,本想到重庆考大学,从家乡常州徒步出门不久,已囊中羞涩,遂就近去了福建永安,有"流亡学生"称号。因为学习好又是老乡,严家显对他比较特别。后来成为万雄夫人、当时在同届病虫害系就读的邱瑞淑,同样也是一位好学生,在校期间当过严院长的业余秘书,曾帮老师辅导学生。

严家显转赴复旦大学农学院任职时,曾决定带万雄与另一位优等生蒋明南一同前往任助教,奈何当局不为学生俩买机票,而使他们走向另一种命运。1945年,万雄去台;1949年赴美留学,于伊利诺宜大学攻读三年博士,回台后学以致用,投身台湾地区的烟草改良,让状况百出的台湾烟草"不再生病",一口气育有46种新品种作物,成为烟草界的大功臣。后曾任台湾农业试验所所长。万雄一辈子兢兢业业,为台湾农业发展做出了不可磨灭的贡献。

首届园艺系学生蒋明南,江苏武进人。福建省立农学院毕业后与万雄一样没能随同严家显去成重庆,几经周折乃远渡海峡,去台湾工作,后深造于美国路易斯安纳大学园艺系及加州大学蔬菜系。曾任台湾大学园艺系教授,兼任"农复会"技正。

首届病虫害系学生贡谷绅,毕业后曾幸运地留在福建省立农学院任教,后去台湾省立农学院任教授。赴美国深造回台,历任中兴大学农学院院长、中兴大学校长,为台湾的农业教育、科学研究倾其所有,有"台湾早年农业教育界柱石"之誉。和恩师严家显一样,他基本上一辈子没有离开高校教育事业,实打实地"俯首甘为孺子牛"。

贡谷绅对海峡两岸教育科技交流有过积极贡献。身在台湾,他未曾忘记老师严家显,未曾忘记福建省立农学院,未曾忘记当年在黄历的那段时光。2012

年 9 月 16 日,他特地为福建农林大学题词相赠:

> 工作是道德
>
> 忙碌是幸福
>
> 懒惰是罪恶
>
> 空闲是堕落

正是严家显当年定下的"黄历四训"。短短二十字的规导劝诫,经他的书写,更是字字珠玑,引人深思。

此为贡谷绅 2012 年在台北为福建农林大学书写的黄历四训

首届农艺系学生林炎欢,毕业后先后任过永安、龙岩等县的农场主任。台湾光复后,刮起了一股"去台风",遂于 1948 年去台,任教于屏东农校。1953 年转入台湾省肥料运销处,主办农机及肥料业务,对促进农业机械化及肥料普遍化做出了极大贡献。

第二届园艺系学生林复,1946 年去台,对台湾茶叶的贡献甚巨。彼时台湾主要只有本地高山茶,他勇于创新,不仅从印度引种阿萨姆红茶到台湾,还采用单株育种法育成台茶 5 号、台茶 8 号。他对茶叶的学术研究成果颇丰,也做台茶外销分析。曾任农业推广科科长、茶叶训练所所长。鉴于他对台茶的贡献,台湾地区先后给他颁过"惠我茶农"奖章、"功在台茶"匾、"茶界良师"称号。

第二届园艺系学生朱庆国,毕业后曾在母校任教,1947 年与第四届园艺系学生翁起尚结婚后,夫妻双双赴台工作,一生悉心研究各种热带果树之品种改良、栽培管理之改进,在东南亚一带香蕉产区有"台湾的香蕉王"之称。

此为林复 1989 年所获"功在台茶"匾

第三届园艺系学生许志超,一毕业便只身乘小舫船渡台,先后在农场、农业试验所服务,连着 8 年从事热带果树的性状记载和选种、育种等工作,1954 年秋转教台中农学院(中兴大学前身),初任讲师,三年后升副教授,再七年升教授。一辈子从事农业研究和教育的他,对台湾凤梨、木瓜的选种、育种有着重要贡献。

邱人璋,福州连江人,台湾植物保护工作主要推动者,曾任两届台湾"中华植物病理学会"会长。这位在同学眼中"于功课孜孜不倦,整日间忙无暇处,一望即知是个寻求真理的标准生",是在严家显离校后来福建省立农学院的,却一如师兄师姐们,对这位创校人充满敬意。他见贤思齐,后来经他培养的农业学子遍布台湾,如星星闪耀于夜空。鉴于邱人璋在农学特别是植物毒素学领域中的杰出贡献,福建农学院授予其客座教授称号。1992 年,邱人璋发起海峡两岸植物病理学会议,联合台湾病理学方面专家、教授 22 人,首次去北京参加学术研讨会。

那些年,福建省立农学院一部分老师也相继渡台,他们为台湾农业发展做出了卓越贡献。

接替严家显出任福建农学院第二任院长的周桢,1949 年去台后,曾任台湾大学农学院院长,首创台大农学院与美国有关学校之合作。他在学术研究方面成果甚丰,写出了中国第一部《森林经理学》,八旬之年还写成《世界林业》巨著。

骆君骕教授,1945 年去台,参加糖业接收工作,对台湾甘蔗育种起到积极的作用。

易希道与罗清泽伉俪,1946年去台,双双执教于国立中兴大学前身的台湾省立农学院。因身材娇小而有"小女老师"之称的易希道,却是一位女强人,一手擘划中兴大学植物学系,设立植物研究所硕士班与博士班,兼任系、所主任长达25年。她像严家显院长那样,对待教学一心一意,对待学问严谨认真,其研究深受植物学界的推崇。罗清泽主要致力于粮食作物病害研究,曾一度代理台湾省立农学院院长,担任过台湾"中华植物保护学会"理事长。

吴恪元博士,去台后曾任台湾大学农经系教授、文化大学农学院院长,台湾"中国农村社区发展协进会"理事长。

王益滔教授,去台后任台湾大学农学院教授,主要从事台湾农业经济的调查与研究,是台湾农业经济学学科的奠基人与先驱者之一……

福建省立农学院师生在海峡东岸的努力和奉献,在农业资源的开发与应用、作物的育程和栽培、植物和生态保护、病虫害防治、农业技术推广、教学科研等方面所取得的成果,为台湾当局和地方所重,闻名国际者层出不穷。曾有人如此评价:台湾农业如果有问题,就是福建省立农学院的黄历师生出了问题,他们是促进台湾现代农业发展的中坚力量。

一百多位到台湾的黄历师生,绝大部分都没辱及师门,在海峡隔阻、未闻严家显病故消息之时,他们相信严院长隔海有知,当会为他们欣慰;数十年后辗转得知严院长仙逝之讯,他们伤感中,依旧相信,他们敬爱和想念的严院长在天有灵,也该当含笑!

严家显所不知道的是,这些在台的学子们取得联络后,每年都要聚会一次畅叙学友情谊,互相关心、提携、促进。不想因为时局的关系一晃数十载,难回大陆,虽思乡心切,也无可奈何。随着两岸关系好转,部分台湾校友才有了返乡探亲之机。首届园艺系学生陈家椒从台湾急急回到福建,才知家人均已去世,真是无限悲伤。时间从来不会等人。

也有去台后又及时返回大陆的个例。何家泌教授去台的过程十分传奇。1945年台湾光复后,他受台湾省农林处长赵连芳教授的邀请,就任台湾行政长官公署农林处技正、农务课长等职,为台湾的农业复兴工作做出了诸多贡献。在大陆正待全面解放的那个节点上,他又从台辞职返回,任福建省立农学院教务长兼病虫害系主任、教授。这样一来,何家泌幸运地避免了"这头"与"那头"长达数十年的阻隔。而那一批坚持留在台湾的人在台是"萍水相逢,尽是他乡之客"，对一海之隔的彼岸望眼欲穿，只能是"小舟从此逝，江海寄余生"。

1985年五四青年节，福建省立农学院在台湾的校友相约到台湾南部的垦丁、佳乐水等风景区旅游。两天时间里，四十多年来温馨的情谊满满洋溢着，大家一路开怀畅谈，尽情欢笑。许志超称："其中最勾起大家思绪的，要算是在黄历村的往事和学生时代的乐趣。"

而后，许志超还落笔抒怀，勾勒记忆中的黄历母校："黄历村位于福建省永安县东南方，是离城约七公里的一个小村庄，村后是重叠的山峦，村前是清澈的溪流，早晨的飞鸟、傍晚的彩霞，点缀这山庄多少画意和诗情。校舍就沿着山腰建筑，有办公厅、大礼堂、研究室、教室、宿舍和体育场等，在那艰难的年头，已经具备了一所高等学府的规模。溪边有数户农家，又有一栋大祠堂，男生就寄居在这栋祠堂里，颇有幽谷藏隐士的气概。"

一经联系，台湾的校友们知道首届园艺系的张建保早年到了香港，不仅经商很成功，还是个发明家，常有新产品问世。他担任过香港发明者协会理事长，获过香港特区政府的铜紫荆勋章，是一位终生都在为农学院争光的校友。有了香港张建保这边作桥梁，海峡两岸的黄历校友便渐渐有了联系。

那些没有去台留在大陆的师生，也纷纷在农业、教育领域做出了不俗的成绩，虽然有人在"文革"等政治运动中受到冲击，蒙受冤屈，有的还遗憾地含冤去世，但他们遵循着严家显当年赠别的"自反自强"，以"黄历精神"为指导，不负国家和母校培养之恩，在平反后大都奋发有为。

如首届病虫害系学生黄大文，1947年去北京大学农学院昆虫系任助教，后参加抗美援朝。1952年，一家三口前往新疆，为国家建设奉献青春与热血。"文革"期间蹲过牛棚，平反后当上了全国人大代表。

首届园艺系学生龚钧智，毕业后曾在福州高农任园艺科主任多年，后调福建省农科院从事科研工作，在柑橘栽培技术研究方面成果显著。

首届园艺系学生邱武凌，毕业后任福建省农事试验场园艺系专员，后任省农科院果树研究所所长，对福建省柑橘、猕猴桃等调查研究及推广，贡献甚丰，享有"省级有突出贡献科学家"的特殊津贴。

首届农艺系学生徐崇民，自毕业后一直留在福建，一辈子向严家显院长学习，教书育人，几经辗转，最后回到母校福建农学院当教授。

严家显生前身后，都有众多学生追随，书写一段段可歌可泣的故事，洒下一腔腔爱国爱乡爱农的热血，飞扬一个个守护黄历传统的灵魂。我们采访的受过严家显耳提面命的那几届黄历毕业生,大都有过一段坎坷经历,却没有一个人因此沉沦颓废。无论在大陆还是在台湾,抑或在国外,无论逆境多么艰辛,他们在"自反自强"中都努力地站立起来,挺胸抬头做人做事,以老师的初心和教诲为参照,做成了一个个敬畏人民又有益于人民的人。那些身处顺境的学子,也都洁身自好,拳拳赤子心永向中华。

这些黄历学生,作为历史的见证者,连同我们从残存的史料里觅得的片言只语,帮我们还原了严家显,还原了黄历前后的福建省立农学院,还原了他们自身那段极其困苦曲折又辉煌荣光的历史。所有冲破阴霾的阳光和风雨后出现的彩虹,不仅是严家显的光荣,也是福建省立农学院的光荣,经过历史的检验,证明它无愧为抗战时期由爱国者创建的首屈一指的学校,证明它确如首届学生陈琇所称,"为闽台各地培养高级农业科技人才的发源地"。

那些年,正是在包含"黄历四训"在内的"黄历精神"滋养下,福建省立农学院1951届学生俞新妥,荣膺省部及国家级科技进步奖,获全国"五一"劳动奖章、全国先进科技工作者、全国教育系统劳动模范,还获得了中国"杉树之父"美誉。

两岸达成"九二共识"之后,俞新妥有一年受邀赴台湾大学演讲,开口就说:"我是福建省立农学院毕业的,我的老师是严家淦先生的堂弟严家显,他不仅创建了福建省立农学院,还创立了森林学系……"

话音刚落,台下有很多人举手,纷纷说"我也是严家显先生的学生"……俞新妥回到大陆后说,严家显的影响越过了海峡。

在福建省立农学院哪怕只读了半年,一段美好的记忆仍铭刻在金明心中,使他在晚年乐于忆及:

> 1945年10月,我考入黄历福建农学院就读……这所抗战后新成立的,设有农艺、园艺、农经、昆虫、森林五个系的省立独立学院,当时设在永安城南黄历的青山绿水间,部分借用原有的老房子,并添加几座新建筑而成立的,论环境、校舍,设备、师资等都还相当不错,比起当时的国立大学里的农学院并不逊色。

> ……学院姓"农",属自然科学,政治氛围不浓,校内党派未见纷争。仅有的一点民主活动,是全院及各班级的学生自治会的竞选活动,倒也搞得有声有色,生气勃勃……

　　校园内，歌声不昂扬，但演话剧却一鸣惊人。当时演过一出曹禺先生的名剧——《雷雨》，很像一声惊雷，惊得国民党当局要禁演，惊得校内外的一片欢声笑语。

　　体育场上，经常龙腾虎跃……

当年稚嫩的学生，在一个甲子之后，多数已然作古，个别仍以高龄大德行走在世间。他们的青春都留在了黄历燕溪之畔，无论人生短长，成就高低，福建省立农学院和严家显，之于他们，都是记忆最浓厚的一段。

跨越台湾海峡的师生深情

　　有一天，我在箱箧内偶然翻出严院长所写的字幅，反复阅读之下，不觉脸上发烧，汗水盈额，念及老师殷殷以士人相期许，剀切列示应秉持的三要务，这样珍贵的墨宝，竟被我冷落在箱底，宁不愧煞！遂即检交坊间裱制，加配镜框，从此永悬在客厅墙上，每日公余返家，随时可面对师训，知所警惕。

这段文字，出自福建省立农学院首届毕业生陈秋江之手，时为 20 世纪 80 年代初。

读者朋友也许还有印象，当年毕业离开黄历时，陈秋江曾恳请严家显题字留念，严家显欣然赠以曾国藩之句。

陈秋江自称，他在台湾过了一段思想不着边际意志消沉的日子，身似浮萍，孤芳自赏，低潮失意之中，常借酒精麻醉自己。某日，落落不群、徬徨无主的他，脑海一个闪念，倘若一直如是消沉，终将自暴自弃，后果不堪设想，"所幸能及时反省，重新振作，而这转机的关键，还是老师所赐的箴言"。

陈秋江把严家显的题墨裱制好，悬于客厅墙上，每天品味师训之中，益发感到羞赧："说实话，当年并未认真去了解老师临别赠言的苦衷和期望，毕了业，跟大家分道扬镳，我便将纪念册和字幅搁在一边，满怀'壮志'，昂首跨出校门。"

如今漂泊多年，陈秋江回头再看老师的题赠，竟读出许多意味，面对老师的遗训，感觉自己还是少年。

他感慨万端中，又唏嘘不已，庆幸严院长和曾国藩的"珠联璧合"还完好无损。这幅墨宝公开面世后,招引来许多年轻人的目光,也跟着陈秋江一同欣赏,各自品味。

就像大家总愿意相信一草一木本有天然的灵性,携带着太初便有的情意,现代人总是愿意相信那些从旧时岁月一路走来的稀疏灰发人,大约都会有一两件古董,或者自身就是"古董",写得一手好字,绘得一幅优美的水墨写意画。然而,这些人变得越来越少,"古董"也越来越稀有。许多看不见摸不着的东西真的能随风而飘,再难风生水起,而其中有些东西又十分滋养人,点亮黯淡无华的生命。旧式的传统苍古沉着,太多已经埋进了光阴的土壤里,沉默地成为现代人要考古钻研的对象了。

于那些台湾年轻人而言,陈秋江便是。于陈秋江而言,这个严家显便是!

待陈秋江醒悟时,严家显已作古多年,无从知道君子之赠言,会成为这位得意门生此后人生"转机的关键"。

陈秋江退休后仍隔海深情忆述:"昔时士人毕生所崇敬的是天地君亲师,又常说一日为师终生为父,师教的受尊重,古今中外殆无例外,如今我以垂老之年回念师恩,感受上不免更深、更厚。"

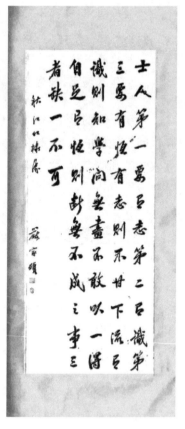

严家显在福建省立农学院院长任上赠学生陈秋江的条幅

严院长你在哪?他隔海呐喊,苦苦寻找了近半个世纪。但海峡阻隔,空余回声。

很多人都像他那样呼唤,那样寻找。不仅在海那头,也在大陆这头。

严家显走后,王祖寿一个人担起了双亲职责,一边努力工作,一边养育五个稚龄的女儿,境况困难。另一方面,前几届闽农学生一部分去了台湾,一部分散于国内各省,因特殊时局所限,师生失去联系数十载。

直到1985年,吴玉液打破了这份尴尬。吴玉液是首届农经系的健将,为人急公好义,重礼尚理,爽朗乐观,从厦门集美学校校长任上退休后,更感到教育的意义、严家显的不平凡,乃专程从福建千里迢迢赶往上海,并携在沪的几位校友,千方百计寻到王祖寿的住址。对此,王祖寿如是记载:"当年的英俊少年,如今两鬓斑白,已是相逢故旧费相识了。感谢玉液弟千里来寻,带来许多故旧的消息,又一次唤起了我对黄历时期的美好回忆。"

此后,王祖寿开启了与福建省立农学院遍布海内外的众多黄历校友、学生的联系。而后,在吴玉液等人的热心推动下,成立了黄历校友会,以别于学校搬迁福州后的校友会,俨然是"黄埔一期",以联络和服务海内外黄历同学、传承和发扬黄历精神为使命。

陈秋江曾撰文记述与几位校友复联后的心绪:"吴玉液、李复春、张玉麟和陈秋江是1944年第一届毕业的同学,在校时又是课余要好的玩伴。吴李皆爱好文艺,我们曾合力办过'谷风'壁报,玩文的;张则是校内篮球队出色的左锋,在数不清次数的对外比赛中,我们曾联手击败过不少强队,玩武的。毕业后我来台,他们留在大陆,一别四十年后,经由旅居北美的校友传讯,才欣悉彼此依然健在,只是细辨近照,大家均已垂垂老矣。"

1986年底,王祖寿从美国探亲返回上海,适逢她七十寿辰,海内外的黄历校友纷纷驰函问候。在美国期间,不少离别数十载的台湾校友和亲人闻讯,也都到美国与她团聚。

也有不是她学生、未曾相识的校友,仅是怀着对严家显的久仰之心前来拜访。1987年暮春,福建省立农学院第六届学生彭敏均,来到上海乘坐96路公共汽车到达复兴中路1295弄48号,拜访王祖寿。"只见她端庄文静,神态安详,话语中透着和蔼和真挚",这让有些拘谨的彭同学瞬间有了回家的感觉。正值晚餐时间,王祖寿热情地请她一并用餐。王祖寿听到校友的近况,"神情甚为激动"。还分享了一张最喜爱的严家显年轻时的照片,那是一张八寸放大半身像,王祖寿保存得非常完好。也许在伤心难过的夜里,她曾经无数次地翻出来对之倾诉生活之难,思念之苦。

彭敏均离开时,已是深夜,不放心的王祖寿给了她家里的电话号码,千交待万嘱咐一回住处要立即拨电话给她。"真的,当我抵达住处拨通电话后,立即传来向我道好的声音,原来,她是在电话机旁等待我的电话的,听到她那和蔼的声音,一股受爱护的暖流贯注全身。多么的温暖呀,瞬间,似乎我的年龄倒退了几十年,像是回到了慈母的身边。"透过彭敏均真切朴实的记载,人们看到了一个真心、诚挚的王祖寿。

念念不忘,必有回响。严家显创立福建省立农学院,筚路蓝缕,在战火纷飞的年代为各位学子创造了良好的求学环境,孜孜不倦地教诲学生在做人与做学问方面要兼用功,可谓用心良苦。学院在海内外的校友们,从未忘记严院长对他们的忠言,也十分感激他的创校之举,才奠定了他们今时的成就。当年在黄历求学的艰苦生活、勤奋学习的良好学风、师生团结友爱的精神,在校友们的脑海里莫不留下深刻印象,许多人为此经常梦回黄历。分别虽四十余年,但特殊年代里的师生情、同学谊却历久弥新,一如陈酿,愈陈愈珍贵。此情正如汤显祖诗云:"文情不厌新,交情不厌陈。能存先昔友,留示后来人。"

1987年,成立不久的黄历同学会诸校友相聚一起,踊跃集资,决心为严家显立个铜像,对他始创农学院的功绩以志纪念。厦门郑成功雕像、福州林则徐雕像等名作作者、雕塑艺术大师李维祀,欣然答应为严家显博士造像。

得知这个消息,王祖寿几乎是热泪盈眶了。从1952年起,丈夫已离去三十几载,当年的黄历学子也已是苍苍老者,同是沧桑过来人,竟不忘师情,如此挂念,怎能不叫人感动?她不知道自己是不是一位足够优秀的老师,却自觉幸运地遇见了一批懂得感恩的好学生。因为情绪激动,她抖抖索索地写下了几行字:

黄历同学会诸校友:

感谢你们顾念旧谊,为家显筹办纪念铜像,将于校庆纪念时举行奠基典礼。寿接到玉液等来信并母校院庆活动通知,一家俱为激动,存殁均感。

今年校庆纪念,有缘会见旧日同学,至感欣慰!各位为校友年会及校庆备著辛劳,特致谢意。

王祖寿手上

九月廿五日

令王祖寿大为感动,为严家显铜像捐款者,还有福建省立农学院五、六、七届和附属高农的学生。他们虽然多数没见过严家显,但在农学院就学期间,耳闻目睹,都知道当年严院长胼手胝足创校的艰难,如今他们各有成就,自是不能忘却培育自己成才的母校,不能忘却创建母校的严院长。

1987年10月16日,福建农学院50周年校庆与严家显铜像奠基典礼隆重举行。除福州、厦门及省内各地同学外,在沈阳、北京、上海、杭州、赣州等地的省外同学也如约而来。王祖寿专程从上海回到福州,参加活动,见到了许多已是两鬓斑白的老学生。看到她古稀之年，仍满头青丝，声音清亮，行动自如，毫无龙钟老态，校友们莫不感到欣慰。

这一天，严家显就读金陵大学农学院和美国明尼苏达大学时的同学包望敏也来了。当年他应严家显之邀请，担任农业经济系首任系主任，为建院建系做了大量工作，是创校元勋之一。离院后，包望敏仍无时不在关心福建农学院的发展。再回到农学院，已是年迈之身，却依然动情，说："黄历同学分布海内外，表现出色，发扬了黄历精神，这与严院长的治校方针分不开。我和大家一样，也很怀念他！"

这天下午，吴玉液代表黄历时期一至七届全体同学，宣布"我们敬爱的首任院长严家显博士铜像奠基仪式开始"，掌声和鞭炮齐鸣，似乎是一场期待已久的盛事。

正如吴玉液所说，严家显院长在抗日战争时期，在各方面条件都极端困难的情况下，来到福建创办本院，居功甚伟，他作为一位昆虫学家、农学家和高等农业教育家，完全可以当之无愧地接受学生们的尊崇。

王祖寿在严家显铜像奠基仪式上，以家属身份向大家致谢后，发表了一番动情的讲话：

> 回忆家显当年受命创办福建农学院，正当抗日战火纷飞、硝烟弥漫的岁月，他所历的艰难困苦是可想而知的……
>
> 他的精诚所在是，热爱祖国，热爱学生，为培育农业科学人才，以献身教育振兴中华为己任。他面对荒山僻壤，惨淡经营，终于把黄历建成学子孜孜求学的胜地。当时，有位英国学者来黄历访问，高度评价说：福建省农学院作为一个高等学府，在战争时能有这样的环境和规模，是值得赞许的。当我们赠送他学院出版的学报《新农季刊》时，他要求我们要经常与英国的有关院校交换，以便交流。
>
> 他平时对学生的品德教育尤其注意。去年我去美国探亲，海外及台湾同学纷纷来函致意，对家显尤寄忆念深情。台湾农业界显要人士陈秋江来函，提起他只修过严院长的《普通昆虫学》，但作为一院之长，在工作繁忙中，还能对个别学生进行切中特点的勉励和教育，可见他对学子的深厚关怀。秋江来函说，严院长给他临别赠言，数十年来，他把这幅题词裱褙装框，挂在厅堂作为座右铭。我读了他的信也很受感动。

　　三十年代后期，当家显荣获博士后，美国、德国要以重金留聘他，他说："我的祖国抗日刚开始，我要以所学回去为祖国服务。"五十年代，美国在朝鲜战场发动细菌战，他毅然带病从戎，准备迎击，不幸在整装待发前夕，因突发癌病，医治无效去世。在病中，他致函昆虫学家柳支英顶他的工作，奔赴前线；还将行装赠送给他的四弟、病理学家严家贵，嘱咐他代兄从戎。在弥留之际，他犹自恨大丈夫不能马革裹尸以还，却为病患夺去自己的生命，引为终生憾事。

　　……这次铜像奠基仪式，我的五个女儿有的远在海外，有的因公务不能来参加，待来日铜像落成揭幕，我当率诸女前来叩谢，届时海峡两岸良师益友，聚集一起，共庆团圆，这也是我殷切企盼的。

　　她确实有理由感激，严家显已离开福建农学院43年，作古也有35年了，形体早已不存在，但他生前的音容、笑貌、精神、风尚，依然活在大家的记忆里，能被如此隆重地纪念，充分说明福建农学院对他的肯定，说明中国共产党没有忘记他。

　　黄历时期第三届植物病虫系学生郑炳森即兴作诗《献王祖寿师母》，曰："黄豆佐餐未曾忘，历尽艰辛勤学农。同班学习病虫害，窗下师训心底藏。"

1987年10月，福建农学院50周年校庆，王祖寿（前左）到校参加严家显铜像奠基仪式

　　这是王祖寿时隔43年第一次回到家乡福州，回到丈夫严家显创办、同时也浇灌着她诸多心血的福建省农学院，不仅受到校方和福建省的礼遇，也受到新闻媒体的跟踪。

　　奠基仪式过后，王祖寿在下榻的福建农学院专家楼，接受福建人民广播电台记者的采访。说起丈夫，她一往情深，坦言挚爱丈夫，钟情丈夫，更敬佩他爱祖国、爱科学、献身于教育事业的精神。

得知这个节目要对台广播，她情不自禁地说到了堂哥严家淦、堂嫂刘期纯，说："我一直很想念他们，去年我去美国，就想尽办法到台湾去看望，没有被许可。如果可以去，那该多好呀！"

她还谈到，严家显和严家淦从小都在苏州桃坞中学读书，兄弟俩都是学校的高才生，感情一直很好，无所不谈，无所不帮。

记者问及，如果现在见到堂哥堂嫂，还能认出吗？她毫不犹豫地说："当然认识，不管怎么样，一定都认识。我想，变化是可能有的，但是他们的音容笑貌，我已牢牢记在心里，是不会忘记的，也决不会认不出来的。"

王祖寿还提到自己在台湾的母亲李含英，1984年病故，可惜当时无法前去奔丧；她很想去看台湾的亲兄弟，也得不到台湾方面的许可，不免有怅望云天、徒伤亲友已渺之伤感。得知台湾当局已经宣布准许台湾民众来大陆探亲的消息，才复又激动起来："我们大家都老了，想见见面，白首重相会，有许多事情要叙新话旧。就是我同家淦哥哥、期纯嫂嫂也有很多话要讲。如果他们能来，我很欢迎。我还想见见我的胞兄和嫂嫂，看看他们的家庭和孩子。如果我能去，那也很好，有来有往嘛。说实在话，感情这个东西是割不断的，他们能来看我，我们也能去看他们，这就是我的愿望，也是全体民众的愿望。"

王祖寿坚定地相信，海峡两岸的亲人，是终能得到团聚的！

一年后，1988年10月，福建农学院举行严家显铜像揭幕仪式。王祖寿带着女儿严隽珏、严隽玲、严隽琪专程前来参加。让她至为感动的是，除了黄历时期的大陆校友，台湾校友代表陈秋江、王念烈、马诚梁、黄葆祥也应约而来，在台湾的弟弟也带着妻子前来祝贺。大家欢聚一堂，有说不出的高兴。中国新闻社、福建人民广播电台专此向海内外广播。

严家显的铜像逼真传神，深得王祖寿和女儿们的喜爱和赞誉。为了达到形似和神似，雕塑家李维祀不仅看了严家显的不少照片，创作前还特地与严家女儿中长得最像父亲的老大隽珏见面作了比对。王祖寿难得地提了一个要求，希望届时能定做五个能置于巴掌之上的小铜像，分别给五个女儿当纪念品。诸校友毫不迟疑，后来又请雕塑家李维祀仿制了五个小铜像，很快就赠予师母一家。精致可爱的小铜像，就这样成了五位女儿的"保护神"。而矗立在校园的严家显铜像，渐渐也成了学子们的精神偶像。

　　1988年10月,严家显铜像奠基典礼。严家显夫人王祖寿带女儿严隽珏、严隽玲、严隽琪来福州,和诸多黄历老校友出席相关活动。

李维祀为严家显雕塑的另一件作品

　　这是台湾的黄历校友首次集中回母校,和来自香港及天南地北的校友们济济一堂,互诉衷情。黄历时期,学生们演曹禺的话剧盛极一时,轰动战时省会不说,还载誉神州呢。那几年间,仅《雷雨》一剧就有两三代的演出者。这次聚会,第二代饰鲁侍萍的校友来了,饰繁漪的也来了……

校友会简报记其花絮:"若论诙谐幽默,当首推郑文来、孙超,他俩口吐莲花,妙语连珠,说什么'四进五出''非三即四',什么'早稻歉收晚稻丰,中年损失晚年红'啦,博得满堂彩声。"

大家在追思严家显的崇高风范和黄历往事时,更多的是品读其当年题词"慎其所始,虑其所终"以及录曾国藩之句书赠学子的真义,持续共勉中,深感一代人有一代人的责任,他们虽然已是"夕阳红",却还可在两岸农林合作中发挥一份作用。

台湾校友一个比一个亲热地叫王祖寿"师娘""王老师",对到会的严家女儿们也都一个一个叫"小师妹"。严家女儿除老大出生于黄历,其他人对这样的称呼刚开始还没感觉,但听他们深情地追忆严院长后,突然感觉到父亲犹在眼前。

海外同学对风光秀丽的黄历,以及当年的渡船、小卖店和燕溪都记忆犹新,脑海里留有美好的回忆,是故相约前往黄历参观、凭吊。

四十多年未见的同学,莫不乘兴而来,流连忘返不思归。有着才子之称的陈秋江,在回台湾前一天,于宾馆即兴作《返乡会友行》一诗,复印分赠众同学。其题记云:"余去国四十二载,时以乡情为念,讵料一海峡之隔,咫尺天涯,延至今秋。返里探亲之余,北上榕垣,访问母校福建农学院新地于金山,躬逢黄历校友为严故院长家显博士塑像落成揭幕盛典,得与久别师友良晤叙旧,睽违半世,感慨万千,化长歌以为记。"

诗云(摘录):

> 少壮轻远游,无心抛故里。讵知世变多,生计难由己。海峡分两岸,同胞划彼此。去来咫尺遥,隔阂半世纪。前岁试通邮,间关绕道投。寸笺终递达,累月复经周。朋辈欣无恙,互倾思念殷。乍观新赠照,细辨久难分。眉发多稀白,容颜半易更。咨嗟俱垂老,回顾百感生。感咏邀和韵,重逢共心声。今秋值校庆,践约返乡行。……饮水每思源,未忘先人志。悠悠学子心,塑像供长记。面像犹面师,尊崇无二致。惜怀往日情,未道游旧地。燕江景物非,黄历人事异。吉老空余香,重尝良不易。人生参与商,缘会唯天意。……依依勤互勉,千万时自珍。

那些因故没能赶来福建出席活动的台湾校友,如首届农经系学生李致祥,特作《严家显院长铜像揭幕》一诗祝贺:

> 万文学子拥前来,共揭英容塑坐台。
>
> 栩栩如生长可仰,慈慈若活尚奇才。
>
> 尼山道统兴洙泗,院长春风屏九垓。
>
> 桃李春风师有耀,聊堪告慰力培栽。

细心的读者也许可以发现,1987年严家显铜像奠基典礼,台湾校友缺席,时隔一年则纷纷赶来。这得益于两岸关系的破冰。

1949年5月19日,撤逃台湾的国民党颁布《台湾省戒严令》:自5月20日零时起在台湾省全境实施戒严。戒严之下,人民无结社、集会、请愿、游行的自由,不得组织新党、创办新报纸。军方可以取缔其认为"有碍军事"的言论、新闻、杂志、标语以及其他出版物,军事法庭可以审判所谓"匪谍""叛乱"等。

1987年对海峡两岸来说非常不可思议,也至关重要。是年,台湾当局宣布解除世界上为期最长的"戒严"令,并废除因实施"戒严"而制定的30种相关"法规""条例",为两岸关系的解冻提供了可能。拖至10月,台湾当局才宣布有关台胞赴大陆探亲的实施细则:从自1987年11月2日起,凡符合规定条件者均可向红十字会登记赴大陆探亲,探亲每年以一次为限,除有特殊原因外,每次停留不得超过3个月,须经由第三地转赴大陆探亲。10月16日,大陆公布了《关于台湾同胞来大陆探亲旅游接待办法的通知》。至此,海峡两岸长达三十八年的隔绝状态,终于被打破。流落台湾数十载的闽农学子,在苦苦等待中,饱含热泪,终于能以各自的方式回到大陆探亲,重访黄历旧校。

1994年9月17日,福建农学院黄历同学会为纪念第一届学生毕业五十周年,于福州金山母校集会庆祝,并于19日在永安黄历故址举行建校纪念碑揭幕典礼。盛会有如许贺联:"闽农学府首届毕业五十周年大庆典,缅怀先师教诲恩情;黄历山村人才辈出两岸校友喜重逢,集资建碑永传千秋。"

多少往事仿佛就在昨天。是什么力量让黄历这个山村铭记在校友们的心中,是什么魅力让黄历成为萦绕海内外师友情怀的纽带,是什么原因让"黄历同学"这个名词那样亲切,又是什么缘由让"黄历精神"几乎超越时空,从国难当头、人民流离失所的年代到两岸隔绝的数十年间,支撑着众多校友们一生为之奋斗的农业和教育事业？他们回首往事，追根寻源，在师生情、同学情中，总会不由自主地想到创校校长严家显。

台湾校友纷纷前往黄历母校参加建碑仪式

黄劭不止一次地向家人，向校友，向后辈回忆往事："严家显院长曾说，做人要忠诚爱国，要立志干出一番事业。虽然我没有什么事业成就可言，但是可告慰他的，我为人忠诚老实，甘为孺子牛，自知我是中国人，我一定要爱中国。"

在台湾和海外的黄历校友们陆续返闽，很多人还把重回母校、在严院长塑像前鞠躬作为晚年最大愿望。他们中的教授专家，每次返闽，无不将自己专业经验倾囊相授，以报母校栽培之恩，回馈祖国建设。

黄历学子们对母校和祖国的关注、宣传，对严家显的缅怀之情，让王祖寿十分感动。

1997年，王祖寿从美国回上海。吴玉液闻讯，专门从福建赶去看望，未料在回闽途中因病辞世。

王祖寿闻讯，悲痛异常。她深知，这十年来，黄历同学会从筹建到蓬勃的发展，《黄历同学》会刊的创行、严家显塑像的倡议、台湾赴闽农业考察团的催生、黄历纪念碑的奠基等等，倾注了吴玉液大量的心血。"黄历"二字今天能透过烟尘重现江湖，成为福建省立农学院那个时期的标章，引起社会各界的注目，更是他不辞辛劳的执着与巧思。

她感想万千，悲思难收，给黄历同学会的信中说："意料不到，在沪匆匆与玉液弟晤及一面竟成永诀！黄历当年'四大金刚'又少一人矣！令人伤悼！"

由黄历校友会创办的《黄历同学》，成为联络海内外校友、弘扬严家显爱国情操和黄历精神的无声读物

夕阳无限好，只是近黄昏。年过八旬后，王祖寿自感身体大不如前，在1997年给黄历同学会送去圣诞和新年祝福的贺卡上，如是写道："寿近年来日渐衰老，身体不好。自去年患脑血管硬化发展为小脑萎缩症，影响平衡，经常出现身体倾斜。现住二女处，特为我雇保姆随侍左右，平时也自用拐杖扶持在室内活动，由于老病不耐长途航行也不作返国想，故乡思，惦念情切，值此佳节，特卡祝贺！"

王祖寿因病无法回国，却常从海内外黄历校友们回乡回校后的通信和文章中，了解到他们的情思和对严家显无尽的缅怀。

这些滞留台湾半生，由旧时代步入新时代的校友，面对大陆日新月异的变化，想到这么些年守在海峡东岸自娱自乐、孤芳自赏的人生，不禁感慨，也默默哀伤，像极了日本小说家泉镜花在《歌行灯》中所写，有人为人生旅途中失散的小伙伴一路歌哭，一路道："离开他，我就成了六十岁的迷路小儿。"一路走来，都是声声叹息。离开了一些东西，我就不是我了。

面对历尽沧桑的校园和严家显的塑像，他们似乎找到了一个可寄托的对象，身上又焕发出了黄历精神。

陈秋江一次次回到大陆，回到黄历，总是思绪如潮。沧海桑田，往事绝难复再；昔日校园，人事全非，更无法将时光唤回。他撰文呼吁，"但愿犹存的黄历精神，能由后继校友的接续秉持，长垂久远"。

晚年的王祖寿，在美国和海内外黄历老校友相聚之时，总会蓦然想起丈夫严家显在复旦大学执教时曾相告的复旦老校长李登辉所言："今日诸生步出复旦之门，终生将留有复旦之符号。"她觉得，把"复旦"改为"黄历"，也恰如是，这何尝不是对丈夫的告慰！

严家显从 1944 年 7 月离开永安黄历后，一步一步向上跋涉，先是担任复旦大学农学院院长，后又兼任中国人民解放军军事医科学院病虫室主任，从某种意义上说，他算是到了中国农学、昆虫学界的"华山之巅"，成为了那个时代的大教育家、昆虫学家。严家显心中有一幅巨大的画，一笔笔的勾画连绵出一所所高校，里面坐着的是国家未来的希望。这样的教育家是以一颗真诚不变的初心煮岁月，煮理想。奈何，在心越来越宽，舞台越来越大之际，却先倒下了。

所幸，江山代有人才出，不说他此前此后执教过的几所高校学生中后继有人，光福建省立农学院黄历老校友的作为已足可告慰，还有他们的学生、学生的学生。在一种精神的传承和引领下，一代人肩负着一代人的责任，继往开来。

不负家国不负卿

黄历校友会成立之后，王祖寿萌生的最大愿望之一，就是前往台湾，看望严家显的堂兄严家淦和嫂子刘期纯，亲口把祖国的改革开放情况和家乡日新月异的变化告诉他们——1949 年后，他们再未回过大陆；也看看自己娘家的亲人，母亲数年前以 94 岁高龄而逝，台湾当局竟然阻拦她和母亲见最后一面，情何以堪？！

眼看两岸关系有所松动，她便积极行动了。几个女儿相继出国留学后，她得悉自己的一位兄弟也由台湾定居美国，便频频前往美国探亲。她的几个兄弟都是台湾金融界的退休人士，闻讯，也特意赶到美国见面，捎去母亲在台湾临终前留给唯一女儿的遗物。她见之号啕大哭。人世间，谁能承受得起这长久的离情别绪啊，同胞骨肉被一湾海峡分隔两岸，一分就是几十个春秋！年事愈高，愈觉生命短暂，时不我待。她已知严家淦身体不好，如果生前未及见上一面，此憾曷极！

步入古稀之年的王祖寿，决定为祖国的统一尽份心力，就像大象那样在生命结束前埋藏好珍贵的象牙，为后世留点什么。

当媒体追问她和几个兄弟见面为什么选择异国他乡时，她的脸上一时布满了愁云，说："要了结这个心愿，只有等待祖国统一的那一天了。"

很快，她的眼光复又明亮起来，充满了期待："俗话说，山高还有羊肠路，水远仍有船可渡，台湾和大陆为什么就不能'三通'呢？我坚信，祖国统一是人心所向，我们都是炎黄子孙、龙的传人，血缘终究无法人为隔断！"

所谓心想事成，后来的情况是，1990 年北京亚运会不久，王祖寿的台湾之行终于成行。

那天，福建农学院校友会送她经由香港赴台湾。刚登机入座，就被后座一位年轻人给注意到了。

在高雄下飞机时，后座之人忍不住问："请问，您是不是姓王？"

王祖寿回头，反问："我们好像不认识吧，你怎么知道我姓王？"

对方友善地说："我看您长得像我奶奶……您是不是叫王祖寿？"

见她一脸惊诧，对方便说自己是王琛的女婿蔡金水。

哦，原来如此，王琛是王祖寿的二哥，原名王祖武，对方连他们兄妹关系都弄得清楚，可见不假。让王祖寿奇怪的却是："我们从没见过面，这么多人中，你怎么认得出来？"

蔡金水笑道："我听岳父说您会来，没想到这么巧，今天在香港坐同一航班了，而且前后座，真是上帝的安排。我很早就听说过姑姑，也听说过姑丈严家显，我后来在中兴大学读森林系，中兴大学校长都自称是姑丈的学生呢，还有很多老教授也都说是他的学生。"

王祖寿一脸喜色："是吗，真是巧遇，太意外了！"

蔡金水抢过姑姑的行李，道："我这段时间常到香港，看到您长相特别像奶奶李含英（按：王祖寿母亲），就注意上了，起初也不敢认，下机时看您连走路姿势都有点像，想到岳父说您近期要来台湾，忍不住就冒昧认亲了，没想一认一个准！"

好不亲切！更让王祖寿惊喜的是，一出机场，二哥领着全家人来接机。

此前，二哥二嫂带着儿子王正光已先行去上海看望她，还去北京看望了严隽珏，算是接上了头。其他外甥外甥女虽然多数没见过她这个姑姑，但早就听父亲讲过，而且知道奶奶走时对她的无限思念，他们也好想姑姑，因此当隔绝了那么久的亲人来团聚，竟没有任何陌生感。

王祖寿在二哥家住了两个来月，每位亲戚都从她手里拿到了一份来自大陆的礼物。给母亲墓地上过香后，王祖寿由严家显的学生、中兴大学的教授们轮流陪同游历。从台湾迁居美国的首届农经系学生李致祥闻讯，恨年事已高不能马上回台，连写两首诗，其中《王师祖寿莅台续作》云："一衣带水疆分岸，两道暌违道不孤。积愫同倾嗟怅望，高见挹让恳相扶。闽农桃李远超群，功在菁莪乐育闻。黄历犹如洙泗地，贤师教化建奇勋。"

到台北看望严家淦夫妇，是王祖寿台湾之行不可或缺的行程。王祖寿二哥到台湾后，有段时间曾和严家淦住对门，因为姻缘关系，感情一向很好。

2017 年冬，笔者拜访严家淦故居，其子严隽泰回忆，婶婶王祖寿来台湾探亲时，父亲已经病得很重，根据"荣总"医院规定，只能附在窗口看。

这次台湾行，王祖寿见到的只是弥留之际的堂兄严家淦，再多的话，也无处倾诉，只能默默流泪。

倒是严家淦夫人刘期纯，身体硬朗，思维清晰，时隔多年，妯娌间一点也不生分，有说不完的知心话。

王祖寿辞别台湾不久，1993 年 12 月 24 日，严家淦病逝于"荣总"。

六年后，1999 年 12 月 24 日，严家淦夫人刘期纯病逝家中。得知这个日子，王祖寿伤心又感慨，堂兄堂嫂是 1924 年 12 月 24 日在上海结为连理的，没想到他们先后逝于这天，真是不求同月同日生，但求同月同日死。她经常拿严家淦夫妻的爱情举例，希望孩子们此生都拥有一个美好的爱情。

2008 年，严家显王祖寿夫妇的三女儿、时任全国人大常委会副委员长、民进中央主席的严隽琪，应邀出席在台湾举办的海峡两岸中华传统文化与现代化研讨会期间，看望了严家淦家人，也看望了福建省立农学院在台校友。

老校友们莫不亲切地称严家显院长的女儿为"严公子"，说起严院长夫妇，忆起往事，深表感铭。严隽琪再次感受到了父母的人格魅力，她诚挚地说，尽管父亲在上海去世时她年仅六岁，但还是不知不觉地受了父亲影响，自己多年也都在大学里教书育人。老校友说起当年逢年过节时如何受严院长夫妇邀请到家吃饭，还称赞师母会做很多拿手的福建菜。严隽琪也跟着互动回忆，说因为家人的关系，小时候家里的饭菜都是福建味道，自己对福建的小点心至今念念不忘。

严家显去世后，葬于老家苏州的灵岩山公墓。每年清明前后，王祖寿都要带上一两个孩子前往扫墓。有一年，看见墓旁长出了一棵松树，还特地挖出，带回上海，安置在阳台上，作为长久的思念。

王祖寿是个奇女子，是坚韧不拔的硬派女子，又是内心柔软的弱女子；是优秀的贤内助,是温柔慈悲的好母亲,是海人不倦的好老师,是能写一手好字的软硬笔书法家。王祖寿之所以可以有这样多的"称号",最关键的一点是她遇见了严家显,从此她一生的命运也随之风云变幻。

1968年,严隽玲、严隽琪大学毕业后在家待分配工作,王祖寿便说,今年就由你们陪我给你们的父亲扫墓吧。

到了灵岩山公墓,却见原来熟悉的地方已被夷为平地,说是要作为五七干校的征用地。土还是刚翻新的,严家显的墓地荡然无存。王祖寿像疯了似的,到处寻问,两个女儿都跟不上她的脚步。她以前一向是克制的、大家闺秀型的,这次举止却一反常态,心爱之人的墓哪里去了?

一位工作人员还责怪道,有关平公墓的通知此前早就在报纸上发了公告,你们家属怎么就不迁坟呢?住在上海的王祖寿哪里会关注苏州的报纸呢,也不见老家有人告知,这才酿成这个悲剧。她急道,你们把我丈夫的骨灰盒放哪了?对方答,报纸公告后,久未见家属接洽,就一律当无主墓给挖了,骨灰盒可能扔进公共墓堆里了。

王祖寿没法和对方理论,急急带着女儿前往公共墓堆里扒找了半天,就是没寻到那个她精心为丈夫选定的白瓷做的骨灰盒。

女儿安慰再次以泪洗面的母亲,没关系,就当父亲住集体宿舍去了,他永远活在我们心中。

严家显的骨灰盒自此永远消失在人间。

1982年10月,婆婆蓝瑶玉病重。蓝瑶玉一生多苦多难,所幸严家上下一直把她当至爱亲人。在住院的日子里,王祖寿和工作在上海的三女儿隽琪、五女儿隽珂每天轮流值班。三女婿还专门请假从无锡赶到上海,挑起夜里守夜的担子,白天不时为老人按摩手脚,减缓她的痛苦。不知情的邻床病人,莫不羡慕蓝瑶玉有这么好的孙子孙女。隽琪、隽珂姐妹每天下班后第一件事就是去医院,病中的蓝瑶玉每次都要问:有信吗? 此前,通过在美国留学的老二隽玲的不懈努力,联系上了蓝瑶玉在美国的亲孙女,进而让蓝瑶玉远在台湾的唯一儿子王祖福开始了曲折费时的通信。偏偏这段时间等不到台湾来信。王祖寿就和女儿女婿商量,不忍婆婆带着失望离去,由她模仿三舅(王祖福因和王祖寿同父异母,严家孩子都称三舅)的笔迹和口气写信。但到医院将信念给婆婆听时,她不知是已失去了反应能力,还是洞穿了他们的"作伪",竟没有任何表示。蓝瑶玉弥留之际,拉着王祖寿的手不放,恳求今后能同葬一处,生生世世都做姐妹。王祖寿含泪答应了她的请求。

蓝瑶玉把半生的爱都给了严家,严家也让她重新拥有了一个可以遮风挡雨的家,带给她慰藉和快乐,温暖她孤独无助的心,成了她灰暗凄苦人生的一抹暖色。

蓝瑶玉安详去世后,先葬无锡,严家孩子年年祭扫。及待两岸实现"小三通",王祖福自台湾回来,得知生母四十余年间和严家不是亲人胜亲人的情缘,百感交集。

2011 年,远在美国的严隽玲,有感而作《香烛烟袅袅,亲情永依依》一文,致敬远在天国的婆婆(节录文字略有改动):

> 婆婆对妈妈和我们姐妹的亲情和恩情无法用语言表达,数十年如一日,为我们之喜而喜,为我们之忧而忧。先我们之难而难,后我们之乐而乐。
>
> 父亲去世时,大姐八岁,最小的五妹还不满两岁。她几乎是牵着婆婆的衣角长大。婆婆默默地担起照顾妈妈、抚育幼女的责任,没有一天的空闲。那时妈妈忙工作,婆婆做完一天的活,安顿好我们上床,还额外为母亲准备营养食品和点心。
>
> 婆婆每天早晨上香祝祷,从未中断,直到"文革"。我知道,在婆婆的祝愿里,有故去的亲人,包括我父亲;也有活着的骨肉和牵挂:三舅和他的孩子们,妈妈和我们姐妹。
>
> 在我最后一次探亲回返兰州前,婆婆颤巍巍站在门口,嘱咐我:"婆婆不知能不能等到下一次见面。你可一定要孝敬妈妈,照顾她。她太不容易了!"最后,婆婆留言和妈妈葬在一起,相邻相伴。
>
> 婆婆带大了我们姐妹,又帮助照顾我们的孩子。我当时在兰州工作,食品供应困难。无奈在我的儿子满百日便送去上海。妈妈尚未退休,全赖年老的婆婆。至今看到婆婆抱着儿子脸贴脸的照片,我心里充塞着心酸感动和歉疚。
>
> 像对神灵的敬畏一样,婆婆对知识有着特别的尊崇,好几次对我说:"你能写,就写写我吧。我的一生就是一个故事。我给你讲,不比那些电影剧本差啊。"

2014 年,严隽珂也在美国深情书写婆婆(节录文字略有改动):

　　我出生时婆婆已在我们家了,以至于我在懂事前一直以为婆婆就是亲外婆。婆婆把我带大,又把我女儿带到 4 岁。我和婆婆亲如祖孙整整三十二年,直到她去世,我们从没有分开过,我心永存对婆婆的追忆。

　　小时候我经常发高烧,有一次急性痢疾烧到四十度,是婆婆"叫魂"才把昏迷中的我从鬼门关唤回。七岁那年我得了急性盲肠炎开刀住院,最盼的就是母亲和婆婆来看我,让我撒娇,给我带好吃的。我从小就长得高,出院回到家,瘦小的婆婆费力地把我从三轮车上抱下来。我生孩子婆婆给我坐月子,一天七顿变着花样,吃得我动弹不得。

　　婆婆生病都是由我把她抱上自行车,推她去医院检查,她的体重之轻让人心疼。我们姐妹工作后,从不忘给婆婆每月零花钱,还常常给她买爱吃的豆沙月饼,带她去吃面筋线粉汤和菜肉小馄饨,希望把她喂胖。而婆婆总是把我们给的零花钱攒起来,有机会就出手阔绰地买最贵最好的东西给我们,毫不吝啬。

　　1980 年初,虽然台湾和大陆开始通邮,三舅一家也去了美国,但或许是两岸隔得太久,心理的樊篱还没有完全拆除,也或许是时空带来的隔阂和生疏,三舅少有书信。这时,婆婆患了乳腺癌,就要永远地离开我们了,我悲痛难抑,她却异常地平静,即便母亲用三舅的口吻给她念我们写的三舅"来信",她依旧沉默不语。她像蜡烛燃尽,对我们,她可能放心了;对三舅,她可能释怀了。

　　婆婆后来移葬在上海奉贤滨海公墓玉兰苑我父母的墓旁,婆婆永远是我们一家至亲的亲人。

　　儿女们长大了,乳燕离巢;儿女们成熟了,飞向四方。王祖寿从忙碌的工作和社会活动中退下来后,生活重心再次得到调适。1993 年起,她长期居住美国,与那儿的三个女儿团聚,这周在这个女儿家住几天,下周去另一个女儿家住一段,三个女儿都相距不远,来去倒也方便。在海外,她仍不遗余力地推动黄历校友会的联络,向海外华人宣传中国的改革开放。"离开上海不过一年,杨浦大桥和高速公路都建成通车了,速度真是快啊! 这样的速度别说'亚洲四小龙',就是世界'四大龙'也能赶上!"她津津乐道,大家听得莫不入神。

　　2003 年,王祖寿在美国去世前,遗愿叶落归根。三女婿专门捧着她的骨灰回来,落葬于上海公墓。孩子们商量,把父亲的一些遗物也陪同母亲一同安葬,其中有一支笔，一个工作证，一张照片，还有一本工作笔记——母亲在"文革"中冒险保存下来，后来一直从国内带到美国，那是她一辈子的精神慰藉啊！这样，也算是父亲的衣冠冢，父母合葬同穴了。

那天，墓地上空盘旋着一对蝴蝶，不知起处，也不知归处，但孩子们宁愿相信梁山伯祝英台那样的神话，因为他们的父亲从小就喜欢蝴蝶，她们的母亲曾协助父亲一件一件地整理过蝴蝶标本。

老大老二老三，严家年纪大些的孩子，脑海里似乎记着父亲永远也说不完的蝴蝶话语呢："蝴蝶是大自然最美的昆虫种类之一，它们的翅膀拥有五彩缤纷的图案、复杂微妙的色彩以及对称的美感，你们可能无法想象，蝴蝶的美到底有何目的——如果真有目的的话……"

长大后，尤其读大学后，她们渐渐有所知，蝴蝶之所以与生俱来就如斯艳美，有其进化中的目的。她们想知道的是，父亲和母亲的爱到底有何目的——如果真有目的的话？

王祖寿晚年，在最后缠绵病榻的时日，依然不忘永安黄历——那是丈夫严家显创办福建省立农学院的地方，那也是她初为人妻和人母的终身难忘的地方，她很想故地重游，却因故一直未能成行，为此备感遗憾。让她牵挂的，还有丈夫严家显的铜像安放之地。王祖寿希望丈夫的铜像能安放到校园中，更接地气。

位于福建农林大学逸夫图书馆旁的严家显半身铜像。师生经常来此敬献鲜花、鞠躬致意，追思这位重要创校人的崇高风范（钟兆云 摄）

　　福建农林大学了解到王祖寿的心愿,以及严家显与这所高校的渊源时,认为严家显应该受到特别对待,于是在逸夫图书馆旁精心挑选一处醒目之地树起铜像,供师生们瞻仰缅怀,并力邀严隽琪书写"福建省立农学院创办人　严家显"字样。严隽琪还代表家人参加了父亲的铜像安放仪式。那天,风和日丽,端端正正矗起的严家显铜像周围摆满了鲜花,一包从福建省立农学院所在地黄历带来的泥土,深情地埋在了铜像基座之下,相伴曾经朝夕相处四年的一代农学家和教育家走向永恒。

　　此后,严家女儿多次到福建农林大学祭奠父亲的铜像,并在铜像周围栽下五棵松树。

严隽琪(前排二)对父亲严家显创建的福建农学院十分关心,在建院70周年时特地前来纪念馆参观展览。右一为严家显学生、黄历第一届校友龚钧智

严隽琪(右)在父亲铜像前祭拜

福建农林大学首届严家显最高奖教学金颁发现场,时任全国人大常委会副委员长严隽琪(左一)等为获得者颁奖

永远的严院长

2017 年冬,在福建农林大学党委书记叶辉玲、党委副书记曾华平带领下,我们实地参观福建省立农学院的黄历旧址。严家显当年工作的屋子、生活的起居室、做过实验的田野都还在,条件朴素简陋得令人咋舌。冯氏祠堂是暗灰的木质结构,屋内仅摆放些零落的杂物,不太整齐,上面落满尘埃,显然很久没有人住过的烟火气了,还在遥遥等着主人自远方归来。

冯氏祠堂之外,黄历还有好几处木屋,上面挂有牌子。浮尘密布下,莫不是简陋的屋子、简单的陈设,有的白墙面还布满伤痕,似乎唯有屋外茵茵有生机的植被,可聊以慰藉。

这样安在青山绿水中的校园,又何尝不是一个天然的农业教育实践和实验场所呢? 吹得到风,触得到雨,见得了蟋蟀与蝗虫,听得到落花与流水,比如今部分仅局限于都市教室里的纸上谈兵胜出许多了。燕溪畔的黄历村,在战火硝烟中庇护着福建省立农学院走向和平和光明,那里有学院师生共同创造的历史。

看着眼前景,遥想当年,那个水声哗哗的渡口,那些悠悠流云,那些千百年累积的泥土,那些总有鸟语花香的山冈田野,甚至严家显第一天来闽上任的那些情景,仿佛还在昨日。

作为矢志教育报国的海归,严家显将一捋思绪,撸一撸袖子,很快把满腔热血全部投放到了教育上。他是个认真又执着的人,既然选择了教育,就该把它当成终生事业来对待，而非一份普通的职业。担任院长一职，更是任重而道远。春花秋月，夏雨冬雪，一年又一年，经过四年的披荆斩棘，严家显总算让福建高等农业规模初具。

严家显为福建农业高等教育的发展奠定了良好的基础，他说自己是"窃抱乐育之志，敢辞劳怨，但矢精诚"，我们倒是看他有一种侠义肝胆，有一颗勇敢的心，义无反顾地甘愿从头开始，把无变为有，再变优秀，成为福建农业教育事业的功臣。

福建省立农学院从福建战时省会永安的黄历搬到省城福州后，几经波折，分分合合。这其中，1951年并入厦门大学，改为厦门大学农学院；1972年，与福建林学院合并复办，成立福建农林大学，校总部设在南平市西芹福建林学院原址，分部设在三明市和沙县两地；1977年，福建农林大学撤销，恢复为福建农学院；最后定址于福州市仓山区上下店路，东临闽江，西濒乌龙江，南峙妙峰山，北与古淮安相邻，其西南角有著名古迹金山寺。

校园这边水波泛出秀色，山上景物明净，"楼阁高低树浅深，山光水色暝沉"。那厢草木繁茂，青翠茫茫，阡陌纵横中皆是画意，景色宜人。

严家显的铜像永久立于校内逸夫图书馆前，每天都有三五成群的师生从他眼前经过；每逢重大纪念节日，学校总要特别组织师生们共同前来瞻仰，献上一束花，鞠上一个躬；每隔一段日子，总有亲友、各界人士在此驻足，缅怀追思。

从福建省立农学院到福建农学院再到福建农林大学，一代代师生知道了严家显的出场和离开。从当年严家显自费设立的"严子绚先生奖学金"，到现在众筹式成立的"严家显奖学金"，一批批莘莘学子享受到了前人的余荫。

沐浴着阳光雨露、笼罩在晨光晚霞中的"严家显"，将见证学校的现在和未来。

1994年1月，福建农学院经当时的国家教委批准，更名为福建农业大学。世纪之交，福建农业大学与原福建林学院合并，组建为福建农林大学。

福建农林大学积着厚重的底蕴，而今迈步从头越，成为福建省重点建设高校，占地4 800多亩，拥有福州金山、南平、大学城、安溪四个校区。

人生数十载，有如一梦耳。遥想当年，福建省立农学院初创，从零开始，至今时今日，桃李遍于天下，曾经"呕心沥血燕江边，披荆斩棘有四年"的严家显若泉下有知，足以欣慰矣！他生前教育报国、坚忍不拔的精神，早已为身后的师生做出典范，留名千古，"黄历精神"成为这所著名高等学府的魂魄。

严家姐妹分别在 1957 年、1961 年、1963 年、2005 年、2016 年的合影，记录着岁月磨不断的亲情

位于福建农林大学逸夫图书馆五楼的省立农学院纪念馆，约 1 200 平方米，收藏着严家显创办福建省立农学院时的有关文件档案，于 2016 年正式开放（翁晶晶　摄）

福建农林大学对于严家显这位重要的创校者之一，感情深厚，继立起严家显铜像之后，还在校本部（金山校区）的逸夫图书馆五楼专门开辟校史馆，陈列着多年来从黄历、武汉、广西、上海、苏州等地搜集来有关严家显和福建省立农学院的丰厚资料，足见用心。

大型原创话剧《我们的严院长》首演暨严家显最高奖教奖学金颁奖仪式

2016 年，福建农林大学成立 80 周年之际，特地请剧作家马文正创作、在校学生演出了七幕话剧《我们的严院长》，还深情地献上一首同名长诗：

您从吴侬软语的木渎古镇走来

谦恭儒雅

您从大洋彼岸的明尼苏达大学走来

满腹经纶

您从战火纷飞的武汉、广西走来

满腔热血

1940 年

您走进了那个叫黄历的小山村

就像暗夜尽头的第一道光

照亮了抗战后方兴农救国的梦想

就像寒冬过后的第一缕春风

催发了莘莘学子心底强农报国的种子

呕心沥血燕江边

披荆斩棘有四年

您来时的荒僻村墟

变成了您离开时的巍峨学府

您说

研究、教学、推广是学院的三大任务

于是

灯火通明的实验室、潜心问道的教室、华夏神州的田间地头

都活跃着我们的身影

您说

工作是道德、忙碌是幸福、懒惰是罪恶、空闲是堕落

于是

脚踏实地、勤勉刻苦

至今仍是我们最鲜活的特质

寒暑更替又一春

黄历村冯氏祠堂屋后的老树又长了新芽

却不见当年树下捉虫的那个严院长

门口的春联鲜红依旧

积善人家书香门第传薪火、桃李扬显人文竞秀源流长

您光辉的名字嵌入黄历乡亲的对联里

更镌刻进我们的心底

光阴荏苒云卷舒

黄历的薪火一路绵延

省立农学院的精魄四方传承

在这两江合抱处、湖山映照地

春晖无垠、桃李漫天

书声琅琅、弦歌阵阵

高大雄伟的图书馆

宽敞明亮的教学楼

跟黄历那个小山村里物资短缺、因陋就简的省立农学院

完全不同了

可是

我们分明看到

黄历时期物资短缺、因陋就简的过往

溶进了

福建农林大学高大雄伟、宽敞明亮的现在

黄历精神依旧

在福建农林大学的每一寸土壤之中萌发

在福建农林大学的每一段光阴之间印刻

因为

我们从未忘记

当初的您

是怎样的

筚路蓝缕、栉风沐雨

每次路过您的铜像前

我总忍不住停下脚步

因为

在时光的长河里我们结识已久

我们对视交流

心生默契

您是睿智的长者

我是好学的后进

春风又绿南台岛

今天

我们再次肃立在您的铜像前

您深邃悠远的目光

化作了门口那条奔流不息的大江

漫过您辗转三千里的八闽大地

您坚毅微启的嘴角

无声胜有声

八闽学子多隽秀

弦歌不辍慰古今

声如春雷乍响

意如醍醐灌顶

响彻福建农林大学的

一草一木、一瓦一椽

我们

用每一间教室的书声、每一处的弦歌声

用每一片叶子的沙沙、每一羽鸟雀的啁啾

汇成一个声音：

八十年后再出发！

那几天，严家四姐妹都从美国到福州，和师生们一同观看这部话剧的
首演。

演出结束后,严家姐妹和众多观众一样,久久不愿离去。

老大严隽珏激动地说:"非常非常的好,非常非常的感人,非常非常的感谢!我一直想看看你们是怎么写我父亲的,我要给你们提提意见的,没想到,我一点意见都提不出来了,你们比我更了解我父亲,真是源于生活,高于生活!"老四严隽珋也说:"看了演出,弥补了我对父亲的了解。"

91岁高龄的福建师大中文系教授、戏剧家曾一萍称:"这部剧把我'闪回'到70年前,当时我也在永安,我也是学生。严家显虽未谋面,但我久仰其名。舞台上发生的故事,别人看的是历史,我看的是真实的生活。"

严家姐妹在福州度过了难忘而有意义的日子。老二严隽玲在离开的火车上,还沉浸在剧情里,挥笔作诗当感言:

> 凛冽寒意二月天,惊变失怙恸地哀。
> 年少不识天人隔,梦里呢喃膝前语。
> 寡母慈训自立强,勤奋敬业家风传。
> 人生漫漫悲欢路,常伴高堂舐犊情。
> 岁月匆匆青丝白,鸿雁频频闽台传。
> 战乱经年山河碎,书声不绝深山坡!
> 当年莘莘学子志,放眼郁郁木成林!
> 黄历艰辛师恩重,哽咽无语难自持。
> 忽报八旬校史庆,惊鸿一瞥舞台剧!
> 清秀隽朗当年影,坚定执着步履健。
> 从无到有创新天,书生豪气干云天!
> 父母相知复相扶,永安长留情影双。
> 放眼农大生气勃,幡然新颜换旧貌。
> 一脉相承先贤志,科技兴农硕果累。
> 我借闽江长流水,长写八闽奋斗史!

在后来的交流中,这些和父亲一样有着留学美国经历的姐妹,自惭远远不如父辈,她们设想自身若处在那个时代,是否也能在炮火中毅然回国,放弃一切勇赴国难?老一辈知识分子的境界、风范和报国情操,已远非后人能及!

自惭,甚至汗颜的,岂止只有她们?

附录 严家显王祖寿生平年表

1906 年

8 月 26 日（丙午年七月七日），严家显降生于江苏省苏州市木渎镇西街严氏老宅，字仲扬，生肖属马。

1916 年

11 月 2 日，王祖寿生于福建省福州市闽侯县，又名志芳。父亲王景仁是清末举人，做过闽侯县知事（县长）等职。

1925 年—1930 年

严家显高中毕业后，就读于苏州东吴大学法律系一年级，后转入南京私立金陵大学农学院昆虫系，其间曾任江苏省昆虫局职员。

1931 年

8 月，严家显从私立金陵大学农学院昆虫系毕业，获农学士学位，同时获得一把金钥匙。

9 月 8 日，严家显入燕京大学理学院，攻读研究生，主修生物，专攻昆虫学。

同年，严家显任燕京大学研究院助教。

1932 年

4 月始，严家显任上海雷士德医学研究院医学昆虫组高级研究员。

1934 年

夏，严家显于燕京大学硕士毕业，获得一把金钥匙。

是年，严家显自费赴美明尼苏达州立大学留学，专攻昆虫学。

1935 年

王祖寿毕业于南京汇文女中，考入南京金陵大学文学院，专修历史、经济学等。

1937 年

严家显获明尼苏达州立大学博士学位，以优异成绩取得美国明尼苏达生物学会、化学学会共同颁发的金钥匙，成为两学会的荣誉会员。

7月，抗日战争爆发，严家显束装东返，8月受聘武汉大学农学院昆虫系教授。

是年，王祖寿借读武汉大学。

1938 年

武汉大学西迁。3月，严家显受广西大学农学院之聘任该校教授，兼任广西省政府技正(相当于总工程师)、广西省农事试验场病虫害组主任、广西省农业督导专员等职。

王祖寿随金陵大学迁至四川成都华西坝。

1940 年

7月，严家显应福建省政府之聘，赴福建战时省会永安，在黄历村筹办福建省立农学院，任首任院长。

10月，严家显兼任福建省研究院农业部主任等职。

是年，王祖寿毕业于金陵大学历史系，获文学学士学位。毕业后考入重庆中国银行任助理员，从事统计事项。

1941 年

夏，严家显任福建省粮食增产督导(后任总督导)。

王祖寿调任重庆中美英平准基金委员会，任统计员。

1942 年

严家显、王祖寿在福建永安黄历结婚。王祖寿先后任福建省立农学院助教、讲师，讲授会计学及经济发展史。

1943 年

严家显兼任福建省立农学院附属高级农业职业学校校长。

1944 年

福建省立农学院规模初具，拥有七个学系和农业职业学校，定期出版有质量的报刊。

7月,严家显受聘为国立复旦大学(在重庆)农学院教授兼院长。

1946 年

复旦大学迁回上海,严家显一家同回,住复旦大学庐山村(现为上海国年路102弄)。

1949 年

严家显兼任第二军医大学生物系病虫害教授,又兼上海第一医学院医学昆虫教授。

1946 年—1949 年,王祖寿一度担任上海市银行文书办事员。

1950 年

严家显创办《大众农学》杂志,任主编。这是国内第一本通俗农业科普性杂志。

严家显在中国人民解放军军事医学科学院兼职,仍兼任复旦大学、军医大学、第一医学院等教授之职。王祖寿担任复旦大学家属委员会委员。

同年,严家显参加中华全国自然科学工作者代表会议期间,与所有代表一起受到周恩来接见。

1951 年

调任中国人民解放军军事医学科学院病虫室主任。

8月,加入九三学社上海分社。

所撰《医学昆虫学》《医学昆虫分类法及医学昆虫试验大纲》《昆虫化学防治法》《甘蔗病虫害研究》《蚊虫分类及生活史》《中国农业概论》等论著及通俗普及读物,陆续出版和发表。

1952 年

春,奔赴鸭绿江边境,收集美国细菌战的有关证据。

2月,准备参加抗美援朝反细菌战,因查出罹患胃癌,行程取消。

3月12日,严家显因胃癌医治无效,病故于上海中山医院,终年46岁。

是年,王祖寿任职于中国人民解放军军事医学科学院材料科,先是组员,后任统计组组长。

1956 年后

王祖寿先后担任上海人民出版社第三编辑室(历史编辑室)编辑、九三学社上海分社组织处长、九三学社上海市委委员、上海市妇联委员、上海市徐汇区人大代表和区政协常委、九三学社副主委等。1974 年退休。1979 年创办沪西科技学校,从事儿童、成人各类业余培训,任校长。1993 年起到美国与三个女儿团聚。

1988 年

10 月,严家显铜像在福建农学院(现福建农林大学)落成。

2003 年

王祖寿病逝于美国,遗命骨灰送回中国,在上海与严家显合葬。

跋

书写，也是一场穿越时空的对话

一片初心能对月

1

知道严家显，有几许诧异，这样一个人物，居然没立传，一直模糊地存在于史志的三言两语里。不说外界，也许现在的同道中人也闻所未闻。所以，当福建农林大学邀请我为之作传时，颇费踌躇，这位英年早逝、距今已过一个甲子的教育家、昆虫学家，会有多少史料可供爬梳洗剔，能有多少过往扣人心弦？在跌宕起伏的滔滔岁月里，到底会是怎样一位有血有肉、至大至刚之人？时任福建农林大学党委书记的叶辉玲和校长兰思仁，是相识多年的大姐、兄台，在教育界素孚声望，亲自介绍其人其事，像云雾中划过一道闪电，让我知道严家显作为二十世纪中叶著名海归教授，作为福建省立农学院创始人，作为领风气之先的一代爱国学者，在彼时闽省乃至全国科技教育界的卓荦贡献和双馨德艺。我自农村来，略知农事之艰，对这位矢志农业报国的先辈自然也多了一份亲切和敬重。既承郑重嘱托，岂敢怠慢，于是大任天降，别的不说，苦心志、劳筋骨便成了这段日子的常态。

2

写传的历史悠远漫长。《吴越春秋》载有一首《弹歌》："断竹，续竹，飞土，逐肉。"八个字就描摹出了先人制造狩猎工具，并用之追捕猎物的场景。这是诗歌，更是纪实作品。真正意义上的传记，是从西汉史学家、散文家司马迁写《史记》开始，鲁迅誉之为"史家之绝唱，无韵之离骚"。自此以降，传记存在漫漫上下数千年。文无定法，对于传记写作，每个时代每位作者都有自己的套路与方法。但无论如何时过境迁、如何与时俱进，写传最讲究的还是手头资料的数量及质量。自传是相对简单好写一点的，因为世界上最了解自己的莫过于传主本人，他（她）可以从一定的目的出发，选取某些个角度，撷取某几个片段，达其本意即可，大可不必去纠结有没有相应的资料。像印度的圣雄甘地在自传中云："我的本意并不是要写一部真正的自传，而只是想将我探索真理的众多故事讲述出来。"写自传的人，如果真的能以坦诚与谦卑的态度，只写己身及经历的真相，而杜绝走进文过饰非、贴金作伪的死胡同，倒是比别人来写他直观上更显一份真实。

由外人写传记，能不能靠一双慧眼、一张嘴巴、一颗慧心，挖掘并整理出足够的资料以及故事传奇性很关键，这也往往是传记作者们最苦恼的所在，因为人无完人，很多时候大家眼不够"慧"，嘴不够"利"，心也不够"净"。没有故事，缺少传奇，不成方圆，此事古难全。有了故事和传奇，还要懂得分辨好坏，坏的故事和传奇在一定情况下可能要"打入冷宫"。最好是传主有惊人闪耀的传奇，不乏时下所说正能量的故事，让作者可以不必栖惶地探身进去认真钻研，无需把自己放到当时当地当下，以作家的眼光、史家的笔触，将逐年间的一场场往事如珍珠般串联起来，如是我闻。

传记本身不太同于其他文学体裁的创作，比如小说、散文、诗歌，小说可以天马行空，散文可以形态四射，诗歌可以肆意多情。传记哪怕加上文学两字，其创作最重要的还是求一个"真"字，是一段重走传主漫漫人生路的过程。作者要在寻求史实的基础上，再去拿捏运用的词汇和微小的细节是否准确、到位、巧妙，这样那样的叙述和评说是否合适得当、引人入胜。这其实，也是一个战斗的过程，遇见传主之后的自己与遇见传主之前的自己之间的博弈，要克服不同的心理转换，通过寻踪觅史必做的长途跋涉这门课，经受不厌其烦一点一滴挖掘的访谈之累，拒绝休闲和娱乐变着花样的诱惑，化解失眠、焦虑、痛苦、疲倦等不利的因素，甚至是困难的呼吸……要作战的对象，不胜枚举。

为写传而静坐观察画像中、文字里的严家显，脑海想到的是佛家所谓的"八风"：利，衰，毁，誉，称，讥，苦，乐。《永嘉集》里说要"八风不动"，大家都是寻常凡人，有七情六欲，做到"八风"都不动色声，自然不太可能。前面的六风不说，后面的"苦""乐"之风却是纠缠得紧，你中有我，我中有你，同存共亡的。相对而言，平庸者不太需要被写成传记。按这个理出发考量，要成为作者笔下的传主，其人生可能精彩纷呈，某些片段还可能繁花似锦，只是有待于拾掇、呈现。纵观严家显，邈如旷世，因为时局的关系，他那些记录生活的札记，那些记载闲话漫谈的日记，要么被毁灭，要么被丢失，幸存的资料严重匮乏。而与他同时代的人，也大都驾鹤而去，同样没有留下多少关于他的文字。严家显于今，犹如一位神秘莫测之士，要给他树碑立传，一度令人手足无措。不像其他一些人，还没有开始钻研他，许多信息已经铺天盖地蜂拥而来，随手一抓，已经一大把。

第一手资料是传记创作的必需品，犹如人活着离不开空气，立传离不开第一手资料。严家显遗存资料不多，迷雾重重。首先，他本人的日记随笔毁于一旦。这点最令传记作者遗憾，犹如"为有源头活水来"的源头竟然没有了，只能在立传时处于"战战兢兢，如临深渊，如履薄冰"的状态里。

就我个人经验而言，要对一个人进行了解与钻研、考证，从其手写之文入手，最得裨益。苏东坡留下的书简有八百余通，诗七百余首，有名的墨迹题跋约六百余件。竺可桢更是笔耕不辍，《竺可桢日记》共有十六卷，凡一千三百万字，记录事无巨细，生活里的凹凸不平在白纸上得到更有效的延伸与拓展，从一定程度上也满足了后人对名人一定的窥探欲。鲁迅、胡适、张爱玲等名家笔墨，跃然纸上的文学天分、自我意识、情分、智慧、精明、思绪，关于远方的梦想，以及那些只可意会不可言传的细细的忧郁、寂寥、苍凉、慈悲，由遥不可及变为了触手可摸，人们阅读之际，内心常常盈满收获的感觉，或可谓"一气初盈，万花齐发，青畴白壤，悉变黄金"。哪怕他们记录的虽不算什么轻松诙谐之事，有些文字还略为低暗深沉，阅读起来却依然令人感动，好像他们正在我们的身边鲜活地呼吸吐纳。无论怎样，当要研究一个人时，其手书都是珍贵的，最能清晰、柔软地淌入人们的视线里。

遗憾的是，严家显这方面严重缺失。据称，他其实是写过不少东西的，生活日记、学术论文、情书，有时连工作日志也曾记得层层叠叠、密不透风，大凡考察、会议、下乡、时间、人物、地点，都笔之于本，事无巨细，一目了然。然而，由于社会动荡、兵燹之厄、时代变迁，他的文字有的在须臾之间被毁灭，有的在搬家途中遇不测，有的则在身后进了衣冠冢……总之，有幸打捞到的严家显的纸质材料不甚可观，其幼年、童年与少年的一些生平往事显得模糊，我们搦管纪传之时，与之相关的许多人员业已驾鹤西去，只能依着部分线索，挖掘到一些可靠的信息。

幸而，严家显在创建福建省立农学院的四年时间里，许多珍贵的史料历经风雨得以保存，尤其是出自他笔下的东西也还有一些。传记之写与看，大相径庭乃尔。比如我们阅读《另类的英雄：萨特传》大快朵颐，感觉艾迪维娜·彭达维斯写的好，行云流水似的，便以为人物传记好写，这简直是"悠悠江上听歌人，不知我意徒悲辛"，不知者无畏，却须知：事非经历不知难。

是故，与创作缘起一样，收集资料这一块也得先感谢福建农林大学，感谢他们在建校八十周年时在逸夫图书馆五楼开辟了一个校史馆，花费心思从五湖四海辗转寻到相关资料，特别是福建省立农学院首任院长严家显创院时的动态，得以第一次较为集中地亮相，从而免去了我们的不少奔波。有段时间，我压上休假和助手翁晶晶几乎全程沉浸于此，以便更好地熟悉这个人物，走进他的人生。

辨别和采撷资料的过程，免不了"东一榔头西一棒槌"，榔头与棒槌并用，为的是"吹尽黄沙始到金"，让那些分散四处、深藏功与名的宝藏，能走出这一坑那一洞，重见天日。用心用功深入挖掘后，集中检视，倒也有点百花齐放般的壮观。这使原本狭窄的创作道路变得宽敞和丰富起来，也为枯燥的创作添上了一股"乐"风。

3

搜寻到严家显留给福建省立农学院第一届毕业生的若干题字后，如获至宝的感觉顿时产生。特别是"自反自强"四字，他认为每一位公民无论在何位谋何职，都要懂得自反自强，这样一个国家才有可能自反自强。

严家显是清朝末年生人，又诞生于书香世族，接受的是正规教育。他的字富有自信力，质朴明畅，辨识力强，写到了一定的境界，甚至比当今某些所谓书法家的字还上乘，更能滋补心灵，可以视为能饱腹的精神食粮。端详他笔走龙蛇的字，仿佛能感受到他湿润的目光和微妙的运思。

他的文笔也是极好的，字字句句真笃又诚恳，蕴藏深厚的修养，若是散开了，能不散出千言万语？白驹过隙，才短短百年间，今天我们的生活环境已然翻了天变了样，科技创新与生活节奏如渐进高潮的鼓点一样越来越快，古意盎然的东西却愈发地少，而偏偏这些"老东西"在华夏文明扎根了数千年，有魔力，更有定力，根拔不掉，再匪夷所思地来个"焚书坑儒""破四旧"，恐怕也无济于事。总有人愿以热血和生命护之，总有人愿付以真情驻足欣赏，一如我们面对严家显的字。

历史尽管可以目空一切、洗劫清扫一切，好在手下留情时也不盲目蛮干，不忍让严家显的笔墨灰飞烟灭。他那个时代又喜以毛笔书写，明眼人遇上他的字便知是有几分功底的，蘸笔挥毫、回锋、勾挑、提按，笔笔有讲究，字字可遒健，莫道不销魂。这何尝不是一个研究与写作的方向呢？那种惊喜之感，于我们就像是在故纸堆里爬梳久了，倦息间，突然发现原来前方还有可行之路！也像是蒲松龄的《聊斋志异》所描述，总有一些书生会迷路，往往在摸索中误入灵府仙窟，无心插柳柳成荫，得到一段不平凡的人生际遇。

上千年来，中国历代文人墨客早已赋予了汉字非凡的魅力，好像它们才是相濡以沫的人生伴侣。每一个字，笔走龙蛇，谦恭安详，仿佛是受了天地灵气酝酿而出，字字相连在望，便展陈了一个以和为上的整体。这么一个整体哪怕是残局一角，在穿越兵燹战火后还能绝地逢生，犹如先人的血液还在字里行间流淌，从古到今，越流越欢，愈见芬芳。遇着了好字，就是缘分；专门去寻，又是另一番欣赏的姿态了。纵然一个人没有其他业绩，却能写得一手好字，写出一手锦绣文章，也算是在匠心之上有情感，有着不同凡人的精神指向。行到水穷处，也能坐看云起时，更何况严家显这么个有理想有追求的学者。

在一遍遍观摩严家显的若干题字和书信后，我更是坚定地认为，亲手笔墨，往往是了解一个人的快速通道，透过文字背后的隐秘力量，体会一个人的日常生活，看他的岁月是如何年复一年、日复一日地度过，有时甚至能够直通他隐秘的心灵深处，在须臾之间体味细水流长的世俗，捉摸人情世故里种种铭心镂骨的尘埃。

4

要怎么把历史中真实发生的精彩情节呈现出来？第一手文字资料之外，还得多方寻找知情者。余生也晚，待着手立传时，放眼无奈，知情者已杳如黄鹤。更准确地说，掌握关键第一手资料的人已凤毛麟角，连把握二手资料者，也屈指可数。当然，无论是何种资料，只要有点儿价值，便要本着不惜代价的精神找寻到它们。查阅史料是多数传记作者通用的一招。这又夹带着点寻宝的意味，看到一处可疑点，便拿起工具开始勤奋地往里深挖不止，有时候挖到的是废弃物，让人的情绪由低到高再到低，犹如过山车。当然，更多时候是顺藤摸瓜，抽丝剥茧，触及一些交错结着蜘网蒙着灰尘的料子时，却又不能全盘吸收，得当个狄仁杰、福尔摩斯，细心地来断案、破案，有时你得整天面对笔下人物走过的某段路程、交往的某些人物，探究其中的可能和深浅。与妙手偶得的成就感同来的，是一份大汗淋漓中的快乐。

对知情者进行面对面采访，是一种很普通也是相当有效的挖掘方式。采访对象自然少不了严家显的女儿们，他与夫人王祖寿在台湾的亲属，福建省立农学院硕果仅存的前几届毕业生。这样的采访，也磨人的心志，一旦涉身，甘苦相随。严家显的女儿们个个都活出了自己的精彩，多数都在美国生活，都要见面挺不容易。好在，她们愿意排除万难，跨越千山万水飞回国内，集中来到老大位于北京大学宿舍的家里接受采访，在有问有答、史海钩沉中提供了父亲许多不为人知的侧面和细节，以及珍贵照片。对父亲更多了解的老大，似乎也更有一份责任，还专程陪同我们前往一些地方采访。

严家显一生志于教育，桃李满天下，其健在的学生中，无论是留在福建的龚钧智、徐崇民，还是跨越海峡到了台湾的贡谷绅、万雄、林复、邱人璋等，都乐于接受我们的访谈。我们在打通时空隧道之后，想方设法"逼"他们说出所知道的一切。都是九十好几的老人了，见过大风大浪，也抗过大风大浪，一辈子功成名就过，谈起老师严家显，却无不充满敬意。难能可贵的是，在他们身上，我们听到了严家显抗战时期创办福建省立农学院的种种困厄，国难当头之际不同凡响的报国方式、教育风采和立世之道，也看到了一代学者光风霁月精神的传承，感受到了"桃李不言，下自成蹊"的真义。

5

千淘万漉收集到资料后，辨别真假和有用没用不说，下笔却是另一种辛苦，"轻拢慢捻抹复挑"，是另一场细活。

别以为传记写作就是你说我记，从收集来的史料里寻章摘句，再见缝插针弄上些访谈，就堆成一本书了。其实，传记创作的优劣和高下，很大程度上取决于采访者的史学素养、社会积累、从业态度和考证功夫。随着写作的持续与深入，创作者的感情也随之注入到传主的感情与生活中，一同喜怒哀乐，直面得失，逐渐成熟。

文无定法，但有一类写作，是经过多年历练，打磨出属于自己的一套驾轻就熟之法，以后每接触到一个新题材，大多可以依葫芦画瓢，把内容套进旧有的框架里，最后形成有自己独特风格的作品。这是一个聪明而简便的做法，为一代代作家们乐此不疲地采用。在严家显传记这里，此路不太好通。因为疑点太多，难点太复杂，断裂面也不少，这就要冥思苦想，费尽心机，思考与创建另一套新的方法论了。这是一个从无到有的创造过程，但又不等于完全摒弃过去的立场，否定曾有的笔耕经验，而是遇到一个一个困境时，迎难而上，另辟蹊径。文学和传记就如此水乳交融在一起了，但即使文学，也并非天马行空，这本书的风貌，遵循的仍是胡适之论："给史家做材料，为文学开生路。"

更多的时候，是在传主日常工作和生活的细节上卡壳。现成的资料太过零碎、简单，有时候仅是交代一句话，如某某年入燕京大学研究院深造，获理学硕士学位；某某年继赴美国留学，获明尼苏达大学昆虫学博士。简单的话里藏着不简单的雄心斗志。如果作者也如此一笔带过，是不是显得太亏待传主自强不息的求学经历了。要给他的经历和人生赋予鲜活的生命，涂上壮观的色彩，就要尽量做出公正合理的判断，赋予他波动的情感、细腻的情节，某一个念头，某一个举动，某一件小事，某一个朋友，某一番心绪，某一种壮志……一件件地，积少成多,聚沙成塔,汇聚出一个丰满有厚度和温度的人物形象。

严家显的一些人生片断,时至今天,有的确实难以寻到确切的资料。这是一种失去。还有一种失去,相当痛心,便是他的一些工作日志、生活日记在历史中或被销毁,或被埋入墓地,无影无踪了。诸如此类情况,我们没办法无中生有,大多只能按着人物的性格与生活经历,进行合理的想象与推测。比如,依据他小时就喜欢蝴蝶的信息,想象他孩提时代在自家花园里四处捕捉蝴蝶的场景,而这之于他,又确实"一生儿爱好是天然"。他是家境殷富,生活无忧,但对学问的追求已达到了如痴如醉的地步,不似公共视野里的其他富家子。

人物驾驭,犹如开车,得对自己和他人负责,尤其注重不能跑偏,一旦打错一次方向盘,容易走上歧路,要兜兜转转大半天,才回得过来。只要怀有责任,不跑偏,相信走的也是一条阳光大道,于是有信心滋生源源的成就感。

6

写着写着,便油然感动于严家显与祖国的水乳交融,与时代的声息相通。

严家显家境殷实,他生长的苏州是鱼米之乡、富庶之地,有绿水红栏,有长竹丰草,也有才子佳人。翻开这里的史志,触目皆是物产丰盛、秀美富庶、民风敦厚、人文荟萃等溢美之词。严家显显然并不满足于当一个富二代公子哥,从小到大,他对学问、对修身齐家的追求,已达如痴如醉的地步,非灯红酒绿、莺歌燕舞所能诱惑。

王通的《中说》卷六《礼乐篇》中云:"居近识远,处今知古,惟学矣乎!""学"是一种改变人生、改变命运的方法。严家显深谙其理,虽然不用为稻粱谋,却也没有因为优渥安稳的日子而消磨意志。志存高远的他,打小便乐于埋首经典,沉醉于书香世界,书房里常常有长明灯。严家显属马,他是一匹奔跑腾跃的马,攒着刻苦的劲头,一路品学兼优,一路过关斩将,从苏州桃坞中学,到苏州东吴大学、南京金陵大学,再跑到北京燕京大学攻读硕士,进而远渡重洋去了美国明尼苏达大学,头戴博士帽、手揣"金钥匙"报效祖国,追求进取的脚步一路噼啪作响,日复一日站立出截然不同于凡俗的风骨。相形见绌的是,古今中外,有太多的富家公子哥不存桑弧蓬矢之志,一派颓废享乐之气,沉溺于靡靡之音,富而不贵,最终灰头土脸,别说光宗耀祖,端的是辱没门楣,破落家业,富贵不及三代,不过尔尔罢了。

就民国广阔的社会文化背景来看,能够认识当时社会的主客观条件,进而利用这些条件去促进自身与社会的发展,既是个人的追求,也是时代的需要。

严家显的漫漫人生，不断地突破前行，拒绝留在美国，拒绝去台湾，直至留在大陆拥抱新中国，何其不是唱响了爱国歌，顺应了这样一种时代需要。

遂从这个角度观望，读者可知本书记载的是一位真诚的爱国者。数千年来，中国历朝历代涌现出的爱国英杰数不胜数，他们身上的爱国情，不管是与生俱来还是后天生成，总是带出风骨嶙峋，哪怕命运跌宕起伏，也在所不惜，由此赢得身前生后名。爱国者，并非一定是上马击狂胡、四路起干戈的将士。爱国的方式千千万万种。南宋的岳飞是在脊背上刺写"精忠报国"四个大字，怒发冲冠，"笑谈渴饮匈奴血"；清朝的林则徐则以"虎门销烟"拒外侵，"苟利国家生死以，岂因祸福避趋之"；北宋文豪苏东坡、南宋词人辛弃疾写了许多有关国事的文章，字里行间透露出谋国之诚；明末清初书画家、文学家归庄以笔为枪，书写了许多宣扬民族气节的作品，其散曲《万古愁》，以三个"痛、痛、痛"，唱尽天下兴亡沧桑，同时代的史学家、思想家全祖望称"瑰玮恣肆，于古之圣贤君相，无不诋诃，而独痛哭流涕于桑海之际，盖《离骚》《天问》一种手笔"。所有这些，都是一种彪炳人间的爱国方式。

严家显有一颗深沉的爱国心，十数年间，在时局动荡变异之时，在面临欧美与中国、大陆与台湾之间抉择时，他深深懂得"国破山河在"，毅然婉谢了在别人看来难得的机会，而是选择了回国，选择了留在大陆，以坦荡胸怀处之，哪怕是经历磨难也永不言悔。

"一点浩然气，千里快哉风。"目睹世间惨状、经历时代交替的重大变革之后，严家显的一腔浩然正气由胸中溢出，时时充满焦虑、忧愤、哀伤，魂梦之间，未尝敢忘，更是没有多余的心思离开祖国了。在这方面，他是坦白流露的，颇有古道热肠之心，是人道主义者。《论语》中说"盍各言尔志"，世间纷繁复杂，人各有志，严家显的志是在中华民族，"永言失一心，不变同山河"。

7

这本书越写到后面，越不得不感慨生命的无常，以及挑战生命的底气。这样一个年轻有为的栋梁之才，早早地离开人世，留下未竟的事业，留下寡妻和五位幼女相依为命。时间，才是最后的赢家，谁也斗不过它。幸好，他早早做好了准备，也在某个方面战胜了无情的时间，留下了任时间也不能肆意忽略的过往，留下了一颗能坦荡面对日月星辰的初心。

严家显英年早逝，实在是中国教育界、科学界的一大遗憾，给当时的人们无限忧伤、哀矜，也令今天站在新时代的川上回溯历史河流的我们，为之遗憾、扼腕。所以在他去世之后，关于他的纪念与研究活动总也没有一劳永逸，特殊年代里有特殊的活动方式，现代社会有现代的纪念方式。武汉大学整理有"民国时期武汉大学农学院严家显教授专题材料"。而福建农林大学对前身福建省立农学院的这位创始人更是倍加敬重，二十世纪八十年代末专门在校内立了其半身铜像，供师生瞻仰缅怀，而后开辟专门陈列馆，设立"严家显教育思想研究会""严家显最高奖学金"，等等。

传记的书写，是另一种塑像纪念。书写的过程也是一场和传主的对话，对话内容很多，包括书中所提到的："你为什么才活了46岁？你一天睡几个小时？你一日三餐都吃些什么会导致你犯胃癌？你脑子里平时都在思考些什么？你扑在事业上，有时间爱妻子和孩子吗？你到底图什么？"

这个本该被记住和怀念的人，与我们，与后世，本就可以来场磊磊落落如日月皎然、一片冰心无愧天地的对话！

撰稿之时，农学院强烈"复兴"的讯息接踵而来。从2017年12月13日北京大学正式成立现代农学院，到2018年8月31日中山大学农学院正式成立，短短9个月内，全国竟有六所高校相继挂牌农学院，像在争香斗艳。其中的南京大学，和北京大学一样，分明传递着严家显当年就读金陵大学、燕京大学时的气息。多家高校瞄准农学这个传统老牌的学科发力，可见发展农学院除了有政策背景，还有卓然使命，即政府对农业越来越重视，国家面临着土地和水资源的红线不能突破、粮食安全问题趋于严重等新形势，因此发展现代农业、建设现代农学院乃大势所趋。说起农学院，不少老复旦人至今都认为它很有特色，为它在开国之初院系大调整中被并掉而满怀遗憾，那也是严家显曾经当过院长奉献心血的地方啊。网上也还一直有人称，复旦大学当下完全可以在生命科学强大实力的基础上恢复七十多年前的农学院，并去离复旦本部较近的被定位为"国际生态岛"的崇明建设现代农学院。面对农学院"复兴"的好事，我们更是感到当年严家显创建农学院的高瞻远瞩，以及为他立传的必要。

8

世界上没有两片相同的叶子，每个人都有自己的经历，每一位作家都有属于自己的创作方法。换一个人来，他写起来是一种姿态，写出来的东西，品起来肯定又是另一番味道。然而，无论用哪一种方法，目的总要殊途同归，写出相对完美的作品，留住传主的业绩，尽可能地回到或接近现场，并让读者受到某些借鉴和感动，认可超越肉身和字里行间的灵魂。

书成，也不好指望"盖棺论定"，因为怎么写都会有人指摘或是腹诽。这道理与"一个人永远不可能让世界上每一个人都满意"相一致。但"存在即是合理"，合理便是最好的理由了，犹如真金不怕火炼。综合起来看，资料与故事自始至终是写传的重点所在。资料可以是书面资料、口述资料、影像资料等，纵是前尘往事有千端之势，秉笔直书起来心里也有底气。

这本传记，说的实在点，也就是今人在旧人的往事里踱步徘徊，再把旧人的往事重新组合，揉进思想情感，蘸进艺术质地，整理成册，以示今人。如此，一切旧有的人与事，重新获得了存在意义。在电脑里码完最后一个字时，我们挥手道别，严家显在书里走去，创作者从书里走出。如果说世间有什么方式能让一个活着的人与一个已逝的高尚灵魂相遇相识相处，那么人物传记创作，无疑是最为神奇的方式之一。这也是迄今为止，经过三十多年的文学创作，我依然初心不改，坚持写传的理由之一。

9

此书系我和翁晶晶女士合作。翁晶晶在工作履新的紧张时刻、适应时期，仍能勉力根据我的要求和思路，竭力奉出十余万字，为我的全力介入、顺利完稿提供了不少便利。及其成书，文人理当相亲，自是不敢掠美，坚持共同署名，并以此鼓励和期待她继续传记写作。

此书能顺利问世，也得到新任福建农林大学党委书记严金静先生等人士，以及南京大学、北京大学、武汉大学、复旦大学等好友们的关心和支持。尚需鸣谢福建省档案馆、中国第二历史档案馆在查档时提供的便利。

我在参加福建农林大学组织的校史专家审稿会后，超负荷工作，三易其稿，并经传主家属认真审读，又吸纳相关意见，参考有关著述和文献，再做修改，是为今天呈现之样。

这也是我进入天命之年前夕完成的一本书，既献给传主，也献给自己。

在此谨向所有关心、支持本书创作和出版的人士表示由衷的谢忱。

钟兆云

2019 年岁末

于闽江畔苦乐斋